Eckart Kleßmann

»Ich war kühn,
aber nicht frevelhaft«

Das Leben der Caroline Schlegel-Schelling

W0193809

List Taschenbuch

Der Titel erschien erstmals 1975 im Paul List Verlag, München,
unter dem Titel
Caroline – Das Leben der Caroline Michaelis-Böhmer-Schlegel-Schelling.

Besuchen Sie uns im Internet:
www.list-taschenbuch.de

Mix
Produktgruppe aus vorbildlich bewirtschafteten
Wäldern und anderen kontrollierten Herkünften
www.fsc.org Zert.-Nr. GFA-COC-001223
© 1996 Forest Stewardship Council

Dieses Taschenbuch wurde auf FSC-zertifiziertem Papier gedruckt.
FSC (Forest Stewardship Council) ist eine nichtstaatliche, gemeinnützige
Organisation, die sich für eine ökologische und sozialverantwortliche
Nutzung der Wälder unserer Erde einsetzt.

Ungekürzte Ausgabe im List Taschenbuch
List ist ein Verlag der Ullstein Buchverlage GmbH, Berlin
1. Auflage Juni 2009
© Ullstein Buchverlage GmbH, Berlin 2009
© 1975 Paul List Verlag KG, München
Umschlaggestaltung: semper smile Werbeagentur
GmbH, München
Titelabbildung: Friedrich August Tischbein (Hamburg,
Privatbesitz)
Papier: Munkenprint von Arctic Paper Munkedals AB, Schweden
Druck und Bindearbeiten: CPI – Clausen & Bosse, Leck
Printed in Germany
ISBN 978-3-548-60838-9

Inhalt

»Eines Tages sagte Stock: Goethe, meine Töchter wachsen nun heran, was meinst du, worin soll ich die Mädchen unterrichten lassen? In nichts anderem, erwiderte Goethe, als in der Wirtschaft. Laß sie gute Köchinnen werden, das wird für ihre künftigen Männer das beste sein. Der Vater befolgte diesen Rat, und nicht ohne Empfindlichkeit versicherte mich die ältere Schwester, daß sie dies Goethen immer nachgetragen habe, und daß sie infolge dieses Rates ihre ganze Ausbildung mit der größten Mühe sich selbst habe erwerben müssen.«[*]

Gustav Friedrich Parthey

Am 2. September 1763 gebar in Göttingen Louise Philippine Antoinette Michaelis, Ehefrau des Professors Johann David Michaelis, eine Tochter: Dorothea *Caroline* Albertine.

Was bedeutete es, 1763 als Mädchen geboren zu werden? Zunächst bedeutete es, ein Mensch minderen Werts zu sein, wofern man überhaupt als Mensch gewertet wurde; daß »Weiber zu den Menschen gehören«, mußte noch 1792 der Schriftsteller Theodor Gottlieb von Hippel ausdrücklich betonen. Dafür hatten mehr als anderthalb Jahrtausend Kirche gesorgt. Theologen, Kirchenväter, Heilige, Päpste – sie alle wußten, einmütig über die Jahrhunderte hinweg, was von der Frau zu halten sei: Tertullian nannte sie die »Einfallspforte des Teufels«, Augustin lehrte, die Frau sei nicht nach dem Bilde Gottes geschaffen, für Johannes Chrysostomos war sie »eine unentrinnbare Strafe, ein notwendiges Übel, ein Mangel der Natur«, Thomas von Aquin sah in ihr »etwas Mangelhaftes und eine Zufallserscheinung«, und für Martin Luther war die Frau »ein toll Tier« und »ein schwach Gefäß und Werkzeug«. Die im Juden- und Griechentum schon immer virulent gewesene Verachtung der Frau nahm in der christlichen Kirche fast den Rang eines Dogmas ein, obwohl Jesus selbst[*] niemals geringschätzig von Frauen gesprochen

---

Die Sternchen (*) im Text verweisen auf Anmerkungen im Anhang.

hat, im Gegenteil stets von Frauen umgeben war und sie »lieb-
hatte«.

So erfuhr die 1763 geborene Caroline schon früh – und als etwas
ganz Selbstverständliches –, daß sie kein vollwertiger Mensch war.
Selbst dann, wenn sie wenigstens als Mensch anderen Geschlechts
akzeptiert wurde, war sie unterlegen, blieb sie zweiten Ranges;
nicht einmal die Bildung des Mannes sollte ihr offenstehen. Von
diesem Thema war das 18. Jahrhundert in Deutschland erfüllt:
Sollte man der Frau den Zugang zu Wissenschaft und Bildung
erlauben oder nicht?

Warum eigentlich soll man sie davon ausschließen, fragte um die
Mitte des 17. Jahrhunderts Amos Comenius: »Denn sie sind gleichfalls Gottes Ebenbild *[was Augustin bestritten hatte]*, gleichfalls Teil-
haber der Gnade und des zukünftigen Reiches, gleichfalls mit reg-
samem, für die Weisheit empfänglichem Geiste (oft mehr als unser
Geschlecht) ausgestattet [. . .]. Warum also wollen wir sie zum ABC
zulassen, von den Büchern aber nachher zurückweisen?«

Ähnlich fragte das auch der Hamburger Lyriker und Senator
Barthold Hinrich Brockes. In der von ihm mitherausgegebenen
Zeitschrift *Der Patriot* (1724–1728) plädierte er 1724 für die wissenschaftliche Bildung der Frau und für die Gründung einer Frauen-
akademie. Er verlangte, um der Frau die Bildung zu ermöglichen,
müsse die ganze Familie der Hausfrau bei ihren »Beschwerlich-
keiten« helfen; es sei nicht einzusehen, »daß sie sonst in der Küche
liegen und hundert Sorgen haben muß«. Und selbstverständlich
seien die Töchter »mit ebenso sorgfältiger Aufsicht zu erziehen als
die Söhne«. Ob Brockes, einer der sprachgewaltigsten Lyriker des
Barock und Vater der deutschen Naturlyrik, seine fünf Töchter
tatsächlich gleichberechtigt neben seinen Söhnen erzogen hat, ist
nicht bekannt.

Ein Mitstreiter von Brockes im Geist der Aufklärung war der
Philosoph und Schriftsteller Johann Christoph Gottsched, der 1725 –
gerade 25 Jahre alt – in Leipzig die erste deutsche Frauenzeitschrift
gründete: *Die vernünftigen Tadlerinnen*. Was er dort als Publikationen
einer weiblichen Trias ausgab, verfaßte er selbst. »Wir sind

Menschen sowohl als die Mannspersonen, und dieses wird niemand im Ernste leugnen, er wäre denn ein Narr«, läßt er »Phyllis« sagen. »Wir haben eben die Kräfte des Gemütes, so die Mannspersonen besitzen, ja eben die Fähigkeiten, in der Gelehrsamkeit etwas zu tun.« Und »Phyllis« fährt fort: »Auf was besseren Fuß würde nicht die Kinderzucht gesetzt werden, wenn die Mütter, als welchen sie größtenteils oblieget, Geschicklichkeit genug besäßen, die Beschaffenheit des Verstandes und die Gemütsneigungen ihrer Kinder in den zarten Jahren, da sie noch ohne Verstellung sind, auszuforschen und zu untersuchen. Dieses alles aber läßt sich ohne ein gutes Einsehen in die Vernunft und Sittenlehre nicht wohl tun. Woraus man aufs neue erkennen kann, wie schädlich es sei, das weibliche Geschlecht ganz und gar von Erlernung der Wissenschaften abzuhalten.«

Obwohl dem Alleinherausgeber schon bald weibliche Mitarbeiter zuströmten, hielt sich die Zeitschrift nur bis 1727. Zwei Jahre später lernte Gottsched auf einer Reise die sechzehnjährige Tochter eines Danziger Arztes kennen: Adelgunde Kulmus, die sich schon damals als Lyrikerin betätigte. Sechs Jahre später wurde sie seine Frau, als er endlich eine ordentliche Professur an der Universität Leipzig bekam, und sie wurde seine treueste Mitarbeiterin (beide redeten einander übrigens mit Sie an) und eine renommierte Schriftstellerin. Sie ließ sich im Lateinischen und in der Musik unterweisen, wurde Schülerin von J. S. Bachs Lieblingsschüler Krebs, und zu ihrem Bekanntenkreis zählte die Leipziger Dichterin Mariane von Ziegler, von deren Kantatentexten Bach neun vertont hat.*

Leipzigs Studenten reagierten auf die strebsame Frau ihres Professors nur mit Spott, vor allem mit einem Lied, das über Jahrzehnte hinaus populär blieb und weiblichen Bildungseifer aufs dümmlichste verhöhnte. Mariane von Ziegler dichtete zwar dagegen, »Allein: wenn wir euch recht betrachten, / So seid ihr schwächer als ein Weib«, aber was half's: Das Lied überlebte Frau von Ziegler um Jahrzehnte.

Anders setzte sich Caroline Neuber durch. Die 1697 als Tochter eines Rechtsanwalts geborene Caroline lief nach dem Tode ihrer

9

Mutter (fünfzehnjährig) dem Vater davon, der sie mit Erschießen bedroht hatte. Sie heiratete sechs Jahre später den Schauspieler Neuber, wurde Chefin einer Wanderbühne und gab 1727 – dreißig Jahre alt – ihre erste Vorstellung als Prinzipalin in Leipzig, protegiert von Gottsched.

Der Neuberin (wie man sie bis heute nennt) unbestreitbares Verdienst war, den bis dahin unumgänglichen Hanswurst mit Hilfe Gottscheds 1737 endgültig von der Bühne zu verbannen. Zwar ließ sich ein seriöser Spielplan – mit Stücken von Marivaux, Corneille, Molière, Racine, Voltaire – nicht durchhalten, und selbstverständlich mußten Konzessionen an den primitiven Publikumsgeschmack gemacht werden: Aber das Niveau ließ sich aufs Ganze gesehen doch halten. Die Neuberin starb 1760, sechs Jahre vor ihrem Protektor Gottsched, mit dem sie sich schließlich doch noch überworfen hatte. Caroline Neuber war die erste Theaterprinzipalin. Sie hatte den Männern bewiesen, daß auch eine Frau einem Unternehmen – und sei's nur einer Wanderbühne – mit Erfolg vorstehen konnte.

Aber die Selbstherrlichkeit des Mannes erhielt einen weiteren Schlag: Am 12. Juni 1754 promovierte die Universität Halle die neununddreißigjährige Dorothea Erxleben zum Doktor der Medizin. Sie war die Tochter eines Quedlinburger Arztes und hatte 1742 eine provozierende Schrift veröffentlicht: »Gründliche Untersuchung der Ursachen, die das weibliche Geschlecht vom Studium abhalten, darin deren Unerheblichkeit gezeiget, und wie nötig und nützlich es sei, daß dieses Geschlecht der Gelahrtheit sich befleiße, verständlich dargelegt wird.« Ihren Kampf um das Frauenstudium hatte sogar der sonst so frauenfeindliche König Friedrich II. von Preußen begünstigt, und als sie endlich promovieren konnte, war Dorothea Erxleben längst die Frau eines Pfarrers und Mutter von vier Kindern. Eine gesetzliche Handhabe gegen ihren Promotionswunsch gab es nicht; das Gesetz schloß die Frau nur von allen öffentlichen Ämtern aus. Was die Behörden verwirrte, war, daß auf einmal eine Frau Ärztin werden wollte, denn das hatte es bisher noch nicht gegeben. Wieder mußte der preußische König eingeschaltet werden, und der entschied per eigenhändiger Verfügung, die Promotion sei vorzunehmen.

Dorothea Erxleben erhielt nicht nur die Doktorwürde, sie bekam auch die Approbation. Als erste deutsche Ärztin hat sie bis zu ihrem Tode 1762 praktiziert und galt als »gesucht«. Dennoch ist festzuhalten: Diese wenigen Frauen, die sich in einer von Männern regierten, von Männern geprägten, von Männern bevormundeten Welt durchsetzen konnten, kamen durchweg aus Intellektuellenfamilien. Nur eine einzige durchbrach das Privileg der Abkunft: Anna Luise Karsch, in die Literaturgeschichte eingegangen als »die Karschin«.

Sie war die Tochter eines Pächters, Gastwirts, Brauers – ein Bauernkind, 1722 als Anna Luise Dürbach in Schlesien geboren. Gegen den Widerstand der Familie setzte ein Onkel durch, daß das begabte Kind Lesen und Schreiben lernte. Den zusätzlich vorgesehenen Lateinunterricht verhinderten Mutter und Großmutter. Das kleine häßliche Mädchen zeigte wenig »weibliche Neigungen«; es spielte am liebsten Krieg mit grünen Bohnen als Soldaten. Dennoch empfand die Heranwachsende durchaus »weiblich«, aber zwischen sie und ihren ersten Erwählten stellte sich dessen Mutter: eine Schwiegertochter, die schreiben und lesen konnte? Niemals!

Ein anderer fand sich: unglückliche Ehe, Scheidung. Dann zweite Ehe mit dem Schmiedegesellen Karsch, wieder unglücklich. Aber jetzt begann sie, Gedichte zu schreiben, und die interessierten plötzlich allenthalben. Der berühmte Reitergeneral Seydlitz korrespondierte mit ihr, sie zog – allein – nach Berlin, und die gefeierten Dichter Ramler und Gleim protegierten das unscheinbare Dorfmädchen. Seydlitz konnte sogar ein Gespräch mit dem König vermitteln:

»Sie war also auf dem Lande, hatte keine Erziehung, keine Schule? Wodurch ward Sie denn zur Poetin?«

»Durch die Natur und die Siege Eurer Majestät!«

»Sie hat doch Bücher gelesen?«

»Ja, Euer Majestät, ich las verschiedene Dichter: Gellert, Haller, Hagedorn, Ramler, Gleim und andere mehr.«

»Nicht auch die alten Schriftsteller?«

»Ich habe keine Sprache als Deutsch gelernt.«

»I nun, man hat doch Übersetzungen, lesen Sie da welche?«

»Ja, ich las Plutarchs Lebensbeschreibungen, fünf Gesänge der Iliade und den Horaz . . .«

»Doch den Horaz! Das ist gut.«

Der Alte Fritz versprach, er werde »für Sie sorgen«. Natürlich war das nur eine Redensart. Einmal ließ er ihr gnädigst zwei Taler zukommen. Aber da reagierte die Karschin couragiert:

> Zwei Taler gibt kein großer König;
> Ein solch Geschenk vergrößert nicht mein Glück,
> Nein, es erniedrigt mich ein wenig,
> Drum geb' ich es zurück.

Der König nahm das nicht übel, aber er dachte auch nicht daran, sein Wort einzulösen. Erst sein Nachfolger schenkte der Karschin ein eigenes Haus. Darin starb sie 1791.

Fast fünfzig Jahre nach Gottscheds *Vernünftigen Tadlerinnen* erscheint wieder eine vornehmlich der Frau gewidmete Zeitschrift. Es ist die *Iris* des Georg Jacobi, zu dessen Mitarbeitern nicht nur Kant, Lessing, Wieland und Goethe zählen, sondern überwiegend Frauen, 27 an der Zahl, darunter die Karschin und Sophie von La Roche. Wilhelm Heinse – er wird dreizehn Jahre später durch seinen »wollüstigen« Roman *Ardinghello* berühmt-berüchtigt werden – ist Mitherausgeber, dreißig Jahre alt, und sorgt sich um die literarische Bildung der Frau, denn lesen soll sie ja, aber nicht zuviel, denn das meiste ist für Frauen doch nicht geeignet: »Meine Tochter« – so Heinse, der wie alle diese Theoretiker keine Tochter zu erziehen hatte – wird »einst Hamlet und Macbeth und Othello hören«. Das »höchste Leben« werde dabei »durch ihre Seele strömen«. Und was folgt aus der Shakespeare-Lektüre? »Sie wird jeden guten Dichter und wahren Weisen verstehen, sobald sie seine Sprache versteht. Sie wird ihren Gemahl, wenn er Adel des Geistes hat, und ihre Kinder, und alles, was um sie ist, glücklich machen; der Zug ihrer Liebe wahr und mächtig wie die Natur sein.« Shakespeare als Allheilmittel? Denn freilich: »Bei dieser Erziehung würd' ich weniger Bücher nötig haben.« Wie praktisch! Die meisten sind sowieso ungeeignet, »und unter diesen wenigen *[geeigneten]* kaum eins, daß man so leicht zu verführenden Geschöpfen, als die meisten Töchter Eva sein sollen, so ganz empfehlen darf«.

Die *Iris* hält sich nur drei Jahre, dann geht sie ein. Dafür folgt 1779 die interessanteste, aber auch kürzestlebige Frauenzeitschrift, die endlich auch von einer Frau herausgegeben wird: *Wochenblatt fürs Schöne Geschlecht*, publiziert von der vierundzwanzigjährigen Charlotte Henriette Hezel, Frau eines Theologen; aber die Hefte erscheinen nur vom 5. Mai bis 31. Dezember 1779 in einer Auflage von maximal 500 Exemplaren, dann führen Schwierigkeiten des Vertriebs zur Einstellung des Journals. Daß Themen aus der Politik oder den Naturwissenschaften darin angesprochen werden, erwarte man nicht; dafür war die Zeit noch nicht reif. Bemerkenswert aber ist, daß die Herausgeberin (auch sie betont, »daß Frauenzimmer Menschen sind«) sich der ständigen Mitarbeit eines Arztes versichert, um »diätetische« Fragen zu behandeln. Denn sieht man von Kurzrezensionen, Gedichten und von den Lebensläufen einiger Berühmtheiten ab, so beschäftigen sich die größten Beiträge mit Fragen der gesunden Ernährung, mit der Schädlichkeit von Kaffee und den Alkoholika, mit Schnürbrüsten und spitzen Schuhen, dem gesundheitlichen Nachteil der »entblößten Brust«, dem »Nachteil der Schminken«, dem »Vorteil der freien Luft«, der Schädlichkeit hochtoupierter, pomadisierter, gepuderter Frisuren, vor allem aber mit der Reinlichkeit, wobei das Waschen von Kopf bis Fuß dringlich empfohlen wird (was damals noch ganz unüblich war, auch der regelmäßige und häufige Wechsel der Wäsche und das »tägliche Auskämmen der Haare«; auch die Reinlichkeit des Unterleibs wird den Leserinnen sehr ans Herz gelegt und in diesem Bereich »übertriebene Schamhaftigkeit« gerügt).

Das ist für die Zeit um 1779 ungewöhnlich und in der Publizistik einmalig, und darum wohl war diese Zeitschrift der mutigen Charlotte Hezel zur Kurzlebigkeit bestimmt. Wie vernünftig und niveauvoll das *Wochenblatt* war, zeigt der Vergleich mit dem 1782 gegründeten *Magazin für Frauenzimmer*, das natürlich wieder ein Mann herausgab, der Philologe David Christoph Seybold. Sein Programm: »1. Über die Erziehung, sowohl wie die Frauenzimmer erzogen werden, als wie es selbst erziehen solle. 2. Kleine Abhandlungen aus der Moral und Geschichte; kurze Nachrichten aus der Geographie, besonders von den Naturprodukten. 3. Kleine Lebensbeschreibungen von Frauenzimmern, die entweder schon bekannt sind, oder auch in der Stille ihre Pflichten erfüllt haben und der Welt bekannt zu werden verdienen. 4. Anekdoten. 5. Auszüge aus den Werken, die fürs Frauenzimmer entweder bei uns oder anderen Völkern erschienen. 6. Gedichte, zuweilen von der Komposition begleitet. 7. Naturgeschichte, besonders in Rücksicht des ökonomischen Nutzens, den die Pflanzen oder andere Produkte der Natur für die Haushaltung haben. 8. Kleine Erzählungen und kurze Romane, aber wieder nur in Rücksicht auf unsern Zweck, um durch Geschichte des täglichen Lebens entweder vor Fehlern zu warnen oder zu Pflichten zu ermuntern.«

Daß das Thema Erziehung zu kurz kommt, muß Seybold nach dem Vorliegen des ersten Jahrgangs selbst zugeben, aber wahrscheinlich hatten die Leserinnen dabei nicht viel versäumt, denn der Herausgeber verfolgt die alte Tendenz: »Vor ungefähr zehn Jahren lasen noch wenige Frauenzimmer, und was sie lasen war etwa das Kochbuch, der Kaiser Octavianus, Albertus Julius oder die Insel Felsenburg, Robert Pierrot und dergleichen. Seit zehn Jahren hingegen liest fast alles, und es ist daher zu befürchten, das schöne Geschlecht möchte über den Büchern, besonders den seit einigen Jahren so häufig erscheinenden Romanen vergessen, daß sie nicht nur zum Lesen, sondern auch zum Kindergebären und Erziehen und zur Führung einer Hauswirtschaft bestimmt sind.« Also wenn schon Lektüre, dann am liebsten das Kochbuch.

Auch um diese Zeitschrift sammeln sich Autorinnen, hier sind es neunzehn, darunter als prominenteste Sophie von La Roche, die mit dem Stück *Mein Glück* ein kalmierendes, allseits versöhnliches Lebensbild liefert, so wie's die Frauen erträumten und die Männer erwarteten.

Und genauso geriet auch ihre eigene Frauenzeitschrift, die Sophie von La Roche 1783 auf den Markt brachte: *Pomona für Teutschlands Töchter*. Selbstbewußt wies die Verfasserin der *Geschichte des Fräuleins von Sternheim* (1771) darauf hin, daß bislang »teutsche Männer« den Leserinnen gesagt hätten, was »uns nützlich und gefällig« sei; »Pomona – wird Ihnen sagen, was ich als Frau dafür halte«. Aber dieses so herzhaft angekündigte Journal war von zierlicher Betulichkeit, verblieb stets im Bereich gefälligen Geplauders und ermangelte recht deutlich kompetenter Mitarbeiter. Die *Pomona* mußte 1784 nach vierundzwanzig Heften eingestellt werden. Interesse und damit Verkäuflichkeit ließen nach, betrügerische Abrechnungen von Buchhändlern führten ins Defizit. Mehr als 1500 Exemplare Auflage hat diese Zeitschrift sowieso nie erreicht, die Zahl der Abonnenten dürfte bei der Hälfte gelegen haben.

Als *Pomona für Teutschlands Töchter* auf den Markt kam, war Caroline Michaelis, deren Leben dieses Buch nachzeichnet, zwanzig Jahre alt. Die Probleme, denen sich eine Frau damals konfrontiert sah und die hier nur kurz angerissen werden konnten, sind auch die Probleme in Carolines Leben, wie die folgenden Kapitel ausweisen werden. Nochmals: Was bedeutete es, 1763 als Mädchen geboren zu werden? Es bedeutete meistens, sich demütig unterzuordnen, den eigenen Willen unter einen anderen, den des Mannes, zu beugen; nicht Partnerin zu sein, sondern Objekt; keinen Anspruch auf Bildung zu haben, auf Gleichberechtigung vor dem Gesetz; keinen Anspruch auf einen Beruf zu kennen; dem eigenen Körper und seinen Wünschen keine Rechte einzuräumen und zeitlebens sich bewußt zu sein, einen Menschen minderen Werts zu verkörpern, weil Gott es offenbar selbst so gewollt.

Es konnte aber auch bedeuten, dies alles nicht zu akzeptieren und sich dafür die Gesellschaft zum unversöhnlichen Feind zu machen. Auch solche Frauen hat es gegeben, verschwindend wenige. Zu ihnen gehörte Caroline. Ihr sechsundvierzigjähriges Leben war der sechsundvierzig Jahre währende Kampf einer Frau um ihre Selbstverwirklichung.

»Berühmt in allerlei Bedeutung
Durch Würste, Bibliothek und Zeitung,
Durch Professorn und Regenwetter,
Und breite Stein und Wochenblätter;
Durch junge Herrn aus allen Reichen
Der Welt, und Mädgen und dergleichen.«[*]

Georg Christoph Lichtenberg über Göttingen (1769)

Die 1737 gegründete Universität Göttingen gehörte zu den feinsten im damaligen Deutschen Reich. Hier erschien die erste wissenschaftliche Zeitschrift deutscher Sprache von Rang, der *Göttinger Gelehrte Anzeiger,* hier gab es die erste moderne Gebrauchsbibliothek, hier studierten Sprößlinge der englischen Hocharistokratie und auch Britanniens Prinzen, denn der Landesvater Georg II. war nicht nur Kurfürst von Hannover, sondern auch König von England. Modern, vornehm, aber auch teuer – das war Göttingen. Hier herrschte nicht der ordinäre Ton wie in Gießen, hier schlug man keine scharfe – und zuweilen mörderische – Klinge wie in Jena: Göttingen durfte sich rühmen, daß im ganzen 18. Jahrhundert von insgesamt 18 000 Studenten nur ein einziger bei einem Duell tot auf dem Platze geblieben war.

Meist zählte eine deutsche Universität damals zwischen 500 und 900 Studenten. An Studienplätzen und Wohnungen mangelte es nicht, wohl aber an Geld. Wer aus vermögendem Hause kam, brauchte sich darüber freilich keine Gedanken zu machen, aber entgegen landläufigen Meinungen studierten im 18. Jahrhundert auch Söhne aus armen Familien. Wohl gab es Stipendien, die der jeweilige Landesvater aussetzte, aber die wurden einmal nach Willkür vergeben, und zum anderen waren sie viel zu gering, um davon ein Studium zu finanzieren, wofür man jährlich mindestens

200 Taler brauchte. Ein Großteil der Studenten war daher Werkstudent. Der Dichter Hölty verdiente sich ein Studium in Göttingen, indem er täglich fünf Stunden Griechisch und Englisch unterrichtete, aber ihn bezahlte nicht einmal die Hälfte seiner Schüler, denn entweder besaßen sie selber nichts oder sie machten sich vorzeitig davon. Lichtenberg, später Professor in Göttingen, 17. Kind eines Landpfarrers, schrieb »Verse auf die Prorektorwahlen« und Rezensionen, las Korrektur für Druckereien und gab Mathematikstunden. Und so mancher kräftige Student verdiente sich ein Zubrot, indem er um das Glück seiner zwar verheirateten, aber sexuell enttäuschten Vermieterin besorgt war und sich dafür entlohnen ließ: »Schwanzdukaten« hieß man diesen Zugewinnst in der Studentensprache. Die Sexualnot unter den jungen Männern war groß – trotz dieses Dukatens. Eine 1748 in Ansbach erschienene Schrift klagte: »Ich weiß zuverlässig, und mehrere, die es beobachten wollen, werden es bezeugen können, daß auf den meisten Universitäten zu Anfang der halben Jahre, wenn neu angehende Studenten eintreffen, gemeiniglich ein Drittel der ganzen Schar von Musensöhnen unter den Händen der Doktoren und Feldscherer liegt, um sich von Galanterie-Krankheiten oft schlecht genug heilen zu lassen.« Und der Verfasser fragt: »Sollte es mithin nicht besser seyn, wenn in solchen Städten Häuser unter obrigkeitlicher Aufsicht wären, wo Jünglinge, die aus Mangel an guten Grundsätzen, aus Unerfahrenheit in der Kunst, jedem unordentlichen Ausbruch der Leidenschaften vorzubeugen, die Stillung des Begattungstriebes nicht bis in den ehelichen Stand versparen könnten und wollten: es wenigstens auf die für ihr eigenes und das Staatswohl unschädlichste Art bewerkstelligen, und ihre Neigung ohne Gefahr ihrer Gesundheit, ohne sich öffentlicher Schande bloßzustellen, ohne in liederliche Bekanntschaften [. . .] zu geraten, befriedigen könnten?«

Der in Gießen studierende Theologe Laukhard kann sich in seinen Erinnerungen nicht genug daran tun, im Kreise seiner Kommilitonen im Fach der »Zotologie« brilliert, also in der Zotenreißerei als Experte gegolten zu haben. Aber was blieb den armen

Studenten anderes übrig? Zumal ihnen nicht einmal als einfachstes Ventil die Selbstbefriedigung erlaubt war. Im Gegenteil: Theologen und Ärzte wetteiferten durch das ganze Jahrhundert hindurch gegen nichts so sehr wie gegen die Todsünde der »Selbstbefleckung«, der sie tödliche Folgen nachsagten, zumindest die totale Verblödung. Und sonst? In Gießen gab es nicht mal ein Bordell, da mußte man schon nach Wetzlar. Und die Töchter der Bürger waren ihnen verwehrt, denn Jungfräulichkeit war ein Marktwert; ein »entehrtes« Bürgermädchen hatte kaum Heiratschancen. Auf dem Lande war das einfacher, hier sah man weniger auf »Unbescholtenheit«. Und in Adelskreisen war dergleichen vollends problemlos, sofern nur das Mädchen »niederen Stands« war. Dort galt auch ein uneheliches Kind nicht als schandbar. Schandbar galt alles, was den Marktwert schmälerte.

Geschah das Unglück aber dennoch, daß eine Bürgertochter ein uneheliches Kind bekam, so hatte sie den Spott dazu: In Gießen marschierten die »Zotologen« gemeinsam mit der Hebamme vor das Haus der Unglücklichen und grölten eindeutige Lieder. Beschwerden nützen nichts, selbst Seine Magnifizenz fanden den Einfall köstlich. Alimente wurden nicht gezahlt, allenfalls ein Bußgeld in Höhe von zwölf Talern für die Bibliothekskasse.

An Heiraten war überhaupt nicht zu denken. Entweder war dem Studenten die Heirat rigoros verboten (so in Jena), oder der Student bedurfte dazu der ausdrücklichen Genehmigung seiner Eltern (so in Göttingen), und ohne Erlaubnis wurde relegiert (so in Freiburg). Studenten waren damals erbötige Söhne von Elternhaus und Staat, ein Aufmucken blieb unvorstellbar. Mit Professoren verfuhr man großzügiger. Lichtenberg etwa, seit 1770 Professor für Philosophie in Göttingen, konnte es sich ohne weiteres leisten, 1777 das zwölfjährige Blumenmädchen Maria Dorothea Stechard in sein Haus zu nehmen, und das gewiß nicht nur, um sie in den Wissenschaften zu unterweisen. Fünf Jahre lebte Lichtenberg mit ihr zusammen, dann starb sie, von ihm tief betrauert. Ein Jahr später begann die Gemeinschaft mit der vierundzwanzigjährigen Margarethe Kellner, die Lichtenberg erst heiratete, nachdem sie ihm zwei Kinder geboren hatte. In Göttingen fand man nichts dawider, im Gegenteil: Wegen seines aktiven Sexuallebens rühmten die Studenten den Professor als »starken August«; allenfalls amüsierte man sich über die Anekdote, wonach ein Student zu Lichtenberg kam und in der Küche die Köchin nach der »Frau Hofrätin« fragte, die ihm erwiderte: »Dat sin ek!«

Die Studentenschaft war zwar seit der zweiten Hälfte des 18. Jahrhunderts kultivierter geworden, aber das ist denn doch ein relativer Begriff. Der studentische Kommers etwa blieb grauslich genug. Der begann zunächst harmlos mit Kaffee und Buttersemmeln, dann wurden die Pfeifen entzündet und vom Ältesten »Generaldampf« befohlen: Inmitten des allgemeinen Qualms ertönte das Kommando »Holländer machen!« – dann mußten die Pfeifen leergeraucht werden. Sodann begann das Zechen, wobei für die Ungeübten der »Großvater« auf den Tisch kam, ein Nachttopf, in den man sich übergeben konnte. Hatte man sich so recht vollaufen lassen, gab es noch einen Hauptspaß, den Laukhard beschreibt. Man zog »vor ein Haus, worin Frauenzimmer waren«, baute sich auf und pißte dann »nach ordentlichem Kommando unter einem Gepfeife, wie es bei Pferden gebräuchlich ist«. Und da man bei Pferden nicht von pissen, sondern von »stallen« spricht, hieß dieser besondere Jux eine »Generalstallung«. (Soviel zum Humor deutscher Studenten.) Bei den Professoren gab es weniger zu lachen. Ihre Besoldung war kümmerlich und wurde nur um ein geringes erhöht durch Kolleggelder. Wenn aber Studenten »unter Vorwand der Armut Collegia frei baten«, dann konnte ein Professor schlecht abschlagen; allenfalls ersuchte er zum Ausgleich um leichte Schreiberdienste – und »doch ist dieser Fall der geforderten Arbeit sehr selten, und das Publikum hält den Professor schon für geizig, der auf diese Art von Bezahlung dringet«, so der Göttinger Professor Michaelis, Carolines Vater.

Er gehörte zu den Angesehensten der Universität Göttingen, der es an renommierten Professoren wahrlich nicht mangelte. Denn neben Michaelis lehrten damals der Mathematiker Abraham Gotthelf Kästner (unter den Kollegen gefürchtet als Verfasser äußerst boshafter Epigramme), der Staatsrechtler Johann Stephan Pütter,

Georg Christoph Lichtenberg

der Historiker Johann Christoph Gatterer, der Physiker Georg Christoph Lichtenberg und der Philologe Christian Gottlob Heyne.

Von allen Professoren besaß Johann David Michaelis das prächtigste Haus. Michaelis, Sohn eines Theologen in Halle, war 1745 als Dozent nach Göttingen gekommen und hatte dort rasch Karriere gemacht: 1746 außerordentlicher, dann 1750 ordentlicher Professor der Philosophie, von 1751 bis 1756 Sekretär der Göttingischen Societät der Wissenschaften, von 1761 bis 1770 Direktor der Societät, 1761 Ernennung zum Hofrat. Er lehrte orientalische Sprachen und Theologie, inspirierte 1761 König Friedrich V. von Dänemark zu einer Expedition in den Jemen, die er wissenschaftlich gründlich vorbereitete und die wichtige Erkenntnisse über die arabische Welt brachte, und publizierte unermüdlich Buch um Buch, vornehmlich zu Problemen des Alten und Neuen Testaments. Die Pariser Akademie wählte ihn zum auswärtigen Mitglied, die Londoner folgte, und wer immer Göttingen besuchte, verfehlte nicht, dem berühmten Gelehrten seine Aufwartung zu machen. Denn eine Berühmtheit war er, und er wußte und genoß es auch.

Johann David Michaelis

Als im Siebenjährigen Krieg die Franzosen 1757 Göttingen besetzten (und bis 1762 blieben), wurde auf besondere Anordnung der französischen Regierung das Michaelishaus von Einquartierung verschont. Nur der Generaladjutant Beville des Marschalls von Broglie wohnte bei ihm und wurde sein Freund, und Freundschaft verband ihn auch mit dem in Göttingen stationierten General de Vaux. Michaelis konnte von seinem internationalen Ruhm zehren, waren doch einige seiner Bücher auch ins Französische übersetzt worden, der Weltsprache jener Zeit. Die französische Generalität und die Offiziere hofierten den Gelehrten, und der schrieb später ganz zufrieden: »Überhaupt hatten wir die besten Feinde, welche man nur haben kann, und die sehr artig, ja freundschaftlich mit uns umgingen, besonders wurde die Universität sehr distinguiert.«

Während dieser Jahre der Okkupation starb Friederike, die Frau, mit der Michaelis zehn Jahre lang ehelich verbunden gewesen war und die ihm 1754 sein erstes Kind geboren hatte: Christian Friedrich, Fritz gerufen. Sieben Monate später ging der Witwer seine zweite Ehe ein. Die Wahl fiel auf die zwanzigjährige Louise Philippine Antoinette Schröder, Tochter des Göttinger Oberpostcommissarius; die Ehe wurde am 17. August 1759 geschlossen. Das erste Kind dieser Ehe – genauer: das erste Kind, das nicht schon wenige Wochen nach der Geburt starb – war die am 2. September 1763 geborene Caroline.

Michaelis stand damals auf der Höhe seines Ruhms. Im Juli 1763, der Friede nach den langen Kriegsjahren war gerade fünf Monate alt, erreichte den Gefeierten das Angebot König Friedrichs II. von Preußen, eine Professur in Berlin zu übernehmen. Michaelis lehnte ab, was ihn später herzlich reute, hatte er doch ganz versäumt, aus der Berufung »Vorteile« zu ziehen, sprich eine bessere Besoldung, und was das ärgste war: Die Regierung in Hannover hatte ihm die Ablehnung nicht im mindesten gedankt. Daß man ihn nicht gebührend würdigen könnte, scheint überhaupt eine der vornehmsten Sorgen dieses Mannes gewesen zu sein, der seinen internationalen Ruhm noch weit höher einschätzte, als er es in Wirklichkeit war. In seinem knappen Lebensabriß gedenkt er denn auch zuvörderst aller ihm zuteilgewordenen Ehrungen und Auszeichnungen, worunter vor allem der ihm 1775 vom schwedischen König Gustav III. verliehene Nordsternorden zu nennen ist, der den Inhaber berechtigte, sich »Ritter« zu nennen. Michaelis konnte darauf wohl stolz sein, denn er bekam den Orden als erster Ausländer, zur Entschädigung dafür, daß Gustavs Vorgänger die Dogmatik Michaelis' hatte verbieten lassen – eine bezaubernde Geste, wie sie jene Zeit zu schätzen wußte.

Die Kollegen beäugten den Ritter Michaelis mit einem Gemisch aus Ärger, Spott und Bewunderung. Lichtenberg, der eine Episode Michaelisscher Überheblichkeit und grober Taktlosigkeit berichtet, kommentiert: »Es ist ein abscheulicher Mann.« Aber später gibt er doch zu: »Durch alle seine Possen schimmert immer, wie mich dünkt, der große Mann durch.«

Auch die Studenten waren im Zweifel. »Seine nähere Bekanntschaft mochte lohnender für den Gelehrten als für den Laien sein«, erinnerte sich einer später, der sich vor allem über die »Herzlosigkeit und Habgier, welche sich armen jungen Theologen gegenüber kundtat«, erregte. Ein anderer berichtet: »Der große Mann war doch wirklich so klein, daß ihn das aus vollem Halse ergossene Gelächter von hundert meist ungebildeten und das gefällige Lächeln von etwa fünfzehn gebildeten und weitersehenden Zuhörern, so vergnügen konnte, daß er nicht selten recht mühsam und mit sichtbarer Anstrengung es darauf anlegte, daß es gerade an das Ende der Stunde fallen mußte, wo er dann unter lautem Jubel, gleichsam im Triumphe, aus dem Auditorio wegzog und noch unter der Türe einen danksagenden, viel Wohlgefallen ausdrückenden Blick an die Auditores zurückwarf.«

Zu dieser effekthaschenden Attitüde paßt auch die Aufmachung, in der Michaelis zuweilen vor die Studenten getreten sein soll, »in Reithosen, gestiefelt und gespornt, den Degen an der Seite, die Bibel unterm Arm«. Ob das mit seiner »Liebe zum Krieg und Militär« zusammenhing, über die sich Alexander von Humboldt so verwunderte? »In der Preußischen Rangliste lebt er ganz.« Jedenfalls war er – so einer seiner Schüler – »einer der vollkommensten Dozenten, die je, solange Universitäten sind und sein werden, gelebt haben. Im natürlichsten Konversationston, in fließender und hinreißender Sprache, durch eine außerordentliche Zungenfertigkeit, ein lebhaftes Mienen- und Gebärdenspiel, durch eine unerschöpfliche Mannigfaltigkeit in Wendungen, Bildern und Vorstellungsarten, freilich auch durch allerlei Abschweifungen, Anspielungen, Witzeleien und derbe Späße wußte er sein immer zahlreiches Auditorium anzuregen, zu fesseln und zu unterhalten. Seine Vorlesungen waren [...] eine wahre Erholung, da er seine Zuhörer mit großer Leichtigkeit zu einer Übersicht über das Ganze zu führen und dem Wesentlichen seines Vortrags eine Fülle von interessanten Nebenbetrachtungen einzuweben wußte. Freilich widerstand er auch nicht, zumal in seinen späteren Jahren, der in dieser Art des Vortrags liegenden Gefahr, alles mögliche herbeizuziehen, was mit dem Hauptgegenstand in sehr entfernter Beziehung stand.« Das ist eine feine Umschreibung des pikanten Tatbestands, daß der Orientalist und Theologe seine Vorlesungen reichlich mit Zoten würzte*, was seine Hörer ihm mit fröhlichem Jubel dankten. Zwar war man dergleichen damals gewöhnt, und nur empfindsamere Naturen – wie etwa der Freiherr vom Stein –

Benjamin Franklin

nahmen Anstoß, aber Michaelis wurde denn doch nachgesagt, er
bringe bei der Auslegung biblischer Stellen »soviel unanständiges
Zeug« vor, daß sich darüber »alle Hochachtung gegen die Bibel«
verliere. Dennoch: Seine Kompetenz in den orientalischen Sprachen
und in der Bibelexegese war nahezu unumstritten.

Ob man ihm wirklich »Habgier« unterstellen darf, ist zweifelhaft. Gewiß war Michaelis sparsam. Seine zweite Ehe bescherte ihm
neun Kinder; das Haus an der Mühlenpforte (heute Prinzenstraße),
das er 1764 für 4300 Taler kaufte und für weitere 3000 Taler gründlich renovieren ließ – es war 1737 als Gasthaus (»Londonschänke«)
erbaut worden und hatte den Franzosen während der Besatzungs-
jahre als Militärhospital gedient –, erforderte zur Unterhaltung ein
Erkleckliches. Davon wurde ein Teil durch Mieteinnahmen ab-
gedeckt, denn Michaelis hatte den Seitenflügel am Leinekanal als
Studentenwohnungen eingerichtet, wo stets zehn bis zwölf Studenten untergebracht waren, die 371 Taler Jahresmiete im voraus zu
zahlen hatten. Der Vermieter ließ ihnen alle Freiheiten; für Kost
und Aufwartung hatten sie selbst zu sorgen. So unabhängig lebte
man in diesem Haus, daß es sogar zum Hauptquartier eines illega-

len Studentenordens werden konnte, unter dessen Mitgliedern 1766 eben jenes einzige Duell mit tödlichem Ausgang stattfand, das man im 18. Jahrhundert in Göttingen registrierte. Daß es ausgerechnet im Hause des Professors Michaelis stattfand, schuf diesem etliche Unannehmlichkeiten.

Der Ruhm des Professors brachte viele Besucher ins Michaelishaus, deren standesgemäße Bewirtung gleichfalls das Budget belastete, auch wenn nicht sonderlich üppig getafelt wurde. Im Sommer 1766 sprach zum Beispiel Lessing vor, außerdem der amerikanische Politiker Benjamin Franklin. Mit ihm unterhielt sich Michaelis, der übrigens fließend Englisch sprach (Frucht seines Englandaufenthalts 1742), über die Zukunft der amerikanischen Kolonien. Der Professor prophezeite seinem Gast, Amerika werde sich in nicht allzuferner Zeit für unabhängig erklären, aber Franklin widersprach: Die Liebe der Amerikaner zum britischen Mutterland würde das nicht zulassen.

Trotz des reichen Kindersegens – 1763 Caroline, 1766 Charlotte Wilhelmine, 1768 Gottfried Philipp, 1770 Louise (dazu noch weitere fünf Kinder, die schon bald nach der Geburt starben) – führte Vater Michaelis ein auf Distanz bedachtes Familienleben. Sein Schlaf- und Arbeitszimmer lag im ersten Stock, Mutter und Kinder bewohnten das Erdgeschoß. Das Frühstück nahm jeder für sich ein; Michaelis rauchte dabei eine Pfeife und präparierte sich für die anschließende Vorlesung, die auf neun Uhr angesetzt war. Abends wurde Punkt acht Uhr gegessen, bis dahin mußten alle Gäste – sofern sie nicht ausdrücklich zur Mahlzeit eingeladen wurden – gegangen sein. Das Abendessen nahm die Familie gemeinsam ein. Alexander von Humboldt, der sich 1789 in Göttingen aufhielt und nicht eben gut auf Michaelis zu sprechen war, fand: »Sein Haus ist übrigens sehr angenehm. Es herrscht ein freier, ungenierter Ton darin. Ich bin oft da.«

Der Garten am Haus grenzte an den der Böhmers, wo zwölf Kinder aufwuchsen. Georg Ludewig Böhmer, wie der um zwei Jahre jüngere Michaelis, stammte aus Halle und lehrte an der Universität als Geheimer Justizrat. Seine Vorlesungen waren in allem

Schön, schön ist Heldentapferkeit,
Ihr Ruhm steigt himmelhoch:
Doch niebesiegte Menschlichkeit
Unendlich höher noch!

Göttingen.
d. 7ten Oct
1772.

Caroline.
Michaelis.

IX annos nata, 1774 Gotham profecta.

das Gegenteil von denen seines nachbarlichen Kollegen. Er liebte
die Juristerei mit Haut und Haaren, sie war ihm Beruf und Lieb-
haberei zugleich, ein trockenes, aber liebenswertes Gemüt, dessen
umständliche Formulierungen in reinstem Amtsdeutsch nicht wenig zur Erheiterung von Familie und Freunden beitrug. Die Böhmers führten ein offenes Haus, denn sie liebten die Geselligkeit*,
wozu am meisten Frau Böhmer beitrug, deren fröhliches Temperament dem der Kinder nicht nur in nichts nachstand, sondern es
sogar überflügelte. Und darin war sie ganz das Gegenteil der eher
unfrohen und humorlosen Frau Nachbarin Michaelis.

Das früheste Zeugnis, das wir von Caroline besitzen, ist eine
Eintragung der Neunjährigen in das Stammbuch ihres Hauslehrers*
(denn natürlich besuchten Professorentöchter zu jener Zeit keine
öffentliche Schule):

»Schön, schön ist Heldentapferkeit,
Ihr Ruhm steigt himmelhoch:
Doch niebesiegte Menschlichkeit
Unendlich höher noch!«

Christian Gottlob Heyne

Ein für Carolines Leben symbolisches Wort, will uns dünken, aber freilich: Welcher Biograph neigt nicht dazu, die ersten und letzten überlieferten Worte seines Helden von einem höheren Licht umstrahlt zu sehen? Vor allem aber: Jene Zeit liebte Verse mit ebendieser schönen Moral.

Die ersten uns erhaltenen Briefe Carolines gelten ihren Freundinnen Luise Stieler und Juliana von Studnitz. Die drei Jahre ältere Luise war die Tochter eines Gothaer Hofrats; Caroline lernte sie 1775 in einem Gothaer Internat kennen, das sie zwei bis drei Jahre besuchte, eine Zeit, über die wir nichts wissen. Luise blieb Caroline eine Freundin bis zum Tode. Juliana, ein Jahr älter als Caroline, die Tochter des Kanzlers Ernst August von Studnitz, stand nur bis 1784 mit Caroline in Verbindung, dann bricht der ausschließlich in französischer Sprache geführte Briefwechsel ab.

Zum übrigen Freundes- und Bekanntenkreis zählte die Tochter des Gynäkologen Johann Georg Röderer; Dorothea Schlözer, die Tochter des Historikers August Ludwig Schlözer (sie war sieben Jahre jünger als Caroline) und Therese Heyne.

Therese, Tochter des Philologen Heyne, der schräg gegenüber

27

dem Michaelishause wohnte, dem Ritter in unverhohlener Abneigung verbunden, Leiter der Universitätsverwaltung – Therese ist ein Jahr jünger als Caroline und kommt aus einer verworrenen Familie. Da sie uns noch viel beschäftigen wird, muß sie etwas ausführlicher vorgestellt werden.

Sehr gegen den Willen beider Eltern befreundeten sich die beiden Mädchen im Alter von acht, neun Jahren, und Caroline war und blieb für lange die einzige Freundin Thereses, wie diese selbst später bekannt hat. Was sie verband: Beide waren Professorentöchter und Nachbarskinder, beide hatten kein glückliches Verhältnis zu ihren Müttern. Therese stammte aus Heynes erster Ehe (ihre Mutter starb 1775 mit 45 Jahren an Lungentuberkulose). Ihre Kindheit war erfüllt von häßlichen Szenen zwischen den Eltern, denn die Ehe war brüchig und die Mutter hatte – wie jedermann in Göttingen wußte – zwei Liebhaber: Der erste war der Theaterdichter Friedrich Wilhelm Gotter aus Gotha, sein Nachfolger wurde der Göttinger Universitätsmusikdirektor Johann Nicolaus Forkel (er wird 1802 die erste Biographie Johann Sebastian Bachs veröffentlichen). Als »sehr trübe« hat Therese später ihre Kindheit charakterisiert und ohne einen »einzigen frohen Eindruck«; nur »von armen Studenten« sei sie unterrichtet worden. Die gestörte Elternbeziehung hat Therese nachhaltig geprägt. Sehr bezeichnend, daß sie später in ihren großen Bekenntnisbriefen darauf hingewiesen hat, ihre jüngere Schwester habe »Unanständigkeiten« getrieben, indes sie selbst nur englische Romane las, deren Helden »alle so züchtig« waren.

Dennoch war sie keine introvertierte Natur: Das »Ruschelhänschen«, wie Vater Heyne seinen Liebling Therese nannte, war ein sehr lebhaftes und vorlautes Kind, sicher *zu* lebhaft, *zu* vorlaut aus naheliegenden Gründen, das viel las und die Gedichte der Karschin auswendig konnte. Zwei Jahre nach dem Tode seiner ersten Frau heiratete Heyne 1777 Georgine Brandes, die Tochter des Hofrats und Universitätsreferenten bei der Hannoverschen Regierung: Georg Friedrich Brandes. Vier Töchter und zwei Söhne gingen aus dieser Ehe hervor, die Stiefgeschwister Thereses, die man frühzeitig

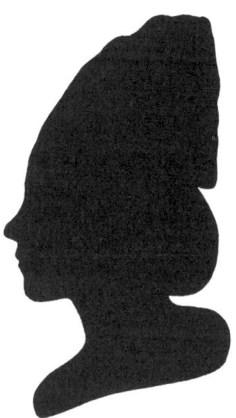

Philippine Gatterer

in eine französische Pension in Hannover steckte, aus der sie 1779 nach Göttingen zurückkehrten.

Caroline, Dorothea und Therese nannte man in Göttingen nur die »Universitätsmamsellen«, wozu noch Philippine Gatterer, die 1756 geborene Tochter des Historikers Johann Christoph Gatterer, zu zählen ist, die 1778 ihren ersten Gedichtband veröffentlichte und von Gottfried August Bürger als »ein großes poetisches Talent« gerühmt wurde. Carolines Urteil: »Ihr Herz ist gewiß gut, ihr Verstand untadelhaft, aber für ein Frauenzimmer hat sie zu viel Mut, denkt und redet zu frei, hat überhaupt so wenig vom sanften weiblichen Charakter, als daß sie aus dem Gesichtspunkt betrachtet gefallen würde.« Aber ihre Briefe, so die Siebzehnjährige gönnerhaft, machten »ihr immer Ehre«. Bürgers Interesse an Philippine, die inzwischen einen Kriegssekretär Engelhard geheiratet hatte, schwand bald: »Von Philippine Gatterer habe ich noch eine Menge ungedruckter Sachen, worin sie bald des besten Dichters würdig sich erhebt, bald tiefer als der jämmerlichste Leiernatz sinkt!«

Das also sind die vier »Universitätsmamsellen«. Mit ihnen hat Caroline damals nicht korrespondiert, weil man sich fast täglich sah, aber Informationen liefern uns die Briefe an Luise Stieler und Juliana von Studnitz. Sie sind die einzigen Zeugnisse für die ersten zwanzig Lebensjahre Carolines und berichten ausführlich über Lektüre, Theater und Konzert, hingegen kaum etwas von persönlichem Empfinden oder vom Leben im Michaelishaus.

Diese Briefe demonstrieren die gute Bildung einer Göttinger Professorentochter. Englisch und Französisch beherrscht sie, das Italienische lernt sie, und schon 1778 wagt sie sich an die Übersetzung von Komödien Goldonis. Caroline ist eine passionierte Leserin; die Werke Shakespeares, Miltons, Popes, Humes und Youngs sind ihr – im englischen Original natürlich – vertraut. Ihr besonderes Interesse gilt aber nicht den Klassikern, sondern der deutschen Literatur der Gegenwart, etwa *Menschenfreuden aus meinem Garten vor Z.* von Christian Friedrich Sintenis, *Der Graf von Walltron oder die Subordination,* ein Trauerspiel von Heinrich Ferdinand Möller, *Geschichte Karls von Burgheim und Emiliens von Rosenau,* ein vierbändiger Roman von Johann Martin Miller, von dem sie meint, sie könne Millers Vorliebe für unglückliche Liebende nichts abgewinnen, da habe ihr sein *Siegwart* besser gefallen. Sein »ewig monotones ›Liebe unglücklich Liebende‹« finde sie »fade«. Sie sei überzeugt, daß ein Roman ohne Liebe interessanter wäre, schreibt die Fünfzehnjährige, jedenfalls sei *Sophiens Reise von Memel nach Sachsen* eher zu empfehlen. *Sophiens Reise* von Johann Timotheus Hermes war zwischen 1769 und 1773 in fünf Bänden erschienen und gehörte sofort – wie Millers *Siegwart* – zu den Lieblingsbüchern jener Zeit; schon ein Jahr später mußte eine erweiterte Neuauflage gedruckt werden. Im Frühjahr 1780 liest sie im *Teutschen Merkur* Wielands *Oberon* (»Wo ist der Mensch, der so schiefen Kopfs und harten Sinns gewesen wäre, nicht darüber entzückt zu sein?«), ein Jahr später den soeben erschienenen vierbändigen Roman *Alcibiades* von August Gottlieb Meissner.

Sich solche Bücher und Zeitschriften zu beschaffen machte keine Schwierigkeiten, denn die Universitätsbibliothek befand sich gegenüber dem Michaelishaus, Michaelis selbst hatte sie drei Jahre lang geleitet, ehe sie 1763 Heyne übernahm.

Carolines Hauptvergnügen aber war – wie für jedermann – das Theater, das sie schon während ihrer Gothaer Internatszeit fleißig frequentiert hatte. In einer Zeit, der Funk, Fernsehen, Film und Illustrierte unbekannt waren, die auch eine Massenpresse nicht kannte, und in der Zeitungen und Zeitschriften schon des hohen Preises wegen nur einem ganz kleinen Kreis überhaupt zugänglich waren, bot das Theater die populärste Zerstreuung. Billige Possen, Klamaukstücke und Schmachtfetzen wechselten mit Klassikeraufführungen, die oft genug auch für ein breites Publikum massiv bearbeitet wurden; so wurde jeder Geschmack bedient. Zudem war das Theater ein Ort der Geselligkeit, wo man einander traf und das Neueste besprechen konnte, wo man sah und gesehen wurde:

Man eilt zerstreut zu uns, wie zu den Maskenfesten,
Und Neugier nur beflügelt jeden Schritt;
Die Damen geben sich und ihren Putz zum besten
Und spielen ohne Gage mit.

Und manchmal spielte sogar jemand aus der Gesellschaft auf der Bühne mit, so in Göttingen der Tausendsassa Meyer, den wir hier vorerst nur erwähnen wollen; er wird uns später noch genug beschäftigen. Meyer also, durchaus kein Berufsschauspieler, gab den Theseus in dem Melodram *Ariadne auf Naxos* von Johann Christian Brandes mit der Musik von Georg Benda, zweifellos ein Zugstück jener Jahre. Dem Trauerspiel *Die Zwillinge* von Friedrich Maximilian Klinger, das in Göttingen im Sommer 1779 gegeben wird, kann Caroline gar nichts abgewinnen; man wisse meist gar nicht, was der Autor eigentlich wolle. Was Caroline damals auf der Bühne sah, traf ziemlich genau den deutschen Publikumsgeschmack, was nicht weiter überraschend ist: Ehe ein Stück in Göttingen aufgeführt wurde, hatte es längst seine Probe in den Großstädten bestanden; man wußte also genau, was ankam. Etwa *Nicht mehr als sechs Schüsseln. Familiengemälde in fünf Aufzügen* von Gustav Friedrich Wilhelm Großmann (das Goethe besonders haßte); *Die Jagd,* ein Singspiel von Christian Felix Weiße; *Agnes Bernauerin,* ein Trauerspiel von Joseph

August von Törring-Cronsfeld; *Lanassa, ein Trauerspiel* von Karl Martin Plümicke (sie sei hingegangen, obwohl sie das Stück nicht leiden könne, schreibt Caroline); *Die Liebe nach der Mode, oder der Eheprokurator,* ein Lustspiel von Christoph Friedrich Bretzner; *Johann von Schwaben* von Karl Martin Plümicke.

Aus Carolines Briefen geht hervor, daß sie zu dieser Zeit noch kein einziges Stück von Goethe oder Schiller auf der Bühne gesehen hat; sie kennt *Stella* und *Die Geschwister* (letzteres aber nur in einem Extrakt; »schade, daß Goethe, der so ganz herrlich, so hinreißend schön schreibt, so sonderbare Gegenstände wählt«, schreibt die Achtzehnjährige), sie kennt *Die Räuber* und *Die Verschwörung des Fiesko zu Genua,* aber eben nur als Lektüre.

Gelegentlich besucht sie auch Konzerte, aber mit spürbar geringerem Interesse. Sie erwähnt ein Konzert der Sängerin Elisabeth Mara, die mit ihrem Ehemann, einem Cellisten, auftrat, und ein Kammerkonzert des Gothaer Cellisten Johann Konrad Schlick, von dem sie enttäuscht ist und das sie zu der spitzen Bemerkung veranlaßt, jedermann habe sich für ihn interessiert, aber sie wisse nicht, ob seines Talents wegen oder seiner Romanze mit einem Fräulein von Rudolph, über die man in Göttingen sehr detailliert Bescheid wisse. Im März 1780 hört sie – zu wiederholtem Male – *Der Tod Jesu* von Karl Heinrich Graun. Sie findet das Stück »ergreifend«, man höre es immer wieder »mit neuem Vergnügen«, aber sie sei freilich keine Kennerin. Nicht nur das: Caroline hat zeitlebens keine Beziehung zur Musik gefunden, sie blieb in ihrem Dasein ohne Belang.

»Nein, Luise, ich kann nie ganz unglücklich sein, da Du meine Freundin bist. Glaub es mir, ich bin keine Schwärmerin, keine Enthusiastin, meine Gedanken sind das Resultat von meiner, wenn's möglich ist, bei kaltem Blut angestellten Überlegung. Ich bin gar nicht mit mir zufrieden, mein Herz ist sich keinen Augenblick selbst gleich, es ist so unbeständig. Du mußt das selbst wissen, da Dir meine Briefe immer meine ganze Seele schildern. Ich habe wahres festes Vertrauen auf Gott, ich bitte ihn so sehnlich, mich glücklich zu machen, aber ich habe so verschiedene Wünsche, wodurch ich das zu werden suchte, daß, wenn er sie alle nach meiner Phantasie erfüllen wollte, ich notwendig unglücklich werden müßte. Du mein Gott, der du mein Herz kennst, der du mich schufst, erfülle keinen Wunsch, der dir mißfällig, ich verlasse mich auf dich! Hätte ich nicht ein so muntres Temperament als ich wirklich besitze, wie würd's da um mich aussehen! Wie viele Ursachen zur Betrübnis habe ich nicht, und doch vergesse ich sie so leicht, tröste mich so gut ich kann und lasse Gott für das übrige sorgen. Daß mir meine Geschwister von meiner Mutter vorgezogen werden, ist das nicht schon Kränkung genug? Dazu kommt eine so fehlgeschlagene Erwartung, und doch will ich die am leichtesten verschmerzen; aber, meinen guten Namen verloren zu haben, doch so arg ist's vielleicht nicht, meine Einbildungskraft vergrößert mir mein Unglück, aber doch bin ich wenigstens das Gespräch des schlechtern Teils unsrer Stadt, und das durch eine Ursache, an der ich so wahrhaftig unschuldig bin, bloß meine Unbesonnenheit hat mich da hineingestürzt, ich darf's Dir nicht schreiben, weil's meine Mutter verboten hat, Du weißt noch gar nichts davon.«

Dieser Brief der Fünfzehnjährigen an ihre Freundin Luise Stieler enthält Carolines Charakter *in nuce*. Gewiß, der schwärmerische Ton und die pathetische Anrufung Gottes sind der Stil der Zeit, sind auch der Stil eines Mädchens in diesem Alter, aber die Art der Selbsteinschätzung ist individuell und die Art der Problematik für diesen Menschen sehr bezeichnend: Innerhalb ihrer umfangreichen Korrespondenz wirkt diese Briefstelle leitmotivisch.

Was eigentlich vorgefallen ist, wissen wir nicht; offenbar betreffen die Sätze ihre erste Liebe, und sie galt dem Heidelberger Juristen Wilhelm Link, der seit einem Jahr in Göttingen lebte und den Caroline 1777, also im Jahr zuvor, kennengelernt hatte. Da über diese Liebe außer spärlichen Äußerungen in ihren Briefen nichts näheres bekannt ist, versagen wir uns auch Spekulationen darüber, welche »Unbesonnenheit« ihr soviel Kummer macht. Zum Glück bot ihr das Elternhaus mit seinen vielen interessanten Besuchern genügend Ablenkung, und eine andauernde, selbstquälerische Beschäftigung mit sich lag Carolines Temperament immer fern.

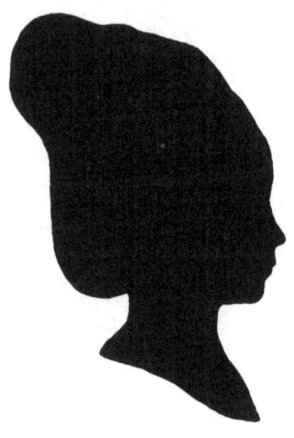

Caroline

Anfang 1779 spricht Georg Forster im Michaelishaus vor. Der fünfundzwanzigjährige Gelehrte, berühmt geworden als Reisegefährte von James Cook auf dessen zweiter Weltumseglung, ist im Begriff, eine Professur in Kassel zu übernehmen. Bewundert und beneidet, weil er die glücklichen Inseln der Südsee kennengelernt hat – Cooks und Forsters Berichte werden uns bald das Bild vom glücklichen Wilden bescheren –, weiß er natürlich, was er seinem Ruf schuldig ist: Er schenkt Caroline ein Tuch aus Otaheiti, wie man Tahiti damals nennt, und sie schneidert sich daraus ein Ballkleid. Sonst ist der Kontakt zum Michaelishaus eher distanziert; Forster hält sich lieber bei seinem Freunde Lichtenberg oder bei den Heynes auf, weil er ein Auge auf Therese geworfen hat. »Therese forschte gleich, wie mir Forster gefiele, und es schien ihr sehr lieb, daß er mir gefiel«, berichtet der Schriftsteller und Sekretär Heinrich Christian Boie, der im Mai nach längerer Zeit wieder einmal Göttingen besucht und dabei auch Caroline wiedersieht, was er mit einem Satz kommentiert: »Mamsell Michaelis ist – ein wenig wild.« Nicht oft sind Gedankenstriche so inhaltsreich.

Inzwischen ist der von Michaelis vorausgesagte Unabhängig-

Georg Forster

keitskampf der Amerikaner gegen ihre britischen Kolonialherren ausgebrochen, an dem die Familie besonderen Anteil nimmt. Nicht nur, weil man sich in Göttingen auf Grund der engen Beziehungen zu England natürlich zur britischen Seite gehörend fühlt: Fritz, der Älteste, dient als Stabsarzt bei den hessischen Truppen, die im britischen Sold gegen die Amerikaner kämpfen, und ihm fühlt sich Caroline besonders verbunden: »In den letzten Tagen hat man in den Zeitungen den Washington totgesagt, und ich wollte bereits seinen Tod feiern, als ich unglücklicherweise erfuhr, daß ich mich umsonst gefreut hatte, und daß er bei bester Gesundheit war. Vielleicht hat er nicht mehr Lust zu sterben wie ich selbst. Ich glaube trotzdem nicht, daß der Krieg noch lange dauern kann, aber durch den Tod Washingtons, der ein ausgezeichneter General sein muß, wäre er ganz beendet gewesen, und ich hätte den besten der Brüder wiedergesehen«, schreibt sie im Februar 1780.

Sonst aber beschäftigte sie weniger der Kriegsschauplatz Amerika als ihr Verhältnis zu Wilhelm Link, den sie sich als »Freund, nicht als Geliebten« denkt, »ob er gleich das Gegenteil wohl wünschte«, schreibt sie ihrer Freundin Luise, die gerade den Schriftsteller Friedrich Wilhelm Gotter geheiratet hat. Obwohl das Verhältnis mit Link schon drei Jahre währt, hat ihr Vater ihn noch nicht kennengelernt: »Sollte er seine Tochter, die er so väterlich liebt, einem Unbekannten überlassen?«

Das ist nun zum Entzücken gar: Link hat ihr »seit drei Jahren« nie »ein Kompliment, ein zärtliches Wort gesagt«, er offenbart »die Heftigkeit, mit der er fühlte«, nur in Briefen, und als sie sich einmal auf einem Ball begegnen, da zittert er und »konnte kaum reden«, und sie selbst sei »nicht viel besser dran« gewesen. Ihn mit dem Vater bekannt zu machen – oder bekannt machen zu lassen, anders wäre es nicht schicklich – fällt ihr nicht ein. Ihr Resümee: »Ist's gut für mich, auf diese Art glücklich zu sein, so wird uns Gott vereinigen. Ist es nicht gut, so trennt er uns, und ich habe den wahrhaft göttlichen Trost, daß jedes Schicksal, was mir begegnen mag, zu meinem Wohl dient.« Aber dann muß ihr doch wohl das Unnatürliche und Affektierte dieser Affäre, nachempfundene Trivialliteratur, bewußt geworden sein (»fern von mir sei jede romanhafte Idee!«), denn das gesunde Lebensgefühl schlägt durch: »Was soll ich mir in der Blüte des Lebens ängstliche Stunden machen. Ich will meinen Frühling genießen, erst 16 Jahr und mir vor Sorgen und Kummer graue Haare wachsen zu lassen, das ist meine Sache nicht.« Aber dennoch müssen noch elf Monate vergehen (Link hat längst Göttingen verlassen), bis sie ihrer Freundin gestehen kann, »daß ich mich ganz von meiner Leidenschaft losgerissen habe«. Sie, die so intelligent ist, daß sie selbst sogar allmählich spürt, wie sich hier Literatur ins Leben mischt, spürt doch nicht, daß sie nur Empfindungen aus zweiter Hand bewegen. In Wahrheit gilt ja das, was sie für Liebe hält, auch gar nicht der individuellen Persönlichkeit Links, sondern einem Wunschbild mit Links Physiognomie, einer vagen Sehnsucht nach Liebe, wie sie für dieses Alter charakteristisch ist. Nachdem er dem Göttinger Blickfeld entschwunden ist, läßt sie Link zwar noch gelegentlich Nachrichten durch einen Freund zukommen, lehnt aber einen Briefwechsel strikt ab. Vier Jahre braucht sie, um sich von einer »Leidenschaft« loszureißen, die sie nie empfunden, sich immer nur eingeredet hat. So ganz allein aus ihrem Alter heraus läßt sich das nicht erklären, so naheliegend das scheint; noch weit in ihr ferneres Leben hinein gehört es zu Carolines Eigenschaften, Empfindungen in einen Mann zu projizieren, die eigentlich gar nicht ihn in seiner Individualität meinen, sondern eine Art höheres Du, und immer wird dann der Augenblick kommen, wo das Erkennen dieses unbewußten Selbstbetruges schwere Konflikte auslöst.

Nun begünstigten freilich auch die Zeitumstände dieses Verhalten. Zur Zeit der Affäre Link verhält sich Caroline natürlich so, wie man das damals von einem sittsamen Mädchen erwartete. Mag sein, daß eine Siebzehnjährige zu wahrer Leidenschaft noch nicht fähig ist oder eine stürmische Verliebtheit dafür nimmt. Casanovas Erlebnisse in jenen Jahren sind kein Gegenbeweis, denn die Erfahrungen, die er mit Mädchen dieses Alters sammelte, gewann er in einem anderen Milieu und wurden unter einem südlicheren Himmel erlebt. Göttingens »Universitätsmamsellen« – ganz davon abgesehen, daß sie sexuell völlig unaufgeklärt waren – kamen aus Verhältnissen, in denen man das junge Mädchen vor dem »rauhen Leben« zu bewahren trachtete, und der rauheste Teil war natürlich die Männerwelt. Gewohnt, die Surrogate männlicher Existenzen aus abgestandenem, süßlichem Roman für wahr zu halten; gewohnt, verheiratet zu werden, ohne nach Zuneigung zu fragen; gewohnt, eben diese Zuneigung aber zu behaupten, weil die Konvention es so erwartete; gewohnt also, frühzeitig so lange im besten Glauben zu heucheln, bis Heuchelei und Wahrheit gar nicht mehr zu trennen waren: Was endlich durfte man da anderes erwarten als solche Briefe, wie sie Caroline über ihre »Leidenschaft« schrieb? Nicht die Schreiberin war falsch, falsch wirkt nur ihr anerzogenes Empfinden, ihre Erziehung. Brach in diese Welt einmal wirkliche Leidenschaft ein, so führte das zu tiefer Verstörung und zur Mobilisierung aller Abwehrkräfte, wobei mit Vokabeln wie »unwürdig« oder »ehrvergessen« nicht gespart werden durfte. Und eben dies erlebte jetzt Caroline in der eigenen Familie am Beispiel ihrer drei Jahre jüngeren Schwester Charlotte Wilhelmine, genannt Lotte.

Seit Oktober 1777 wohnte nämlich im Michaelishaus der Jurist

Pedro Hockel aus Lissabon. Wie alt er gewesen ist und wann die Affäre mit Lotte begann, wissen wir nicht. Er verließ zwei Jahre später das Haus an der Mühlenpforte (aber nicht Göttingen), wohl weil man es ihm nahelegte, als ruchbar wurde, daß der Portugiese und die dreizehnjährige Professorentochter Empfindungen füreinander hegten, die über das Literarische – und damit Erlaubte – hinausgingen. Hinzu kam, daß Pedro und Lotte im nachbarlichen Heynehaus von den Töchtern Therese und Marianne unterstützt wurden – gegen die Eltern und gegen Caroline, die das Verhältnis aufs schärfste mißbilligte. Die ohnehin schon gespannte Beziehung zwischen den Familien Heyne und Michaelis füllte sich mit neuer Aggressivität. »Das ist ja ein rechter kleiner Teufel«, sagte ein würdiger Zeitgenosse, nachdem er Lotte kennengelernt hatte. »Ach«, antwortete sein Gesprächspartner, »dann sollten Sie erstmal die Ältere sehen.« Gewiß, die wird uns ja auch zu dieser Zeit als »ein wenig wild« beschrieben, aber doch wohl in dem Sinne, wie man in früheren Zeiten gern von einem »Wildfang« sprach. Bei der frühreifen Lotte hingegen bricht ein erotisches Temperament durch, das der älteren Schwester noch auf Jahre hinaus zu schaffen machen wird, wenngleich dieses Temperament wohl kaum die gesetzten Schranken durchbrochen haben dürfte. Vorerst wird Lotte von den Eltern in jenes Gothaer Internat gesteckt, in dem auch Caroline gewesen war, und wo sich Mutter Schläger der verlorenen Tochter annimmt, Carolines mütterliche Freundin. Wie Lotte sich führte, weiß man nicht; sie durfte jedenfalls erst nach Göttingen zurück, als Pedro Hockel endlich im Dezember 1781 die Leinestadt verließ. Caroline: »Möchte Gott ihm Reue und ewiges Glück geben.«

Carolines Rolle in dieser Affäre ist wieder ganz von Literatur geprägt. Bitter enttäuscht, daß sich die Freundin Therese mit Hockel gegen sie verbündet, klagt sie: »Ich habe alles gelitten, was nur eine jugendliche Seele leiden konnte. Es zerrüttete meinen ganzen Körper. Ich unterlag bald meinem Schmerz, aber o Religion, du Trösterin der Allertrostlosesten! Dir dank ich's, daß ich nicht verzweifelte und nun wieder zu einem Grad von Ruhe gelangt bin. Gott besserte mein Herz und zog mich zu sich.« Ja, so etwas schrieb sich

Carolines Mutter (Mitte) mit ihren Töchtern Caroline (rechts) und Louise

damals wie von selbst aufs Papier, genauso wie die Behauptung über Hockel, das »Gewicht seiner Bosheiten« werde einmal »seine Seele zerschmettert« haben. Und dann liefert sie eine freilich hinreißende Charakteristik der Schwester: »Die Zusammensetzung ihres Charakters ist Eitelkeit, halb affektierte Empfindsamkeit, Leichtsinn und Liebe zum Müßiggange und zu allem, was Roman heißt und im gemeinen Leben dem ähnlich sieht. Welch eine äußerst gefährliche Mischung für ein junges Mädchen, das nicht ohne Schönheit ist.« Wie nah ist sie ihrer eigenen Problematik, und wie blind ist sie dafür, daß ihre Schwester (die übrigens in Gotha eine kurze Liebschaft mit dem zwanzigjährigen August Kotzebue, dem späteren Erfolgsschriftsteller, gehabt hatte, was man in Göttingen nicht wußte) aus dem Roman Leben machen wollte, während sie in ihrer Beziehung zu Link beständig das Leben zum Roman stilisiert hatte.

Auch hier sorgen prominente Besucher für die fällige Ablenkung. Da spricht etwa der dänische Ingenieurleutnant Karsten Niebuhr vor, der einzig Überlebende jener Jemen-Expedition, die nach den Empfehlungen von Michaelis organisiert worden war, um dem gelehrten Inspirator von den gemachten Erlebnissen und Erfahrungen zu berichten. Dann erlebt Göttingen den Besuch des Herzogs Carl Eugen von Württemberg, der mit seiner Mätresse, Franziska von Hohenheim, auftritt: »Seine Untertanen wünschen, daß er sie heiratet, er traut aber selbst seiner Beständigkeit nicht genug, das zu tun. Tugend und Religion ist jetzt sein drittes Wort, er, der Unterdrücker weiblicher Tugend, der Zerstörer der Ruhe so mancher Familie, der Verleugner seiner Religion, wenn sie aus Taten besteht, wagt's, diese heiligen Namen zu mißbrauchen. O er ist mir verhaßt!« So Carolines Kommentar.

Pittoresker wird es beim Besuch der dreiunddreißigjährigen Fürstin Gallitzin im September 1781, Frau des russischen Botschafters in Den Haag, von dem sie aber seit fünf Jahren getrennt lebt. Von ihrem Auftreten hat Caroline eine sehr witzige Beschreibung geliefert*, die schon ganz die Brillanz ihres späteren Briefstils, vor allem den untrüglichen Blick für das Komische, Entlarvende, bezeugt:

»Wir haben hier einen einzigartigen Besuch gehabt, eine Fürstin Gallitzin, deren Gatte russischer Gesandter in Den Haag ist. Eine sehr gelehrte Dame, nach griechischer Art gekleidet, mit kurzen Haaren, flachen Schuhen, selten ohne Diener zu sehen, der ein Halbdutzend großer Foliobände trägt, wenn sie mit einem Gefolge von 6 bis 8 Herren am hellichten Tag in unserer Leine badet etc. Ihre Kinder sind sehr leicht angezogen, der Sohn trägt lange Hosen und ein Hemd anstatt anderer Kleidung, und die Tochter eine Art Nachthemd, im Rücken von oben bis unten offen, nur oben einmal zugebunden. Beide gehen barfuß, die Haare nicht abgeschnitten, aber abgeschoren. Sie sind schwarz wie die Neger. Die Fürstin ist sehr hübsch und von schönem Teint, obwohl sie ihn viel exponiert. Sie muß viel Geist und Wissen besitzen. Sie liest Homer im Original, und in Hofgeismar, wo sie sich aufgehalten hat, ließ sie sich jeden Morgen ins Bad tragen. Zur Erziehung ihrer Kinder scheint sie die Natur zum Vorbild nehmen zu wollen, ohne sich darum zu kümmern, daß die Natur manchmal ein wenig schmutzig ist. Sie will

August Ludwig Schlözer

vielleicht Rousseau imitieren, aber ich glaube doch, daß Rousseau seinen Emile anders erzogen hat. Sie lebt in Münster von ihrem Gatten getrennt, um sich ganz ihren Kindern und der Philosophie zu widmen. Hier reizen sie die Bibliothek und die Vorlesungen unserer Professoren, und sie wird länger bleiben. Du siehst, liebe Julie, daß diese Dame zu unseren größten Genies gehört . . .«

Auch Friedrich Nicolai kommt nach Göttingen und macht seine Aufwartung bei Michaelis. Caroline imponiert zwar, daß seine Visitenkarte nichts anderes enthält als den bloßen Namen, findet aber, sein Roman *Leben und Meinungen des Herrn M. Sebaldus Nothanker* gefalle ihr besser als der Autor. Wußte man eigentlich im Haus des Johann David Michaelis, daß der Gastgeber in diesem Roman ebenso verspottet wurde wie in *Sophiens Reise,* zwar verschlüsselt, aber für den Leser jener Zeit durchaus erkennbar? Bemerkenswert von Nicolai, daß er trotzdem Michaelis besuchte, der vielleicht auch großmütig genug war, über derlei literarische Scherze hinwegzusehen.

Der April 1782 bringt endlich eine erwünschte Reise. Professor Schlözer, ein Freund des Hauses, war mit seiner Tochter, der zwölfjährigen Dorothea, genannt Dortchen, zu einer langen Italienreise

41

aufgebrochen, worüber sich ganz Göttingen das Maul zerriß. Warum? Caroline artikuliert sehr genau das Unbehagen, wobei sie sich alle Vorurteile zu eigen macht: »Diese Reise, die Vater und Tochter den dringendsten Gefahren aussetzt; nach einem Lande wie Italien ist, ein junges Mädchen, sollte sie auch noch ein Kind sein, ohne weibliche Aufsicht!« Sie nennt das eine »sonderbare Erziehung«: »Ich wundere mich, daß ein Mann mit soviel feinem, durchdringendem, umfassendem Verstand zuweilen mit so wenig Vernunft handelt. Es ist wahr, Dortchen hat unendlich viel Talent und Geist, aber zu ihrem Unglück, denn mit diesen Anlagen und den bizarren Projekten des Vaters, die sie zu der höchsten Eitelkeit reizen werden, kann sie weder wahres Glück noch Achtung erwarten. Man schätzt ein Frauenzimmer nur nach dem, was sie als Frauenzimmer ist. Ein redendes Beispiel davon habe ich an der Prinzessin von Gallitzin, die hier war, gesehen, sie war eine Fürstin, hatte viel Gelehrsamkeit und Kenntnisse und war mit alledem der Gegenstand des Spotts und nichts weniger wie geehrt. Dortchen wird eine andre Gallitzin werden.« Nun also, nach einem halben Jahr, werden Vater und Tochter in Kassel zurückerwartet, und Frau Schlözer hatte Caroline zu dem Wiedersehen mitgenommen.

Solche Reisegenüsse waren in Carolines bisherigem Leben eine Seltenheit gewesen, kein Wunder, daß sich die Achtzehnjährige darüber so freute, daß sie schon Tage vorher vor Aufregung kaum essen und schlafen konnte: »Schlözer kam mitten in der Nacht. Diese Zusammenkunft zwischen Mann und Frau, Eltern und Kindern nach so langer und gefährlicher Trennung war ein schöner Auftritt, den gesehn zu haben ich um nichts hingeben möchte. Seine Reise ist ohne den geringsten Unglücksfall abgelaufen.«

Mit Kassel sieht sie zugleich zum erstenmal eine Residenzstadt – »was seit so langer Zeit mein Dichten und Trachten gewesen war« –, aber sie erlebt vorher, in Hannoversch-Münden, worauf sich der Reichtum des hessischen Landgrafen gründet, die »Einschiffung der Truppen nach Amerika«, denn der Fürst füllt seine Kassen mit dem Verkauf von Landeskindern an die britische Armee: »Welch eine allgemeine mannigfaltige, grause Abschiedsszene. Was sie *mir* vorzüglich war, das läßt sich begreifen.« Sie denkt dabei an ihren Bruder Fritz, der allerdings freiwillig mitgezogen war, aber dieses arme Kanonenfutter ärztlich zu betreuen hat. »Dir, liebe Luise, brauch ich nicht zu sagen, wie mir Kassel gefallen hat, nur machte mich der Gedanke unwillig, daß der Landgraf in Münden Menschen verkaufte, um in Kassel Paläste zu bauen.« Ein »Vieh« nennt sie ihn.

Der Eindruck verwischt sich wieder, als man in Göttingen anlangt, wo »vor dem Schlözerschen Hause über 100 Menschen versammelt« waren und »Schlözer fast ins Haus getragen wurde und wir uns mit Mühe durchdrängen mußten«. Die freudigen Willkommensrufe der Göttinger ließen denn auch ganz vergessen, wie man einst über diese Reise gedacht hatte.

August Ludwig Schlözer zählte zu den großen Aufklärern seiner Zeit. Seine Zeitschriften wurden sehr beachtet und hatten so viel moralisches Gewicht, daß sogar Kaiserin Maria Theresia in Wien einen Beschluß zurücknahm mit den Worten: »Nein, das geht nicht, was würde der Schlözer dazu sagen?« Daheim herrschte der sonst so freisinnige Aufklärer freilich despotisch. Unter seiner Fuchtel hatten Frau und acht Kinder nicht viel zu lachen, wenngleich er kein Unmensch war. Er zeigte sich nur besessen von einem Arbeitsethos, das Muße nicht vorsah. Dorothea, das erste Kind, eignete sich gut zu pädagogischen Experimenten, zumal das Mädchen hoch begabt war. Mit vier Jahren lernte sie lesen und schreiben, mit elf Jahren kannte sie sich in Mathematik, Geschichte und Mineralogie aus, mit vierzehn Jahren sprach sie sieben Sprachen. Nur von Belletristik verstand sie wenig, das hielt der Vater für Zeitverschwendung. Da aber am Ende aller Mädchenerziehung stets als erwünschtes Ziel die Ehe stand, erlernte Dorothea selbstverständlich auch die Hauswirtschaft, Nähen und Stricken, dazu ein wenig Zeichnen, Tanzen und Musizieren.

Am 28. September 1783 kam der für Caroline wichtigste Besucher nach Göttingen: Goethe. »Ich habe mir vorgenommen«, schrieb er aus Göttingen an Charlotte von Stein, »alle Professoren zu besuchen. Du kannst denken, was das zu laufen gibt. Um in ein paar Tagen herumzukommen.« Goethe, der als Student sehr viel

Goethe (1782)

44

lieber in Göttingen als in Leipzig studiert hätte, hielt Wort. Caroline, die besonders stolz war, eine Abschrift der noch nicht gedruckten *Iphigenie* zu besitzen, berichtet:

»Goethe war hier, und ich hab ihn nun gesehen. Er hielt sich zwei Tage hier auf. Am ersten waren wir mit seinem Anblick zufrieden, weil wir uns nicht träumen ließen, daß er so weitläufige Besuche geben würde, der folgende Tag war zu einer kleinen Reise aufs Land bestimmt, die einige Herren veranstaltet hatten, uns jungen Damen in die schönsten Gegenden vom ganzen Hannöverischen Land einzuführen. Wir fuhren mit schwerem Herzen weg, und die liebe Sonne am Himmel freute uns nicht. Alles Schöne, was wir sahn, konnte ihn uns nicht vergessen machen. Da ward denn ein bißchen geschwärmt, aber nicht tragisch, versteht sich. Ich machte mir unter andern weis, wir wären hierher gegangen, seine Gegenwart zu feiern, wir konnten uns ihm nicht so ganz nahen: daß er uns liebgewonnen hätte wie Werther das Plätzchen am Brunnen, wollten ihm also entfernt huldigen wie Werther Lotten, da er sich auf die Terrasse warf, die Arme nach ihrem weißen Kleid ausstreckte – und es verschwand. Wie wir abends zu Haus kamen, war er bei Böhmers und bei uns gewesen, und unsre Väter aßen bei Schlözer, wo Goethe war. Da ging ein Wehklagen an.

Jedermann ist zufrieden mit ihm. Und alle unsre schnurgerechten Herrn Professoren sind dahin gebracht, den Verfasser des Werther für einen soliden, hochachtungswürdigen Mann zu halten.«

Goethes Roman *Die Leiden des jungen Werthers* ist jetzt seit neun Jahren auf dem Markt; er hat Selbstmorde bewirkt, die Mode beeinflußt, Scharen von Illustratoren beschäftigt, von den Rezensenten zu schweigen. Und selbst jetzt noch, neun Jahre später, schwärmt die Jugend von diesem Buch und seinem jungen Autor und vergegenwärtigt sich auf einem Ausflug Szenen des Romans, in dem übrigens gleichfalls des Professors Michaelis gedacht wird.

Aber für Caroline geht die Zeit des Schwärmens zu Ende. Sie ist nun zwanzig Jahre alt, Zeit also, sie endlich unter die Haube zu bringen. Die Wahl trifft selbstverständlich nicht sie, sondern die Familie, und die Wahl fällt auf den jungen Johann Franz Wilhelm

Böhmer aus der Nachbarschaft. Er wirkt als Bergarzt in Clausthal, ist mit Carolines bewundertem Bruder Fritz befreundet, der die Eheschließung schon aus der amerikanischen Ferne betrieben hat und sie jetzt zum guten Ende führt, nachdem er wohlbehalten heimgekehrt ist.* Ist sie glücklich?

»Liebe Freundin«, schreibt sie an Luise, »hast Du mir wirklich die ganze Zeit über ruhig zugehört, ohne mich zu unterbrechen? Kein Wörtchen Gegenrede? Ach, Du schläfst! Nun, so ruh sanft. Geschwind will ich Dich noch einmal küssen und mich dann leise von Dir schleichen. Adieu, in der Türe werf ich Dir noch einen Kuß zu.«

Offenbar ist sie's. Und wäre sie's auch nicht: Ein anderes Schicksal hat sie nicht zu erwarten.

»Ein Bündnis für Ewigkeiten ist doch der schönste Gedanke, den Menschen haben können.«

Gilt das auch für das Bündnis mit dem Dr. med. Böhmer?

»Ja, es ist ein großer Schritt. Ich könnt ihn nicht tun, wenn ich nicht unumschränktes Vertrauen auf den Mann setzte, dem zu Lieb es geschieht, wenn ich mich nicht mit der vollsten Überzeugung ihm hingäbe, daß er alles tun wird, ihn mir zu versüßen. O daß keine seiner und meiner Hoffnungen getäuscht werden möge. Der Plan zu ihrer Erfüllung beschäftigte mich lange. Helfe mir Gott das Ideal ausführen, das vor meiner Seele steht, um uns beide glücklich und mich der Liebe meines Bruders und meiner ewig teuren Freunde immer würdiger zu machen.«

Am 1. November 1781 hatte sie ihrer Freundin Luise einen bemerkenswerten Satz geschrieben: »Ich würde, wenn ich ganz mein eigner Herr wäre und außerdem in einer anständigen und angenehmen Lage leben könnte, weit lieber gar nicht heiraten und auf andre Art der Welt zu nutzen suchen.« Damals ist sie sicher: »Wirklich verlieben werde ich mich gewiß nie.«

Aber jene Zeit fragt nicht nach Liebe, wenn es um den Ehestand geht. Am 15. Juni 1784 heiratet die zwanzigjährige Caroline Michaelis den um zehn Jahre älteren Arzt Johann Franz Wilhelm Böhmer.

»Eine geistreiche Kultur sucht man *[in Clausthal]* durchaus vergebens. Und wie kann dies auch anders sein, da man Personen, welche sich über wissenschaftliche, gelehrte Sachen unterhalten wollen, nicht leiden mag, sie verächtlich behandelt, besonders wenn sie [. . .] weder am Spiel noch am Trinken teilnehmen mögen. Ein Mann von wissenschaftlicher Kultur wird daher gewiß sein Glück in den Clausthaler Zirkeln nicht machen, wenn er nicht die Kunst versteht, seine Geistesüberlegenheit so wenig als möglich hervorblicken zu lassen und alles zu meiden, was den Clausthaler an seine Geistesarmut erinnern und unangenehme Gefühle in ihm erzeugen könnte.«[*]

Wilhelm Ferdinand Müller

Clausthal im Harz wurde die neue Heimat Carolines. Das Städtchen, mit achttausend Einwohnern nicht viel kleiner als Göttingen, zwischen bewaldeten Bergen gelegen, stand in engen Beziehungen zu der Universitätsstadt. Nicht nur, daß die jungen Leute aus den verschiedenen Harzer Bergstädtchen im nahegelegenen Göttingen (von Clausthal aus 60 km) studierten, man unternahm auch von Göttingen aus Exkursionen in den Harz, und während des Siebenjährigen Krieges, als der Universitätsbetrieb durch die französische Besatzung schwer gestört war, erwog man ernsthaft, die ganze Universität nach Clausthal zu verlegen. Angeblich soll Johann David Michaelis den Vorschlag gemacht haben, der aber nicht aufgegriffen wurde. Michaelis hatte insofern besondere Beziehungen zu Clausthal, als seine erste Frau, die 1759 verstorbene Johanna Christina Friederike, eine Tochter des Clausthaler Kaufmanns Johann Konrad Schachtrupp gewesen war.

Für Caroline war der Umzug nach Clausthal hart. Aus einer weltoffenen, geistige Anregungen in Fülle bietenden Universitätsstadt, gerät sie jetzt in ein verspießertes Nest, unter ein dumpfes Völkchen, das erbarmungslos zu kritisieren und zu verspotten sie in ihren Briefen nicht müde wird. »Die Gesellschaften hier sind in 4 Abscheerungen geteilt, eine hölzerne Wand zwischen jedes Part

nach den 4 Himmelswinden zu; die Weiber, die Männer, die Mädchen, die Junggesellen. Die ersten West und Nord – das ist der
Wetter- und Regenwind, wie die Ehe bei ihnen oft solch Fähnlein
wehen mag, die letzten Süd und Ost – da brennt die Sonne am
stärksten, und es gibt Ungewitter – ob die reine Sonne brennt, das
himmlische Feuer, das erwärmt, erhellt, Wachsen und Gedeihn
gibt, und das in tiefer Andacht so viel Völker anbeteten, oder eine
Aftersonne, die ooo treibt statt Ananas, weiß ich nicht.«
    Auch die Verwandtschaft bleibt nicht ausgespart:
    »Ich für mein Teil werfe mich alle Tage mehr in Clausthal herein,
ohne mich in die hiesige Form zu gießen«, schreibt sie ihrer Schwester Lotte. »Mißgönn doch einem ehrlichen Menschen die Lust
nicht, sich an 20 bis 30 albernen Menschengesichtern zu amüsieren,
und laß lieber in der katholischen Kirche in der Kurzen Straße eine
Messe dafür lesen, daß ich das Ding von der Seite zu nehmen
anfange... Heut hab ich wieder visitiert, bei Vetter Schachtrupp
unter andern; dessen Frau – ein gutes Vieh – wie eine leibhaftige
Tellermütze aussieht. Er ist fürchterlich unwissend. Hatte mal vom
amerikanischen Krieg gehört, wußte [nicht], ob ihn Hänschen oder
Gretchen führt.«
    In der Hierarchie dieser Kleinbürgerwelt stand der »Berg- und
Stadt-Medicus« Dr. Böhmer an vierter Stelle. Die erste gebührte
dem General-Superintendenten, die zweite dem Berg-Syndikus und
die dritte kam dem Oberbergmeister zu. Böhmer, der uns als ein
»stiller, frommer, nicht ungeschickter Arzt«* beschrieben wird,
hatte 1777 in Göttingen promoviert, war in England gewesen und
hatte 1780 eine Privatdozentur erhalten. Erst seit 1784 lebte er als
Arzt in Clausthal, Inhaber einer gutgehenden Praxis. Seine Ehe mit
Caroline war eine Durchschnittsehe, wie nicht anders zu erwarten.
Sie war sie auf Drängen ihres Bruders Fritz eingegangen, zwei
gutnachbarliche Familien hatten einander verbunden, man achtete
und schätzte sich, und damit genug. »Von meinem Glück schweig
ich noch«, schreibt Caroline am 9. Juli 1784 an ihre Freundin Luise.
»Wer würde die Schilderung nicht auf die ersten 6 Wochen des
Ehestands rechnen? Und doch glaub ich, es wird bleibend sein,

weil's nicht übertrieben ist. Böhmer muß ein guter Ehemann sein, solang ich ihn liebe, und meine Zärtlichkeit für ihn trägt nicht das Gepräge auflodernder Empfindungen.« Und ironisch meldet sie ihrer Schwester Lotte zwei Monate später: »Böhmer kommt eben herunter – ist von 7 Uhr an mit lauter alten Weibern umringt gewesen – wollte sich, wie er sagt, am Anblick einer jungen Frau erholen, schwatzt von Herzenswonne und dergleichen, wahrscheinlich alles im Gegensatz verstanden.« Und geradezu erbittert notiert sie ein Jahr später unter dem Datum des 15. Juni: »als an der Jahresfeier des Tages, der mich heut zwischen 4 Wände, bei einem geheizten Ofen, wie eine Mistbeetpflanze, die Sonne und Luft nur durch Glas genießt, verbannt.«

Böhmer spürt, daß seine Frau unglücklich ist. Im Juli 1784 besuchen sie Böhmers Verwandte, den Amtsschreiber Mejer in Osterode, dessen Schwester berichtet: »Der Dr. Böhmer war mit seiner Caroline am Montag hier. Der Mann ist unbeschreiblich vergnügt, sie nicht; sie klagte über die Harz-Nation. Er bat mich so dringend, auf acht Tage ihn zu besuchen, um seine Frau zu trösten, daß es mir leid ist, es abzusagen. Am Sonntag fahren wir nach Clausthal, den Abend wieder zurück.« Zwei Tage später: »Sonnabend kommen Böhmers wieder zu uns. Sie sind einfach, aber sehr hübsch eingerichtet, und ich hoffe, die junge Frau stimmt sich herab und macht den Mann glücklich.« Heinrich Christian Boie, an den diese Mitteilungen gehen, antwortet nur: »Caroline wird noch Mühe haben, die Göttingische Natur abzulegen, und ehe sie das nicht tut, macht und wird auch sie nicht glücklich.«

Ein wohlfeiler Rat: Als läge es nur an der »Göttingischen Natur«, wenn sich eine geistig so wache und anspruchsvolle junge Frau in der Clausthaler Einöde verlassen und unglücklich vorkommt! Luise Mejer glaubt, Boie beschwichtigen zu müssen: Caroline würde ihn gewiß interessieren, »die Kunst in ihrem Charakter ist sehr fein«. Sie lasse ihn um die Abschrift von Goethes *Geschwister* bitten.

Die Harzlandschaft ist ihr kein Trost. Man hat die besondere Schönheit dieser Gegend noch nicht lange entdeckt; 1769 hatte

Heinrich Christian Boie

Klopstock in der *Hermannschlacht* den »hohen Cheruskerwald« mit dem Harz identifiziert, 1774 war im Göttinger *Musenalmanach* ein elfstrophiges Gedicht *Der Harz* von Friedrich Leopold Graf zu Stolberg gedruckt worden, ein Jahr später folgte Goethes *Harzreise im Winter*. Aber Caroline hat – wie für die Musik – keinerlei Gespür für Landschaft oder Naturschönheit, noch weniger für das mittelalterliche Erscheinungsbild einer Stadt wie Goslar:

»Du fährst zwischen kahlen Bergen hinein, in ein Tor – wo die Liebe selbst vor Schrecken ihren letzten Seufzer aushauchen müßte oder fürchterlich verzweifeln. [. . .] Unerreichbar hohe Mauern umgeben die Stadt, die man nie ganz, sondern nur stückweise vor sich sieht. Klöster ohne Fenster und Kirchen ohne Zahl, und allenthalben 16eckige Wachttürme, die wie Kettenhunde aussehn. In der Mitte, wo der Brand wütete, stehn ganz gute neue Häuser, zwei Etagen, gewöhnlich noch mit Strohfenstern. Sie stehn wie bekannt wieder an den alten Stellen, und also bald hier, bald dort eins in labyrinthischen Winkelzügen. Zu beiden Seiten sind hohe Fußbänke von ausgebrochnen Steinen, die Bürgermeister und Rat ihre schiefen Beine kosten müßten, wenn hier nicht alles organisiert

wäre wie der Wohnplatz. In der Mitte kein Pflaster, sondern tief
ausgefahrne Erde, mit nassem Schlamm ausgefüllt. So fährt man
wenigstens eine halbe Stunde, eh man durchkömmt, mit dem lang-
weiligsten Gefühl, das alle Sinne der Freude ertötet und das Grab
selbst unschmackhaft macht, ohne melancholischen Trost, den man
sonst etwa in einem Nest der Eulen schöpft, ohn den, daß die
Bewohner vielleicht gut, vielleicht noch interessante Überreste der
Ritter der vorigen Jahrhunderte sind, nein, es ist eine altmodische
kleine lorkige Reichsstadt voller Prätensionen auf Modernität.«

Der Winter, der durch hohen Schneefall oft die Ortschaften von
der Außenwelt isoliert, ist ihr besonders zuwider: »Wo liegt außer
Grönland soviel Schnee?« Oder: »Mit Trauer seh ich den Schnee,
die Scheidewand zwischen mir und der Welt; es ist so ganz wieder
das Gefühl vom vorigen Winter; so entblätterten sich die Bäume, so
schwärzten sich die Tannen, und der Wind rauschte an meinem
einsamen Zimmer, die Wolken wallten in tausend Gestalten über
uns hin – ich lebte nicht in der Gegenwart, sondern in der Hoffnung
des Frühlings und dessen, was er bringen würde – das war der
einzige Unterschied«, klagt sie im zweiten Clausthaler Winter.

Gemeint ist damit ihrer erstes Kind, das sie am 28. April 1785 zur
Welt bringt, kein »Gustav«, wie erwünscht, sondern eben »nur« ein
Mädchen: Philippine Augusta. »Aus dem Gustav ist nun eine Auguste geworden, und das liebe Geschöpf bittet durch ihre Güte und
Schönheit stillschweigend, mit ihr doch zufrieden zu sein; auch ist
mir für mich eine Tochter, bei der das Mutterherz gewiß sympathe-
tischer schlägt und mit der ich mich früher beschäftigen kann,
lieber, und der Vater? – ach, er vergaß gern die Wahl.«

Der »Tag, der mich in tausend langwierigen Schmerzen und
Angst selbst zur Mutter machte«, wird qualvoll; man hat Grund, um
das Leben von Frau und Kind besorgt zu sein. Der Geburt folgt ein
schwerer Anfall von Ruhr, der zwei Wochen anhält, bei dem »ich
für meinen Verstand fürchtete, dessen Zerrüttung ich mir in äußerster Traurigkeit bewußt war«. Aus Göttingen sind die Eltern und
Lotte gekommen, auch Böhmers Schwester mit ihrem Mann sprechen vor, und dankbar gedenkt Caroline der Pflege ihres Mannes,

»für den sich bei dieser Gelegenheit meine Achtung und Zärtlichkeit durch die vielfachen Beweise der seinigen und die Standhaftigkeit, die er nie verleugnete, selbst in der dringendsten Gefahr nicht, noch verdoppelt hat«. Und sie meint: »Es hat der armen Kranken nicht an Ärzten jeder Art gefehlt, und könnte Liebe heilen, hätt ich bald, wie durch ein Wunder erschüttert, wieder umhergehn und wandeln müssen.«

Es ist nicht die Depression, wie sie Wöchnerinnen häufig erleben, Erschöpfung durch die Geburt, Erschöpfung durch die nachfolgende Ruhr: Die Geburt des Kindes schafft eine unwiderrufliche Situation, denn von nun an wird Caroline noch stärker ans Haus gefesselt sein, ihre ohnehin schon durch Ort und Umgebung reduzierte Mobilität wird noch mehr gebunden. Für Böhmer empfindet sie Achtung und Zuneigung, aber eben doch keine Liebe, und ein geistig anregender Partner kann ihr der vielbeschäftigte Arzt, der ganz in seinem Beruf aufgeht, nicht sein. Sie fühlt sich eingesperrt, und »Scheidewand zwischen mir und der Welt« ist nicht nur der Schnee.

Die eigentliche Welt beginnt außerhalb Clausthals, Carolines Welt, und nur die unermüdliche Botenfrau aus Göttingen bringt »Welt« ins Clausthaler Haus in Gestalt von Büchern und Zeitschriften. Mit Lotte entwickelt sich ein lebhafter Briefwechsel; sie muß aus Schneiders Leihbibliothek und dem Lesezirkel der Frau Professor Vollborth nach Clausthal schicken, was immer es an wichtigen und interessanten Neuerscheinungen gibt, und Caroline, die sich durch den kleinen Haushalt in keiner Weise ausgelastet, geschweige denn befriedigt fühlt, liest in jenen Jahren im Harz unendlich viel. Jetzt sind es nicht mehr so ausschließlich Romane wie in Göttinger Jahren, sondern auch Bücher, die »Welt« vermitteln: *Patriotische Phantasien* von Justus Möser, *Reisen durch England und Italien* von Johann Wilhelm von Archenholz, *Über die Lehre des Spinoza in Briefen an den Herrn Moses Mendelssohn* von Friedrich Heinrich Jacobi, *Reisen eines Deutschen in England im Jahre 1782* von Karl Philipp Moritz, *Gott! Einige Gespräche* von Johann Gottfried Herder, *Camille oder Briefe zweier Mädchen aus unserm Zeitalter* von Johann

Friedrich Jünger, *Über Kryptokatholizismus, Proselytenmacherei, Jesui-tismus, geheime Gesellschaften und besonders die ihm von den Verfassern der Berlinischen Monatschrift gemachten Beschuldigungen, mit Aktenstücken be-legt* von Johann August Stark, *Briefwechsel der Familie des Kinderfreunds* von Christian Felix Weiße. Aber auch Schillers *Don Carlos* – Frag-ment aus der *Rheinischen Thalia* – ist dabei, von dem Caroline meint, das Stück könne »gut werden, wenn er seine Sprache nur ein wenig vom Schwabenland reinigte«.

Neben dieser recht zusammengewürfelten Lektüre – genannt sind hier nur einige Beispiele – kommt das Leben nicht zu kurz. Als sich endlich die Möglichkeit zu einem Ausflug ins Elternhaus bietet, ist sie überglücklich: »Morgen sag ich – übermorgen! Über-morgen – morgen – und dann – *Heute* bin ich bei Euch! Sonnabend-mittag essen wir in Osterode, also kommen wir erst abends. Ich höre, daß Schlözer seinen Ball bis Sonntag verschoben. Das ist's nicht, worauf ich mich am meisten freue«, schreibt sie an Lotte. »Vor allen Dingen, mein Engel, und darum bitte auch die Mutter fußfälligst, laßt mich im väterlichen Haus ganz und gar nicht fremd sein, alles wie sonst, in aller Ehrbarkeit; ich komme z. E. Sonnabend Abend, da wird das Tischzeug zum letztenmal aufgelegt, und da soll Mutter nicht etwa schon das sonntägige hergeben, sondern nur eine Serviette für mich, und die behalt ich dann auch bis zum nächsten Sonntag – und so weiter.«

Von diesem Ausflug abgesehen aber bleibt ihr fast nur die Korre-spondenz: Briefe an Gotters, die in einem Jahr zwei ihrer Kinder im zartesten Alter verlieren, kein seltenes Schicksal in einer Zeit außer-ordentlich hoher Kindersterblichkeit; vor allem aber Briefe an Lotte. Nicht nur hält sie die Verbindung zu den Eltern, mit denen es keine eigene Korrespondenz gibt, nicht nur beschafft sie die er-sehnte Lektüre und bepackt damit die stets heißersehnte Botenfrau: Sie ist auch die Sorgenschwester. Da hat sie nun die Affären mit Hockel und Kotzebue hinter sich gebracht, da erscheint ein neuer Schwarm, der nur als Schwarm neu ist, den Beschwärmten selbst kennt Caroline nur zu gut und weiß, daß er nicht ungefährlich ist: Friedrich Ludwig Wilhelm Meyer, nach seiner Herkunft auch –

und zur Unterscheidung von den zahllosen Namensvettern – der Harburger Meyer genannt.

Von ihm zu reden wird aber auch höchste Zeit, schon längst hätte er auf diesen Seiten seinen Auftritt haben müssen. Wir hatten seiner erwähnt als eines begabten Laienschauspielers, der den Theseus in einem Singspiel gab und selbst vor der Rolle des Hamlet keinen Augenblick zurückschreckte, ein sehr selbstbewußter junger Mann. Meyer also, vier Jahre älter als Caroline, ist der Sohn eines Harburger Postmeisters, aufgewachsen mit elf Geschwistern. Seit 1785 ist er (bei einem Jahresgehalt von 300 Talern und freier Wohnung) außerordentlicher Professor der Philosophie und der Deutschen Literatur, dazu Kustos der Bibliothek in Göttingen, wo man ihn längst gut kennt. »Ein gefährlicher Mensch«, hatte Caroline schon 1780 geurteilt, »seine edle Seele drückt sich auf seinem Gesicht so sehr aus und macht einen so sicher.«

Lichtenberg ist von ihm angetan. Er nennt ihn seinen »sehr guten Freund« und meint, Meyer sei ein »wahrer Weltmann, nur bei sehr viel mehr Kenntnissen, als Weltmänner gemeiniglich besitzen«. Das ist gewiß richtig, und Lichtenbergs Meinung wird von vielen prominenten Zeitgenossen geteilt. Meyer hat Europa bereist und weiß sich weltmännisch zu benehmen; als charmanter und gescheiter Causeur ist der gutaussehende junge Mann in jeder Gesellschaft gern gesehen. Er ist eminent belesen, schreibt Aufsätze zur Literatur, viele Rezensionen, und versteht es auch, gefällige Verse zu machen, zwar keineswegs bedeutende Lyrik, aber man druckt sie und hält sie beim ersten Lesen für diskutabel. Nur zu einem ist dieser reichbegabte Mann in seinem langen Leben – er wird 81 Jahre alt werden – nie imstande gewesen: ein Werk zu hinterlassen, das ihn überdauert. Zwar ist er begabt wie nur wenige, aber weil ihm alles leichtfällt, ihm alles zufliegt, ihn jeder feiert – wird nichts aus ihm. Dreizehn Bücher hat er in seinem langen Leben geschrieben: Davon sind zehn Bände Theaterstücke (zwischen 1782 und 1818) schon bei Lebzeiten vergessen, wie alles, was er veröffentlicht hat. Seine Charakterqualitäten könnte man unerheblich finden, paßten sie nicht so ganz zum Bild dieses eloquenten, flinken,

Friedrich Ludwig Wilhelm Meyer

mit seinen stupenden Kenntnissen jedermann beeindruckenden Literaten, der so ganz Esprit zu sein scheint, hätte dieser Esprit nicht etwas von der Ubiquität einer schönen Seifenblase. Jetzt, um 1785, ist zunächst einmal jeder von Meyer fasziniert, nicht zum wenigsten die junge Lotte Michaelis.

Caroline, für Meyers Ausstrahlung nicht unempfänglich, wird nicht müde, ihr ins Gewissen zu reden: »Du liebes Mädchen verlangst immer äußerste Schonung und Nachsicht von mir, und ich habe sie gern, wenn ich nur könnte. Seh ich aber, daß Dein Leichtsinn, Deine Leichtgläubigkeit sich um nichts bekümmert als um das gegenwärtige Vergnügen, ohn Überlegung, ob es wahr oder falsch, ob der Grund Deines eingebildeten Glücks auf flüchtigen Geschmack oder ernsthafte Absicht gebauet ist, was am Ende draus werden wird, wenn nichts draus wird, wie es dann mit Dir steht, und über das alles so ganz uneingedenk der Sorge Deiner Eltern, des Kummers Deines Vater, wenn er einst aus der Welt geht und Dich ohne Bestimmung zurückläßt – so muß ich geradezu warnen. Wenn Du unserm Vater noch Freude machtest, wie wollt ich Dir danken! Seine Lage ist vielleicht jetzt nicht die angenehmste, der

Einnahmen werden weniger, er ist kränklich, der geringste Verdruß könnte ihn umwerfen. Es gilt hier kein Tändeln der Liebe, meine Schwester, es ist sehr ernstlich gemeint, und alles, was Du mir zu Meyers Lobe sagst, muß gegen eine einzige solche Betrachtung verschwinden, wenn Du ein Herz hast, Vater und Mutter zu lieben. Ich erschrecke, wenn ich mir Deinen Zustand aufs künftige denke, sobald dies wieder, wie alles vorhergehende, leeres Amüsement sein soll; Du bist jetzt in einem Alter, wo es Dir mit jedem Tage schwerer wird, glücklich zu werden. Wär dies die erste Geschichte dieser Art, so müßte man bei einem Mann gar nichts anders als eine Verbindung auf Lebenszeit voraussetzen können, aber glaubst Du denn, daß er von dem Vergangnen nichts weiß? Er muß alles wissen, und wenn er es auch aus dem günstigsten Licht betrachtet, Dich schätzet und Dir gut ist, so wird er doch weniger streng über seine eigne Neigung denken und sich allenfalls einbilden, daß er sie ohne weitere Verbindlichkeit und ohne die Furcht des rechtschaffnen Mannes, dem Ruf eines Mädchens zu schaden, befriedigen könne. Denke nur einen Augenblick ohne jene willkürliche Verblendung über Dich nach, ob er einem Mädchen, die vor einem Jahr heftig liebte, verzweifeln wollte, tausendmal schwor, nie einen Mann mit Wohlgefallen wieder ansehn zu können, herrliche Vorsätze faßte, von Tod und Tugend sprach – und jetzt – seinen halben Gefühlen entgegeneilt – ob er einem solchen große Schonung schuldig zu sein glauben kann? Meinst Du, er weiß das nicht?«

Wenn dann aus dem Verhältnis mit Meyer am Ende doch nichts wird, so gewiß nicht wegen Carolines Vermahnungen, sondern weil Meyer jede tiefere Bindung zu einem Menschen scheut.

Zu Neujahr 1786 gehen an Lotte einige Sätze, die offenbaren, mit welcher Kraft die ältere Schwester jetzt versucht, sich in ihr Schicksal zu finden und sich nicht länger einem nutzlosen Erdulden und sinnlosen Klagen zu überlassen: »Lotte, wir wären elend – wenn nicht aus Kleinigkeiten unsre Glückseligkeit zusammengesetzt wär, deren Summe eitel ist, aber die im einzelnen doch fähig sind, uns ganz zu beschäftigen. Denn aus jener Stimmung, wo die Seele in sich zurückkehren zu wollen und im Begriff schien, ihre Tiefen und unser Wesen zu ergründen – ruft uns doch so leicht das mindeste zurück, eine Stimme, ein schneller Blick, der auf ein Band fällt, auf ein etwas – und das leitet uns wie ein Blitz zurück auf die Gegenwart, auf Annehmlichkeit und Abwechslung des Lebens. Geschmack und Freude daran leben auf. Es ist so – weiter weiß ich nichts davon. Gestern hab ich traktiert, und da war mir der Braten wichtiger wie Himmel und Erde.«

Dieser witzige Hakenschlag am Ende ist sehr typisch. Carolines Humor hat viel von dem, was man als eine Art von Gottvertrauen bezeichnen könnte, wiewohl sie niemals in kirchlichem Sinne religiös genannt werden darf. Aber in den vielen Krisensituationen ihres Lebens wird sie diese Naturbegabung retten: sich distanziert sehen zu können, selbstironisch, also humorvoll. Und wie sich ihr seelisches Gleichgewicht stabilisiert, kann sie schreiben (28. Mai 1786):

»Was Meyer übrigens einst sagte, ist töricht. Ich bin nicht unglücklich, wenigstens nicht durch meine Lage, ja was sag ich wenigstens? Bin ich's denn überall? Nennt er's ein Unglück, eine Seele zu haben? So scheint's mir beinah. Es war eine Zeit, wo Therese sich alle die unglücklich dachte, die sie liebte, daher schreibt sie das. Sie ist von dieser Grille zurückgekommen. Sie glaubt an Glückseligkeit. Die meinige ist nicht überspannt, aber ich bin ihre Schöpferin, fiel mir auch in den ersten Zeiten wohl der Gedanke ein – warum mußt Du hier Deine Jugend verleben, warum *Du hier* vor so vielen andern; und vor manchen doch fähig, eine größre Rolle zu spielen, zu höhern Hoffnungen berechtigt? Das war aber Eitelkeit. Jetzt sagt mir mein Stolz, was ich habe, ist mir gegeben, diese Situation zu tragen, mich selbst zu tragen. Ich bin sehr zufrieden. Ich leugne es nicht, es im Anfang nicht gewesen zu sein. Das klagte ich freilich Theresen. Viel kam mit daher, daß ich nicht gesund war, nie so sehr wie jetzt, und das schwächt meinen Kopf, und Schwäche erzeugt bei mir immer glühende Phantasien. Die können nicht anders, wie sich zur Traurigkeit neigen mit meinen sonstigen von entzückter Schwärmerei entfernten Gefühlen. Wie wenig Gegenstände gibt's, wo die halbweg vernünftige Einbildungskraft sich an Freuden übt.

Ich bin nicht mehr Mädchen, die Liebe gibt mir nichts zu tun als in leichten häuslichen Pflichten – ich erwarte nichts mehr von einer rosenfarbnen Zukunft – mein Los ist geworfen. Auch bin ich keine mystische Religions-Enthusiastin – das sind doch die beiden Sphären, in denen sich der Weiber Leidenschaften drehn. Da ich also nichts Nahes fand, was mich beschäftigte, so blieb die weite Welt mir offen – und die – machte *mich* weinen. Da ist immer die Rede von schwachen Stunden. Weh mir, wenn in guten es mir an Freuden mangelte. So eingeschränkt bin ich nicht. Durch Interesse an Dingen außer mir, durch Betrachtung, durch Mutterschaft, durch alles, was ich tu, genieß ich mein Dasein.«

Eine Schutzbehauptung? Vielleicht. Aber solange sie sich mit diesem Gedankengang identifiziert – und nichts spricht dagegen –, ist es eben doch mehr wirklicher Schutz als nur Behauptung. Caroline gehört zu den seltenen Menschen, die in Extremsituationen ihres Lebens – und die eigentlichen stehen ihr noch bevor – immensen seelischen Schutz aus sich selbst herausziehen können, die instinktiv richtig handeln, weil sie sich und ihr Lebensgesetz bejahen und sich selbst nicht entgegen sind.

Ihre Freundfeindin Therese Heyne kann das nicht und muß dafür teuer bezahlen. Therese gerecht zu werden ist schwer. Wer immer sie beschreibt, sieht sie unter dem Aspekt ihrer Haßliebe zu Caroline. So wie Thereses Apologeten stets Caroline verdammt haben[*], so standen Carolines Verehrer gegen Therese, wobei des alten Heyne giftige Tiraden gegen Caroline, in der er stets und überall das Erzübel sah, dann negativ auf Therese abgefärbt haben. Der »Genius ihrer Familie« – so Caroline 1785 über die Heynes – sei »ein glückzerstörender Geist, doch wollt ich ihn nicht gern Dämon nennen«.

Andere äußern sich nicht so abwägend. »Heyne entfernt sich zu sehr von Menschen, ist bitter gegen die Welt«, schreibt Luise Mejer an Heinrich Christian Boie 1783. »Das ganze Haus hat einen Genie-Ton. Die Kinder beten den Vater an, aber außer ihm gibt's auch keinen Sterblichen, der nicht ein Gegenstand ihrer Verachtung wäre. Ich staune oft, wie Heyne das leiden kann und dazu lacht.«

Und ein Jahr später: »Alles stürmt gegen Heynen, und so philoso-
phisch Therese ist, macht's ihr doch keine Freude, daß Caroline
Michaelis verheiratet ist und Friederike Böhmer im Mai heiratet.
Sie rächt sich durch Ironie und weiß nicht, wie sehr sie sich dadurch
schadet.«

Nun, auch Therese, zu diesem Zeitpunkt schon mit Georg Forster verlobt, heiratet: am 4. September 1785. Sie folgt ihrem Mann
nach Wilna, wo Forster eine Professur bekommen hat. Diese Ehe,
von Caroline »immer gewünscht« (so Forsters Tagebuch 1784),
wird zwar nicht ganz so sehr aus konventionellen Gründen geschlossen wie die Carolines mit Böhmer, aber sie wird auch nicht
aus Liebe eingegangen. Thereses Motiv zur Heirat ist eindeutig: Sie
will endlich unabhängig werden vom Elternhaus, und die Wahl fällt
auf Forster, weil der eine europäische Berühmtheit ist, mit dem als
Ehemann man den biederen Göttingern imponiert. Übrigens bekommt auch Therese von Forster ein Tuch aus Tahiti geschenkt.

Thereses Ehe steht von Anbeginn unter einem Unstern: Meyer.
Zwischen ihrer Verlobung (April 1784) und Hochzeit (September
1785) erlebt sie mit ihm eine stürmische Liebesaffäre, die offenbar
nur das, was man früher so gern »das Letzte« nannte, ausschloß. »Ist
denn unsere Verbindung ein so alltägliches Ding, daß sie jedermann begreifen könnte?« fragt Meyer, der hier wohlweislich nüch-
tern von »Verbindung« spricht und nicht von »Liebe«, denn er, so
bekennt er später kühl, »habe sich nicht entschließen können, um
einer einzigen willen dem ganzen Geschlecht untreu zu werden«.

Als Forster nach langer Abwesenheit im August 1785 nach Göttingen zur Eheschließung zurückkehrt, findet er einen sich leiden-
schaftlich gebärdenden Liebhaber bei seiner Verlobten vor, den er
sofort in sein Ehebündnis als Duzfreund einschließt. Das Ehepaar
nennt ihn »Assad«, nach Lessings *Nathan*.

Der Ehekontrakt, damals eine Selbstverständlichkeit, sichert
Therese eine Aussteuer im Wert von 500 Talern und Bargeld
(Brautschatz) in gleicher Höhe zu, aber nicht auszuzahlen, sondern
nur mit fünf Prozent zu verzinsen. Stirbt Therese vor ihrem Ehemann, so erbt dieser nur die Aussteuer; sind Kinder vorhanden,

Dorothea Schlözer

bekommt er dazu noch den Brautschatz; stirbt aber Forster zuerst, so bekommt Therese alles zurück. Unter den damaligen Umständen (und bei Forsters dürftigen Einkünften) war dieser Ehekontrakt mehr als kümmerlich. Und wer war Mitunterzeichner? Meyer. »Ich wünsche dem guten Forster viel Glück dazu, glaube aber *nicht*, daß er es finden wird«, kommentierte Lichtenberg. Caroline: »Außerordentliche Schicksale sind für Therese gemacht; sie haben ihren Grund in ihr selbst. Gott wende sie zum besten.« Sie sollte recht behalten.

Im Juli 1786 gibt es Aufregung in Göttingen. Drei englische Prinzen werden immatrikuliert und sollen für einige Jahre hier bleiben: der Herzog von Cumberland (er wird 1837 König von Hannover), der Herzog von Sussex und der Herzog von Cambridge: 15, 13 und 12 Jahre alt. Wo sollten sie wohnen? Die Wahl fällt auf das Michaelishaus, aber der Professor verlangt 20 000 Taler bei Verkauf, 2000 Taler bei Vermietung. Caroline sorgt sich um das Elternhaus: »Das wünscht ich nicht, daß Vater auf seine alten Tage seine bequeme Wohnung aufopferte, auch keinem Königssohn! Ich hoffe auch, es soll nichts draus werden.«

Es wird auch nichts draus. Die zuständigen Stellen finden Michaelis' Forderung zu hoch, die Prinzen werden beim Buchhändler Dieterich einlogiert. Da sie kein Deutsch sprechen – aber Meyer ist schon auserwählt, es ihnen beizubringen –, redet man mit ihnen Französisch. Seine britische Majestät persönlich bestimmt die Häuser, in denen die Prinzen verkehren dürfen – natürlich ist das von Michaelis darunter, und dort trinken sie dann sonntags ihren gewohnten Five o'clock tea.

Ein womöglich noch wichtigeres Ereignis aber begibt sich am 25. August 1787. An diesem Sonnabend, nachmittags um fünf Uhr, betritt Dorothea Schlözer das Michaelishaus, gewandet in weißes Musselin und wie eine Braut mit Perlen und Rosen besteckt. Professor Johann David Michaelis, gerade Dekan der philosophischen Fakultät, und einige Examinatoren sind versammelt, der Siebzehnjährigen zur Doktorwürde zu verhelfen. Jahrelang ist das Mädchen von seinem Vater auf die Rolle eines Wunderkinds gedrillt worden, was Dorothea nie gewesen ist; seit ihrer Geburt wurde sie unablässig geschult, um zu beweisen, was eine planmäßige Ausbildung erreichen kann. Nun hat Schlözer sein Ziel erreicht: Dorothea ist der erste – und jüngste – weibliche Dr. phil. Deutschlands, welch Ereignis anschließend mit der ganzen Michaelis-Familie (ohne Caroline) mit einem Kuchenschmaus gefeiert wird. Bei der Feier zum fünfzigjährigen Bestehen der Universität am 17. September verkündet Michaelis öffentlich die neuen Doktoren der philosophischen Fakultät: Dorothea Schlözer (»virgo praenobilissima et doctissima«) und Gottfried August Bürger (»cuius poemata tota Germania cum voluptate legit«). Göttingen preist sein gelehrtes Wundermädchen – das übrigens als unverheiratete Frau von dieser Universitätsfeier in der Paulinerkirche ausgeschlossen bleibt – und läßt Dorotheas Bild in Kupfer stechen. Schiller erbost sich über »Schlözers erbärmliche Farce mit seiner Tochter« in einem Brief an Gottfried Körner, und noch vier Jahre später spottet ein Anonymus:

»Das arme Kind vertauschte ihren Doktorhut, glaub' ich, gern mit einer Frauenhaube. Man muß die Kinder nicht gegen ihre Eltern reizen, sonst würd' ich sagen, daß sie ihr Glück dem Eigensinne ihres Vaters habe aufopfern müssen. Herr S. glaubte aus allen Umständen schließen zu können, daß sein erstgebornes Kind ein Knabe werde, und daß dieser Knabe ein Genie sein würde. Die Natur aber spielte ihm den Possen und ließ ihm ein Mädel jung werden. Aber S. schwur bei dem Verleger seiner Staats-Anzeigen, daß selbst dies Mädel ein Gelehrter werden sollte, und wenn der liebe Gott und alle Planeten darüber scheel sahen. So mußte nun das arme Ding anfangen zu lernen, aber sie ist in der Tat kein Genie. S. mag wohl den russischen Staat besser kennen als die menschliche Natur, sonst würde er eingesehen haben, daß sich aus einem Frauenzimmer, aus guten physischen Gründen, nie etwas anders als eine gute Mutter ziehen läßt.«

Caroline kommentiert Dorotheas Doktorwürde mit bitteren Worten über Vater Schlözer: »Wenn er nur wüßte, daß Dortchen so gar nicht das Mädchen ist, daß er zu erziehn wähnt – nur *vis à vis de lui* ein Geschöpf des blinden Gehorsams, und deren Wesen gar nichts mit dieser Subordination weiter gemein, als wie das militärische Exercitium mit dem Menschen. Es freut mich denn doch, daß es so gut abgegangen ist.«

Sie hat jetzt andere Sorgen: Am 23. April 1787 gebiert sie ihr zweites Kind – Therese. Fünf Tage später wird Auguste zwei Jahre alt, ihre Mutter findet sie »reizend lieblich, ich bete sie an«. Mit den beiden Kindern gestaltet sich der Haushalt – der »in der Tat keinen geringen Einfluß auf das Leben hat« – mühseliger und reizloser: »Von meinem übrigen Leben ist wenig zu sagen; es ist von außen so einförmig, daß man sich nur beim Erzählen wiederholen würde«, schreibt sie der Freundin Luise im Dezember: »Die innere Geschichte ist um desto mannigfaltiger und zu weitläufig.« Bei dieser Andeutung läßt sie es bewenden.

Zwei Monate später ist sie Witwe: Böhmer stirbt plötzlich am 4. Februar 1788 an einer nicht näher bezeichneten Krankheit, die er sich in seiner Praxis zugezogen hat. Bis zum Herbst bleibt Caroline in Clausthal, dann siedelt sie nach Göttingen um, wieder schwanger. Das dritte Kind Böhmers, ein Sohn namens Wilhelm, kommt in Göttingen zu Welt, stirbt aber schon kurz nach der Geburt.

Caroline sorgt sich jetzt um den altgewordenen Vater: »Ich glaube, er würde es schwer ertragen, mich und die Kinder nicht mehr zu haben – es ist vielleicht seine einzige Aufmunterung für diesen Winter, denn seine Collegia werden vermutlich gar nicht zustandekommen. Das ist mir unbeschreiblich traurig – er leidet sehr dabei – es kränkt ihn, und er hat nun nicht die mindeste Abwechslung in seiner Arbeit. Was ist doch das ein elendes Leben, das ein Gelehrter führt, so suche ja bis ans Ende Deiner Tage Sinn für die weite offne Welt zu behalten, das ist unser bestes Glück«, schreibt sie an ihren zwanzigjährigen Bruder Philipp, der jetzt in Marburg studiert.

Sie selbst attachiert sich etwas enger an Georg Tatter, Legationssekretär und Begleiter der drei englischen Prinzen, die er in Geographie und Geschichte unterweist; Sohn eines Gärtners aus Hannover, etwa sieben Jahre älter als Caroline. Sie scheint Tatter mehr als nur freundschaftliche Gefühle entgegengebracht zu haben, schon darum, weil er sich ihrer annahm, während Meyer sich fast demonstrativ von ihr zurückzog.* Caroline hat dies merkwürdige Verhalten des bindungsscheuen Mannes ignoriert; sie schreibt ihm im März 1789 das schöne Bekenntnis, das zeigt, wie sie sich in ihr neues Schicksal zu finden weiß:

»Ich weiß nicht, ob ich je ganz glücklich sein kann, aber das weiß ich, daß ich nie ganz unglücklich sein werde; Sie haben mich in einer Lage gekannt, wo ich, von allen Seiten eingeschränkt, durch den Druck meines eignen Gewichts niedersank – grausam bin ich herausgerissen, doch fühle ich, daß ich es bin, denn es ist so hell um mich geworden, als wenn ich zum erstenmal lebte, wie der Kranke, der ins Leben zurückkehrt und eine Kraft nach der andern wieder erlangt und neue reine Frühlingsluft atmet und in nie empfundenem Bewußtsein schwelgt. Ein Schleier fällt nach dem andern, es ist mir nichts mehr sehr wichtig – Erfahrung mindert den Wert der Dinge, denn es nimmt ihnen die Neuheit – ich schätze nichts mehr, als was mir mein Herz gibt, und erwerbe nichts, als was ich mir selbst bereite. Sie prahlen ein wenig mit Ihrer Armut, und meine kränkt mich wenigstens nicht, mir ist's, als hätte ich die Menschen nie weniger bedurft und höher herabgeschaut, als seit sie wohl gar meinten, ich würde mich fester an sie anschließen. – Wir sind stolze Bettler, lieber Meyer, und ich kenne noch einige von der Art, lassen Sie uns lieber einmal eine Bande zusammen machen, einen geheimen Orden, der die Ordnung der Dinge umkehrt, und wie die Illuminaten die Klugen an die Stelle der Toren setzen wollten, so möchten denn die Reichen abtreten und die Armen die Welt regieren.«

Am 27. Februar, als ihr Vater 72 Jahre alt wird, überreicht sie dem vereinsamten Gelehrten ein (gedrucktes) Gedicht im Namen ihrer beiden Kinder »mit einem von mir gestickten Kopf des Aesculap«:

Du, der allen sterblichen Geschlechtern
Labsal und Gedeihn gewährt,
Höre das Gebet von zweien Töchtern
Wie die Kindesliebe sie es lehrt!
Hat in seiner Jugend schönsten Tagen
Unser Vater fromm sich dir geweiht,
Deines Dienstes sich allein erfreut
Bis man ihn zur kalten Gruft getragen;
Haben je, für seine Müh' zum Lohn,
Brüder, Kinder, Gatten ihn gesegnet;
Ist er je des Elends krankem Sohn
Mild mit Hülf und Trost begegnet;
Großer Paeon! hat er das getan:
O so streue deine milden Gaben
Auf des teuern Mannes Lebensbahn,
Dem wir Enkelinnen freudig nahn!
Laß' ihn an verdienter Ruh sich laben!
Gib, daß er sich heiter, ungeschwächt,
Lang' im Abendstrahl des Lebens wärme!
Daß ihn lang' ein blühendes Geschlecht,
Dessen Stolz er ist, umschwärme!

Gedichtet hat dieses »Gebet an den Gott der Heilkunde von Augusta und Therese Böhmern« ein zweiundzwanzigjähriger Student, der bei Heynes logiert: August Wilhelm Schlegel.

Zwischen Ostern und Pfingsten 1789 zieht Caroline nach Marburg zu ihrem Bruder Fritz, der dort als Professor für Medizin lehrt. Sie wohnt in einem schönen alten Fachwerkhaus* in der Reitgasse 14, von dem aus man die ganze Stadt überblickt. Lotte ist mitgekommen, »denn sie mochte Göttingen nicht mehr«. Über Marburg und ihr künftiges Dasein schreibt Caroline an Meyer:

»Marburg hat wenig – aber doch nicht die tötende Einförmigkeit und den reichsstädtischen Dünkel. Die Menschen nicht so kultiviert und geschwätziger, allein doch toleranter. Man liebt mich sehr, weil mein Herz ein Gewand über die Vorzüge des Kopfs wirft, daß mir beides Äußerungen als Verdienst anrechnen läßt. Daß ich gehn kann, wann ich will, macht, daß ich alles Ungemachs zum Trotz bleibe – das ist die Art von Trägheit, welche der hat, der den Tod nicht fürchtet.

Ich habe mir ein Ziel meines Bleibens gesetzt – dann weiter, wohin mein Genie reicht – denn ich fürchte, das Geschick und ich haben keinen Einfluß mehr aufeinander – seine gütigen Anerbietungen kann ich nicht brauchen – seine bösen Streiche will ich nicht achten. Wünsche hören auf bescheiden zu sein, wenn in ihrer Erfüllung unsre höchste und süßte Glückseligkeit läge – auf Wunder rechnet man nicht, wenn man sich fähig fühlt, Wunder zu tun, und ein widerstrebendes Schicksal durch ein glühendes, überfülltes, in Schmerz wie Freuden schwelgendes Herz zu bezwingen.«

Gleich in ihrem ersten Marburger Jahr lernt Caroline die berühmte Sophie von La Roche kennen, die ihren Sohn Franz in Marburg besucht. Die beiden Frauen – die vielgelesene Schriftstellerin und die unberühmte Arztwitwe – verstehen sich sofort, aber die La Roche hat wenig Zeit: In Marburg bestürmen sie die Verehrer.

»Von Morgen bis an den Abend waren die nichtsnutzigsten, unbedeutendsten Menschen in ihrer Stube – sie sagt jedem etwas«, entrüstet sich Caroline gegenüber Lotte, die inzwischen wieder in

Göttingen ist, und sie sagt der Berühmtheit sehr unverblümt die Meinung. Sie finde »das ganze Benehmen lächerlich und läppisch« und meint unumwunden: »Sie tragen den Fluch der Celebrität.« Auch versäumt sie nicht, in ihrem Bericht an Lotte den Kontrast eigener Bescheidenheit zum Aufwand um die Celebrität kräftig abzumalen: »Bei der Nacht denk ich an die Schlafkammer; auch die hätte La Roche sehn dürfen. Es steht mein und meiner Kinder Betten und ein Nachttisch darin und alle Silhouetten – mit dem Schatten meiner Geliebten umringt – über meinem Ruhbett hängt die meines Vaters mit dem Kranz verwelkter Blumen und Lotte bei Werthers Grab, weil das in der Stube nicht gut genug war.« Und: »Ich habe einen Lorbeerstrauch, den ich für einen Dichter groß-ziehe, sag das Schlegeln – und ein himmlisches Reseda-Sträuchel-chen – eine Erinnrung – sag das Tattern – die Nelken sind meine Lieblingsblumen. Hab ich mich nicht ganz in den Ton der Roche geworfen?« Nicht nur Tatter, auch Schlegel macht ihr jetzt den Hof. Aber das weiß sie genau: »Schlegel und ich! ich lache, indem ich schreibe! Nein, das ist sicher – aus uns wird nichts.«

Aus dieser gelösten Stimmung reißt sie im Dezember 1789 eine Krankheit der zweieinhalbjährigen Therese, genannt Röschen. Das Kind hat gerade die Masern überstanden, da steigt plötzlich das Fieber, schwere Verdauungsstörungen treten hinzu, aber die Medi-zin – ahnungslos wie sie damals ist – steht der Krankheit hilflos gegenüber. Am 16. Dezember – Caroline hat selbst mit Kopf- und Zahnschmerzen und Gallenbeschwerden eine Woche zu Bett liegen müssen – scheint die Gefahr gebannt. Das Kind erholt sich, Lotte ist aus Göttingen herbeigeeilt, und Caroline faßt Hoffnung. Vierund-zwanzig Stunden später ist Röschen tot. Den Tod des Kindes und ihre Empfindungen hat sie in einem Brief an Philipp beschrieben; der abgerissene Stil spiegelt noch ganz unmittelbar die Verzweif-lung einer Mutter, die wie damals Tausende ihresgleichen miter-lebt, wie sie ihr Kind hergeben muß, dem eine ohnmächtige Medizin nicht helfen kann:

»... sie schien etwas in stillen Phantasien zu sehn, wonach sich dann ihre schönen Arme verlängernd ausstreckten, das selbst ihre

Lotte an Werthers Grab

Finger sich auszustrecken schienen. Dann faßte sie fest in meine Haare – einmal zog sie meine Hand fest an ihr Herz – sie pflückte in leisen Krämpfen am Bettuch – und ich verblendete mich noch über dies Zeichen. Dabei war sie ganz bei Verstande – sie begriff mich noch, wenn ich ihr vom Weihnachten sagte, den die Großmutter schicken würde – sie antwortete noch – ›Gusten auch‹. Den krampfhaften Zustand zu lindern verordnete Fritz ein warmes Bad, worin ich sie in unaussprechlicher Angst meines Herzens setzte. Ich war entzückt, wie es ihr so wohl darin ward, daß ich es ihr ansah, und sie selbst sagte: ›gut! gut!‹ mit der innigen Stimme, mit welcher sie ihr Ja aussprach, und wie ich sie wieder ins Bett gelegt hatte, und sie um so vieles besser schien – es war gegen vier Uhr nachmittags – ich *konnte* nicht an ihrer Rettung verzweifeln ... Gegen 8 Uhr ... ein zweites warmes Bad – in das ich sie mit einer schrecklichen Anstrengung meiner selbst noch zu setzen die Kraft hatte, indessen alles zitterte für das Leben des teuren Lieblings und Lotte in einem heftigen Anfall von Schlucken und konvulsivischen Bewegungen sinnlos auf der Erde lag – starke Dosen Moschus – alles wurde gebraucht – von meiner Seite ohne Erwartung – vermutlich auch von den übrigen. Ihre Krämpfe äußerten sich nicht in Zuckungen, nur in einem leisen Dehnen, auf welches Steifigkeit folgte. Ich war tätig, bis ich nichts mehr zu tun fand – dann setzte ich mich neben Lotte aufs Kanapee – meine Rose wurde still – die Malsburgen und Breidenstein knieten vor ihrem Bett – keins von den Mägden war gegenwärtig – alles wurde still – und ich wünschte sehnlich, daß doch diese Stille nie möchte unterbrochen werden. Ich bebte vor dem Augenblick, wo ich, bewegungslos mit festgehefteter Seele – mich wieder bewegen müßte. Wo bist Du, Geist der Schlummernden? Die Frage trat mir nahe unter Bildern, unter Ideen, von welchen die eingeschränkte Menschheit nur dumpfen Sinn hat – und wenn sich diese Dumpfheit mit Sehnsucht nach deutlichern Wissen mischt – und in denselben Vorstellungen auch das Gefühl des Verlustes erwacht – meine Brust arbeitete entgegen mit der Gewalt – die ich wohl kenne – allein ganz so noch nicht übte – Ich blieb mit Lotten zuletzt allein – und rief nun die Leute, damit sie des Nachts bei der Entschlafnen wachen sollten. Sie kamen und wußten noch nicht, daß sie tot war. Ob ich nachher schlief oder wachte, weiß ich nicht. Ich blieb ruhig – Auguste beschäftigte mich – sie schien es gar nicht zu merken – sie ging allein in die Stube – kam wieder heraus ohne weitere Äußerung, endlich sagt ich ihr, daß Röschen nun nicht mehr mit ihr spielen könnte. Da brach es aus – sie schrie mit einem beinah widerwärtig heftigen Ausdruck: ›Das *sollst* Du mir nicht sagen, Mutter!‹ als wenn sie es vor sich selbst hätte verbergen wollen bis dahin. Ich kann Dir das eigne davon nicht beschreiben – es schien innre Tiefe mit einer so sonderbaren Gedankenlosigkeit verknüpft – ich konnte nicht wahrnehmen, daß etwas in ihr arbeitete – und doch, wenn es auch nachher wieder zu Tränen kam, schien es Ausbruch verhehlter Regung zu sein. Jetzt mischt sie viel kindischen Leichtsinn in ihre Erinnrungen, welche sehr häufig kommen. Sie ruft Röschen – sie sagt: ›Ich sehe sie nicht, sie will nicht kommen, sie ist bei ihrem Vater.‹

Ich brachte den übrigen Tag in einer Gleichgültigkeit zu, in welcher ich mir nicht ganz bewußt war, wieviel ich dazu beitrug, sie zu erhalten – die Erschöpfung sagte es mir. Ich war am Abend so matt, daß ich nicht gehn konnte, und wie ich ins Bett kam, wurde mir sehr übel, und ich hustete Blut, welches die ganze Nacht anhielt, und worauf eine große Schwäche folgte. Ich gewann aber meine Kräfte bald wieder und war wenigstens nicht untätig.«

Im Jahr darauf – gerade hat sie den Verlust des Kindes ein wenig verwunden – beansprucht sie die Familie in Göttingen. Louise, die jüngste, jetzt zwanzig Jahre alt, bekommt den Hof gemacht von einem Freunde Philipps, einem gewissen Carl Große aus Magdeburg, 29 Jahre alt. Der hatte sich schon 1787 um die Siebzehnjährige bemüht, jetzt war er wieder erschienen in grüner, silberbestickter Uniform, gelb gefüttert und mit dem Malteserkreuz auf der Brust, nannte sich auf einmal nun *Marquis* und *Graf von Vargas*. Professor Schlözer sandte eine eindringliche Warnung an Vater Michaelis vor diesem Glücksritter, den Gottfried August Bürger nur spöttisch »Carl der Große« nannte. Auch Caroline warnte und mahnte aus der Marburger Ferne, und Carl Große verschwand im August 1790 aus Göttingen. Er sollte sich rächen.

Aber es ging nicht nur um Louise, überhaupt war das Familienleben gestört, weil Philipp in zunehmende Opposition zum Elternhaus geriet. Caroline redet dem fünf Jahre Jüngeren ins Gewissen:

»Du bist so sehr trocken und einsilbig mit dem Vater, und das setzt die gute Mutter, die Dich immer zu verteidigen hat, in eine peinliche, verlegenheitsvolle Lage. Was hier im Wege steht – Zwang, der nicht ganz überwunden werden kann und sehr drükkend ist, ohne in die Augen fallend zu sein – eigentlich ein namenloser Zwang – ich kenne das ja sehr genau, bringe es sehr mit in Anschlag – doch könntest Du wohl ein etwas milderes Betragen annehmen, da Du wirklich die Menschen weniger glücklich machst. Unser Vater ist es ohne das so wenig – er ist so reizbar, sein Alter wird ihm so schwer, daß der bloße Gedanke, etwas zum Ungemach desselben beizutragen, mich schrecken würde. Denke Dir diesen sich so gänzlich überlebenden Mann, und da, wo er noch genießen könnte – in seinen Kindern – was gewähren sie ihm? Es steht nicht in unsrer Gewalt, seinem Herzen und Geist den Umfang und die Teilnehmung zu geben, durch welche wir ihn in unsre Art zu denken und zu fühlen hereinzögen und uns ihm wert machen könnten – allein kindliche Aufmerksamkeit und Achtung sind wir, deucht mich, uns selbst für ihn schuldig. Es ist das einzige, womit wir ihm für seine Sorgen lohnen, die gewiß höchst mühsam sind, wenn auch nicht zärtlich und *unsern* Begriffen entsprechend – und ihm gar nicht lohnen, uns in Unrecht gegen ihn setzen können wir um so weniger wollen, je mehr wir übersehn, daß sein Gesichtskreis nun einmal so eigensinnig oder so enge gezogen ist, wir ihn also nicht erweitern, wohl aber ihm Schmerz und eine nachteilige Meinung von uns geben können. Er fordert auch nicht viel – Du, mein Guter, gibst nur gar nichts – Deine Lippen öffnen sich nicht – ich weiß es noch aus ehemaliger Erfahrung, und damals war es, weil unsrer mehr waren, nicht so auffallend. Dein unbiegsames Wesen will sich auch nicht zu der mindesten Freundlichkeit für ihn entschließen – ich kann mir lebhaft alle die Triebfedern denken, die von lange her wirken, die Dir's zur *Arbeit* machen, Dich darin zu überwinden – aber sie entschuldigen nicht ganz Deine Unterlassungen. Bedenk nur, daß Du ihn verwundest – die Mutter kränkest – und wenn Du nichts über Dich vermagst, so gib ihnen wenigstens mittelbaren Anlaß zur Freude an Dir durch anhaltenden Fleiß.«[*]

In Marburg ergeht es ihr jetzt ähnlich wie in Clausthal: »Jede Mitteilung, welche mir Freude machte und meinen Kopf beschäftigen könnte, hab ich nur durch Briefe«, gesteht sie Meyer im März 1791. Sie ist dort ohne rechte Aufgabe; die Sorge um den Junggesellenhaushalt von Bruder Fritz und die Erziehung von Auguste füllen sie nicht recht aus; auch die Marburger Gesellschaft bietet ihr keine Anregung. So grübelt sie jetzt mehr und mehr ihrer Bestimmung nach: »Meine Zukunft ist auch dunkel, insofern ich Wechsel zum Bessern davon erwarten möchte – keine Aussicht als die – nie weniger besitzen zu können als jetzt, von dem, womit der Zufall Menschen beglückt – doch auch nie weniger in mir, wodurch Mangel ersetzt wird. [. . .] Immer ist es nur eine künstliche Existenz, der ich mich indessen in vielen Stunden des Tags entziehen kann. Es ist ein trauriges Schauspiel, solche Anlagen in Stumpfheit ausarten zu sehn.« Soll sie zurück nach Göttingen? Zurück in eine mit sich zerfallene Familie? »Unsre Familie ist zerrüttet durch Verdorbenheit, Unverstand, Schwäche und Heftigkeit der einzelnen Mitglieder. Der eine betet, der andre klagt das Schicksal an, der Grund des Übels liegt aber nicht jenseits der Wolken.« Aber sie weiß: »Ich seh im Gang *meines* Lebens Ursache und Folge genau miteinander verflochten und will mich nicht gegen die Notwendigkeit auflehnen. Es gibt gesammelte Stunden, wo der tiefe – allem zugrundeliegende – Schmerz über ein Dasein voll Widerspruch herrschend wird – er löst sich sanft auf, in jedes Geschäft, an welches die Gegenwart mich heftet, in den geringsten Genuß, den sie mir darbietet. – Dies ist auch der Widerspruch – aber wir müssen den Göttern danken, nicht konsequent zu sein.« Das immer mehr zu Spannungen führende Verhältnis zu ihrem früher so geliebten Bruder Fritz – die Ursachen für den Konflikt kennen wir nicht – vergällt ihr Marburg. Am 11. Juli 1791 geht an Meyer dies Bekenntnis:

»Göttern und Menschen zum Trotz will ich glücklich sein – also keiner Bitterkeit Raum geben, die mich quält – ich will nur meine Gewalt in ihr fühlen. Wenn es gelingt, dann ergreift sich das kindische Herz wohl noch auf einer süßen Regung des Danks gegen die Mächte, denen es Trotz bot. Das ist eine täglich wiederkehrende Geschichte. [. . .] Dann und wann begeistert mich ein Projekt für die Zukunft, das mich mit schönen Erwartungen für den Augenblick täuscht, ohne den Mißmut fehlgeschlagener Erwartungen in seinem Gefolge zu haben – mit lächelndem Sinn entdeck ich den Betrug, eh er sich festsetzen konnte. Das Unmögliche bleibt *Vorstellung* – das Mögliche wird *Entschluß*. So bin ich mit beklemmter Brust und mit freieren Atemzügen. – War ich immer so? Nein, ich habe manchen Pfad des Schauens und Glaubens und Unglaubens betreten, eh ich zu diesem reineren Gottesdienst zurückkehrte – zurück – denn gegründet lag er immer in dem sanften Mut meines Herzens – meine Handlungen folgten diesem Zuge, wenn auch meine Denkart wechselte – und wenn gleich nicht stark genug, stets die Fesseln eines widersprechenden Einflusses zu brechen, fand ich doch, mir selbst überlassen, den Weg bald, den ich nach einmal erlangter Freiheit unverrückt gehn werde. – Entsagungen waren und bleiben notwendig, um so zu genießen – also werd ich nicht weichlich werden. Aber Genügsamkeit allein kann mich nicht befriedigen – sie wäre nur Begrenztheit, wenn nicht die Quellen nur vertauscht würden, aus welchen der Bessre am unersättlichsten zu schöpfen trachtet. [. . .] Meine Weltkenntnis reicht nur hin, mich über nichts erstaunen zu lassen und in alles mich zu finden – nicht um vorherzusehn. – Meine Menschenkenntnis betrügt mich noch oft – und leider um so öfter, je näher mir der Gegenstand meines Urteils steht – ich bin allein – ohne schützende forthelfende Verbindungen – meine Freunde fordern Rat von mir – es fällt ihnen nicht ein, mir welchen zu geben – dem sich selbst überlassnen Weibe. Sie haben insofern recht, daß ich mich von jeher gewöhnt habe, nicht auf Hilfsmittel zu bauen, die ich nicht in mir selbst fand.«

Herbst 1791 ist sie wieder in Göttingen. Über Gotters hatte der frischverwitwete Gothaer Generalsuperintendent Löffler sondieren lassen, ob Caroline sich bereit finden könnte, ihn zu ehelichen, aber die winkt entschieden ab. Sie will keine neue Ehe eingehen, sondern endlich frei und unabhängig sein. Aber hinter der Abneigung gegen die Ehe, zumal die mit einem Theologen, steht nicht nur der Drang nach Freiheit; Caroline hat sich nämlich in Tatter verliebt*, und das offenbar stärker, als sie sich eingestehen will. Und in Tatter wird man auch wohl das Motiv der Rückkehr nach Göttingen suchen müssen. Die Zurückweisung von Löfflers Bewerbung ist ihr ein Anlaß, Meyer wieder einmal etwas Grundsätzliches zu

Friedrich Wilhelm Gotter

übermitteln; denn Caroline muß immer wieder auf verschiedene
Art gefordert werden, um sich des eigenen Standpunkts ganz klar zu
werden, und ist er ihr klar, muß sie ihn auch schriftlich fixieren – so
wird sie es bis an ihr Lebensende halten:

»Im Ernst, mein lieber Meyer, die gottlose kleine Frau – die
kokette junge Witwe – denn es gibt doch dergleichen Lesearten
über mich – fesselte durch ihre unscheinbare Hülle – ihn – Du weißt
seinen Namen – und ich stand da – das ganze Lebensgewirr kreuzte
sich in meinem Kopf – so oder so! 3 Tage lang war's mir ein Rätsel –
es löste sich zuletzt in die Frage auf: willst Du gebunden sein und
gemächlich leben und in weltlichem Ansehn stehn bis ans Ende
Deiner Tage – oder frei, müßtest Du es auch mit *Sorgen* erkaufen. –
Die träge Natur lenkte sich dorthin – und die reine innerste Flamme
der Seele ergriff dieses – ich fühle, was ich muß – weil ich fühle, was
ich kann – schelte mich niemand unvernünftig – ich habe wohl
erwogen und kenne den ganzen Wert einer Lage, wie sie sich in die
gewöhnliche Reihe der Dinge paßt – aber verblenden konnt er mich
nicht über den wahren Wert des Lebens. Wer sicher ist, die Folge
nie zu bejammern, darf tun, was ihm gutdünkt. Ich hätte mich
freilich noch sehr nützlich für den Staat machen können, wenn ich

73

ihm eine Haushaltung besorgt und ein halb Dutzend Kinder mehr erzogen hätte wie mein einziges liebes Mädchen – aber es geschieht ebenso gut ohne mich, und keine Glückseligkeit wird dann dabei zerstückt – für des lieben Gottes Staat ist's also besser. Wer wollte sich aufopfern, wenn mehr am Opfer ist als der Name – das geschieht nur von dem, der Lücken zu füllen – Leere zu verbergen hat. Ich glaube an keine Opfer – und an keine *Ausnahmen*. – Das erste wird mich hindern, nicht ohne Not unglücklich zu sein und mich nicht dafür zu halten – das zweite, in meinen Erwartungen nicht getäuscht zu werden.«

Was Meyer dazu meint, wissen wir nicht, wohl aber kennen wir die Reaktion der Gotters, die völlig unfähig sind, Carolines Gedankengang auch nur annähernd zu begreifen. Eine junge Witwe mit Kind lehnt es aus grundsätzlichen Erwägungen ab, einen gestandenen Mann, einen (gutbesoldeten) Generalsuperintendenten zu heiraten, ohne ihn überhaupt gesehen oder gesprochen zu haben. »Ewig schade« findet das Luise, denn der Gottesmann habe sogar »seine ehrwürdige Perücke abgelegt, seit einigen Tagen trägt er sein eigenes Haar, er ist ordentlich adonisiert, um 10 Jahre hat er sich verjüngt« – und trotzdem will die Freundin nicht. Und warum? Weil sie sich nicht binden will, weil sie nicht mehr bevormundet werden möchte, weil sie keine Kinder mehr gebären will. Das geht über den Horizont der guten Gotters, die sich als ehrliche Heiratsmakler und Brautwerber freilich auch ein wenig düpiert vorkommen müssen. Aber es spricht für den biederen Schriftsteller und seine Frau, daß sie es Caroline nicht nachtragen, »unsern Lieblingswünschen mit aller Macht entgegenzustehen«.

Im Dezember 1791 läßt Caroline Meyer wissen, sie habe sich nun für Mainz als künftigen Aufenthaltsort entschieden. Schon im Frühjahr 1790 hatte sie für vier Wochen Therese in Mainz besucht, als Forster gerade unterwegs war. Und Therese hatte sie aufgefordert, doch ganz nach Mainz überzusiedeln:

»Ich wage mich mit getrostem Mut dahin, denn eine kleine Neigung hab ich doch zu Unternehmungen, die wie eine Aufgabe aussehn, und wenn ich nicht viel ausrichte, wenn ich nichts besonders zum Fortgang brachte, so bewirkte ich doch wohl einen kleinen Stillstand und blieb selbst ganz unverändert. Vielleicht werd ich Theresen nützlich, und das wird mir viel Freude machen, denn ich weiß sehr gewiß, daß ich ihr nur edle Dienste leisten werde und die Unabhängigkeit, welche ein Bedürfnis für mich geworden ist – nicht als Möbel des Luxus, sondern des Gebrauchs – nicht dabei leiden kann. [. . .] Auf ihre Freundschaft hab ich nie gerechnet – es gibt keine unter Weibern – ich zweifle selbst daran, daß sie mir recht aufrichtig gut ist – doch muß sie mich achten, und das tut das nämliche – ich bin eine Art von Nebenbuhlerin, ohne meine Rechte geltend zu machen – das ist heilsam, und *ich* liebe *sie*, weil sie mir merkwürdig ist und es bleiben wird, wenn sie mir auch nicht mehr neu ist. Außerdem ist Mainz eine Stadt, wo ich unbekannt leben und neben einer gewissen Einsamkeit Vergnügen des Geistes und der Sinne genießen kann. In Gotha hab ich unausstehlich viel Verbindungen, die mir viel Zeit rauben würden, und haben die Lieben nicht gezeigt, daß sie sich schlecht genug auf mein Glück verstehn, um mich in der mir notwendigen Lebensweise allenfalls zu hindern?«

Auf Wunsch der Mutter bleibt sie noch etwas in Göttingen; Caroline soll sich um die beiden jüngeren Schwestern kümmern, die seit dem Tode des Vaters – Michaelis war am 22. August 1791 gestorben – ohne rechte Aufsicht sind. Das gilt natürlich vornehmlich für Lotte, zwar immerhin schon 25 Jahre alt, aber doch voll unter elterlicher Gewalt. Lotte, die Caroline auf ihrer Reise im Frühjahr 1790 begleitet hatte, war in Mainz hängengeblieben, um dort Kotzebue wiederzusehen. Erst im Frühjahr 1791 war sie nach Göttingen zurückgekehrt, nachdem sie auch noch mit Forsters Freund Sömmering »eine Aventure« (so Caroline) gehabt hatte. Wenige Monate später findet sie die Liebe ihres Lebens: Heinrich Dieterich, den ältesten Sohn des Verlegers und Buchhändlers Johann Christian Dieterich. Die auf baldige Heirat bedachten jungen Leute aber stoßen auf Widerstand: Vater Dieterich findet, Lotte »hätte zuviel Belesenheit und Verstand und zu wenig wirtschaftliche Kenntnisse«, wie Elise Bürger berichtet, des Dichters dritte

Frau. Über diese Argumente, die ihr natürlich hinterbracht wurden, geriet Mutter Michaelis in hellen Zorn und verbot dem jungen Dieterich im Gegenzug jegliche Beziehung zu ihrer Tochter. »Dennoch bleiben sie sich treu«, berichtet Elise Bürger über die Romanze des Einunddreißigjährigen mit der sechs Jahre Jüngeren: »Ich wünsche dem guten Kind von Herzen, daß sich sein Vater erweichen läßt und sie ihren Geliebten bekommt.« Und Caroline sagt über die Schwester: »Ihr Schicksal wird schrecklich sein, wenn der liebe Gott des alten Dieterichs Herz nicht lenkt.« Und Gott hatte ein Einsehen, nahm die Verstocktheit vom alten Dieterich, und am 3. Juni 1792 wurde Hochzeit gefeiert.

Was Caroline aber am wenigsten schmeckt, ist der vertrauliche Umgang ihrer beiden Schwestern mit Elise Bürger, der bereits in Göttingen zu bösem Klatsch geführt hatte. Gottfried August Bürger, 43 Jahre alt, berühmt in ganz Deutschland als Verfasser der Ballade *Lenore* (1773), zeitweilig Amtmann (wozu er »nicht geschaffen« sei, wie sein Freund Lichtenberg meinte) und Privatdozent an der Universität Göttingen, hat zwei Ehen hinter sich, als sich 1789 die eben zwanzigjährige Elise Hahn aus Stuttgart, glühende Bewunderin des berühmten Dichters, ihm in einem Gedicht zur Frau anträgt. Bürger findet den Einfall hübsch, man korrespondiert, man lernt sich kennen, man heiratet 1790. Und das ist der Anfang vom Ende.

Bürger, der aus seinen ersten beiden Ehen drei Kinder zu versorgen hat und der den Tod seiner 1786 plötzlich verstorbenen zweiten Frau kaum verwunden hat – Bürger gerät in eine katastrophale Situation. Als Elise am 1. August 1791 einen Sohn zur Welt bringt, der – nach Wielands Dichtung – Agathon genannt wird, weiß Bürger bereits, daß seine Frau zahlreiche Verhältnisse, vor allem mit Studenten, unterhält, schon seit den ersten Ehewochen, und daß seine Vaterschaft höchst zweifelhaft ist. Elise Bürger führt einen Lebensstil, den man als erotisch freizügig bezeichnen darf; ganz Göttingen ist darüber informiert, einschlägige Karikaturen von Bürger kursieren unter den Studenten. Elise verschwendet das recht spärliche Gehalt des Ehemannes und macht ihm das Leben

Gottfried August Bürger

verhaßt. So jedenfalls hat es Bürger anderthalb Jahre nach der Heirat in einem langen Rechtfertigungsschreiben an seine Schwiegermutter dargestellt, ein Schreiben nicht ohne Peinlichkeiten, fühlt sich der Dichter doch sogar genötigt, der Schwiegermutter selbst seine täglichen sexuellen Kraftakte vorzurechnen (»... da ich ihr gewiß mehr als dreimal des Tages Genüge zu leisten imstande war«), ein Schreiben, in dem Bürger vor allem als »Buhler« seiner Frau Philipp, den »Bruder der Demoiselle Michaelis«, anklagt. Die Ehe wurde dann 1792 rechtskräftig geschieden, und Elise, die den Ehebruch schriftlich zugegeben hatte, verließ Göttingen.

Caroline, durch Bürgers Freunde Meyer und Schlegel mit dem Dichter bekannt geworden, ist entsetzt, als sie jetzt in Göttingen von diesen verwilderten Verhältnissen erfährt. Hinzu kommt, daß nicht nur Bürgers Ruf als Mensch angeschlagen ist, auch sein literarisches Renommee hat gelitten, denn im Januar 1791 hatte Schiller Bürgers letzte Gedichtsammlung »um alle menschliche Ehre rezensiert«, wie Caroline findet – und nicht nur sie. Schillers Kritik war von außerordentlicher Strenge, Unbarmherzigkeit und Ungerechtigkeit, und Bürgers daraufhin geschriebene *Antikritik* fiel unge-schickt aus. Aber nicht das war schlimm, denn schließlich ver-nichtete Schillers Rezension weder Bürgers Ansehen als Poet noch schadete sie ihm beruflich. Am schlimmsten war: Sie zerstörte den Glauben an sich selbst als Dichter. Bürger begann jetzt, seine längst veröffentlichten Gedichte umzuarbeiten, abzuändern gemäß Schillers Forderung nach Idealität, die Bürger nicht begriff, die ihm auch nicht gemäß war, und diese Neufassungen, vielfach begleitet von rechtfertigenden Kommentaren, verdarben seine Poesie. Na-türlich war das nicht Schillers Schuld; seine Rezension bestärkte den Angegriffenen nur in seinem Gefühl der Schwäche, das von der häuslichen Misere, die ihn auch als Mann in Frage stellte, weit-gehend mitbewirkt wurde.

Carolines Sätze, die sie unter dem unmittelbaren Eindruck von Bürgers Verhängnis an Meyer schreibt, gehören zu den schönsten in ihren Briefen und bezeichnen aufs klarste die eigene Position: »Es ist ein kleines niedliches Figürchen«, schreibt sie am 6. Dezember 1791 von Elise Bürger, »mit einem artigen Gesicht und Gabe zu schwatzen – empfindsam, wo es not tut, intrigensüchtig im höchsten Grad – und die gehaltloseste Koketterie – der es nicht um einen Liebhaber sowohl – ohngeachtet sie auch da so weit geht, wie man gehn kann – sondern um den Schwarm unbedeutender Anbeter zu tun ist, die ihre ganze Zeit damit verdirbt und den Kopf dabei verliert. Mir tut's sehr weh für Bürger – eine vernünftige Frau, seinen Jahren angemessen, hätte ihn noch zum ordentlichen Mann gemacht – aber jetzt droht seiner Haushaltung ein völliger Un-tergang, weil sie sich um nichts bekümmert – nicht einmal um ihr Kind – den kleinen Agathon, der, seit die Leute sich nicht mehr über den Namen wundern, von aller Welt und von der Mutter vergessen ist. Nicht ein Funken mütterlich Gefühl in ihr! Sehn Sie, Meyer – darum müssen Weiber keine Liebhaber haben, weil sie so leicht Kind und Wirtschaft darüber vernachlässigen. Ich könnte Ihnen hiervon Anekdoten erzählen, die mir die Tränen in die Augen gebracht haben – mein innerster Unwille wird reg, wenn ein Weib so wenig Weib ist, das Kind vergessen zu können, und wär ich

Mann, ich möchte sie nicht in meine Arme schließen. Bürger fühlt alles und weiß sich nicht zu helfen – ist es denn so schwer, Mann neben euch zu sein? sagte mir Tatter. – Er wird eigentlich stupide neben ihr – ist still – und starrt mit abgestorbnen Augen in das Wesen hinein. Neulich klagte er's mir bitterlich, daß er so gar keinen Geist mehr habe – kommen Sie doch, ihn wieder aufzuwekken – vor *ihrem* Netz sind *Sie* sicher – ein gescheiter Mann war bis jetzt noch nicht darin. Ach, dann wär's ja zu verzeihn – denn daß *ich* nicht aus Intoleranz so urteile, versteht sich wohl. Mein Liebesmantel ist so weit, als Herz und Sinn des Schönen gehn.«

Zwei Monate später trifft sie mit Auguste in Mainz ein.

Die Mainzer Republik

>»Die Witwe Böhmer, des sel. Michaelis Tochter, ist seit Anfang Mai hier und lebt sehr eingezogen und zufrieden, außer unserm Hause kommt sie nicht aus ihrer Wohnung. Es ist ein gescheites Weib, deren Umgang unsern häuslichen Zirkel bereichert.«*
>
> *Georg Forster an Lichtenberg, 8. Dezember 1792*

Die Stadt Mainz, die 1792 etwa 25 000 Einwohner zählte, war die Hauptstadt des Kurfürstentums Mainz, eines Staats, dessen Struktur ihn zu einem der merkwürdigsten staatlichen Gebilde des an Merkwürdigkeiten wahrlich nicht armen Deutschen Reiches machte. In seiner territorialen Zerrissenheit war dieser Staat ein getreues Abbild der buntgescheckten deutschen Landkarte mit ihren dreihundert souveränen Territorien, von denen allein etwa 40 am Mittelrhein lagen. Zum Kurfürstentum Mainz gehörten auch etwa fünfzig Städte und Landstriche, die nicht unmittelbar an das Mainzer Gebiet grenzten wie etwa Bischofsheim, Starkenburg, Fritzlar, Amöneburg, vor allem aber Erfurt und fast das ganze Eichsfeld mit Heiligenstadt, Treffurt, Duderstadt und Worbis. Der damals regierende Kurfürst, Friedrich Karl Joseph von Erthal, seit 1774 im Amt, führte den Vorsitz im deutschen Kurfürstenkollegium, das den Kaiser zu wählen hatte, und war zugleich auch erster Erzbischof. Und als Erzbischof unterstanden ihm auch noch Worms, Speyer, Würzburg, Konstanz und Fulda.

Mit seinen 320 000 Einwohnern gehörte das Kurfürstentum zwar zu den Kleinstaaten, wirtschaftlich aber war es eine Macht, dank seiner Lage am Rhein. Denn von den 29 Zollgrenzen zwischen Straßburg und Holland waren vier kurmainzisch, und bei der starken Rheinschiffahrt fiel an vier solcher Grenzen einiges an Zöllen ab. Die größte Einnahme aber brachte das Stapelrecht: Die Waren mußten hier ausgeladen und verzollt werden und drei Tage lagern, ehe sie umgeladen und weitertransportiert werden durften. Dieses Stapelrecht verschaffte Kurmainz beträchtliche Einnahmen und sicherte im wesentlichen seine wirtschaftliche Existenz. Denn große Unternehmen gab es hier nicht, keine Großkaufleute, nicht einmal Bankhäuser. Die Organisation des »Handelsstands« in Mainz war eine Vereinigung von Grossisten, Kommissionshändlern und Spediteuren. Wer Mitglied werden wollte, mußte ein Mindestvermögen von 5 000 Gulden nachweisen, und Mitglieder waren immerhin 97 Geschäftsleute. Exportiert wurden Wein, Getreide und Holz, aber dieses Geschäft blieb angesichts der Einnahmen aus dem Transithandel zweitrangig.

Die Einwohnerschaft des Kurfürstentums brachte jährlich 400 000 Gulden direkte und 900 000 Gulden indirekte Steuern auf, bei nur 320 000 Seelen eine gewaltige Summe, zumal drei Viertel der Bevölkerung aus Bauern bestanden. Von den Jahressteuern von insgesamt 1,3 Millionen Gulden kassierte zwei Drittel der Kurfürst (Hof- und Staatsbudget waren identisch); der Rest deckte nicht einmal die Ausgaben der Stadt Mainz. »Die Geistlichen in Mainz schöpfen das Fett vom Lande. Die geheiligten Vorurteile ersticken alle Keime zum Großen und Schönen«, schrieb 1780 der Schriftsteller Wilhelm Heinse, was ihn aber nicht hinderte, sechs Jahre später erst Vorleser des Kurfürsten und dann Hofrat und Bibliothekar zu werden.

Die Bewohner von Mainz waren wirtschaftlich fast durchweg vom Hof abhängig, vor allem die Handwerker, die in 36 Zünften organisiert waren und sich fest unter Regierungskontrolle befanden; so mußte schon die Aufnahme eines Lehrlings vom Vizedomamt genehmigt werden. Die äußere und innere Sicherheit des Staates schützte ein stehendes Heer von 3 000 Soldaten, das von zwölf Generalen kommandiert wurde. Der Hofstaat des Kurfürsten zählte 466 Personen.

Die am 14. Juli 1789 in Frankreich ausgebrochene Revolution hatte Mainz bisher nur insofern berührt, als Ströme emigrierter französischer Aristokraten sich in die Gegend ergossen, deren Kaufkraft zwar zunächst die Wirtschaft florieren ließ, aber sehr rasch preistreibend wirkte. Unruhen hatte es bisher nur im September 1790 gegeben, als sich die fortgesetzten Provokationen der Studenten gegenüber der Bevölkerung in einem Sturm der Handwerksburschen auf die Universität entlud, der den Studenten, aber auch einigen Professoren, blutige Köpfe eintrug und alle Fenster der Universität zu Bruch gehen ließ. Da wegen eines Aufstands in Lüttich die Mainzer Armee auswärts war, mußte die Regierung zähneknirschend einige Forderungen der Zünfte akzeptieren und studentische Rädelsführer festsetzen, denn die drei Tage währenden Unruhen hatten das Staatsgefüge erschüttert, aber dann rückte Darmstädter und Nassauer Militär zu brüderlicher Hilfe in die Stadt; Zusagen an die Handwerker wurden für nicht gegeben erklärt und einige Hundert verhaftet. Blutiger Gewalt bedurfte es nicht: Da alles vom Hof abhängig war, konnte dieser nach Laune mißliebigen Handwerkern den Geldhahn zudrehen, um sie schnell gefügig zu machen.

»Mit einem Wort, man hat wieder Mut, und man wird den Deutschen wohl zeigen, daß sie keine Franzosen sind«, kommentierte bissig Georg Forster.

Hatte der Vorgänger Erthals im Amt als Kurfürst und Erzbischof, Emmerich Joseph von Breitbach-Bürresheim, von 1763 bis 1774 das Land recht maßvoll regiert und vor allem durch eine gute Schulpolitik sich bemüht, die Früchte der Aufklärung möglichst allen Bevölkerungsschichten zugute kommen zu lassen, so verkehrte das sein Nachfolger ins Gegenteil. Mit- und nachdenkende Untertanen sind bald keine Untertanen mehr – insofern handelte der neue Herr nur ganz konsequent; andererseits aber gehörte es doch zum guten Ton, wollte man nicht als grober Klotz gelten, auch dem Geist eine schöne (aber politisch ungefährliche) repräsentative Stelle einzuräumen, nämlich die Universität. Um dem Ruf eines aufgeklärten Landesvaters zu genügen, berief Kurfürst Erthal prominente deutsche Gelehrte an die Universität, darunter, zum Mißvergnügen seiner Geistlichen, auch etliche Nichtkatholiken wie den Historiker Johannes von Müller, den Anatomen Samuel Thomas

Sömmering, den Schriftsteller Heinse und Georg Forster, dem er die Universitätsbibliothek anvertraute. Daß der hohe Herr sich auch einen liberalen Anstrich zu geben wußte, demonstrierte er gegenüber Wilhelm Heinse, dessen 1787 erschienenem Roman *Ardinghello* die Zeitgenossen gern das Epitheton »wollüstig« verliehen: »Sie haben Sauereien geschrieben, Heinse«, sagte er zu seinem Vorleser, »aber recht schön, recht artig!«

Die Forsters lebten seit 1788 in Mainz in der (heutigen) Neuen Universitätsstraße, wo der Kurfürst den Professoren hatte Wohnungen bauen lassen. Als Caroline nach Mainz kam, war die Forstersche Ehe längst zerrüttet, sie war ohnedies nie recht fest gegründet gewesen. Während der Verlobungszeit der beiden, während also Forster in Wilna seinem Lehrauftrag nachkam und sich Therese in Göttingen langweilte, hatte Meyer der Heyne-Tochter den Hof gemacht, wie schon beschrieben wurde. Sie erlaubte ihm, ihr den Fuß zu küssen (»der recht ordentlich war«, so Therese), sie gewährte ihm das Du, damals in solchen Verhältnissen eher ungewöhnlich, aber mehr geschah nicht. Sie fühlte sich verpflichtet, Forster treu zu sein, obwohl sie in ihrem Innern die Treue längst gebrochen hatte, auch wenn sie später beteuerte, es sei ihr nie der Gedanke gekommen, lieber Meyers Frau zu werden. Dann kam Forster zurück, erkannte zwar die prekäre Situation, begriff aber nicht, daß hier nur eine entschiedene Trennung von Meyer das einzig Gebotene war. Vielmehr schwuren die drei einander »ewige Liebe«, Forster bot Meyer das Du an, das Paar taufte ihn »Assad«, und dann reisten die Frischvermählten nach Wilna, von wo aus »Assad« brieflich über alles informiert wurde. Über eines freilich kaum: das sexuelle Desaster dieser Ehe.

Therese hat sich lange nach Forsters Tod über diesen Punkt so schonungslos wie offenherzig ausgesprochen. Das Kind und das heranwachsende Mädchen hatte die Liebesaffäre der Mutter angewidert miterlebt, und vom Heyneschen Hauspersonal lernte sie zugleich, daß die Beziehungen zwischen Mann und Frau nie anders denn zotig erörtert wurden. Die bis zum Überdruß wiederholten Behauptungen von ihrer jungfräulichen Reinheit zur Zeit, als sie von Meyer begehrt wurde, verraten die Abwehr von Trieben, die sie wohl spürte, aber gründlich verdrängte.

Als Lichtenberg von der zu erwartenden Heirat hörte, schrieb er an Forsters Freund Sömmering: »Forster ist für die Liebe im eigentlichen Verstand; Therese für die à la Grenadière, wie man mir sagt, denn ich kenne das Mädchen nicht.« Aber genau das Gegenteil war richtig, und der sinnenfrohe Lichtenberg verkannte die Situation vollends, wenn er meinte: »Ich glaube auch, dieses kleine Feuerschiff wird ein ganz gutes Fischerboot werden, wenn nur Forster häufig an Bord geht, den Haupt-Leck sorgfältig stopft und die Feuermaterialien über Bord wirft. Nur der Leck, der Leck!«

Offenbar empfand es Forster ähnlich, wenn er Therese lehrte, »was Sinnengenuß sei«, und sie bekannte: »Zu meiner Qual.« Denn, so gestand sie Caroline später: »Ich ward erst vier Wochen nach meiner Hochzeit Frau, weil die Natur uns nicht zu Mann und Frau bestimmt hatte. Ich weinte in seinen Armen und fluchte der Natur, die diese Qual zur Wollust geschaffen hatte.« Sie habe das »als unabänderlich« ertragen. Als sie dann am 10. August 1786 ihr erstes Kind gebar, war ihre Neigung zu Forster längst abgetötet. Sie glaubte nun, angeekelt von der sexuellen Begier ihres Mannes, das Ihre getan zu haben, hatte es erlitten um des zu erwartenden Kindes willen, mußte aber erfahren, daß sie auch weiterhin in die »eheliche Pflicht« genommen wurde, die sie anwiderte. »Er war mit teuer und wert in jeder Rücksicht, wo ich nicht sein Weib war, aber wo ich seine Sinne berührte, mußte ich mit den Zähnen knirschen. Ich sah mich endlich für eine Hündin an, die das Männchen niederwirft – ich sah es wie die Erniedrigung der Menschheit an – ich hatte einen Grad menschenhassender, alles Gefühl verabscheuender Bitterkeit.« Seelisch vernachlässigt – »Liebe genügte ihm nicht« – und körperlich mißbraucht, wie sie sich empfand, rettete sie sich in die Korrespondenz mit Meyer. Als dann aus der Weltreise, die von der russischen Regierung Forster angetragen worden war, nichts wurde, kam doppelte Enttäuschung hinzu, denn einmal zerschlugen sich Forsters berufliche Aussichten, zum anderen Thereses Hoffnung, den sie bedrängenden Mann für lange Zeit loswerden zu können.

Mitte September 1787 waren beide wieder in Göttingen, beide enttäuscht und verbittert, und Meyer wartete schon. Herder spottete über diese »Dreieinigkeit«, er könne sie »aber solcher Blasphemie wegen nicht die heilige nennen«. Erst jetzt gingen Forster die Augen auf: Therese »hatte ihn nie geliebt«. Aber in seiner schwächlichen Nachgiebigkeit wollte er nicht den längst überfälligen Bruch mit Meyer, obwohl ihn Therese darum anflehte. Und Meyer? »Meyer hätte mich unbedingt besitzen können, aber diesem rätselhaften Menschen mochte nichts daran liegen, er wollte mich verderben, er gab mir elende Bücher zu lesen, er suchte mein Gefühl zu zernichten – und verließ uns. Forster hatte damals meine Seele empört – er wußte, ich liebe einen andern – er war der Vertraute meiner Unklugheit – er hätte mich einen stillen Lebensweg führen können und bestürmte mich mit Sinnlichkeit.« Fast wäre es im Winter 1787/88 zur Ehescheidung gekommen, aber dann wurde Forster nach Mainz berufen, und dort begann die zweite Misere. Seit November 1790 wohnte bei den Forsters der sächsische Legationsrat und Schriftsteller Ludwig Ferdinand Huber, 26 Jahre alt, dem Ehepaar seit einem Jahr bekannt. In ihn verliebte sich Therese und fand ihre Liebe erwidert. Auf das zweite Kind (Clara), das 1789 zur Welt kam, folgten am 4. Juni 1791 Luise (die schon am 15. November starb) und am 21. April 1792 Georg, der nur drei Monate alt wurde. Es darf als sicher gelten, daß die beiden letzten Kinder Huber zum Vater hatten. Und Forster? Er wußte alles. »Hätte er mich von Ferdinand trennen wollen, ich hätte mich nie widersetzt – ich habe es ihm dreimal angeboten, aber sein Herz war zu weich.«

Während ihres ersten Mainzer Aufenthalts im Frühjahr 1790 hatte Caroline an Meyer geschrieben: »Forster ist, wie Sie ihn kennen, der schwächste aller Menschen.« Zwei Jahre später bekräftigt sie ihr Urteil: »Ich erkenne alle seine Schwächen.« Sie hat jetzt in Mainz eine Wohnung bezogen, in der Welschnonnengasse, nur fünf Minuten Fußweg von Forsters Haus entfernt.

Inzwischen hat die Französische Republik am 20. April 1792 Österreich den Krieg erklärt. Noch liegt Mainz fernab, aber Caroline meint in einem Brief, der am gleichen Tag geschrieben wird, als sie also von der Kriegserklärung noch nichts wissen kann: »Wir können noch sehr lebhafte Szenen herbekommen, wenn der Krieg ausbrechen sollte – ich ginge ums Leben nicht von hier – denk nur, wenn ich meinen Enkeln erzähle, wie ich eine Belagerung erlebt habe, wie man einem alten geistlichen Herrn die lange Nase abgeschnitten und die Demokraten sie auf öffentlichem Markt gebraten haben – wir sind doch in einem höchst interessanten politischen Zeitpunkt, und das gibt mir außer den klugen Sachen, die ich abends beim Teetisch höre, gewaltig viel zu denken, wenn ich allein in meinem recht hübschen Zimmerchen in dem engen Gäßchen sitze und Halstücher ausnähe, wie ich eben tue.«

Sie liest jetzt, um sich auf die Situation einzustimmen, die *Lettres originales de Mirabeau, écrites du donjon de Vincennes,* von denen sie findet, sie redeten »so unaufhaltsam aus der Quelle strömend, zu der Seele, zu dem Herzen, zu den Sinnen«, ganz anders als Goethes *Groß-Kophta* (»ein bloßes Gelegenheitsstück«), den sie mit Recht ärgerlich findet: »Goethe ist ein übermütiger Mensch, der sich aus dem Publikum nichts macht und ihm gibt, was ihm bequem ist.« Noch drei Monate später bekräftigt sie: »Goethens Groß-Kophta ist im Schlafe gemacht – sein Genius hat wenigstens nicht Wache dabei gehalten«, was so hübsch formuliert wie zutreffend ist.

Sie selbst ist zufrieden. Auguste »verspricht ein liebes Geschöpf zu werden, das ich durch meine Behandlung gewiß nicht um seine Glückseligkeit bringe«. Um ihre rechte Erziehung ist ihr nicht bange: »Man kann sich keine arglosere, neidlosere, fröhlichere Seele denken. Jedermann hat sie lieb – Therese zieht sie oft ihrer Kleinen vor, die durch Kränklichkeit verstimmt und schlaff geworden ist – Forstern nennt sie Väterchen – und er nimmt sich ihrer recht väterlich an. Sie wird unter so viel bessern Eindrücken auferzogen als es bisher in meiner Gewalt stand, ihr zu geben – bei mir lernt sie, wie man sich allein beschäftigen und wieviel man entbehren kann – und dort ist sie im Schoß einer Familie und lernt Achtung gegen Menschen – Achtung gegen Männer fühlen. Es wird ihr bei den glücklichen Anlagen also nicht an weiblichen Tugenden fehlen – und um ihrentwillen allein könnte mich der Entschluß, hierher zu gehn, schon nicht gereun. Meine Mutterpflicht war mein Leitfaden seit meine Kinder keinen Vater mehr hatten – wenn dies Band risse, so würd ich einen ganz andern Weg gehn – ich müßte viele andere wieder anknüpfen, wozu ich bisher die Lust nicht hatte — und wohl auch die Fähigkeit bald verlieren könnte – Gott gebe, daß es nicht reißt.«

Caroline weiß, daß sie einen Wendepunkt des Lebens erreicht hat, denn »unser väterliches Haus in Göttingen ist verkauft, und ich habe dort nun keine Heimat mehr – mag's auch nicht wiedersehn«. Die Göttinger Affären, die mit ihrer Familie verbunden sind, lassen sie jetzt kalt, sie hat diesen Teil ihres Lebens endgültig abgelegt. Große, der sich um ihre Schwester Louise bemüht hatte und abgewiesen worden war, hat sich jetzt durch »Memoiren« gerächt. »Da Sie seine Memoiren gelesen haben, werden Sie auch wissen, daß die letzte Geschichte unser Haus betrifft«, schreibt sie an Meyer. »Er hat mir da aus Rache ein paar Beinamen gegeben – was ich von ihm sage, ist nicht Rache – es ist herzliche Indignation gegen dumme Bosheit und völlige Kenntnis der Sache, von der alle Aktenstücke jetzt in meinen Händen sind. Es ist schlimm genug, daß Unerfahrenheit und gänzlicher Mangel an kühler Weltklugheit eine rechtschaffene Familie mit einem so elenden Helden verwickelte, der zu geizig war, um sich zu Haus satt zu essen, und dem an der Mutter Kaffee mehr gelegen war wie an Louisens Küssen.«*

Die Kriegserklärung Frankreichs ist mittlerweile fast drei Monate alt, ohne daß bisher ein Schuß gefallen wäre, denn noch sind beide Seiten vollauf beschäftigt, ihre Armeen zu organisieren und zusammenzuziehen. Auf alliierter Seite – Österreich ist mit Preußen verbündet, dazu kommen einige deutsche Kleinstaaten – interessiert man sich zuvörderst für die Kaiserkrönung in Frankfurt am Main. Dort wird Franz II. am 14. Juli 1792 zum Deutschen Kaiser gekrönt, exakt am dritten Jahrestag des Bastillesturms. Aber daran denkt von den gekrönten Häuptern natürlich niemand, warum auch, wird doch der kommende Krieg nicht mehr werden als eine kleine Strafexpedition nach Paris, in wenigen Wochen abgetan.

Als Reichserzkanzler muß Kurfürst Erthal natürlich entsprechend repräsentieren: Mit 800 Personen, 23 Wagen und 60 berittenen Pagen begibt er sich nach Frankfurt, und seine Untertanen finanzieren diesen Aufwand mit einer halben Million Steuergelder. Damit nicht genug: Der Kurfürst lädt die Fürstlichkeiten anschließend zur Nachfeier nach Mainz. Drei Tage lang sind Kaiser Franz II., König Friedrich Wilhelm II. von Preußen, die Kurfürsten von Köln und Trier, der Herzog von Braunschweig und andere Potentaten Gäste verschwenderischer Festlichkeiten. Zwar hatte schon im Mai der preußische Gesandte in Mainz sorgenvoll nach Berlin berichtet, die Festungsanlagen von Mainz seien in einem so desolaten Zustand, daß sich niemand wundern würde, wenn eines Morgens die französische Nationalgarde auf dem Schloßhof stehe. Aber derlei nur zu denken scheint ganz absurd, denn man fühlt sich sehr stark.

Wie stark, zeigt das Manifest, das der Oberkommandierende der Koalitionsarmee, der Herzog von Braunschweig, am 25. Juli veröffentlicht und dessen Inhalt der Fürstenkongreß beschlossen haben soll. Der kommende Krieg, so steht da zu lesen, diene nur dem »Heil Frankreichs« und bezwecke nicht, »sich in die innere Regierung Frankreichs zu mischen«; die geplante Wiederherstellung vorrevolutionärer Zustände versteht man offenbar nicht als Einmischung. Französische Nationalgardisten, die gegen die Alliierten kämpfen sollten, würden »als Feinde und Aufrührer gegen ihren König und gegen die öffentliche Ordnung behandelt« (was Todesstrafe bedeutet). Die Stadt Paris aber soll »einer militärischen Exekution und einer gräßlichen Ruine« preisgegeben werden, falls »die mindeste Beleidigung dem Könige, der Königin und der ganzen königlichen Familie zugefügt« würde.

Eine ungeheure Empörung geht als Antwort auf dieses anmaßende Manifest durch Frankreich. Was keine noch so eindringliche Beschwörung bisher bewirkt hat, diese beleidigende Herausforderung einer ganzen Nation bringt es zuwege; Frankreich eilt zu den Fahnen, Frankreich eint sich zum Volkskrieg gegen ausländische Arroganz, unverschämte Großsprecherei und unerträgliche Einmischung. Dieses Manifest ist für die Franzosen mehr wert als eine gewonnene Schlacht.

Da der größte Teil der Briefe Carolines aus Mainz nicht erhalten ist, kennen wir ihre Stellungnahme zu den Ereignissen nicht. Aber sie scheint sich doch entschieden für die Französische Republik engagiert zu haben, denn auf einen – nicht erhaltenen – Brief Meyers antwortet sie im August spöttisch: »Das rote Jakobiner-Käppchen, das Sie mir aufsetzen, werf ich Ihnen an den Kopf.« Allerdings: »Für das Glück der kaiserl. und königlichen Waffen wird freilich nicht gebetet – die Despotie wird verabscheut.«

Ende August ist Goethe, der im Gefolge seines Herzogs am Feldzug teilnimmt, in Mainz und besucht die Forsters. Caroline sieht ihn bei dieser Gelegenheit wieder, aber wir kennen Goethes Gespräche mit ihr und Forster nicht, die er an »zwei munteren Abenden« führte. Goethe erinnert sich dreißig Jahre später: »Von politischen Dingen war die Rede nicht, man fühlte, daß man sich wechselseitig zu schonen habe: denn wenn sie republikanische Gesinnungen nicht ganz verleugneten, so eilte ich offenbar mit einer Armee zu ziehen, die eben diesen Gesinnungen und ihrer Wirkung ein entscheidendes Ende machen sollte.« Zu diesem Zeitpunkt hat sich der Krieg für die Alliierten bereits recht vielversprechend angelassen: Am 23. August kapituliert die Festung Longwy, am 2. September fällt Verdun; der Weg nach Paris scheint frei. Wie auch nicht? Die französische Armee scheint kaum ein ebenbürtiger Gegner zu sein: Es mangelt ihr an Waffen und Ausrüstung, es mangelt ihr an Uniformen, es mangelt ihr an straffer Organisation, es mangelt ihr an Offizieren, denn viele von ihnen – Adlige – sind zum Feind desertiert. Auf alliierter Seite hingegen steht eine straff gedrillte, wohlausgerüstete und farbenprächtig uniformierte Armee, der es an nichts zu fehlen scheint. Aber dann bringt die französische Artillerie am 20. September bei Valmy den Vormarsch zum Stehen; der Herzog von Braunschweig befiehlt den Rückzug. Denn die Franzosen verfügen über eine unersetzbare, unschlagbare Waffe: die Begeisterung für die revolutionäre Idee. So schnell wie die alliierten Truppen in Frankreich eingedrungen sind, so schnell müssen sie das Land wieder räumen, und zwei Wochen später schon stehen die Franzosen am Rhein.

Die Eroberer verhalten sich maßvoll und zeigen sich bereit, die Bevölkerung zu schonen, so gut es geht, denn schließlich führen sie den Krieg gegen die Herrschenden, nicht gegen die Untertanen, die zu befreien man gekommen ist. Als bei der Einnahme von Worms und Speyer kurmainzische Soldaten in Gefangenschaft geraten, werden von den Franzosen 28, meist verheiratete, als Zeichen des guten Willens entlassen. Als diese nach Mainz zurückkehren und die ihnen widerfahrene gute Behandlung rühmen (»erzählen Wunderdinge«, schreibt Caroline), werden sie zur Strafe in der Festung Königstein eingekerkert. Aber solche Willkürakte nützen nun nichts mehr. Am 4. Oktober flieht der Kurfürst, und Caroline berichtet zwei Tage später: »Seit 6 Tagen erwarten wir täglich einen Einfall der Franzosen – alle Adligen sind geflüchtet und der Alte *[der Kurfürst]* auch in einem Wagen, wo er das Wappen auskratzen ließ.« In Mainz sieht man schon Kokarden mit den französischen Farben, aber Caroline steckt sich keine an, wird es auch künftig nicht tun.

Die Vorhut des kommandierenden französischen Generals Custine erscheint erst am 18. Oktober vor den Wällen von Mainz. An ernsthaften Widerstand ist gar nicht zu denken. Die Stadt wird nur von 1200 Soldaten aus fünf Fürstentümern bewacht; für die 120 Kanonen hat man nicht einmal 50 Kanoniere – junge Handwerker sind gar als Hilfsartilleristen verpflichtet. Bei dieser Aussichtslosigkeit übergibt General Gymnich, Kommandant von Mainz, die Festung kampflos am 21. Oktober den Franzosen, die noch am selben Abend die Stadt besetzen. General Custine bezieht sein Hauptquartier im kurfürstlichen Schloß, und der kurmainzische Ingenieur-Oberstleutnant und Festungsbaumeister Rudolf Heinrich Eickemeyer, auf dessen Warnungen und Ratschläge vorher niemand hatte hören wollen, stellt sich jetzt Custine zur Verfügung, der ihn daraufhin zum Oberst und Generaladjutanten ernennt. Am 22. Oktober nehmen die Franzosen Frankfurt.

Caroline ist von den eingerückten Feinden – »wenn wir unsre höflichen und wackren Gäste anders Feinde nennen können« – sehr angetan. »Die Adligen sind alle geflohn – der Bürger wird aufs äußerste geschont.« Und sie findet: »Wie weit hat er *[der Bürger]*

noch bis zu dem Grade von Kenntnis und Selbstgefühl des geringsten *sansculotte* draußen im Lager. Der Erwerb stockt eine Weile,
und das ist ihm alles – er regrettiert *[bedauert]* die sogenannten
Herrschaften, soviel darunter sind, die in Konkurs stehn und die
Handwerker unbezahlt ließen. Aber nur *eine* Stimme ist über den
Priester *[den Kurfürsten]* – *er* sieht gewiß sein schönes Mainz nicht
wieder, wenn es auch, wie's wahrlich sehr zweifelhaft ist, seine Tore
dem Nachfolger öffnete. Custine befestigt sich und schwört, den
Schlüssel zu Deutschland nicht aus den Händen zu lassen, wenn ihn
kein Friede zwingt. Kaum 4 Monate sind's, wie sich das *Concert des
puissances [das Treffen der Mächtigen]* versammelte, um Frankreichs
Untergang zu beschließen, hier – wo nun auf dem Komödienzettel
steht: mit Erlaubnis des Bürgers Custine.«

Sie hat in diesen Tagen eine neue Mitbewohnerin bekommen:
»Die Frau gefällt mir bis jetzt.« Es ist »eine Landsmännin«, nämlich
Sophia Margareta Dorothea (»Meta«) Forkel, zwei Jahre jünger
als Caroline. Sie hatte siebzehnjährig den Göttinger Musikdirek-
tor Forkel geehelicht, zwei Jahre später einen Roman *Maria*
veröffentlicht*, was ihr von Lichtenberg die Bezeichnung »eine
Gans unserer Stadt« eintrug, und nach weiteren vier Jahren ihren
Ehemann verlassen, was prompte gesellschaftliche Ächtung nach
sich zog, hatte die Frau doch dem Manne untertan zu sein. Verständlich also, daß Meta Forkel* in denkbar schlechtem Ruf steht,
den Caroline nicht begründet findet: »Sie hat sich hier immer gut
aufgeführt.«

Von anderen ist Caroline weniger angetan, etwa von ihrem
Schwager Georg Wilhelm Böhmer, »der seine Professur in Worms
aufgegeben hat und sowas von Sekretär bei Custine ist. Mir sank
das Herz, wie ich den Menschen sah – o weh – wollt und könnt ihr
den brauchen? Aber wen kann man nicht *brauchen*? Die sich bei
solchen Gelegenheiten vordrängen, sind nie die besten.«

Custine nutzt den Anfangselan seiner Eroberungen, um in Mainz
sofort republikanische Zustände zu etablieren, wobei ihn seine
deutschen Adjutanten tatkräftig unterstützen. Neben Böhmer und
Eickemeyer sind das André Meyer, Daniel Stamm und Christoph

Friedrich Cotta. Meyer war früher einmal Lehrer an der berühmten Salzmannschen Erziehungsanstalt in Schnepfenthal gewesen, Stamm ein Küfer und Weinhändler aus Epfig (Unterelsaß) und Schriftführer der »Fränkischen Konstitutionsfreunde von Straßburg«; Cotta, einst Lehrer an der Stuttgarter Karlsschule, war seit 1789 französischer Bürger und hatte als Publizist gleichfalls in Straßburg gewirkt. Im Stab Custines versieht er den Posten eines Kanzlisten.

Zusammen mit dem eifrigen Böhmer treffen sie alle erforderlichen Vorbereitungen zur Gründung der »Gesellschaft der Freunde der Freiheit und Gleichheit«, die am 23. Oktober im Großen Saal (Akademiesaal) des kurfürstlichen Schlosses vollzogen wird. Zu den Mitgliedern zählen Professoren der Universität (der Theologe Felix Anton Blau, der Jurist Andreas Joseph Hofmann, der Mathematiker Mathias Metternich, der Mediziner Georg Christian Wedekind), Studenten, ein Kanonikus, ein Holzhändler, ein Gastwirt, ein Buchbinder; Präsident wird der Kaufmann Georg Häfelin. Die Mitglieder zahlen einen monatlichen Beitrag von 15 Kreuzern, wöchentlich werden vier Sitzungen in deutscher und eine in französischer Sprache abgehalten. Unter Verzicht auf bürgerliche Titulaturen redet man sich nur mit dem Familiennamen und mit Du an. Diese »Gesellschaft«, ganz an der Verfassung französischer Jakobiner-Clubs orientiert (weswegen sie auch auf den folgenden Seiten als »Club« bezeichnet wird), soll gleichsam Custines verlängerter Arm sein, sie soll – immer nach französischem Vorbild – eine demokratische Mainzer Republik schaffen helfen und für die Verbreitung revolutionären Gedankenguts sorgen. Dazu bedarf der Club natürlich des entschiedenen Handelns der französischen Exekutive, und eben daran gebricht es.

Als die Franzosen am 22. Oktober Frankfurt besetzt hatten, forderten sie von der Stadt eine Kontribution von zwei Millionen Gulden, die nur von denjenigen aufzubringen sei, die mindestens 30 000 Gulden Vermögen besäßen. Als sich ob dieser Forderung an die reiche Handelsstadt lautes Protestgeschrei erhob, wies Custine den französischen Kommandanten von Frankfurt an: »Diese Menschen kriechen vor der Macht. Zeigen Sie Macht, damit die Frankfurter Kapitalisten *[sic!]* kriechen mögen.«

Solche markigen Worte hört man in Mainz nicht. Hier zeigt Custine eine überraschende Milde und Nachsicht, obwohl ihm die verstockte reaktionäre Gesinnung der Zünfte und Bauern bekannt sein muß. Aber Custine fragt am 26. Oktober sogar noch höflich die Vertreter der Zünfte, welche Verfassung sie wählen möchten. Diese verlangen daraufhin, »daß sowohl die Zunftverfassung als auch die übrigen Verfassungen, welche zu dem gemeinen Wohle nützlich sind, beibehalten werden«. Das bedeutet: Alles soll so bleiben, wie es unter dem Kurfürsten gewesen ist. Auch der »Handelsstand« läßt wissen, daß er eine republikanische Verfassung rundweg ablehne. Spätestens jetzt, als Handwerker und Kaufmannschaft sich unverblümt als konterrevolutionär offenbaren, wäre Härte geboten gewesen, wollte die Revolution hier Boden gewinnen. Aber Custine zieht aus solchem obstruktiven Verhalten keinerlei Konsequenzen. Als einmal ein Bürger öffentlich den geflohenen Kurfürsten hochleben läßt, wird er zu 25 Stockschlägen auf der Hauptwache verurteilt; ein strengeres Urteil ist in Mainz nie gefällt worden. Im stillen läßt man die Provokateure ungestört wirken, und dagegen ist der Club allein machtlos.

Am 3. November errichten die Franzosen auf dem Markt einen Freiheitsbaum, Symbol der Revolution. Im allgemeinen werden dazu Pappeln benutzt, weil man in dem Wort *peuplier* (= Pappel) die Sprachverwandtschaft zu *peuple* (= Volk) zu erkennen glaubt. Hier in Mainz nimmt man eine Tanne, deren Stamm glattgehobelt und in den Revolutionsfarben Blau-Weiß-Rot bemalt wird; blauweißrote Bänder und eine rote Jakobinermütze zieren die Spitze. Rechts und links vom Baum werden zwei blauweißrote Piken aufgepflanzt, gleichfalls mit der roten phrygischen Mütze bekrönt. Eine am Baum angebrachte Tafel verkündet: »Vorübergehende! Dieses Land ist frei! Tod demjenigen, der es anzugreifen wagt!«

Am selben Tag trifft Anton Joseph Dorsch in Mainz ein und hält abends im Club eine Begrüßungsrede als »Kommissär der Konstitutionsgesellschaft in Straßburg«. Dorsch, einst katholischer Priester, war bis 1791 Professor der Philosophie an der Mainzer Universität gewesen, mußte aber die Stadt wegen seines Kantianismus verlassen und war nach Straßburg gezogen. Ihm fällt jetzt die Aufgabe zu, den Mainzer Club in der Abhaltung demokratischer Versammlungen zu unterweisen. Aber was kann man für die Verwirklichung eines demokratischen Mainz tun? Hier weiß der betriebsame Böhmer Rat. Er läßt zwei Bücher öffentlich auslegen. In das rotgebundene (»Buch des Lebens« genannt) sollen sich alle jene eintragen, die sich zu den Ideen der Revolution bekennen; in das schwarzgebundene (»Buch der Sklaverei« poetisch betitelt) jene, die am Hergebrachten festhalten möchten. Der Erfolg dieser naiven Maßnahme ist denkbar mäßig. Vernünftiger sind da Zeitschriften, die revolutionäres Gedankengut vermitteln. Gleich drei werden gegründet: *Der Bürgerfreund*, den der Mathematiker Metternich herausgibt, *Der Patriot* des Mediziners Wedekind, *Der fränkische Republikaner* des Hofgerichtsrats Kaspar Hartmann; und der unermüdliche Böhmer übernimmt die Redaktion der *Privilegierten Mainzer Zeitung*, die sich jetzt *Mainzer National-Zeitung* nennt.

Georg Forster, der sich bis jetzt abwartend verhalten hatte, tritt am 7. November dem Club bei. Er tut es ohne rechte Begeisterung, aber nicht aus Opportunismus. Sein Verhältnis zu Custine ist glänzend, was nicht nur der Universität zugute kommt, sondern der ganzen Stadt, und da Pläne bestehen, ihn in eine neuzubildende Administration zu berufen, bedarf es der Mitgliedschaft, um auch von den Demokraten unbedingte Unterstützung zu bekommen.

Die »Allgemeine Administration« übernimmt die Verwaltung am 19. November, und neben Dorsch (als Präsident) und Blau gehört ihr auch Forster an. Bis zu diesem Zeitpunkt amtiert tatsächlich noch die »Kurfürstliche Landesregierung«. Zwei Tage später erläßt die neue Administration das längst überfällige Gesetz gegen Schriften, »welche die allgemeine Ordnung und Sicherheit stören«, worauf die Reaktion natürlich mit lautstarkem Protest reagiert. Dabei ist – um es vorwegzunehmen – während der ganzen Zeit der Mainzer Republik nicht eine einzige Zeitung von dem Verbot betroffen gewesen. Den Gemeinden geht in deutscher Übersetzung ein Auszug aus der neuen französischen Verfassung zu. Für Mainz wird ein Bürgermeister berufen, den es bisher nicht gab, denn das vom Klerus verwaltete Vizedomamt hatte die Kommunalgewalt inne.

Der Gegner rüstet sich unterdessen zum Gegenschlag. Am 2. Dezember wird Frankfurt von preußischen und hessischen Truppen zurückerobert, und am 7. Dezember verläßt Therese mit den Kindern Mainz und Forster. Nur scheinbar ist es ihr darum zu tun, die Kinder vor den näherkommenden Kriegswirren in Sicherheit zu wissen; der Anlaß ist zu günstig, sich endlich unter schicklichem Vorwand von Forster zu trennen und Huber zu folgen, der die Stadt schon vorher verlassen hatte und nun auf Therese wartet, der er zum Verlassen von Mainz geraten hatte. Therese geht mit den Kindern zunächst nach Straßburg, womit sie auf französischem Staatsgebiet bleibt.

»Menschlichem Ansehn nach ist es der falscheste Schritt, den sie je getan hat«, meint Caroline, »und der erste Schritt, den ich ohne Rückhalt mißbillige. Sie, die über jeden Flüchtling mit Heftigkeit geschimpft hat, die sich für die Sache mit Feuereifer interessierte, geht in einem Augenblick, wo jede Sicherheitsmaßregel Eindruck macht und die jämmerliche Unentschiedenheit der Menge vermehrt – wo sie ihn mit Geschäften überhäuft zurückläßt – obendrein beladen mit der Sorge für die Wirtschaft – zwei Haushaltungen ihn bestreiten läßt zu der Zeit, wo alle Besoldungen zurückgehalten werden. Das fällt in die Augen. Er wollte auch nicht – ich weiß weder, welche geheimen Gründe sie hat, noch welche sie ihm geltend machte – sie hat's aber durchgesetzt. Ich müßte mich sehr irren, wenn nicht diesmal weniger verzeihliche Antriebe als leidenschaftliche sie bestimmten, vielleicht die Begierde nach Wechsel und eine Rolle dort zu spielen, wie sie's hier nicht konnte.« Dennoch glaubt sie nicht an »Trennungspläne«, jedenfalls behauptet sie das gegenüber Meyer, aber das klingt wenig überzeugend, denn Caroline weiß nur zu gut, wie es um Forsters Ehe bestellt ist. Sie führt jetzt für ihn den Haushalt; daß das Anlaß zu Gerede gibt, trägt sie gelassen, anderes als Freundschaft und Mitgefühl für den Verlassenen ist nicht im Spiel. Über das Verhältnis Forsters zu Therese urteilt sie:

95

»Er ist der wunderbarste Mann – ich hab nie jemanden so geliebt, so bewundert und dann wieder so geringgeschätzt. Er ging seinen politischen Weg durchaus allein und tat wohl daran – ihr Geist ist nicht für die Sphäre, mehr tätig als wirkend darin. Er geht mit einem Adel – einer Intelligenz – einer Bescheidenheit – einer Uneigennützigkeit – wär es nur das! Aber im Hinterhalt lauscht Schwäche, Bedürfnis ihres Beifalls, elende Unterdrückung gerechter Forderungen – auffahrendes Durchsetzen geringeres. Er lebt von Attentionen und schmachtet nach Liebe und kann diesen ewigen Kampf ertragen – und hat nicht die Stärke, sich loszureißen, die man auch da, wo man Superiorität anerkennt, haben müßte, wenn es uns mit uns selbst entzweite. [. . .] Dieses Mannes unglückliche Empfänglichkeit und ihr *[Thereses]* ungroßmütiger Eigennutz verdammen ihn zu ewiger Qual. Ich habe wohl gedacht, ob man ihm die Augen öffnen könnte – es versteht sich, daß ich nicht mittelbar noch unmittelbar dazu beitragen darf und werde – ich habe gefunden, man würde seine Liebe töten können, aber seine Anhänglichkeit nicht. Spricht ihm das nicht sein Urteil? Sie beschäftigt, sie amüsiert ihn – das kann ihm kein Wesen ersetzen – darum ist sie einzig – sie reizt seine Eitelkeit, weil er sieht, daß sie auch andre beschäftigt und daher nie erfährt, wie nachteilig die Urteile sind, die selbst diese von ihr fällen. Wer sie nicht mag, flieht sie – ein neuer Triumph! So hält sie ihn – geht hin und nutzt seinen Namen und führt ihn mit Stolz. Das ist nicht billig – ach, und doch verdient er's. Guter Forster, geh und klag die Götter an.«

Forsters ehemaliger Freund, der Anatom Sömmering, weiß natürlich aus der Ferne genau, wie die Schuldfrage zu bewerten ist: »Mde. Böhmer, die Witwe, ist an Forsters Unglück nebst Huber am meisten Schuld«, schreibt er an Thereses Vater, mit dem ihn eine innige, vornehmlich aus Klatsch und Verleumdungen bestehende Korrespondenz verbindet. Beweise für seine Behauptung hat Sömmering natürlich nicht.

Sie selbst, so schreibt Caroline an Meyer, werde in Mainz bleiben: »Man gewöhnt sich an alles, auch an die tägliche Aussicht einer Belagerung.« Für das, was in Mainz vorgeht, hat natürlich der kluge

Meyer nur Spott und Verachtung. Zwar sind seine Briefe nicht überliefert, aber ihren Tenor kann man aus Carolines Antworten erschließen. Sie weiß den eitlen, egozentrischen, zu wirklichem Engagement unfähigen Literaten sicher zu parieren. Daß er Abscheu hegt, nun gut: »Wer gibt aber Dir Pilgrim im Jammertale das Recht zu spotten? Sie sind unter jedem Himmelsstrich frei, unter keinem glücklich. Allein können Sie im Ernst darüber lachen, wenn der arme Bauer, der drei Tage von vieren für seine Herrschaften den Schweiß seines Angesichts vergießt und es am Abend mit Unwillen trocknet, fühlt, ihm könnte, ihm sollte besser sein? Von diesem einfachen Gesichtspunkt gehn wir aus.«

Diese Sätze demonstrieren ihren angeborenen Sinn für Gerechtigkeit und soziales Empfinden; politische Theorien zu diskutieren ist ihre Sache nicht. »So möchten denn die Reichen abtreten und die Armen die Welt regieren«, hatte sie drei Jahre zuvor an Meyer geschrieben. Nein, mit politischen Theorien konnte sie nichts anfangen, aber sie war empfänglich für alles, was die Revolution an sozialer Gerechtigkeit brachte oder doch wenigstens zu bringen versprach.

Am 13. Dezember wird in Mainz der Kriegszustand proklamiert. Das bedeutet nicht nur eine zunehmende Isolierung nach außen, es bedeutet auch eine Verschärfung der innenpolitischen Auseinandersetzung, denn revolutionsfeindliche Umtriebe können nicht länger geduldet werden, wo der Feind sich der Stadt nähert. Zur Warnung läßt Custine vier Galgen errichten. Helle Empörung unter der Reaktion, die sich noch Jahre später darüber das Maul zerreißen wird. Was sie aber verschweigt: Diese Galgen sind nie benutzt worden. Zweiter Anlaß zur Empörung: Das Schloß wird jetzt, wo sich die Kämpfe immer mehr der Stadt nähern, zum französischen Lazarett. Man denke: das Schloß des Kurfürsten! Der Club tagt von nun an im Theater, wobei die Mitglieder ihren Platz im Parterre haben, die vier Ausschüsse im Orchestergraben und das Publikum – denn die Sitzungen sind öffentlich – in den Logen und auf der Galerie. Das von Böhmer eingeführte »Rote Buch« wird auf Veranlassung von Anton Joseph Dorsch eingezogen. Genützt hatte es sowieso nichts.

Am 15. Dezember dekretiert der Nationalkonvent in Paris die Abschaffung aller Privilegien, der Leibeigenschaft und des Zehnten. Drei Kommissare werden nach Mainz entsandt, um die Ausführung der Bestimmung zu überwachen. Daß hier an der Verwirklichung des Dekrets nicht gerüttelt wird, verbürgt die Tatsache, daß Georg Forster am 31. Dezember Präsident des Clubs wird, eine Rangerhöhung, die ihn nun vollends zur Zielscheibe der Reaktion macht. Denn durfte diese bislang noch vermuten, Forster habe nur aus opportunistischen Gründen Anschluß an die Jakobiner gesucht, so wird jetzt deutlich, daß er fest hinter der revolutionären Idee steht und für sie konsequent einzustehen bereit ist.

»Es ist eine der entscheidenden Weltepochen, in welcher wir leben. Seit der Erscheinung des Christentums hat die Geschichte nichts Ähnliches aufzuweisen. Dem Enthusiasmus, dem Freiheitseifer kann nichts widerstehen – als etwa die in Stupidität versunkenen Verfassungen Asiens. Das ist alles so sonnenklar, daß es Tollheit und Blindheit wäre, noch daran zu zweifeln. Zwingt die Franken noch zu einem Feldzuge, und die ganze europäische Welt wird in einem Jahr frei!« So schreibt er an den Berliner Buchhändler Voß, der ihn beschworen hatte, sich als »guter Preuße« zu zeigen. »Wenn ich so glücklich sein könnte, zum Frieden mit Preußen mitzuwirken und die natürliche Allianz zwischen Preußen und Frankreich wiederherzustellen, so würde ich mich außerordentlich freuen; das wäre meines Erachtens die einzige Hinsicht, in welcher ich ein guter Preuße sein und dieses Interesse mit jenem des freien Volks, dem ich angehöre, vereinbaren könnte.« Und an Huber schreibt er: »Ich bin überzeugt, die Pforten der Hölle überwältigen die neue Freiheit nicht.«

Gleich zu Beginn des Jahres 1793 erscheinen zwei neue Zeitschriften in Mainz: *Der kosmopolitische Beobachter* und die von Forster selbst herausgegebene *Neue Mainzer Zeitung oder der Volksfreund*. Zum Jahreswechsel sind die aus Paris gesandten Kommissare des Nationalkonvents in Mainz eingetroffen: Merlin, Reubell und Haussmann. Sie sichern die sich endlich enger knüpfende Beziehung Paris-Mainz, die der viel zu nachgiebige und unentschlossene General Custine bisher nicht stärken konnte. Merlin, der sich sofort um die Mainzer Belange kümmert, ist entsetzt, als er den Zustand der französischen Armee erkennt. Es fehlt an Waffen, Kleidung, Geld, vor allem aber an Lebensmitteln, und Merlin ist bestürzt, als er begreifen muß, in welchem Maße die französischen Truppen, die als Befreier gekommen sind, das Land aussaugen und damit gerade jene Schichten gegen sich aufbringen, denen man doch helfen will. Am 23. Januar muß der Belagerungszustand proklamiert werden. Jetzt endlich, in dieser Notsituation, entschließt man sich zu längst überfälligen Maßnahmen. Die Klöster, die an der geistlichen Ausbeutung mehr als genug profitiert haben, werden finanziell zur Ader gelassen: So muß das Mainzer Petersstift 12 000 Gulden zahlen, das Kloster Eberbach gar 53 000 Gulden. Dieses Geld wird für den dringenden Ausbau der Befestigungsanlagen gebraucht. Dabei kommt auch des Kurfürsten Lustschloß Favorite unter die Spitzhacke, weil es im Verteidigungsring liegt. Das prächtige Schlößchen, wo sich die Potentaten nach der letzten Kaiserkrönung trafen, und wo der Herzog von Braunschweig sein berüchtigtes Manifest verfaßte, wird zum Schutthaufen, der die neue Mainzer Freiheit sichern soll.

In Club geht die Diskussion jetzt zunächst um die Frage, welchen Status Mainz haben soll. Die Frage Anschluß an Frankreich oder Autonomie bewegt die Gemüter schon lange. Schon am 10. November hatten aus der Gegend von Bergzabern mehrere Ortschaften beim Pariser Nationalkonvent beantragt, der Französischen Republik angeschlossen zu werden. Über die Annexionsfrage spaltet sich der Club in zwei Lager. Das eine – angeführt von Andreas Joseph Hofmann, Professor für Naturrecht an der Universität – plädiert für eine rheinisch-deutsche Republik unter französischem Protektorat; das andere, dessen Wortführer Dorsch ist, will die Einverleibung des französisch besetzten Gebiets zwischen Landau und Bingen in die Französische Republik. Für diese Lösung plädiert auch Forster.

Um Mainz eine Volksvertretung zu geben, die künftig Verhandlungspartner für Paris sein wird, in deren Hände auch alle Verwaltungsprobleme übergehen sollen, wird am 16. Februar eine allgemeine Wahl ausgeschrieben. Stimmfähig ist jeder Bürger, der den Eid auf die Grundsätze von Freiheit und Gleichheit leistet und dabei zugleich dem Kurfürsten und dem Kaiser abschwört. Außerdem müssen jetzt Klerus, Adel und Beamtenschaft feierlich auf ihre Privilegien Verzicht leisten. Daraufhin erklären die Zünfte und die im »Handelsstand« organisierten Kaufleute, sie würden den Eid nicht leisten. Ihnen geschieht nichts. Bei der Wahl am 24. Februar, die in sechs Kirchen als Wahllokalen abgehalten wird, zeigt sich der Erfolg solcher offenen Obstruktion. Von den wahlberechtigten Mainzern – es sind zwischen zehn- und vierzehntausend, die genaue Zahl ist nicht bekannt – geben nur dreihundert ihre Stimme für einen neuen Bürgermeister und sechs Abgeordnete ab, die dem neuen gesetzgebenden »Rheinisch-deutschen National-Convent« angehören sollen. Unter den Gewählten ist Forster.

Durch diesen Erfolg übermütig geworden, beschließen die Zünfte, alle aus ihren Reihen auszuschließen, die den neuen Eid leisten. Daraufhin werden am 25. Februar alle Zünfte aufgehoben. Überraschender aber als dieser Widerstand ist dies: Unter den Eidverweigerern sind sogar Mitglieder des Clubs! Merlin handelt sofort: Der Club wird aufgelöst und die Ausweisung der Illoyalen aus Mainz beschlossen. Ein neuer Club wird gegründet, dem wieder Forster präsidiert und der auch wieder im Akademiesaal des Schlosses tagt. Aufgenommen werden jetzt nur noch erwiesene Demokraten.

Da man in Paris inzwischen entschlossen ist, sich stärker um Mainz zu kümmern als der nachgiebige Custine, schickt man am 31. Januar zwei weitere Kommissare – diesmal des Vollzugsrats: Simon und Grégoire. Sie kommen zu einem Zeitpunkt, wo der Freiheitsbaum eines Morgens niedergerissen und geschändet vorgefunden wird (einen zweiten hatte man am 13. Januar mit einer recht mildherzigen Rede Forsters gepflanzt), und wo sich der Widerstand der Reaktion immer furchtloser äußert. So hatte das Clubmitglied Georg Friedrich Pape, ein ehemaliger Prämonstratenser, am 20. Dezember eine Flugschrift gegen den König von Preußen veröffentlicht (den er als »Friedrich Wilhelm Hohenzollern« anredete), die an herzerfrischender Schärfe nichts zu wünschen übrig ließ. Zum größten Erstaunen des Clubs distanzierte sich am 9. Januar der Mainzer Magistrat, sogar im Namen der Bevölkerung, öffentlich von dieser Polemik (eindeutig um künftiges Wohlwollen des geschmähten Monarchen besorgt), worauf Clubmitglied André Meyer in zwei Zeitungsartikeln dem Magistrat Überschreitung der Befugnisse vorwarf – das war alles. Kein Wunder, daß sich der Feind im Innern zur Frechheit geradezu eingeladen fand.

»Für die Mainzer kann ich mich gar nicht interessieren; denn alle ihre Schritte zeugen mehr von einer lächerlichen Sucht, sich zu signalisieren, als von gesunden Grundsätzen, mit denen sich ihr Betragen gegen die Andersdenkenden gar nicht reimt«, findet Schiller im gemütlichen Weimar Dezember 1792. Wie immer das gemeint ist – gewiß nicht in dem Sinne, die innermainzische Obstruktion so aufs Haupt zu schlagen, wie es nötig gewesen wäre, wollte die junge Republik überleben.

»Man ist entweder für absolute Freiheit oder für absolute Tyrannei. Ein Mittelding gibt es nicht, denn die bedingte Freiheit läuft immer wieder auf Despotie hinaus und ist daher, weil sie Mäßigung affichiert, gefährlicher und echten Freiheitsfreunden verhaßter als Royalismus, der wenigstens gerade heraussagt, ihr sollt gehorchen«, schreibt Forster im Februar 1793 an Therese, die sich inzwischen in die Schweiz zurückgezogen hat. Dieses Bekenntnis klingt zwar sympathisch, ist aber wenig praktisch; denn wenn die Feinde absoluter Freiheit ihre Möglichkeiten nutzen, sie unter Mißbrauch der Freiheit zu vernichten, um wieder die absolute Tyrannei zu inthronisieren, ist jede Milde, wie man sie in Mainz walten läßt, unangebracht. »Ich bin ruhig, weil ich entschieden bin«, fährt Forster fort. »Meine Unentschlossenheit, ob ich weggehen oder hierbleiben sollte, ist nun vorüber. Komme, was kommen mag, ich bleibe nun bis auf den letzten Mann. Es ist meiner würdig, und am Ende riskiere ich nichts, als was ich doch auf jeden Fall riskieren muß, meinen elenden Rest von Habseligkeiten. Von allen Seiten höre und finde ich, daß das Publikum gegen mich noch wie zuvor gesinnt ist, ich kann also noch nützen, – und ich hoffe, bald greifen wir gegen unsere Schurken zu vigoureusen Maßregeln.«

Aber diese Maßregeln bleiben halbherzig. Nun gut, man weist die Feinde aus, aber wie wenig das trifft, sieht man daran, daß sich den zwangsweise Ausgewiesenen viele noch freiwillig anschließen. Allein im Februar 1793 verlassen tausend Mainzer Bürger ihre Stadt.

Am 17. März wird im Rittersaal des Deutschen Hauses der »Rheinisch-deutsche National-Convent« von dem zum Alterspräsidenten gewählten zweiundachtzigjährigen Zinngießer Martin Ekkel eröffnet. Präsident ist Andreas Joseph Hofmann, Vizepräsident wird Forster. Unter den rund hundert Abgeordneten befinden sich viele Bauern als Vertreter ihrer Dörfer. Der Convent beschließt vier Tage später den Anschluß an Frankreich; Forster, der Pächter Adam Lux und der Kaufmann Potocki werden gewählt, als Deputierte dem Pariser Nationalkonvent den Antrag auf Eingliederung zu überbringen. Er entspricht dem alten Antrag von Dorsch, den Landstrich zwischen Landau und Bingen zum Bestandteil der Französischen Republik zu machen.

Am 25. März verlassen die drei Deputierten, begleitet von Kommissar Haussmann, die Stadt. Da die Flucht konterrevolutionär gesonnener Bürger aus Mainz jetzt Ausmaße annimmt, die an den Lebensnerv der Stadt gehen, werden energische Maßnahmen beschlossen: Für die freiwillig Auswandernden wird die gesetzliche Pflicht zur Rückkehr bestimmt; folgen sie dem nicht, wird ihr gesamtes Vermögen zugunsten der neuen Republik konfisziert. Die Eidverweigerer aber verlieren bei ihrer Ausweisung von vornherein ihren gesamten Besitz. Aber dieser Beschluß kommt viel zu spät, da jeder Exilierte schon jetzt darauf rechnet, in Kürze sein Vermögen wiederzuerlangen – wenn nämlich Mainz von den Alliierten zurückerobert wird.

Wirklich weise ist nur die Maßnahme, sechzehn Mainzer Bürger als Geiseln nach Belfort zu bringen. Ihnen geschieht nicht das Geringste, aber ihr Vorhandensein wird in Kürze manchem Mainzer Demokraten das Leben retten.

Nur noch einmal hat der Rheinisch-deutsche National-Convent Gelegenheit zu einer Sitzung, denn jetzt geht alle Befehlsgewalt über die Stadt, die von den Preußen langsam eingeschlossen wird, an die französische Armee über: Am 30. März wird beschlossen, allen Geflohenen auf zehn Jahre das Recht abzuerkennen, öffentliche Ämter zu bekleiden, ein Entschluß, der die Betroffenen nur belustigt haben dürfte. Denn angesichts der preußischen Einschließung – auch wenn der Belagerungsring noch nicht geschlossen ist – haben sie nichts mehr zu fürchten, die Eingeschlossenen hingegen alles.

Die wackeren Gotters in Gotha haben längst Caroline angeboten, angesichts der bedrohlichen Situation von Mainz bei ihnen Zuflucht zu finden. Und Caroline nimmt das Angebot an, da sie weiß, daß Mainz in Kürze verloren sein wird und Forster die Stadt verläßt. Forster muß ihr diesen Entschluß anvertraut haben, noch ehe er zum Deputierten gewählt wurde, denn ihre Abreise ist schon Ende Januar beschlossene Sache, und sie hätte Forster gewiß nicht allein gelassen. Es fällt ihr schwer, sich »von den hiesigen Gegenden zu trennen«, und sie weiß: »Mein Name ist proscribiert – das weiß ich – gut, daß ich nicht selbst den Fluch über ihn gebracht, denn ein Fluch ist nicht so ehrenvoll wie der andre.«

Am 30. März – es ist der Tag, an dem Forster im Pariser Konvent den Antrag auf Annexion verliest und der Konvent ihm zustimmt – verläßt sie die Stadt. In Carolines Wagen sitzen die vierundsechzigjährige Sophia Magdalena Wedekind und ihre Schwiegertochter Maria, Meta Forkel, dazu vier Kinder. Die Professoren Blau, Dorsch und Wedekind – dessen Mutter und Ehefrau mit Caroline fahren – verlassen auf anderem Wege Mainz, Richtung Straßburg, während die Frauen auf Frankfurt zufahren.

Der Mediziner Sömmering meldet an ebendiesem Tag an Heyne in Göttingen: »Madame Böhmer will nach Göttingen zurückkehren, wie ich ganz sicher weiß – sie hat viel Böses bei uns angerichtet und sich sehr garstig betragen.« Aber wieder weiß dieser Ehrenmann seine Vorwürfe nicht zu begründen. In wenigen Stunden wird er ihr persönlich gegenüberstehen, denn in wenigen Stunden beginnt das aufregendste Abenteuer in Carolines Leben.

»Ich bin wahrhaftig nur eine gute Frau und keine Heldin.«
Caroline an Gotter, 15. Juni 1793

ie Fahrt der Frauen endet am gleichen Tag nur wenige Kilome-
ter hinter Oppenheim. Hier werden sie von preußischen Vor-
posten visitiert und, da sie aus Mainz kommen, zunächst inhaftiert,
trägt doch die eine den odiosen Namen Böhmer. Sie werden in
Frankfurt verhört, und – wie das Leben so spielt – wie von ungefähr
ist plötzlich der Professor Sömmering zur Stelle. Caroline habe
»sich sehr unweiblich betragen«, meldet der sogleich nach Göttingen. Die Unweiblichkeit besteht darin, daß Caroline dem preußischen General-Auditeur auf dessen läppisches Verhör hin bedeutet
(so Sömmering), »er wäre ein trefflicher Redakteur, indem er alles
so schön kurz zu fassen gewußt hätte«. Diese Ironie ärgert den
Preußen zwar, aber er kann vorerst nur die Frauen bitten, sich in
Frankfurt zur Verfügung zu halten. Sömmering behauptet nun, er
habe den »superklugen Göttingerinnen« geraten, »sich nach dem
Verhöre wegzumachen, weil ihre Namen hier zu gehässig wären«,
aber warum sollte Caroline das? Sie weiß von keiner Schuld, wird
aber dennoch zwei Tage später festgenommen und auf die Festung
Königstein verbracht. »Was will man uns denn tun, was haben wir
denn getan?« fragen die verstörten Frauen Sömmering, der sie zur
Flucht animieren will, und der weiß nur: »Sie sind weder verhört,
noch ist ihnen auf sonst eine Art die Ursache ihres Arrestes und
ihres nunmehrigen Gefängnisses zu Königstein bis jetzt gesagt wor-

den, – ich konnte heute den Anblick dieser Unglücklichen nicht ertragen, um mich bis zum Sprechen ihnen zu nähern, sondern wandte mich weg und kehrte heim.« Für die Frauen zu intervenieren fällt dem Mediziner natürlich nicht ein.

Kein Gesetz verlangt, diese Frauen zu verhaften, kein Gesetz erlaubt, sie einzusperren, aber in solchen Zeiten fragt niemand nach Gesetzen: Die Frauen tragen die Namen verhaßter Demokraten, das ist alles. Und sie können sogar noch froh sein, einigermaßen glimpflich davongekommen zu sein, denn auf den Straßen um Mainz herrscht Lynchjustiz. Georg Friedrich Pape, dessen sarkastischer offener Brief an »Friedrich Wilhelm Hohenzollern« noch frisch in aller Gedächtnis ist, wird bei der Flucht aus Mainz verhaftet, über eine Bank gelegt und bekommt hundert Stockschläge, und zwar, wie Sömmering genüßlich an Heyne schreibt, eigenhändig vom einstigen preußischen Gesandten in Mainz. Noch ärger ergeht es dem Theologen Felix Anton Blau, der mit zwei Demokraten nach Frankfurt gebracht wird. Aufgehetzt von Darmstädter Soldaten, werden die Gefangenen vom Frankfurter Mob mit »Steinen, Kot und geflissentlich herbeigebrachten Eiern« bombardiert und dabei von der Soldateska so mißhandelt, daß sie bald blutüberströmt sind. Diese Behandlung trifft in Blau eine der edelsten Gestalten der Mainzer Republik: »Nicht ein Wort des Schmerzes, noch weniger ein Laut, der Unwillen zeigte, entfuhr ihm!« berichtet ein Augenzeuge. »Seine Standhaftigkeit war unerschütterlich; er, selbst so schwach, ermunterte noch durch seinen Zuspruch seine armen Brüder.« Bis Frankfurt haben Blau und seine beiden Leidensgefährten Ketten tragen müssen, und in Ketten bringt man auch Konrad von Winkelmann, den im Jahr zuvor demokratisch gewählten Bürgermeister von Worms, nach Königstein.

Selbst Sömmering entsetzt sich schließlich über die Ausschreitungen: »Die Erbitterung des Publikums gegen die Clubisten ist grenzenlos. Gerechter Himmel, was mußte ich in diesen Tagen für grausame Wünsche anhören von Leuten, von denen ich's nie erwartet hätte, daß sie ihren Mund mit solchen Worten besudeln könnten. Männer und Weiber, die Religion affektieren, denken doch auch nicht an Schonung, ich will nicht sagen: Liebe der Feinde.« Und Heyne antwortet ihm: »O! wie unedel handeln die Deutschen, die sich nun dem fränkischen Gesindel gleichsetzen und ähnliche Barbareien und Grausamkeiten ausüben. Wieviel Schande machen ihnen die Prügeleien an den Unglücklichen und welch Recht hatten die Preußen dazu! Alles, was sie tun konnten, war, sie an den Kurfürsten von Mainz auszuliefern, und dieser konnte gerichtlich gegen sie verfahren lassen. Ich habe es immer gesagt: Alle Greuel der Sansculotten werden von den Siegern und Aristokraten noch übertroffen werden.«

Ähnliche Grausamkeiten? Greuel der Sansculotten? In Mainz und Umgebung sind sie, wie dargestellt, nicht vorgefallen, aber was scheren solche Belanglosigkeiten einen Göttinger Professor? Für Caroline findet er kein Wort des Mitgefühls: »Das schändlichste von allen Geschöpfen«, »der Teufel von einem Weibe«, »das verworfene Geschöpf«, »ein so ganz elendes, aller Achtung unwürdiges Weib«, mit diesen Epitheta schmäht er sie in seinen Briefen das ganze Jahr hindurch. Warum? Weil sie in seinen Augen am Scheitern der Forsterschen Ehe schuld ist; sein geliebtes »Ruschelhänschen« kommt dafür gar nicht erst in Betracht.

Von der Festung Königstein aus kämpft Caroline – »an Mut fehlt es mir nie« – in Briefen an Gotters um ihre Befreiung, um die sich inzwischen auch Wilhelm von Humboldt bemüht. Caroline und ihre Tochter, die siebenjährige Auguste, sind mit fünf anderen Frauen in einem Raum eingesperrt; gelegentlich erlaubt ihnen der gutmütige Festungskommandant, sich im »verwüsteten Stück Garten« aufzuhalten, und dort dringt der Donner der schweren preußischen Belagerungsgeschütze zu ihnen hinüber.

Um freizukommen, wenden sich Caroline und ihre Mitgefangenen Forkel und Wedekind sogar an die Regierung in Hannover, da ihnen eingefallen ist, daß sie alle drei ja kurhannoversche Untertanen sind. Sie hätten sich »bloß als gleichgültige Zuschauerinnen zum Familienbesuche in Mainz« aufgehalten, beteuern sie; ein wenig naiv, bedenkt man, daß Frau Wedekind immerhin die Ehefrau eines der führenden Mainzer Republikaner ist und daher kaum

»zum Familienbesuche« in Mainz war. Hannover lehnt die Eingabe denn auch rundweg ab.

Dort in der Haft erreicht Caroline die Nachricht, daß ihre Schwester Lotte am 2. April bei der Geburt ihres ersten Kindes gestorben ist: »Sie hätte noch viel Unheil erfahren können, wenn sie länger gelebt hätte.« Sie erfährt aber auch, daß sogar Frankreichs Staatszeitung, der *Moniteur*, ihre Inhaftierung meldet, freilich mit dem Zusatz, sie sei die *amie du Citoyen Forster*. Caroline findet das »tröstlich, ich *bin* seine Freundin, aber nicht im französischen Sinn des Worts«. Daß sie in Mainz Forsters Geliebte gewesen sei, verbreitet freilich auch Therese, offenbar um den eigenen Leumund besorgt.

Was Caroline nicht weiß und offenbar auch nie erfahren hat: Es kursiert ein gedrucktes Schandstückchen, ein Einakter von 28 Seiten, mit dem Titel *Die Mainzer Klubbisten zu Königstein oder Die Weiber decken einander die Schanden auf*, eine Schmutzerei, wie sie damals nicht eben selten ist. Das Stück, das der (natürlich anonyme) Autor »tragikomisch« nennt, läßt zehn eingekerkerte Mainzer auftreten, darunter auch Caroline, »eine viel versprechende und wenig haltende Witwe«.

Da der Autor nicht politisch argumentieren kann, zielt er unter die Gürtellinie. Die Mainzer Republik erscheint hier als ein Konglomerat eitler, feiger und – vor allem – geiler Schwätzer, angeführt von liederlichen Weibern, die zumal darüber sprechen, wer es denn nun wirklich mit wem getrieben habe. »War ein Mädchen, ein Weib vor deiner Geilheit sicher?« fragt der Clubist Reit seinen Mitgefangenen Arnsperger (das ist Martin Arensberger, einer der so schwer mißhandelten Mitgefangenen Blaus): »Zum *Farren*, nicht zum *Pfarrer* hätte man dich in Bingen machen sollen.« Demgegenüber kommt Caroline noch glimpflich davon. Ihr wird unterstellt, sie habe Therese zur Abreise bewogen und Forster über das Verhältnis Therese/Huber aufgeklärt, um selbst mit Forster das Bett teilen zu können. Der Autor ist also – trotz dieser Verleumdung – über die Verhältnisse im Forsterschen Freundes- und Familienkreis erstaunlich gut informiert, und in dessen Umkreis* wird man ihn auch suchen müssen, wenngleich die Behauptung, Caroline sei Forsters

Geliebte gewesen, unbeweisbar ist. Hätte der Anonymus aber die Wahrheit gewußt, er hätte seine Niederträchtigkeit um eine Pointe bereichern können.

Die Wahrheit? Die Wahrheit: Caroline ist schwanger. Sie entdeckt ihren Zustand in der Haft und durchlebt jetzt – in Angst vor der Entdeckung – die qualvollsten Wochen. Eine erste Andeutung geht am 1. Mai an Gotter: »Sie haben mehr Wahrheit gesagt, als Sie glaubten – daß mein Leben durch eine lange Gefangenschaft in Gefahr kommt – obgleich im andern Sinn – wie Sie auf jeden Fall von mir erfahren sollen. Teilen Sie dies *niemand* mit.«

Aber nicht Forster ist der Vater des Kindes, sondern ein neunzehnjähriger französischer Leutnant: Jean Baptiste Dubois- Crancé, Neffe und Adjutant des Generals d'Oyré, der Custines Nachfolger in Mainz geworden war. In einer Ballnacht im Februar – Therese wird sie später »eine Orgie« nennen, bei der Caroline mit den Franzosen die Carmagnole getanzt habe (welch prächtige Koppelung aller gängigen Klischees!) – hat sie sich ihm hingegeben.

Wie es dazu gekommen ist? Man weiß es nicht; Caroline fehlt es in diesem Bereich an der Geständnisfreudigkeit Thereses. Aus spärlichen Andeutungen läßt sich soviel sagen: Die seit fünf Jahren Verwitwete, sehr zurückgezogen Lebende erlebt eine Ballnacht (es ist Karneval), in der sie von einem jungen Offizier umworben wird, den sie – als Adjutanten d'Oyrés – wahrscheinlich bei Forsters kennengelernt hat, ohne daß aber ein Liebesverhältnis bestand. In Mainz herrscht jene hektische Gestimmtheit, die oft Untergangspsychosen vorausgeht, dazu der Rausch des Festes, den die Neunundzwanzigjährige – und das bedeutet für jene Zeit: eine schon alternde Frau – genießt. Sie, die seit fünf Jahren in sexueller Enthaltsamkeit gelebt hat, findet sich plötzlich umworben von Jugend, und es geschieht eigentlich ganz selbstverständlich das, was geschehen muß. Niemand würde das heute noch als einen »Skandal« empfinden, aber noch 1913, als »die Schande« bekannt wurde (solange haben die wenigen Mitwisser das Geheimnis gehütet, erst dann kamen die enthüllenden Briefe an die Öffentlichkeit), zerrissen sich deutsche Professoren* darüber die Mäuler.

Daß Caroline nichts mehr zu fürchten hatte als die Entdeckung ihrer Schwangerschaft, ist leicht zu erklären: Ihr Zustand wäre Beweis gewesen für eine ehebrecherische Beziehung zu Forster, und die Tatsache, daß der Vater ein Besatzungsoffizier war, wäre um keinen Deut besser gewesen. Übrigens hatte man sie auch schon als Mätresse Custines verdächtigt. Libertinage mit dem Erzfeind – natürlich! Vor allem: Wegen »unmoralischem Lebenswandel« hätte man ihr nicht nur die Witwenpension gestrichen (und sie damit der Existenzgrundlage beraubt), sondern auch Auguste genommen, weil sich die Mutter »unwürdig« benommen hatte. Und den Verlust dieses Kindes fürchtete Caroline am meisten, obwohl auch ihr zerstörter Ruf der Zukunft des Kindes unendlich geschadet hätte.

Wenn Caroline jeder Tag Haft immer mehr zur Qual wird – denn sie sieht den Zeitpunkt der Entdeckung immer näher kommen –, wenn sie von Selbstmordgedanken heimgesucht wird, wenn sie verzweifelt um Rettung fleht: Sie leidet, wie sie noch nie gelitten hat. Und plötzlich ist die Rettung da: nicht durch Tatter, nicht durch Meyer – durch ihren Bruder Philipp. Der hat sich an den preußischen König persönlich gewandt, den er kennt, und Friedrich Wilhelm II. antwortet ihm am 4. Juli: »Wohlgelahrter, besonders Lieber. Es ist ganz und gar nicht Mein Wille, daß schuldlose Personen das verdiente Schicksal der Verbrecher teilen sollen, die sich die Gefangenschaft auf dem Königstein zugezogen haben. Da Ich nun Eurer Versicherung, daß Eure daselbst befindliche Schwester, die Witwe des Bergmedikus Böhmer, nichts verschuldet habe, allen Glauben beilege, so habe Ich dem Major von Lucadow befohlen, dieselbe, nebst ihrem Kinde, auf freien Fuß zu stellen.«

Seit dem 14. Juni ist Caroline in Kronberg, wohin sie vom nahe gelegenen Königstein verlegt wurde; am 5. Juli ist sie frei. Vorher hatte sie an Gotter geschrieben: »Sie scheinen den Aufenthalt in Königstein für einen kühlen Sommertraum zu nehmen, und ich habe Tage da gelebt, wo die Schrecken und Angst und Beschwerden eines einzigen hinreichen würden, ein lebhaftes Gemüt zur Raserei zu bringen. Und doch war das Ungemach der Gegenwart nichts gegen die übrigen Folgen meines barbarischen Verhaftes. [. . .] Sie

sprechen von Formalitäten, die setzen Anklage, Verteidigung, Untersuchung voraus – wo fand dergleichen statt? Räuberformalitäten
übt man an uns – und Sie tun nicht wohl, im deutschen Eifer einer
Nation ausschließend das Räuberhandwerk zuzueignen. Mir müssen Sie es wenigstens nicht sagen, die ich 160 Gefangene sah, welche
durch deutsche Hände gingen, geplündert, bis auf den Tod geprü-
gelt worden waren, und, ohngeachtet die wenigsten von ihnen den
Franken wirklich angehangen hatten, jetzt der deutschen Großmut
fluchen mußten. Königstein bildet eifrige Freiheitssöhne – alles,
was sich noch von Kraft in diesen Armen regt, lehnt sich gegen dies
Verfahren auf. Ich kann es begreifen, daß man scharf straft, aber
daß ganz Unschuldige ohne alles Verhör solange jammern müssen,
da die Mainzer Regierung M. nicht wieder einzunehmen, sondern
Muße genug für die Übung der Gerechtigkeit hat – das ist unverant-
wortlich und sehr unpolitisch.« Und sie fügt einen Satz hinzu, den
nur Gotters verstehen: »Ein Stück meines Lebens gäbe ich jetzt
darum, wenn ich nicht auf immer, wenigstens in Deutschland, aus
der weiblichen Sphäre der Unbekanntheit gerissen wäre.«

Auch an Meyer geht eine Botschaft: »Mir kann nicht genügen an
dieser bedingten Freiheit – ich muß *bald* vom Schauplatz abtreten
können, wenn ich nicht zugrund gehen soll. Wollte Gott, Sie wären
in der Nähe, und ich könnte Sie sprechen. – Über meine Schuld und
Unschuld kann ich Ihnen nur das sagen, daß ich seit dem Jänner für
alles politische Interesse taub und tot war – im Anfang schwärmte
ich herzlich, und Forsters *Meinung* zog natürlich die meine mit sich
fort – aber nie bin ich öffentliche noch geheime Proselytenmacherin
gewesen und in meinem Leben nicht aristokratisch zurückhalten-
der in meinem Umgang als bei dieser demokratischen Zeit. Von
allem, dessen man mich beschuldigt, ist *nichts* wahr. Bei der streng-
sten Untersuchung kann nur *eine* Unvorsichtigkeit gegen mich zeugen, von der ich noch nicht in Erfahrung bringen konnte, ob man sie
weiß, und die grade *nur* Mangel an Klugheit ist.« In den letzten
Sätzen dieses Briefs vom 15. Juni aus Kronberg wechselt sie zum
Du über: »Was Du von mir hören magst, jetzt, da ich einem
gehässigen Publikum schmählich überantwortet bin – und was für

Entschlüsse ich ergreifen möge – denk, ich sei dieselbe Frau geblieben, die Du immer in mir kanntest, geschaffen, um nicht über die Grenzen stiller Häuslichkeit hinwegzugehn, aber durch ein unbegreifliches Schicksal aus meiner Sphäre gerissen, ohne die Tugenden derselben eingebüßt zu haben, ohne Abenteuerin geworden zu sein.«

Aber nun ist sie frei, und den Untergang von Mainz erlebt sie aus der Ferne. Denn am 14. April hatte sich der Belagerungsring um die Stadt geschlossen. Unter dem Kommando von General d'Oyré verteidigen 23 000 französische Soldaten Mainz gegen 43 000 Alliierte, aber erst am 19. Juni, morgens um sechs Uhr, beginnen die Preußen mit dem rücksichtslosen Bombardement der Stadt. »Diese Nacht habe ich den Widerschein der Flammen von Mainz gesehen«, schreibt Caroline elf Tage später aus Kronberg, »– ich habe keine Ruhe mehr – der Laut des Geschützes macht hier die Fenster zittern, ob Mainz gleich 3 starke Meilen davon ist. O dies unaussprechliche Elend!«

Nie zuvor in der Geschichte der Feuerwaffen ist eine Stadt einem solchen pausenlosen Feuerhagel ausgesetzt gewesen. Allein auf das Mainz vorgelagerte Dorf Kostheim, das in die Befestigung einbezogen ist, gehen – so eine Berliner Zeitung – in nur 105 Minuten etwa 15 000 Granaten nieder, die den Ort buchstäblich umpflügen. Mainz selbst ist ein Feuermeer: Der Dom und die meisten Kirchen brennen; in der Franziskanerkirche kommen 40 französische Verwundete, die sich aus eigener Kraft nicht mehr retten können, in den Flammen ums Leben. Als daraufhin drei Tage später 1500 Mainzer, meist Frauen und Kinder, die Stadt verlassen, werden sie von den Preußen zurückgeschickt und müssen vor der Stadt, zwischen den Feuern, im Freien kampieren. Französische Soldaten verpflegen sie. Noch vier Wochen halten die Franzosen stand, dann kapituliert General d'Oyré. 6 000 Franzosen sind gefallen. Für die übrigen 17 000 erreicht d'Oyré freien Abzug mit dem Versprechen, daß diese Truppen ein Jahr lang nicht gegen die Alliierten kämpfen werden, ein damals durchaus gebräuchliches *Gentlemen's Agreement*. Diese Soldaten werden nach ihrer Rückkehr nach Frankreich in die

Vendée verlegt, wo man Truppen gegen die königstreuen Bauern braucht. Aber d'Oyré denkt auch an die deutschen Demokraten; er ahnt, was sie erwarten wird. Seine Bitte, sie mit der Besatzung abziehen zu lassen, wird vom preußischen General von Kalkreuth strikt abgelehnt. Auch als sich d'Oyré an König Friedrich Wilhelm selbst wendet, stößt er auf Ablehnung. Schließlich wollen die Eroberer auf die langgeplante Rache nicht verzichten, die Volkswut soll ihr Opfer haben. Einzelne können entkommen, so Professor Hofmann, so Gastwirt Rüffel, so Buchbinder Zech – Clubisten der ersten Stunde. Die Gebliebenen aber trifft das Strafgericht in aller Grausamkeit.

Was nun geschieht, haben die Publikationen der Reaktion genüßlich selbst beschrieben. Daß diejenigen, über die jetzt die Gesetzlosigkeit hereinbricht, sich selbst höchst loyal gegenüber dem Gesetz verhalten hatten, muß selbst der *Revolutions-Almanach* zugeben, ein trotz seines Namens erzreaktionäres Organ, den der Gothaer Bibliothekar Heinrich August Ottokar Reichard herausgibt: »Nicht das geringste war versehrt oder entwendet; das Töpfchen mit Butter stand noch auf dem Herde, und das Gemüse lag noch im Keller.« Das bestätigt auch Sömmering: »Außer entsetzlicher Unreinlichkeit in meiner Wohnung, worüber sich Mad. Böhmer so sehr gefreut hatte« – was Sömmering wieder einmal frei erfindet – »fand ich nichts weggekommen, ja mein kleiner Vorrat von Lebensmitteln war noch unversehrt«, schreibt er am 27. Juli an Heyne.

Aber, so eine andere Publikation: »Diese Clubisten erfuhren jetzt selbst, was das heißt: hohes Volksgericht. [. . .] Keinem kostete es das Leben, aber es gab desto mehr blutige Nasen, blaue Gesichter und wunde Rippen und Rücken.«

In diesen Sätzen ist das sadistische Behagen der Eroberer und ihrer Schreibtischbüttel unfreiwillig treffend beschrieben. Keinem kostete es das Leben? Eine Neunzehnjährige, die im Mainzer Theater bei der Aufführung jakobinischer Dramen mitgewirkt hatte, wird so mit Gewehrkolben zusammengeschlagen, daß sie zwei Tage später ihren Verletzungen erliegt; ihre beiden jüngeren Schwestern überleben gleichfalls die an ihnen verübten Mißhandlungen nicht. Sie sind keineswegs die einzigen Todesopfer. Daß es nicht zu Hinrichtungen von Amts wegen kommt, verhindert nur die Drohung der Franzosen, man werde dann die nach Belfort verbrachten sechzehn Mainzer Geiseln exekutieren.

Acht Tage lang wüten Plünderung und Raub in Mainz, Opfer sind die Demokraten. Unter Mißhandlungen müssen Clubisten mit stumpfen Äxten den Freiheitsbaum fällen; man sperrt sie in ihre Wohnungen ein und vernagelt ihnen dann die Fenster; sie dürfen weder lesen noch schreiben noch musizieren, sie dürfen angespuckt werden, ja selbst ihre Kinder werden schwer mißhandelt. Ihre Frauen werden gezwungen, mit bloßen Händen die Abtritte zu reinigen: »Dabei werden dann auch beträchtliche Prügel ausgeteilt«, höhnt der *Revolutions-Almanach*. »Man hat einen komischen *[sic!]* Kupferstich, der die ganze Sache vorstellt.«

Auch Goethe wird Zeuge der Mißhandlungen. Aus einem Wagen wird ein »Erzklubist« herausgerissen. Man schleppt ihn »auf den nächsten Acker, zerstößt und zerprügelt ihn fürchterlich; alle Glieder seines Leibes sind zerschlagen, sein Gesicht unkenntlich. Eine Wache nimmt sich endlich seiner an, man bringt ihn in ein Bauernhaus, wo er auf Stroh liegend zwar vor Tätlichkeiten seiner Stadtfeinde, aber nicht vor Schimpf, Schadenfreude und Schmähungen geschützt war. Doch auch damit ging es am Ende so weit, daß der Offizier niemand mehr hineinließ; auch mich, dem er es als einem Bekannten nicht abgeschlagen hätte, dringend bat, ich möchte diesem traurigsten und ekelhaftesten aller Schauspiele entsagen.« Als dann aber vor dem Quartier des Herzogs von Weimar ein Mann gelyncht werden soll, wird es Goethe zuviel: »Ihr Unglück und ihr Haß gebe ihnen hier kein Recht«, will er nach eigenem Bericht die Menge angedonnert haben, »und ich litte ein für allemal an dieser Stelle keine Gewalttätigkeit.« Er hat Erfolg, wenngleich ihm später versichert wird, er habe sich »in einen Handel eingelassen, der übel ablaufen konnte«, aber Goethe weist den Mahner »zuletzt ungeduldig« zurecht: »Es liegt nun einmal in meiner Natur, ich will lieber eine Ungerechtigkeit begehen als Unordnung ertragen.« Goethe hat gut reden, er ist Protegé eines Herzogs und dürfte auch Soldaten zu seinem Schutz in der Nähe gehabt haben. Ob er an Forster denkt? Er trifft Sömmering in Forsters Nachbarwohnung wieder: »Es waren dieselbigen Zimmer, wo wir vorm Jahr so heiter und traulich zu wechselseitigem Scherz und Belehrung freundschaftlich beisammen gesessen. Indes war bei diesem Unheil doch auch noch etwas Tröstliches zu zeigen; Sömmering hatte seinen Keller uneröffnet und seine dahin geflüchteten Präparate durchaus unbeschädigt gefunden.«

Forsters Wohnung und sein ganzer Besitz wäre – im Gegensatz zu dem, was Sömmering von der Gegenseite erfahren hatte – zweifellos vom Mob verwüstet worden, aber der junge Prinz Louis Ferdinand von Preußen, der selbst verwundet in Mannheim niederliegt, hat eine Schutzwache vor dessen Haus gestellt. Nicht daß der Prinz Forsters politische Haltung billigt, aber dem Gelehrten und Schriftsteller gilt sein Respekt.

So endet die Mainzer Republik nach nur neun Monaten in Feuer, Verwüstung, Lynchjustiz und schlimmsten Verleumdungen. Sie war von Anfang an nicht lebensfähig gewesen, unbeschadet militärischen Schutzes durch die Franzosen. Das Dilemma des Clubs, der im wesentlichen ihre Geschicke bestimmte, war, daß er eine rein bürgerliche Zusammenkunft repräsentierte und sich viel zu wenig für die niederen Klassen des Volks interessierte. Hinzu kam die Sprachbarriere zwischen aufgeklärten Bürgern und unwissend gehaltener Bevölkerung. Der Club entwarf wohlformulierte Theorien, aber für die Wirklichkeit besaß er kein Organ. Nicht nur Obstruktion war es, die ihn scheitern ließ, sondern weitgehend auch Mangel an Wirklichkeitssinn. Für die Masse des Volkes war das, was im Club verhandelt wurde – auch wenn das öffentlich geschah und jedermann Zutritt hatte –, so fern und unverständlich, als wäre es bei Hofe verhandelt worden. Gravierend kam hinzu, daß sich weder Franzosen noch deutsche Demokraten zu einschneidenden Zwangsmaßnahmen aufraffen konnten. Wollte man sich durchsetzen, wollte man eine stabile Basis schaffen, auf der eine revolutionäre Umwälzung einigermaßen hätte Bestand haben können, so blieb nur unnachsichtige Gewalt gegenüber konterrevolutionären Organisationen wie den Zünften und dem Handelsstand, aber Gewalt? Gott behüte. Gewiß war das höchst human gedacht und aller Ehren wert, aber so verwirklicht man keine Revolution. »Einen Krebsschaden heilt man nicht mit Rosenwasser«, verteidigte damals ein deutscher Republikaner die Hinrichtungen in Frankreich. Die Republik scheiterte, weil man möglichst niemandem wehe tun wollte. Die Gewalt, die sie verabscheute, fiel voll auf sie zurück. Den Revolutionären wurde zuteil, was sie ihren Feinden unter allen Umständen hatten ersparen wollen, Schicksal aller deutschen Revolutionen, die ängstlich – wenn auch ehrenvoll gedacht – das Blutvergießen scheuen und dann selbst bezahlen mußten: mit eigenem Blut.

Honoriert hat dieses Verhalten niemand der Mainzer Republik. Der Jakobiner Georg Friedrich Rebmann glaubte ohnehin nicht an eine deutsche Revolution nach dem Muster Frankreichs: »Man müßte unsre Deutschen nicht kennen, wenn man glauben sollte, daß etwas anderes daraus werden könne als eine Metzelei und Räuberei.« Und Rebmann sah den Mainzer Interessenkonflikt klar zwischen einer »vielfach unausführbaren Philanthropie mit dem System eines Eroberers«, daher von Anfang an zum Scheitern verurteilt.

In Frankreich wurde das Ausbreiten der Revolution dadurch begünstigt, daß sie in einem zentral regierten, geeinten Land ausbrach. In Deutschland stieß sie unablässig auf Landesgrenzen, strenge Zensur und sehr verschieden gehandhabte Regierungsgewalten. Und noch viel ärger war die wirtschaftliche Situation. Wie schon dargelegt, lebte Mainz fast ausschließlich vom Hof und der wiederum von den Einnahmen aus Zoll, Stapelrecht und bescheidenem Export. Der Krieg aber unterband den Handel und verjagte den Hof, dessen Aufträge die Mainzer Bürger mit festen Einnahmen versorgte. An seine Stelle konnte aber nicht die französische Armee treten, denn die hatte selbst nichts und lebte aus dem Lande. »Friede den Hütten und Krieg den Palästen!« war eine schöne Losung, aber nach den Palästen wurden auch die Hütten geplündert, weil die Soldaten ja schließlich ernährt werden mußten. Der französische Kommissar Merlin hat diese unlösbare Diskrepanz erschrocken erkannt, als er nach Mainz kam, aber ändern konnte er es auch nicht. Daß der Club nicht imstande war, die ökonomischen Bedingungen auf eine neue Grundlage zu stellen, kann man ihm nicht vorwerfen, wohl aber, daß er sie offenbar gar nicht erkannte und seine Zeit mit Theoriediskussionen verbrachte. Das Volk sah nur, daß es ihm jetzt wirtschaftlich viel schlechter ging als vorher unter dem Kurfürsten. Warum das so war und in welchem Maße es bislang ausgebeutet gewesen, wurde ihm nicht erklärt. Statt dessen ließ sich der Club alle Ansätze zu einer humanen Gesellschaftsordnung hilflos von der Obstruktionspolitik der Reaktionäre zerstören.

Daß revolutionäres Gedankengut in den deutschen Staaten niedergehalten wurde, war jetzt selbstverständlich. Auf der Bühne hieß es statt *Paris* immer *Petersburg*; negativ wirkende Adlige wurden zu Bürgern umgewandelt, und es gab natürlich auch keine bösen Fürsten, Präsidenten oder Minister mehr, nicht einmal Mesalliancen. Was in Mainz geschehen war, erfuhr der deutsche Leser nur noch via Hamburg. Friedrich Wilhelm von Schütz etwa hatte Clubreden Wedekinds in seinem *Niedersächsischen Merkur* veröffentlicht, was er als Sekretär des französischen Gesandten in Hamburg, Lehoc, auch ungestraft tun konnte. Aber Preußen, Hannover und selbst das liberale Dänemark intervenierten, und so wurde das Blatt Ende Dezember 1792 verboten. Als Schütz daraufhin in einer neuen Zeitschrift mit dem Titel *Neuer Prometheus* weiter Clubreden und Beschreibungen vom Mainzer Freiheitsfest druckte, wurde auch diese Zeitschrift im Februar 1793 verboten und Lehoc ausgewiesen. Aber Schütz gab nicht auf. Er druckte es nun als *Manuskript für Freunde*; darauf mußte er im März 1793 die Hansestadt verlassen.

Die andere Seite publizierte natürlich ungehemmt und ungehindert. Etwa der Legationsrat Johann Philipp Riese, der im August 1793 sein Pamphlet *Die alten Franzosen in Deutschland, hinter der neufränkischen Maske verschlimmert* (natürlich anonym) erscheinen ließ. Für ihn wie für viele stellte sich die Französische Revolution nur als ein Komplott von Freimaurern und Illuminaten dar: »Gelehrte sind es, welche vorzüglich Mainz ins neufränkische Unglück stürzten; Gelehrte sind es, welche in Wien und Berlin, in Frankfurt und anderswo die rote Galeerenmissetäter-Jakobinerkappe zum Zeichen des Aufruhrs aufstecken wollen.« Dieser sattsam bekannte Intellektuellenhaß fand natürlich in Georg Forster sein bestes Ziel: ». . . dieses aus dem Kotteige der Selbstsucht geformte und an der brennenden Lohe des ausschweifendsten Dünkels gebackene Menschenkind«.

Fügen wir schließlich noch hinzu: Der »Großprahler Custine« (so Jakobiner Rebmann) – exakt: Adam Philippe Comte de Custine – wurde wegen seines feigen Verhaltens am Rhein von der Französischen Republik zur Rechenschaft gezogen. Im Prozeß gegen ihn sagte auch der Mainzer Professor Wedekind über Custines Verhalten aus. Am 28. August 1793 endete der Mann, der seine aristokratische Abkunft nie ganz verleugnen konnte und dessen Halbherzigkeit den Tod vieler deutscher Demokraten mitverschuldete, auf der Guillotine.

Daß Caroline nach ihrer Entlassung von Königstein und Kronberg überhaupt wieder Fuß fassen konnte, verdankte sie nicht etwa jenen Männern, die sie fälschlich für ihre Freunde gehalten hatte, Tatter und Meyer, sondern einem Bruderpaar, das ihr aus der Ferne unbeirrt treu geblieben war: August Wilhelm und Friedrich Schlegel. Wilhelm, der ältere, ihr bekannt aus Göttingen, hatte ihr schon zur Marburger Zeit den Hof gemacht und war abgewiesen worden. Das aber hatte die Brüder nicht gehindert, Caroline gleichsam auf den Fersen zu bleiben, zumal Briefe hin- und hergegangen waren. Vor allem Friedrich, der jüngere der Brüder, kann sich gar nicht genug tun: »Ich bin bereichert durch die Briefe der B*[öhmer]*«, schreibt er am 18. Mai 1791 an den Bruder. »Etwas unbegreiflich bleibt sie mir – nämlich wie bei der Erhabenheit die *leichtbewegliche* Phantasie und die *Zartheit* des Gefühls sein kann [. . .] Ich glaube nicht, daß ich ihre Zartheit verletzen würde, auch bei dem freisten Verhältnisse.«

Etwas abgekühlter klingt ein Brief vom 5. Dezember 1791, aus dem zu schließen ist, daß ein Brief Carolines Wilhelms Bemühungen um sie zurückgewiesen hat, offenbar zugunsten des bewunderten Tatter. Was genau vorgefallen ist, läßt sich nicht ermitteln, dennoch: Friedrich teilt dem älteren Bruder einige Erkenntnisse über Caroline mit, die er aus ihren Briefen gewonnen hat: »Euer Bund ist ganz zuende, und Dein Anerbieten der Freundschaft halte ich nicht für Ernst. [. . .] Mein Lieber, ich verkenne sie nicht. – Und sie hat recht: Wer nichts als die Buhlerin sieht, der verdient Verachtung. Sie ist mir noch dieselbe, die sie mir war. Aber ich frage nur nach dem, was sie für Dich ist, nicht, was sie an sich ist. Und da hast Du vortrefflich entschieden. Wenn sie Dich liebte, und dies ist möglich, so galt ihr ihr Eigendünkel und ihre weibliche Herrschbegierde mehr als Du. – Einzelne *sehr gorße* Züge verkenne ich nicht an ihr; ich wünschte doch, daß sie mit der schonungslosen Aufrichtigkeit, deren sie sich rühmt, auch nur einmal in ihr Innres blickte. [. . .] Sie versichert Dich in dem Briefe, wo sie Dein Kommen ablehnt, Du würdest kein großer Schriftsteller werden. [. . .] Ihr Urteil hierüber gilt mir nicht soviel als sonst – es könnte aber doch Einfluß auf Dich haben.«

Aber Friedrichs kritische Reserviertheit hält nicht lange vor. Schon ein halbes Jahr später schwärmt er von Caroline: »Ich habe bei Weibern nie etwas von diesem Triebe nach dem Unendlichen gefunden, und ich habe noch keine gesehen, bei der ich die Möglichkeit ansähe, sie lieben zu können. – Nur bei einer findet es sich; ich weiß aber nicht, ob ich *sie selbst* verehre oder ihr verschönertes Bild in dem Spiegel einer edlen männlichen Seele.« Er läßt sich von Wilhelm ihre Briefe zu lesen geben, die ihn »das große Ganze« erkennen lassen: »Welches Weib!« Und er versichert dem Bruder: »Alles, was von ihr kommt, ist mir merkwürdig.«

Während so Friedrich Schlegel eine Schwärmerei für die in Mainz lebende Caroline entwickelt, die auch der Klatsch (»man sage, die B. sei Custines Maitresse«) nicht trüben kann, kommt plötzlich die Nachricht von ihrer Inhaftierung: »Du hättest mir schreiben sollen, auf welche Art sie gehalten wird, und besonders, wie man sie befreien oder doch nur ihr Schicksal erleichtern kann. Es könnte ja sehr wohl sein, daß ich durch die dritte Hand tätig bei der Sache sein könnte. Über alles hätte ich gewünscht, einen ihrer jetzigen Briefe zu lesen, um ihre Fassung daraus zu sehen.«

Am 11. Juli wird Caroline in Kronberg auf freien Fuß gesetzt (»nach bezahlten Kosten«); die Pässe für sie und Auguste muß sie in Frankfurt abholen. Dann begleitet der inzwischen aus Amsterdam eingetroffene Wilhelm Schlegel die beiden nach Leipzig, wo der Verleger Göschen um tätige Hilfe und Unterkunft gebeten wird, ohne daß Göschen erfährt, wer denn eigentlich diese hilfsbedürftige Frau ist. Meyer, den sie immer noch für einen Freund ansieht, gehört zu den wenigen Menschen, denen sie sich anvertraut. »Ich habe vergessen«, schreibt sie ihm aus Leipzig, »was ich meinem Kinde schuldig war – ich habe in einer gespannten Lage meines Gemüts aus leichtsinniger Kühnheit mich hingegeben, und die Folgen rächen sich in dem Namen, gegen den ich sündigte [= Mutter]. Jetzt übersehn Sie die Leiden der vergangnen Monate.« Ja, sie gesteht ihm sogar, daß sie, wäre ihr Zustand noch in der Haft entdeckt worden, sich das Leben genommen hätte: Wilhelm Schlegel (»den ich von der Notwendigkeit überzeugt hatte«) hatte ihr in Kronberg Gift zukommen lassen, »denn meinem armen Kinde war es ja besser, ganz Waise zu sein, als eine entehrte Mutter zu haben«. Kaum ein Satz, so schockierend er wirkt, enthüllt deutlicher, welche Qualen Caroline gelitten haben muß – und noch sind sie nicht ausgestanden. Wie soll sich ihr künftiges Leben entfalten, wo überhaupt soll sie wohnen und unter welchen Umständen? Sie würde am liebsten nach Berlin gehen (wo Meyer jetzt lebt), weil sie glaubt, in einer Großstadt unauffälliger leben zu können, aber dem widerrät Meyer. Aufs Land zu ziehen, hält Gotter für falsch, weil man dort mehr Neugier errege. Kann Meyer sie nicht nach der Geburt des Kindes abholen? Voller Dankbarkeit ist sie für Wilhelm Schlegel: »Wie ich, von jedermann verlassen, mir allein nicht einmal die Möglichkeit zu sterben hätte verschaffen können, vertraute ich mich einem Mann, den ich von mir gestoßen, aufgeopfert, gekränkt, dem ich keinen Lohn mehr bieten konnte, wie es wohl in der Natur meines Vertrauens lag – und er betrog mich nicht. Das sanftere Gefühl, das seine grenzenlos edle Güte in mir wieder aufweckte, ließ mich für die Hoffnung aufleben, die Prüfungen, die ich nun nicht mehr gewaltsam endigen kann – dazu ist's zu spät – würden erträglich vorübergehn. Daß aber mein Mut nicht dadurch erstickt ist, fühl ich heute, wo ich von neuem wahrnehme, daß die Vernachlässigung einer heiligen Pflicht jeden meiner Schritte mit Mühseligkeit bezeichnen wird.«

Meyers Antwort erreicht sie in Lucka bei Leipzig, wo sie durch Göschens Vermittlung unterkommt »im Hause eines ältlichen unverheirateten kränklichen Arztes, der in dem Fach, worin ich ihn brauche, geschickt sein soll, und mehrmals Kranke bei sich beherbergt. Göschen kannte den Mann vorher nicht – er gab mich für seine Stiefschwester, Verwandte zu versöhnen, der Mann noch nicht im Stande, eine Heirat zu erklären usw. Ich überließ ihm die Fabel.«

Offenbar hat Meyer, schockiert von Carolines Geständnis, maßregelnd geantwortet (die Briefe Meyers an sie sind leider alle nicht erhalten geblieben), denn Caroline reagiert sofort und scharf darauf – sie hat inzwischen ihre Fassung wiedergefunden und sich in dem neuen Zustand eingerichtet: »Für mein Kind ist gesorgt, wenn ich selbst nicht sollte sorgen können. Der Vater lebt und verlangt es, aber wenn ich irgend vermag, so soll es *mein* bleiben. Ich habe nie geglaubt, daß Auguste durch das, was es ihr entziehn könnte, verlieren würde – nur die Überzeugung hatte ich, daß die Schande, der Skandal sogar, der in der Lage, worin ich mich befand, eine Entdeckung begleiten mußte, dem Schicksal des achtjährigen Mädchens eine nachteilige Wendung geben und alles, was fern und nahe teil an mir nahm, unvergeßlich bitter kränken mußte. Darum konnt ich den Gedanken fassen, den ich selbst für ebenso abscheulich als notwendig innerhalb der Mauern hielt, die mich umschlossen. Ich fühle ganz, wie wenig Sie von mir wissen, wenn Sie mit einer harten Bemerkung eine Schwärmerei niederschlagen zu müssen glauben, die mir mein Kopf und mein Herz verächtlich machen würden, wenn sie ihrer fähig wären. Meine Pflichten kenne ich, und ich hoffe, ich übe sie jetzt in ihrem ganzen Umfang, indem ich gut zu machen trachte, was ich verbrochen habe, und weder Mut noch Geduld noch Freundlichkeit verliere. – Sie können mich verwun-

den, denn ich bin weicher wie gewöhnlich, und Sie hätten mir Gutes
tun können, aber meine Fassung bleibt die nämliche, wenn Sie auch
den Ton gegen mich ändern. [. . .] Soviel ist gewiß, daß wir uns von
nun an mißverstehen müssen, bis uns der Zufall zusammenführt.«

Und Meyer bequemt sich: Er besucht sie Ende Oktober in
Lucka, und – erstaunlich genug – man versteht und verständigt
sich, das alte Verhältnis scheint wiederhergestellt – vorerst jedenfalls.

Sonst wird sie in diesen Luckaer Tagen nur von einem regelmä-
ßig besucht: Friedrich Schlegel. Sie hatte den einundzwanzigjähri-
gen Studenten anfangs etwas kühl behandelt; lag das an der schwär-
merischen Erbötigkeit des um neun Jahre Jüngeren? »Vielleicht
könnte ich in Gefahr kommen, mich schwärmerisch auszudrücken,
und mir däucht, für sie zu schwärmen, heißt sich an ihr zu versün-
digen«, begeistert er sich nach dem ersten Kennenlernen. »Der Eindruck, den sie auf mich gemacht hat, ist viel zu außerordentlich . . .«
Nachdem er ihr Geheimnis erfahren hat, setzt er alles daran, sie vor
Neugierigen abzuschirmen, denn Körners in Dresden, Schillers
engste Freunde, scheinen etwas zu ahnen. Körner nämlich ist der
Schwager der begabten Porträtzeichnerin Dora Stock, mit der Hu-
ber verlobt gewesen war. Als Huber, inzwischen ganz an Therese
Forster gebunden, das langjährige Verlöbnis löste, kam es zum
Bruch zwischen ihm und Körners, die seither – gemeinsam mit
Schiller – Huber und die Forsters mit Haß verfolgten; Caroline, die
man als Forsters Geliebte verdächtigte, wird fast von selbst in den
Bannfluch einbezogen. Durch Göschens Schwägerin erfahren jetzt
die Dresdner, daß Wilhelm Schlegel »eine unbekannte Dame« nach
Leipzig gebracht habe, worauf denn nun die sitzengelassene Dora
Stock – durch das langjährige Verlöbnis und seine plötzliche Auf-
lösung schwer in ihrer gesellschaftlichen Reputation geschädigt, was
sie als eine Verwachsene doppelt treffen mußte – sofort mutmaßt, es
müsse sich um Caroline handeln, »von der es bekannt«, so meldet
Friedrich, »daß der vortreffliche junge Schlegel einen verderblichen
Liebeshandel mit ihr unterhalte, über den die Familie *[Schlegel]* sehr
traurig sei«. Göschen wird nun gebeten, »Körners irrezumachen«,

nicht ganz leicht für ihn, da er über die Identität und Umstände der unbekannten Dame seinerseits auf Mutmaßungen angewiesen ist. Und wenn die Wahrheit bekannt wird, wenn etwa Charlotte Ernst, die in Dresden verheiratete Schwester der Schlegels, alles erfährt? »Ein gänzlicher Bruch mit unserer Familie ist dann für uns die natürliche Folge«, weiß Friedrich. Und er, der noch vor nicht langer Zeit den älteren Bruder vor Caroline warnen zu müssen glaubte, sagt jetzt: »Sie ist die Deinige, – im vollsten Sinne des Wortes – nämlich weil Du es *willst*. Ich billige das auch, daß Du Dich für sie wagst. Sie ist eine edle Frau, und Du verdankst ihr mehr, als Du ihr je erwidern kannst.«

Sein Verhältnis zu Caroline bezeichnet er als »Vertraulichkeit ohne Zutrauen, Teilnahme ohne wahre Gemeinschaft«. Freimütig bekennt er: »Die Überlegenheit ihres Verstandes über den meinigen habe ich sehr frühe gefühlt. Es ist mir aber noch zu fremd, zu unbegreiflich, daß ein *Weib* so sein kann, als daß ich an ihre Offenheit, Freiheit von Kunst *[gemeint ist frei von Künstelei]* recht fest glauben dürfte.«

Ende August bekommt Caroline zwei Briefe des Frankfurter Buchhändlers Wenner, an den – während der Haftmonate – Caroline alle ihre Post hatte adressieren lassen. Beide Briefe enthalten Sätze, die sie um ihre Fassung bringen: »Ich kenne Ihre ganze Situation« und »Man weiß es in Mainz«. Ihr kommt überhaupt nicht der Gedanke, daß sich beide Sätze nur auf ihre Haft beziehen können, denn was sonst könnte Wenner – und von wem? – schon wissen? Aber es kennzeichnet die Überreiztheit ihrer Nerven, so sehr sie sich nach außen auch gefaßt gibt. Verdeutlichen wir uns noch einmal ihre Situation, um diese schockähnlichen Reaktionen zu verstehen: Sie ist überall in Deutschland (bekannt als Tochter des berühmten Michaelis) verschrien als eine Frau, die (angeblich) in der für höchst verrucht geltenden Mainzer Republik eine Rolle gespielt hat. Das hat sie zwar nicht, aber sie ist die Schwägerin des verhaßten Clubisten Böhmer und die Freundin des noch verhaßteren Forster, für dessen Ehemisere man sie verantwortlich macht. Außerdem gilt sie als Mätresse Custines, wie denn überhaupt eine

Frau, die Kräften nahesteht, die eine etablierte Gesellschaftsordnung beseitigen wollen, *eo ipso* als moralisch minderwertig gilt, und »moralisch« wird in solchen Fällen immer sexuell interpretiert, daran hat sich bis heute nichts, aber auch gar nichts geändert. Wird jetzt bekannt, daß sie ein Kind zur Welt bringt, ist sie in der Gesellschaft für immer geächtet, und die damalige Gesellschaft hatte ein weit besseres Gedächtnis als heute, wie sich noch zeigen wird. Bringt sie ein Kind Forsters zur Welt, ist sie eine Verworfene, die eine reputierliche Ehe zersetzt hat (denn wer kennt, wer ahnt überhaupt die Wahrheit dieser Ehe?) und sich außerdem einem verhaßten Vaterlandsverräter hingegeben hat. Bringt sie das Kind eines französischen Offiziers zur Welt, so ist sie die Hure von Besatzern (Frauen, die sich mit Besatzungssoldaten einlassen, sind für den Pfahlbürger stets nur Huren), dazu von Feinden, die – weil Revolutionäre – nicht einmal als »normale« Feinde gelten; da unterscheidet der Ehrenkodex sehr genau. Bringt sie überhaupt ein Kind aus einer nicht ehelichen Verbindung zur Welt, so beweist das nur, daß sie eine sittenlose Witwe ist, denn seit wann hätte eine Witwe ein Anrecht auf ein Sexualleben? Die Folgen wären gewesen: Aberkennung der Pension als Witwe eines Bergmedikus und Entzug des Rechts, Auguste zu erziehen. Die Folgen illegitimer Mutterschaft betrafen vornehmlich nur das Bürgertum.

Die Bauernmagd, der Herr oder Knecht »den Acker bestellten«, riskierte nichts, denn sie produzierte nur erwünschten Nachwuchs, weil auf dem Lande jede Arbeitskraft gebraucht wurde. Das Hoffräulein, das einem Aristokraten »zu Willen war«, gebar die Frucht unziemlicher Vertraulichkeit irgendwo in der Stille bei guter Abfindung; meist kam das Kind zu Pflegeeltern. Der Geistliche, der sich »versah«, durfte sicher sein, hatte er einer Schwester gleichen Stands »den Leib gesegnet«, die Frucht seiner Anfechtung im Kloster aufgehoben zu wissen. Übel daran war nur das Bürgertum, das nicht imstande war, den Regelverstoß zu integrieren. Für ein »Kind der Laune«, ein »Kind der Liebe«, ein »natürliches Kind« – aus welch zeitgenössischen Bezeichnungen man einige Schlüsse ziehen darf – war kein Platz; die Tragödie Gretchens war eine bürgerliche.

Carolines Not verbindet sie inniger mit Friedrich Schlegel, der zu Recht an den Bruder schreibt: »Ich glaube, man kann sie nicht kennen, wenn man sie nicht liebt oder von ihr geliebt wird.« Liebt sie ihn? Das gewiß nicht. Liebt er sie? Das läßt sich nicht genau ausmachen; sicher ist aber, daß er nie in seinem Leben eine Frau so sehr bewundert hat wie Caroline. »Wenn ich nicht wäre, so würdest Du Dich von der Schlegelsucht gar nicht zu retten wissen«, sagte die altkluge achtjährige Auguste ihrer Mutter zum Entzücken Friedrichs, der soeben ein neues Talent Carolines entdeckt: die Begabung zum Vorlesen.* Goethes *Iphigenie* lese sie »herrlich«, schwärmt Friedrich, dem auch ihre »Urteile über Poesie«, offenbar ein neues Gesprächsthema, »sehr neu und angenehm« sind. Gerade hat sie Goethes törichte Verspottung der Französischen Revolution, das Stück *Der Bürgergeneral*, gelesen, das anonym erschienen ist. »Die Leute sagen, es wäre von Goethe«, schreibt sie zweifelnd, als könne sie Goethe diese Trivialität nicht zutrauen.

Am 3. November bringt Caroline das Schmerzenskind* zur Welt – unter Schmerzen. Friedrich, der in ihrer Nähe bleibt, »hörte ihr Geschrei unten auf dem Hofe, ja im Vorderhause, und es durchdrang mir Mark und Bein«. Sie läßt sich Wilhelms Porträt, das gerade eintrifft, sofort ins Zimmer bringen und Wilhelm ausrichten, das Kind sehe »ganz deutsch« aus. »Warum? Damit Du nicht so einen entsetzlichen Haß darauf wirfst.« Sie hat also schon Witz und Laune wiedergewonnen, denn selbstverständlich ist diese Bemerkung scherzhaft gemeint.

Im Kirchenbuch von Lucka wird das Kind eingetragen als »Wilhelm Julius«, seine Mutter als »Julie Krantz, verehelicht mit Herrn Julius Krantz, Speditions- und Handelsherrn auf Reisen, als eine aus Hamburg sich hier eine Zeitlang aufhaltende Frau«. Als Pate ist der »Stud. jur. in Leipzig« Friedrich Schlegel genannt.

Der schreibt unter dem 24. November einige bemerkenswerte Sätze an den Bruder. Caroline hat Friedrich Einblick gegeben in ihre in Mainz geführte Korrespondenz*, und der wundert sich nicht nur über ihren »Glauben an die Ewigkeit dieser kurzen Republik«, sondern meint entschieden: »Ich wünschte auch, sie hätte öffent-

liche Angelegenheiten für immer den Männern überlassen.« Er miß-
billigt die Einflüsse des »ansteckenden allgemeinen Taumels der
Eitelkeit, der Sinnlichkeit, der Neuheit und der Weiblichkeit, die sie
nie verläßt«, und: »Nur diese letzte ist die einzige Entschuldigung
gegen Deinen nicht ungerechten Vorwurf der Grausamkeit, die
gerade in der Art mit dem weiblichen Charakter so tief verwebt ist.«

Caroline selbst fügt dem ein weiteres Stereotyp zu. »Das Kind«,
schreibt sie an Meyer, »ist ausgezeichnet groß, stark, gesund – ruhig
wie ein Lamm, und das ich Dir das beste zuletzt verkünde – kein
Mädchen. Meine erste Frage war das, sagt der –––« Das Beste: kein
Mädchen. Darin liegt keinerlei Ironie, das ist ernst gemeint. Das
Kind »der Glut und Nacht« (Caroline) hat wenigstens das richtige
Geschlecht; das sichert ihm einen leichteren Lebensgang, denn es
wird es schon darum einmal besser haben als die Mutter. Und sie
fährt fort: »Wenn ich die Folge vor mir sehe – kann ich den Ur-
sprung bereun? Eben diese brachte mich in die verzweiflungsvolle
Lage, und sie ist's nun, warum ich mir verzeihe. Gustel hat eine
unmäßige Freude über das Kind, als müßte es nur so sein. Wer hier
Schuld finden will, darf nicht in unsre Nähe kommen, nicht in dies
Stübchen – hier herrscht unschuldiges Vergessen alles Unrechts
und aller Sünden.« Denn Unrecht und Sünde bleibt es eben doch für
sie, auch wenn sie sich gleichsam selbst die Absolution erteilt.

»Ich bin durch sie besser geworden«, findet Friedrich Schlegel.
Und etwas später: »Mein Zutrauen zu ihr ist ganz unbedingt. Sie ist
nicht mehr die Einzige, Unerforschliche, von der man nie aufhört
zu lernen, sondern die Gute, die Beste, vor der ich mich meiner
Fehler schäme.«

Anfang Februar 1794 gibt Caroline das Kind in Lucka zur Pflege
und fährt nach Gotha zu Gotters. Und sie macht hier eine bittere
Erfahrung. Gotters werden von der Gesellschaft geschnitten, solange Caroline bei ihnen wohnt. »Man hält mich für ein verworfnes
Geschöpf und meint, es sei verdienstlich, mich vollends zu Boden
zu treten«, schreibt sie an Meyer. »Die Verwünschungen, die über
Therese ausgesprochen werden, treffen mich mit. Um diese Situation zu überwinden, müßt ich wahrhaftig eine Zauberin sein – die

Natur war wohltätig gegen mich – sie rettete mir Leben und Gesundheit und erquickte mich mit süßen Freuden – o hätte ich in meiner Einsamkeit bleiben können! Wissen Sie keine Hütte für mich? Ich bin ja ausgestoßen und muß wenigstens ins Freie blicken können – in einen Spiegel, der mich nicht entstellt zurückwirft.«

In Lucka hat sie am letzten Tag ihres Aufenthalts dort die Nachricht vom Tode Forsters bekommen, der am 10. Januar 1794 vereinsamt in Paris gestorben war. Ihr sei gewesen, »als hätt ich ein Kind in den Schlaf gewiegt«, schreibt sie Meyer. »Er hat mir wenig Wochen vor seinem Tod geschrieben – unter anderm: ich habe den Schlag verziehn, der mich so schrecklich um allen Genuß bringt, daß er mir auch die Erinnerung an die Vergangenheit vergiftet – die letzten Worte waren: so mag denn des Leidens bis zur Auflösung kein Ende sein.« Und sie schließt: »Schreib mir gleich – die Stimme des Freundes wird mir Wohllaut sein. Dies republikanische *Du* ist übrigens um so wunderbarer, da Du mündlich vermutlich zu viel Ehrfurcht hast, um es zu brauchen.« Man darf vermuten, daß der stets auf Distanz bedachte Meyer diese Anrede nicht gar so »wunderbar« findet, am wenigsten, wenn sie ihm auch noch als »republikanisch« empfohlen wird. Sollte denn Caroline wirklich so naiv sein, nicht zu wissen, daß in dieser Zeit und in diesem Land »republikanisch« gleichbedeutend ist mit »schändlich«? Die Reaktion auf Forsters plötzlichen Tod spricht da nämlich eine deutliche Sprache. Sich jetzt über Forster äußern zu müssen ist für seine alten Freunde eine Verlegenheit, denn es ist politisch prekär. Bezeichnend dafür ist Lichtenbergs ängstliches Reagieren: »O wie gerne, wie gerne hätte ich ihm ein paar Bogen gewidmet, wäre ich noch das kinderlose und wegen der Zukunft unbekümmerte frei denkende und frei schreibende Wesen, das ich ehmals war. Jetzt muß es beim frei *Denken* sein Bewenden haben.« Wer auf seine Karriere sieht, tut gut daran, Forsters nicht zu gedenken, ihn möglichst gar nicht gekannt zu haben. Lichtenberg weiß genau, was die Stunde geschlagen hat. Von der Hamburger Zeitschrift *Minerva* aufgefordert, einen Nachruf auf Forster zu schreiben (was man sich freilich nur im liberalen Hamburg leisten kann), antwortet Lichtenberg zunächst mit einer

Unwahrheit. Er habe »den vortrefflichen Mann in den letzten Zeiten ganz aus dem Gesicht verloren«, das gelte auch für seine »literarischen Bemühungen«. (In Wahrheit hatte sich Lichtenberg noch im Mai 1792 bei Forster für dessen zweiten Band der *Ansichten vom Niederrhein* bedankt: »Wer Ihnen den Ruhm eines unserer ersten Schriftsteller, ja in vieler Rücksicht den des ersten nicht zuerkennt, muß Ihre Schriften nicht mit Aufmerksamkeit gelesen haben oder weiß nicht, was er sagt.«) Aber dann gesteht er ganz offen: »Ich habe überdas das, wie ich glaube, in Deutschland seltne Glück, unter einer Regierung zu leben, der ich die größte Verehrung schuldig bin. Ich verlange schlechterdings in politischer Rücksicht nicht anders zu leben, als ich jetzt lebe, und es kümmert mich wenig, wieviel von dieser glücklichen Lage auf Rechnung der Regierung oder meine eigene zu stehen kommt. Denn man muß nicht immer verlangen, daß jene alles tun soll, ohne erst auch von seiner Seite alles getan zu haben. Aufopferungen sind von beiden Seiten nötig. Einseitiges Bestehen auf sogenannten Gerechtsamen befördert die gute Sache wahrlich nicht. – Sollte ich über Forstern schreiben: so würde ich gerade in diesem Hauptartikel Mißverständnisse von einer oder der andern Seite befürchten oder es wohl gar mit beiden verderben. Wo ich so etwas voraussehe, da schweige ich lieber und halte es eben dadurch mit beiden.«

Dieses Geständnis charakterisiert das herrschende politische Klima. Einer der angesehensten Wissenschaftler Deutschlands wagt nicht, einem Freund, dessen Bedeutung er hoch einschätzt, einen Nekrolog zu schreiben, weil man diesen wegen seines politischen Engagements in den Bann getan hat. Dabei teilt Lichtenberg Forsters politische Gesinnung nicht im mindesten; er steht vielmehr ganz entschieden im konservativen Lager, was er niemals verhehlt hat. Seine Würdigung hätte schon darum nur dem Gelehrten gegolten, dem Schriftsteller. Aber Forster ist nun zur Unperson geworden, und das so sehr, daß sein Name noch heute keineswegs allgemein bekannt ist, seine Schriften fast gar nicht, obwohl sie zu den bedeutendsten Zeugnissen deutscher Prosa gehören. So gründlich vernichtete die Reaktion auch seine postume Existenz.

Und wo sie nicht vernichtet, da verfälscht sie. »Weißt du, daß Bürger sterben wird – im Elend, in Hunger und Kummer? Er hat die Auszehrung – wenn ihm der alte Dieterich nicht zu essen gäbe, er hätte nichts, und dazu Schulden und unversorgte Kinder. Armer Mann! Wär ich dort, ich ginge täglich hin und suchte ihm diese letzten Tage zu versüßen, damit er doch nicht fluchend von der Erde schiede«, schreibt sie am 10. Mai an Meyer und ergänzt am 7. Juni: »Er hat nichts zu essen als was ihm seine Freunde schicken und ist von der übelsten Laune.«

Das ist buchstäblich wahr. Bürger, der zwar eine Professur innehat, aber nur eine außerordentliche; der auf den Tod darniederliegt; dessen Ehe vernichtet ist; dessen Poetentum ruiniert ist; der sich als begeisterter Anhänger der Französischen Revolution in den Augen seiner Mitbürger selbst gerichtet hat: Bürger fleht den Professor Heyne an, für ihn um eine Besoldung einzukommen. Heyne erwirkt eine mildtätige Gabe von fünfzig Reichstalern bei der Regierung in Hannover. Einige ererbte Grundstücke in Preußen läßt Bürger zu Geld machen, aber das kommt nicht über ins hannöversche Ausland, weil die Regierung in Berlin diesen Devisenhandel erst ausdrücklich genehmigen muß. Als sie sich endlich dazu entschließt, ist Bürger tot, gestorben am Abend des 8. Juni 1794, 46 Jahre alt.

»Wenn man mich lieber in einer Einöde versauern und verkümmern ließe, als ein paar hundert Taler Gehalt nach so langem Harren bewilligte, so möchte es wahrlich von dem Auslande nicht wohlgenommen werden, auch möchte es die Literärgeschichte, die mich hoffentlich nicht vergessen wird, dereinst nicht zur Ehre der Universität und ihrer Vorsteherschaft melden«, hatte er noch an Heyne geschrieben. Hat ihn die Literaturgeschichte vergessen? Das sicher nicht, und anders als Forster wurde er wenigstens noch gelesen. Seine Balladen *Lenore* (1773) oder *Das Lied vom braven Manne* (1777) gehörten bis in unser Jahrhundert hinein zum Hausschatz deutscher Poesie, und vollends unvergessen blieb sein *Münchhausen* (1786), mit dem er den Deutschen so etwas wie ihr letztes Volksbuch schenkte. Daß er als engagierter Parteigänger des revolutionären Frankreich gründlich vergessen wurde, darf nicht wundern. Sein Gedicht *Der Bauer* mit dem Untertitel *An seinen Durchlauchtigen Tyrannen*, das schon vierzehn Jahre vor Ausbruch der Revolution geschrieben wurde, verdient seinen Platz in allen Anthologien und Lesebüchern, wo man es freilich nicht findet. Und in Bürgers Nachlaß entdeckte man ein Fragment von 1793, Bürgers Stellungnahme zur österreichisch-preußischen Intervention, dessen erste Strophe lautet:

Für wen, du gutes deutsches Volk,
Behängt man dich mit Waffen?
Für wen läßt du von Weib und Kind
Und Herd hinweg dich raffen?
Für Fürsten- und für Adelsbrut,
Und fürs Geschmeiß der Pfaffen.

Bürgers Begräbnis auf dem Göttinger Bartholomäus-Friedhof beobachtet Lichtenberg von seiner Wohnung aus mit dem Fernglas: »Als ich den Leichenwagen mit einer Art von Anlauf durch das Kirchhof-Tor rollen sah: so hätte nicht viel gefehlt, ich hätte *laut* ausgeweint. Das Abnehmen vom Wagen konnte ich unmöglich mit ansehen, und ich mußte mich entfernen. Es begleitete ihn niemand als Professor Althof mit farbigem Kleide, Dr. Jäger und des Verstorbenen armer Knabe.« Vielleicht sei er »ganz allein« an »seinem Unglück selbst schuld« gewesen, gibt Lichtenberg zu bedenken. Mag sein, denn es ist zu wohlfeil, immer »die Gesellschaft« für alles haftbar zu machen, um sich selbst aus der Verantwortung entlassen zu können. Aber im Falle des unglücklichen Bürger spricht niemand eine Gesellschaft frei, die den als Schriftsteller ja hochgeachteten Mann aus Bürokratie fast verhungern ließ und sich an seiner Lebensmisere in Schadenfreude und Klatschsucht ergötzte.

Caroline ist von dem Ende der beiden Freunde erschüttert. Beide jung, beide Opfer eines Lebensganges, den die Mitwelt schwer verzeiht. Von Therese Forster trifft plötzlich und ganz unvermutet ein umfangreicher Bekenntnisbrief ein, schonungslos in der Analyse ihrer Beziehungen zu Forster (es wurde schon im vorigen Kapitel daraus zitiert), was sie der vermuteten »Nachfolgerin« wohl schuldig zu sein glaubt. Und sie fragt nun: »Schlegel konnte Dich *retten*, aber doch nicht *führen* kann er Dich?«

Das allerdings wird allmählich für Caroline die Frage. Sie selbst sieht – in einem Brief an Meyer – ihre Situation so: »Die Worte, die ich Ihnen sagte, und die ich in einem Ihrer Briefe wiederfinde – meine Existenz in Deutschland ist hin, ich bin einem gehässigen Publikum schmählich überantwortet – *die sind wahr* – und beinah alles ist wahr geworden, was ich damals voraussah, als ich überlegte, ob es besser sei zu sterben oder zu leben. – Daß ich lebe – ist mir lieb – denn Sie wissen, was mich bindet – Liebe und Güte können in meinem Herzen nicht sterben, also auch nicht die Freude. [. . .] Ich will vergessen und vergessen werden. Hätte ich eine Hütte in einer freundlichen Gegend – ich verstünde so gut allein zu leben mit meinen Kindern – hier tief in der Brust wohnt ein Frieden, den kein Geschick vernichten konnte. Wenn ich zuweilen im einsamen Zimmer mit Auguste über einer emsigen Beschäftigung mich vergessen habe und komme darauf zurück, welche Welt mich umgibt, so frag ich – bist du es, der man wohl kein einzig gutes Gefühl mehr zutraut – Du? vor der die Reinen schaudern? Wärst Du nicht geschaffen zum stillsten häuslichen Glück, wenn es Dir das Schicksal erlaubt hätte – Du kannst es ja *noch* genießen – die Stunden der heitersten Ruhe gewannst Du oft der Verzweiflung ab.«

Im Mai bekommt sie Nachricht von Dubois-Crancé: »Er hat alles getan, was in seiner Gewalt stand, um das Schicksal des Kindes auf die Zukunft zu sichern und auf den Fall, daß er selbst noch in dem blutigen Abgrund unterginge. Er ist ausgewechselt und seit dem Ende März nicht mehr in Deutschland, wo der Onkel noch zurückbleiben mußte – hoffentlich rettet dieser dadurch sein edles Leben. Der Neffe ist als solcher und selbst durch die nahe Verwandtschaft mit einem der ersten J*[akobiner]* in Gefahr. Ich zittre, wenn ich eine Zeitung sehe, schon mehr wie ein bekannter Kopf ist mir entgegengefallen – und diese! Sein Onkel hat mir auch geschrieben, wie ich's von ihm erwarten konnte. Es hat mir viel Freude gemacht, von diesen beiden Gutes denken zu dürfen und sie ganz so zu finden, wie ich sie damals sah.« Ganz glücklich ist sie, als sie dann im August in Gotha den kriegsgefangenen General d'Oyré wiedersieht: »Du würdest ihn selbst anbeten, wenn Du ihn kenntest«, schreibt sie an Meyer. »Ich habe nie für seinen Neffen soviel Zärtlichkeit gehabt wie für ihn. Wir sprachen uns bei Mad. Schläger, so hatten wir's vorher verabredet – er blieb von früh bis Abend.«

Auch eine Reise nach Göttingen wagt sie, wo sie ihre Familie und Böhmers wiedersieht und gut aufgenommen wird, aber nicht von der Regierung, die von diesem Besuch erfährt: Caroline erhält Aufenthaltsverbot für Göttingen.*

Friedrich Schlegel, der inzwischen in Dresden ist, drängt im Oktober den Bruder zur Heirat mit Caroline: »Carolines politische Lage würde dadurch ganz verändert werden. Mit einem neuen Namen würde sie eine neue Person annehmen.«

Aber davon ist zunächst zwischen Caroline und Wilhelm Schlegel nicht die Rede. Im August 1795 siedeln Caroline, Auguste und Mutter Michaelis nach Braunschweig um. Dort erreicht sie die Nachricht, daß Wilhelm Julius in Lucka im Alter von siebzehn Monaten am 30. April an den Frieseln gestorben ist. »Wie quälend muß es sein, solchen Schmerz verbergen zu müssen!« meint Friedrich Schlegel. Und Caroline schreibt an Göschen, der jetzt alles weiß: »Das Gefühl, an meiner Glückseligkeit, an meinem inneren Frieden selbst, durch *den* Tod eingebüßt zu haben, wird keine Zeit lindern, und wenn es weniger lebhaft in mir ist, so ist es nur die Gewöhnung an Schmerz und Verlust, welche es dämpft.«

Braunschweig, Residenz eines Herzogtums, erlöst Caroline aus ihrer Isolierung. Trotz ihrer Vergangenheit wird es ihr nicht schwer, rasch Anschluß an die intellektuellen Zirkel zu gewinnen. Da sind die Töchter des Abts Jerusalem (dessen Sohn durch Selbstmord zu trauriger Berühmtheit als Werther-Vorbild gelangte); da ist die Familie Campe: Joachim Heinrich Campe, der Verdeutscher und Bearbeiter des *Robinson Crusoe*, Parteigänger der Französischen Revolution und dazu einer der bedeutendsten Kinderbuchautoren, sorgt persönlich für Augustes Lektüre; da sind die Eschenburgs –

Johann Joachim Eschenburg

Johann Joachim Eschenburg, Shakespeare-Übersetzer, hat eine Professur für Schöne Literatur und Philosophie inne, und endlich Ernst Christian Trapp in Wolfenbüttel, der sich wie Campe um eine Reform des Schulwesens bemüht, alles gestandene Männer um die Fünfzig, von denen und von deren Familien Caroline und Auguste freundschaftlich aufgenommen werden.

Braunschweig wird zur neuen Heimat: August Wilhelm Schlegel zieht im Spätsommer 1795 hierher; Louise, die jüngste Schwester, heiratet hier den Arzt Christian Rudolf Wilhelm Wiedemann. Caroline, Auguste und die Mutter beziehen eine gemeinsame Wohnung, und Gustel bekommt jetzt Klavierunterricht, »ernstlich«, schließlich soll sie ihrer Mutter einmal »Kennst du das Land, wo die Zitronen blühen?« vorsingen, denn Caroline liest gerade Goethes *Wilhelm Meisters Lehrjahre**, dem sie das Unverständnis des deutschen Publikums prophezeit. »Denk an mich, Luise«, schreibt sie nach Gotha, »wenn es heißt – ›es ist der Charakter der Deutschen, daß sie schwer über allem werden und alles schwer über ihnen‹.« Außerdem bekommt Auguste jetzt einen geregelten Unterricht in Französisch, Zeichnen und Schreiben, »gegen Abend unterrichtende Lektüre«; nicht ohne Ironie fügt Caroline hinzu: »Es wird eine ruhmwürdige Edukation werden.«

Das Verhältnis zu Meyer ist völlig abgekühlt, seit einem Jahr korrespondieren sie nicht mehr miteinander, ohne daß sich ein eigentlicher Bruch oder der Anlaß dazu ausmachen ließe. Aber Frau Campe trifft Meyer bei einem Berlin-Besuch, »er hätte die Hände über den Kopf zusammengeschlagen, wie er gehört hätte, daß ich hier wäre«, schreibt Caroline spöttisch, »ich hätte einen warmen und braven Freund an ihm. Nun sag mir, ob das nicht der Mensch in der Fabel ist, der kalt und warm aus einem Munde bläst. Das wett ich, ohne Anekdoten ist es doch nicht abgegangen. Er führt ein sehr regelmäßiges Leben, wie sie mir sagt. Das ist eine Tugend seines Egoismus. Aristokrat ist er nicht mehr, vermutlich weil man sich in Berlin allgemein der Neigung für Frankreich überläßt, und es öffentlich tun darf, da es einem Bundesgenossen gilt *[der Frieden von Basel vom 5. 4. 1795 beendete den Krieg zwischen Preußen und Frankreich, von Bundesgenossenschaft war aber keine Rede]*, so hat er für gut gefunden sich zu konformieren. Er hat gegen die Campen völlig den Demokraten gemacht und Braunschweig die erste Stadt in Deutschland genannt. Sie war sehr eingenommen von seinem Witz. Es gehört aber auch Witz dazu, gewisse Dinge zu behaupten . . .« Ein späterer Brief bezeichnet Meyer als »Exfreund«.

Sie fühlt sich in Braunschweig jetzt wohl, ärgert sich aber über die tonangebende Gesellschaft, die – wie einst in Mainz – den französischen Emigranten den Hof macht: »Alle vorrätige Gastfreundlichkeit und Gefälligkeit gegen Fremde wird an Ausländer erschöpft; das ist deutsche Art und Sitte. Wirklich, es ist wunderbar: man schimpft auf diese Menschen, weil sie zur Teurung beitragen, aber man unterstützt, man nimmt sie in Gesellschaft auf, läßt alte Bekannte durch sie verdrängen, und selten ist es Mitleid oder entschiednes Wohlgefallen, um des willen man soviel für sie tut; die Blödigkeit unsrer Nation unterwirft uns nur so leicht einem fremden Einfluß – wir lassen uns fortreißen durch die dreistere Selbstschätzung einer jeden andern; man braucht uns nicht einmal zu bezaubern und zu überreden, um den Herrn über uns zu spielen.

Es hat mir immer hart und engherzig geschienen, diese armen Flüchtlinge allenthalben zu verjagen, und doch deucht mich, wenn ich das Wesen hier so mit ansehe, ich würde als Fürst die Partie ergriffen haben, welche Euch vor ihrem Besuch schützt«, schreibt sie an Luise Gotter.

An einem »sanften Herbstmorgen« fährt sie mit Wilhelm Schlegel nach Salzdahlum vor den Toren Braunschweigs, jenes Schloß, das wenige Jahre später geschleift werden wird und jetzt die berühmte Gemäldegalerie, die Herzog Anton Ulrich von Braunschweig zu Beginn des 18. Jahrhunderts zusammengetragen hat, beherbergt. Der zweiundsiebzigjährige Maler-Pascha Johann Friedrich Weitsch, vom regierenden Herzog zum Galerie-Inspektor bestellt, führt sie persönlich durch die Gemäldesammlung, die Caroline übrigens schon mit ihrem Bruder Philipp im Juni besucht hatte.

Daß wir so gar nicht wissen, wie die hier ausgestellten Bilder auf Caroline gewirkt haben, gehört zu den vielen Lücken in ihrem Leben, die der Biograph beklagen muß. Denn: Der alte Weitsch hatte 1780, 1781 und 1786 den Harz bereist und dabei besondere Eindrücke für seine Bilder gesammelt, vor allem für Eichenwälder, die damals in der deutschen Dichtung eine symbolträchtige Rolle spielten, was Caroline auch aus der Lektüre des *Wilhelm Meister* bekannt sein mußte, wo die Eiche als der »deutsche Baum« gefeiert wird. Weitsch sah die Poesie der Harzlandschaft, Caroline hatte sie in ihrer Clausthaler Zeit mißachtet – wie versteht sich das jetzt? Andererseits: Ganz unabhängig vom Sujet besitzt Caroline doch ein Auge für bedeutende Malerei; schon der zweimalige Besuch bezeugt ihr besonderes Interesse; das erste, was in wenigen Jahren von ihr gedruckt werden wird, sind Gemäldebeschreibungen. Aber Carolines Brief, der diesen zweiten Besuch vermerkt, läßt nur wissen, Weitsch habe ihnen »viel von Ramdohr« erzählt, einem damals sehr maßgebenden Ästhetiker.

Über die Beziehung Wilhelm Schlegels zu Caroline macht sich inzwischen auch Wilhelm von Humboldt Gedanken. Als er im *Musenalmanach* zwei Gedichte Schlegels findet, schreibt er an Schiller, den Herausgeber: »Ich vermute, daß beide Stücke an die Madame Böhmer gerichtet sind, die mit Forsters verwickelt war. Wenigstens weiß ich, daß er mit dieser immerfort eine, wenn man die Entfernung und das (soviel ich weiß) auch sehr ungleiche Alter beider bedenkt, wirklich phantastische Liebe unterhält. Sie ist ein sehr kaltes, aber romantisches und eitles Geschöpf und hat auf Schlegels Bildung einen entschiedenen Einfluß ausgeübt.«

Humboldt hat offenbar mit Erfolg verdrängt, daß er mit Caroline während ihrer Königsteiner Haft korrespondiert und damals an Wilhelm Schlegel geschrieben hatte: »Ich selbst habe nie das Glück gehabt, Mme. Böhmer selbst zu sehen, so sehr ich es auch nach allem, was ich durch Sie, die Forster und andere von ihr hörte, gewünscht hätte. Aber die drei Briefe, die ich bei dieser Gelegenheit von ihr erhalten habe, können mir gewissermaßen statt einer Bekanntschaft dienen. Gerade der hohe Geist, den Sie so schön schildern, drückt sich in ihnen, vorzüglich in dem ersten (da die durch das ungewisse Schicksal eines Briefs nach einer Festung veranlaßte Kälte meiner Antwort, die mich gewiß nicht hinderte, mit aller Wärme tätig zu sein, sie zurückhaltend und vielleicht gar mißtrauisch gemacht hatte) auf eine äußerst charakteristische Art aus.«

Humboldt ist Caroline nie begegnet, damals nicht und auch später nicht, aber er formuliert sein Urteil über sie so, wie es nach seiner Vermutung der Adressat zu hören wünscht. Da er sich viele Jahre später über Rahel Varnhagen in ähnlich verlogener Niederträchtigkeit äußern wird, mag man daraus Rückschlüsse auf den Charakter eines Mannes ziehen, der gern als »Humanist« gerühmt wird.

Andere interessiert die Beziehung Carolines zu Schlegel mehr unter bürgerlichem Aspekt. Luise Gotter möchte wissen, wie es mit einer Heirat stehe. »Du bist ein Kind, was Schlegel und meine Namensveränderung betrifft«, antwortet Caroline am 13. Oktober 1795. »Kann man denn gar keinen Freund haben, ohne sich auf Leben und Tod mit ihm zu vereinigen?«

Offenbar nicht: Am 1. Juli 1796 werden Caroline und August Wilhelm Schlegel in St. Katharinen zu Braunschweig getraut.

DIE ZWEITE EHE

»Nur um eine liebende Frau her kann sich eine Familie bilden.«

Friedrich Schlegel

Zusatz von Novalis: »Caroline Schlegel«

C aroline hatte sich zu ihrer zweiten Ehe entschlossen, um »sich und ihrem Kinde in ihrer zerrütteten Lage einen Beschützer zu sichern«, und anderes als Dankbarkeit für Wilhelm Schlegels Fürsorge war nie im Spiel. Bei Schlegels häufig wechselnden Amouren und Carolines erotisch-sexueller Desinteressiertheit wird ihre spätere Erklärung verständlich, diese Ehe hätten beide Partner »nie anders als wie ganz frei betrachtet«.

Die Beziehung zu »Exfreund« Meyer ist nun tot und begraben; er hatte, nicht eben der Tapfersten einer, doch zu deutlich durchblicken lassen, daß ihn die Freundschaft mit Caroline kompromittieren könnte, und als er ihr dann noch einmal im September 1797 »zärtliche Vorwürfe über mein Schweigen macht«, bemerkt sie nur lakonisch: »Er wird sie noch lange zu machen haben.« Nie wieder haben sie einen Brief miteinander gewechselt und sich auch nie wiedergesehen.

Seit dem 8. Juli 1796 ist sie mit Schlegel und Auguste in Jena, wo sie eine Wohnung gemietet haben.*

Der Ruf der Universitätsstadt ist nicht der beste, hat sich aber in den letzten Jahren doch entscheidend verbessert. Wie in Göttingen zählt man auch hier an die 900 Studenten. Davon studieren 500 Theologie oder Klassische Philologie, 300 die Rechte und 100 Medizin – so etwa ist das Verhältnis. Für eine Wohnung zahlt

Studenten in Jena (1795)

hier der Student von 10 Talern an aufwärts (die beste kostet
50 Taler), für den Mittagstisch zwischen 12 und 18 Groschen
(1 Taler = 24 Groschen). Das ist zwar billiger als in Göttingen, aber
das Essen ist miserabel. Eine Suppe besteht etwa aus Rindfleisch in
einer Brühe von Zucker, Mehl und Rosinen, das Bier ist schlecht,
und der Morgenkaffee wird aus gebrannten Mohrrüben zubereitet.
Wenn auch Manieren und Fleiß der Studenten gebessert sind, so
befremdet es doch Fichte, daß die Studenten beim Gottesdienst
Nüsse knacken, Äpfel essen und ganz ungeniert rauchen.

Die Regierung des Herzogtums Weimar hat ein waches Auge
über die Studentenschaft. Die löst plötzlich studentische Verbindungen, die ihr gefährlich erscheinen, auf und relegiert achtzehn
Studenten. Die just etwas friedlicher gewordenen Studenten begehren auf: Sie demonstrieren und werfen dem Prorektor die Fenster-
scheiben ein, worauf der Militär anfordert.

17. Juli 1792: Weimarisches Militär rückt in die Stadt, die Waffen sind scharf geladen; Jäger, Husaren und Stadtsoldaten besetzen den Markt. Darauf ertönt der Ruf: »Burschen heraus!« Mit Knüppeln, Degen und Pistolen bewaffnet, ziehen die Studenten auf den Markt und nehmen gegenüber dem Militär Aufstellung. In diesem brisanten Augenblick, wo die leiseste Unbedachtsamkeit der einen oder andern Seite zu mörderischem Blutvergießen führen könnte, zeigt die hohe Obrigkeit Weisheit: Sie zieht das Militär zurück, Stadt und Studenten arrangieren sich. Von diesem Tage an bleibt es in Jena friedlich. »Hier ist eine vollkommene Freiheit, zu denken und zu lehren und zu schreiben«, berichtet 1792 ein Student. »Kein Inquisitor wittert hier mit gerümpfter Nase nach Heterodoxie und fletscht hämisch den Mann an, der anders denkt und spricht als er. Keine Dummbärte sind in den weimarischen Landen, bei denen der Theolog nach vollendeten Studien erst systematische Albernheiten erlernen müßte. Keine vom Auslande ausgeworfenen Huren herrschen über Regenten, Minister und Volkslehrer. Der Herzog liebt und schätzt die Wissenschaften und kennt sie, weiß, daß weder Dragonaden noch Edikte den Gang des menschlichen Denkens hemmen und die innere Überzeugung anders bestimmen können. Frei und offen lehrt der Philosoph, was ihm seine Vernunft sagt; der Theolog prüft sein System, ohne in den Ketten einer törichten Orthodoxie zu schmachten; der Staatsrechtslehrer unterwirft selbst die Rechte seines Fürsten dem Rechte der Menschheit; jeder Denker trägt die Resultate seiner Spekulationen ungehindert seinen Schülern vor.«

Die Schlegels richten sich nun in Jena ein, und dazu bedarf es der Hilfe aller schon in Jena Etablierten. Mit Schiller entwickelt sich ein für beide Seiten recht befriedigendes Verhältnis. Wilhelm von Humboldt, der die veränderte Stimmung sofort spürt, schreibt jetzt plötzlich über Caroline an Schiller: »Ich selbst kenne sie zwar nicht, aber sie ist mir gerühmt worden.« Und Schiller antwortet: »Schlegel ist seit vierzehn Tagen wieder hier mit seiner Frau. Diese hat viel Talent zur Konversation, und man kann leicht mit ihr leben; es kommt nun darauf an, ob eine längere Bekanntschaft, wenn sie besonders zur Vertraulichkeit werden sollte, nicht irgendeinen Dorn entdecken wird.«

Der Dorn wird von beiden Seiten noch früh genug entdeckt werden, zunächst aber entwickelt sich die Beziehung zu allen harmonisch, und Schwager Friedrich läßt Caroline am 2. August 1796 überschwenglich wissen: »Heute ist's drei Jahr, daß ich Sie zuerst sah. Denken Sie, ich stände vor Ihnen und dankte Ihnen stumm für alles, was Sie für mich und an mir getan haben. – Was ich bin und sein werde, verdanke ich mir selbst; daß ich es bin, zum Teil Ihnen.«

Zu den ersten Besuchern gehören die Hufelands, von denen sich Schlegels »wie Verwandte« behandelt fühlen. Der Jurist Gottlieb Hufeland ist für Wilhelm Schlegel wichtig als Mitherausgeber der *Allgemeinen Literatur-Zeitung* in Jena, für die Schlegel schreibt; damals die einflußreichste literarische Zeitschrift in Deutschland, deren Urteil meinungsbildend wirkt, und für die auch Christian Gottfried Schütz als Redakteur amtiert, der an der Universität eine Professur für Beredsamkeit innehat. Er und seine Frau befreunden sich rasch mit Schlegels. Daß der Umgang sich vornehmlich aus Professoren der Universität zusammensetzt, liegt nahe: Es ist die tonangebende Schicht in Jena. Und dazu gehören Heinrich Eberhard Gottlob Paulus, Professor der Theologie und Orientalistik; Justus Christian Loder, Professor der Anatomie; Johann Gottlieb Fichte, Professor der Philosophie; Friedrich Immanuel Niethammer, Professor der Philosophie und Theologie; die Schriftstellerin Sophie Mereau, deren Ehemann gleichfalls eine Professur innehat, und schließlich kommen aus Weimar häufig der Buchhändler Friedrich Frommann und der Gymnasialdirektor Karl August Böttiger (Caroline: »Vielschreiber«) herüber.

Die Verhältnisse bringen es mit sich, daß Caroline häufig von den Professorenfrauen eingeladen wird, was wenig nach ihrem Geschmack ist, denn diese Ehefrauen stehen geistig unter ihrem Niveau, und Kaffeekränzchen sind alles andere als nach Carolines Geschmack. Entsprechend äußert sie sich: »Am Sonnabend gab die Schütz eine Teegesellschaft, wo es deliziösen Äpfelkuchen, lauter kleine artige Frauen (eine ausgenommen) und einen höchst skandalösen Busen zu schauen gab. Der arme Mann hatte Krämpfe. Sie ist denn doch wirklich ein ganz schamloses Geschöpf, und ihre Artigkeit wird einem bald widerwärtig.« Besser kommt Frau Paulus weg – »übrigens eine artige kleine Frau« –, der Caroline aber übelnimmt, daß sie öffentlich die französische Kokarde trägt: »Das darf sie nun *hier* tun – und ich habe es in Mainz nie – nie – getan.« Sonst aber ist die Beziehung zu dem aus Schwaben stammenden Ehepaar Paulus, das sich auch in der Öffentlichkeit mit »lieb Mütterle, lieb Väterle« zu titulieren pflegt, durchaus freundschaftlich. Goethe übrigens war von Caroline Paulus entzückt: »Die Natur kann wieder eine Weile operieren, bis sie ein so neckisches Wesen zum zweitenmale zusammenbringt.«

Goethe: Der spricht plötzlich und unangemeldet am Nachmittag des 17. Juli vor, als Caroline gerade allein zu Haus ist. Sie hatten sich vor drei Jahren zum letztenmal gesehen bei Goethes Besuch in Mainz, und Caroline ist überrrascht, wie sehr der Bewunderte seither an Leibesfülle zugelegt hat. Er ist zu Pferd nach Jena gekommen (»denn er reitet trotz seiner Korpulenz wacker darauf los«), das Manuskript des noch unveröffentlichten letzten Bands des *Wilhelm Meister* hinter sich geschnallt, und Caroline ist von dem Wiedersehen ganz erfüllt: »Er freute sich, mich in so angenehmen Verhältnissen zu treffen«, und »sprach davon, wie lustig und unbefangen wir damals noch alle gewesen wären, und wie sich das nachher so plötzlich gändert habe«. Goethes Besuch in Jena gilt aber vornehmlich Schiller, dem er den Schluß des *Wilhelm Meister* bringt, um mit Schiller darüber zu sprechen, wo ihn die Schlegels abends wiedersehen.

Die Briefe Carolines aus diesem Sommer 1796 verraten Glück und Zufriedenheit; es ist, als sei eine ungeheure Last von ihr genommen, wozu die geistigen Anregungen der Universitätsstadt und die zu Spaziergängen einladende »Herrlichkeit der Gegend« das Ihre beitragen: »Jena scheint mir ein grundgelehrtes, aber doch recht lustiges Wirtshaus zu sein. Unter uns, die Studenten sehn immer noch etwas barbarischer wie in Göttingen aus, es kommt mir vor, als hätten sie alle einen ganz verbrannten Teint.« Im September kommt Friedrich zu Besuch, »der uns mit seinem in- und auswendig krausen Kopf viel Vergnügen macht«.

Wie vor Jahren schon, als es Caroline gelungen war, sich die neuesten Werke Goethes noch vor der Drucklegung in Abschriften zu beschaffen, so kommt sie jetzt in den Besitz der ersten Druckbogen vom 7. und 8. Buch des *Wilhelm Meister**, worüber sich Schiller leicht pikiert zeigt: »Es ist doch sonderbar«, schreibt er an Goethe, »daß die S. früher die gedruckten Bogen Ihres Romans erhält als Sie selbst«, auch teile sie bereits abschriftlich Xenien aus dem *Musenalmanach auf das Jahr 1797* an Gotter mit. Goethe ficht das nicht an: »Heil unserer Freundin S., daß sie unsere Gedichte abschriftlich verbreiten und sich um unsere Aushängebogen mehr als wir selbst bekümmern will!« antwortet er launig. »Solchen Glauben habe ich in Israel selten gefunden.«

Goethe hat gut heiter sein, denn die gemeinsam mit Schiller verfaßten *Xenien* beginnen eben in seinem Sinne zu wirken. Schon lange hatte es ihn verdrossen, in welcher Art und Weise, mehr verdeckt als offen, Zeitschriften und einzelne Autoren ihn und Schiller, besonders aber Schillers Zeitschrift *Die Horen* (deren Mitarbeiter Goethe ist) unter Beschuß nahmen. Die Angriffe kamen aus dem Lager der Spätaufklärung (besonders Nicolai in Berlin), aber auch aus dem des Frömmlertums (Friedrich v. Stolberg), und Goethe drängte darauf, der sich nur selten ans Licht wagenden Schar der Kläffer eins auszuwischen. Ende 1795 hatte er begonnen, eine Sammlung meist zweizeiliger satirischer Epigramme (in Distichen) zu schreiben, mit denen die Gegner aufgespießt und dem allgemeinen Gelächter preisgegeben werden sollten. Schiller stimmte sofort zu, und in wenigen Wochen hatten die Freunde mehr als zweihundert *Xenien* (= Gastgeschenke) verfaßt, über deren Entstehung Goethe später schrieb: »Oft hatte ich den Gedanken und Schiller machte die Verse, oft war das Umgekehrte der Fall, und oft machte Schiller den einen Vers und ich den andern.«

Schiller wünschte sich »eine nichts verschonende Satire«, und die wurde auch daraus. Kurz nach Erscheinen des *Musenalmanachs*, worin die *Xenien* gedruckt worden waren, freute sich Goethe: »Unsere mordbrennerischen Füchse haben schon angefangen, ihre Wirkung zu tun. Des Verwunderns und Ratens ist kein Ende.«

Längst nicht alle *Xenien* wollten »mordbrennerische Füchse« sein, viele – so die Lessing und Shakespeare betreffenden – waren auch huldigend gemeint oder sprachen zum Zeitgeist, so das *Deutscher Nationalcharakter* überschriebene Epigramm:

Zur *Nation* euch zu bilden, ihr hoffet es, Deutsche, vergebens;
Bildet, ihr könnt es, dafür freier zu Menschen euch aus.

Oder ein anderes, von Schiller stammendes Xenion, in dem ein Gedanke der Französischen Revolution fruchtbar geworden war, überschrieben *Würde des Menschen:*

Nichts mehr davon, ich bitt euch. Zu essen gebt ihm, zu wohnen,
Habt ihr die Blöße bedeckt, gibt sich die Würde von selbst.

Die auf die Zeitgenossen gemünzten *Xenien* sind heute ohne Kommentar nicht mehr zu verstehen; sie dünken einer Zeit, die an massivere Polemik und handfeste Verleumdung *in litteris* gewohnt ist, auch allzu harmlos. Aber damals wurden diese Epigramme nicht nur verstanden, sie trafen auch voll ins Ziel, wie die wütende Reaktion bewies: *Gegengeschenke an die Sudelköche in Jena und Weimar* war eine Erwiderung überschrieben, und daß so mancher Getroffene genau verstanden hatte, daß er selber gemeint war, zeigte das Echo bei Vater Gleim, Matthias Claudius und besonders Wieland, der sich über »das widerliche Gemisch von Witz, Laune, Gift und Unrat« erzürnte, »womit die Verfasser dieser Distichen so manche im Besitz der öffentlichen Achtung stehende oder doch wenigstens eine öffentliche Züchtigung keineswegs verdienende Männer übergießen«.

Freilich ist es nicht jedermanns Geschmack, öffentlich mit »Ochs«, »Esel« oder »Nickel« tituliert zu werden und in den Umkreis jener zu geraten, bei denen man fragt: Wer ist gemeint? Dieser? Jener? – und am Ende zählt man überhaupt zu den Nichtbetroffenen.

Caroline gefiel »das Ding immer weniger«; ihr mißfiel vor allem Schiller, dem sie »fünf Sechstel« zuschrieb: »Er ist empfindlich, wie eben seine Rache zeigt.« Von Goethe seien nur »die lustigen und unbeleidigenden«. Daß mancher Pfeil Friedrich Schlegel galt, war ihr rasch klar, aber daß sie auch selbst gemeint sein sollte? Das *An Madame B und ihre Schwestern* betitelte bezog sie nicht auf sich, obwohl eine spätere Foschung (zu Recht?) das gemeint hat, gezielt wurde wohl auf die Dichterin Friederike Brun:

Jetzt noch bist du Sibylle, bald wirst du Parze, doch fürcht' ich,
Hört ihr alle zuletzt gräßlich als Furien auf.
Ging es auf Mainz? Und war sie die *Tuberose?*
Unter der Menge strahlest du vor, du ergötzest im Freien,
Aber bleibe vom Haupt, bleibe vom Herzen mir fern.

Wie auch immer: Caroline bezog nichts davon auf sich, und vielleicht war sie ja auch wirklich nicht gemeint; auch die Zeitgenossen sahen das so.

Im Dezember 1796 reisen die Schlegels auf einige Tage nach Weimar. Man besucht mit Böttigers das Theater, wo Domenico Cimarosas vier Jahre zuvor komponierte Oper *Die heimliche Ehe* gegeben wird, ein Werk, das Caroline in Braunschweig, von einem italienischen Ensemble vorgestellt, gesehen und »immer sehr gern gehört hatte«, ein Erfolgsstück jener Jahre, das seine Frische bis heute bewahrt hat. Dabei macht sie die Bekanntschaft der gefeierten Schauspielerin Corona Schröter, mit der sie sich sofort versteht; sie besucht sie am nächsten Morgen und lädt sie nach Jena ein. Tags darauf werden Schlegels bei Herder zum Tee erwartet, gemeinsam mit Wieland. Herder habe sie »entzückt und fast verliebt gemacht«: »Der kurländische Akzent stiehlt einem schon das Herz, und nun die Leichtigkeit und Würde zugleich in seinem ganzen Wesen, die geistreiche Anmut in allem, was er sagt – er sagt kein Wort, das man nicht gern hörte – so hat mir denn seit langer Zeit kein Mensch gefallen, und es scheint mir sogar, daß ich mich im Eifer sehr verwirrt darüber ausgedrückt habe.«

Aber auch Wieland hat es ihr sehr angetan: »Es ist wahr, er sagte lustige Sachen, unter anderm schimpfte er gegen die Schweine, deren Schöpfung er dem lieben Gott nie verzeihn könnte – und die er in dem höchsten Anfall von Unwillen darüber *Antigrazien* nannte ...« Womit sich der Vierundsechzigjährige ganz als Mann des

Ancien régime erwies. Höhepunkt ist aber am dritten Tag das Mittag-
essen bei Goethe, dazu geladen sind Herder und Knebel (»ein
ehrlich Gemüt von einem Edelmann«): »Goethe gab ein allerliebstes
Diner, sehr nett, ohne Überladung, legte alles selbst vor, und so
gewandt, daß er immer dazwischen noch Zeit fand, uns irgendein
schönes Bild mit Worten hinzustellen (er beschrieb z. B. ein Bild
von Füßli aus dem *Sommernachtstraum*, wo die Elfenkönigin Zetteln
mit dem Eselskopf liebkoset) oder sonst hübsche Sachen zu sagen.
Beim süßen Wein zum Dessert sagte ihm Schlegel grade ein Epigramm vor, das Klopstock kürzlich auf ihn gemacht, weil Goethe
die deutsche Sprache verachtet hat, und darauf stießen wir alle an,
jedoch nicht Klopstock zum Hohn; im Gegenteil, Goethe sprach so
brav, wie sich's geziemt, von ihm.«

Sie wäre gerne länger geblieben, gesteht sie der Freundin Luise
Gotter, »um bei Goethe nicht allein zu hören, sondern auch zu
sehn«. Beeindruckt ist sie vor allem von der Einheit von Besitz und
Besitzer, »seine Umgebungen hat er sich mit dem künstlerischen
Sinn geordnet, den er in alles bringt«, nur will ihr sein Verhältnis
mit Christiane Vulpius gar nicht dahinein passen, die, bezeichnend
genug, an der Tafelrunde nicht teilnehmen darf. Caroline hatte sie
schon im Theater gesehen und fragt nach ihrer Rückkehr in Jena
Charlotte Schiller, warum sich Goethe denn nicht »eine schöne
Italienerin mitgebracht« habe. Nein, für die füllig gewordene, trink-
frohe Christiane fehlt es den Zeitgenossen an Verständnis, und
dieses lieblose Vorurteil hegt auch Caroline, die der Meinung ist,
Goethe täte es jetzt »wohl nur weh, die Vulpius zu verstoßen«.
Warum sollte er? Goethe heiratete sie 1806.

Caroline hat in Weimar Eindruck gemacht. Böttiger beeilt sich,
Anfang Januar Schlegel mitzuteilen, er habe Wieland die aner-
kennenden Worte der »edlen Caroline« übermittelt, worauf der
gemeint habe, »daß ihm dies Zunicken mehr wert sei als das Ge-
schnatter der ganzen auf der literarischen Gemeindetrift hütenden
Autorenherde«, Echo eines von den *Xenien* Getroffenen. Und der
rührige Johann David Falk (Caroline: »Das gutmütigste Kind von
der Welt«) schreibt an Wilhelm Schlegel: »Ihre kleine liebenswür-

dige Frau grüßen Sie mir tausendmal, und sagen Sie ihr, daß ich die Augenblicke, die ich in Weimar in Ihrer beiderseitigen Gesellschaft verlebt habe, zu den interessantesten meines Lebens rechne.«

Eine solche *via triumphalis* wird die nächste Reise nicht: Im April 1797 fahren die Schlegels nach Dresden, wo sie bei Charlotte Ernst, Schlegels Schwester, wohnen. In Dresden leben Körners, Schillers engste Freunde, deren Schwägerin Dorothea Stock nicht vergessen hat – aber lassen wir sie selbst reden: »Schlegels werden nun zurück und sehr schlecht von uns erbaut sein«, schreibt sie am 2. Mai 1797 an Charlotte Schiller, »denn wir haben die Dame *[Caroline]* nur ein einzigesmal gesehen. Ich kann nicht leugnen, daß ich mich vor den unangenehmen Erinnerungen fürchtete, die mir ihr Anblick geben würde. Denn sie war Vertraute zwischen der Forster und Huber. Hier hat man nicht vergessen, daß sie die Böhmer ist, die auf dem Königstein gesessen, und wir erhielten aus einem großen Hause eine Warnung, nicht mit ihr umzugehen. Du kannst Dir also leicht denken, daß wir ihre Visite eben nicht gern erwarteten. Sie kam, und ich fand gar nichts Vorzügliches, sondern etwas sehr Gewöhnliches an ihr. Vielleicht wollte sie sich auch nicht in ihrem Geistesputze zeigen, weil unsere Aufnahme so kalt war. Wir machten die Gegenvisite wie sie nicht zu Hause war, vermieden nachher, sie zu sehen, und so ist's geblieben. Sie werden daher sehr aufgebracht auf uns und überhaupt auf Dresden sein, wo man wenig Notiz von ihr genommen hat.« Auch Körner findet, Caroline habe für ihn »nichts Anziehendes«.

Es bedarf nicht dieser Beeinflussung aus Dresden, um Schiller allmählich gegen Caroline einzunehmen. Er ist schon lange gegen Friedrich Schlegel aufgebracht, der verschiedentlich in Rezensionen Schillers Zeitschrift *Die Horen* wie auch den *Musenalmanach* gebeutelt hatte. Nun aber bringt eine weitere Kritik Friedrichs in der Zeitschrift *Deutschland* das Faß zum Überlaufen: Beanstandet wird ein Zuviel an Übersetzungen in den *Horen*, ohne daß der Leser erfährt, daß ein großer Teil dieser Übersetzungen aus der Feder des älteren Schlegel-Bruders stammt. Und der bekommt nun den Zorn Schillers zu spüren: »Es hat mir Vergnügen gemacht, Ihnen durch Einrückung

145

Schiller (1802)

146

Ihrer Übersetzungen aus Dante und Shakespeare zu einer Einnahme Gelegenheit zu geben, wie man sie nicht immer haben kann, da ich aber vernehmen muß, daß mich Herr Friedrich Schlegel zu der nämlichen Zeit, wo ich Ihnen diesen Vorteil verschaffe, öffentlich deswegen schilt und der Übersetzungen zuviel in den *Horen* findet, so werden Sie mich für die Zukunft entschuldigen. – Und um Sie, einmal für allemal, von einem Verhältnis freizumachen, das für eine offene Denkungsart und eine zarte Gesinnung notwendig lästig sein muß, so lassen Sie mich überhaupt eine Verbindung abbrechen, die unter so bewandten Umständen gar zu sonderbar ist und mein Vertrauen zu oft schon kompromittierte.«

Wilhelm Schlegel, so unverhofft in Sippenhaft genommen, zeigt sich konsterniert: Man könne ihn für eine Rezension des Bruders nicht verantwortlich machen, er kenne sie nicht einmal. – Freilich, so ganz unschuldig ist Wilhelm denn doch nicht, denn die mehr als zwanzig Xenien gegen Friedrich haben beide nicht vergessen, auch nicht, was sie so im stillen gegen Schiller einzuwenden haben. Aber diese scharfe Reaktion trifft denn doch zu unvermittelt. Zudem wird getratscht, nicht Friedrich, sondern Caroline stecke hinter der Rezension, was einigermaßen absurd ist. Auch Caroline, die zwar Schiller seit den *Xenien* nicht mehr recht wohlgesonnen ist, aber doch noch lange keinen Bruch will, schaltet sich ein. In einer Nachschrift zu Schlegels Brief an Schiller betont sie: »Vergönnen Sie mir, selbst zu bestätigen, was mein Mann Ihnen in meiner Seele beteuert hat. Ich habe so wenig wie er je den entferntesten Anteil an dem Vorgefallnen genommen – ich habe die Rezension, von der jetzt die Rede ist, noch bis diese Stunde nicht gesehn und mische mich in so verwickelte Dinge nicht. Wir verehren und lieben Sie so aufrichtig, daß diese grade und feste Gesinnung uns auch auf einen graden Weg führte, wenn noch soviel anscheinende Kollisionen da waren. Vergeben Sie mir, daß ich diese Versicherung jetzt nicht unterdrükken kann, da Schlegel in Gefahr ist, ein Glück einzubüßen, wovon ich weiß, wie sehr es ihm am Herzen liegt.«

Aber Schiller will jetzt keinen Frieden mehr. Postwendend antwortet er Wilhelm: »In meinem engen Bekanntschaftskreise muß eine volle Sicherheit und ein unbegrenztes Vertrauen sein, und das kann, nach dem, was geschehen ist, in unserm Verhältnis nicht stattfinden. Besser also, wir heben es auf, es ist eine unangenehme Notwendigkeit, der wir beide unschuldig, wie ich hoffe, nachgeben müssen; dies bin ich mir schuldig, da niemand begreifen kann, wie ich zugleich der Freund Ihres Hauses und der Gegenstand von den Insulten Ihres Bruders sein kann. – Versichern Sie Madame Schlegel, daß ich von dem lächerlichen Gerüchte, sie sei die Verfasserin von jener Rezension, nie Notiz genommen habe, und sie überhaupt für zu vernünftig halte, als daß sie sich in solche Dinge mische.«

Damit ist der Bruch da, der natürlich nicht ganz zufällig kommt, wie die Verleumdungen zeigen, die Schillers Freunde über Caroline mit Genuß verbreiten. Wilhelm Schlegel, so meint jetzt Körner, sei »durch seine Frau« verdorben worden, und Caroline von Humboldt weiß es in einem Brief an Charlotte Schiller genau: »Daß Du die Schlegel gar nicht mehr siehst, freut mich, es ist doch eine Schlange.« Charlotte Schiller, die sicher von Anfang an wenig Sympathie für Caroline empfunden hat und darin aus Dresden noch bestärkt wird, übertrumpft diese Injurie noch. So schreibt Rosina Eleanore Döderlein ihrem Verlobten Niethammer: »Die Schillern läßt Dir sagen, sowie die Schlegeln zum Hause heraus ist, solltest Du alle Türen und Fenster öffnen und dann zwei Pfund Räucherpulver verschießen, damit die Luft von der früheren Bewohnerin bis zu deren letzten Hauch gereiniget werde. Ein Pfund Räucherpulver wolle die Schillern selbst dazu geben.«[*] Künftig wird man im Hause Schiller Caroline nur noch »Dame Luzifer« oder »Das Übel« nennen.

In August Wilhelm Schlegels Arbeit steht 1797/98 die Übersetzung der Dramen Shakespeares im Mittelpunkt. Seit das 18. Jahrhundert Shakespeare für den deutschen Sprachraum entdeckt hatte, gab es immer wieder Ansätze, den ganzen Shakespeare einzudeutschen. Wielands Übersetzung – als das größte Unternehmen – war zwischen 1762 und 1766 erschienen, Eschenburg (den Caroline in Braunschweig kennengelernt hatte) war 1775/77 gefolgt; aber weder war das der ganze Shakespeare, noch lag damit eine für die

Bühne spielbare Eindeutschung vor. Zwischen 1797 und 1799 übersetzt Schlegel sechs Stücke, an deren Übersetzung Caroline tätigen Anteil nimmt: *Julius Caesar* (1797), *Was ihr wollt* (1797), *Romeo und Julia* (1797), *Der Sturm* (1798), *Hamlet* (1798) und *Der Kaufmann von Venedig* (1799). Caroline kommt dabei nicht allein die Aufgabe zu, Wilhelms Übersetzung in Reinschrift zu übertragen (»wo sich kein Fremder in die erste Handschrift finden kann«), sie übernimmt sogar die Aufgabe einer Schiedsrichterin. Der sehr rasch übersetzende Schlegel hat nämlich bei schwierigen Stellen die Gewohnheit, mehrere mögliche Verdeutschungen an den Rand des Manuskripts zu setzen und Caroline wählen zu lassen.

Nicht zu seinem Vorteil. Anhand der erhaltenen Manuskripte, in denen sich Schlegels zarte, fast weiblich zu nennende Schrift deutlich von dem eher männlichen Duktus der Handschrift Carolines abhebt, hat man beider Anteil sehr sorgfältig auseinanderdividieren können. In den meisten Fällen wird offenbar, daß Schlegel nicht nur die besseren Englischkenntnisse besaß, sondern auch das sensiblere Gefühl für sprachliche Valeurs, leider aber recht sorglos mit seinen Manuskripten verfuhr, die er Caroline blindgläubig überließ. Das Ergebnis war, daß Caroline die von ihr vorgenommenen Korrekturen zum Druck befördern ließ, die sich überwiegend als arge Verschlimmbesserungen* erweisen. Ohne hier die Frage erörtern zu wollen, wieweit Sinn für Musik und Sinn für Sprachnuancen einander bedingen: Caroline gebricht es an Sprachmusikalität, sie hat wenig Sinn für die Imponderabilien des Worts, und ihre Mitarbeit hat Schlegels Übersetzungen mehr geschadet als genutzt. Auch wenn man ihre recht selbstherrlichen Eingriffe in Schlegels Text außer acht läßt: Sie hat in einem Fall sogar ganze acht Verse ausgelassen (*Julius Caesar* I, 2, 148–155).

Die Schuld daran freilich trifft Schlegel, dem es offenbar mehr darum ging, möglichst rasch die Übersetzung im Druck zu wissen, als sorgfältige Arbeit zu leisten, denn die Verschlimmbesserungen hätten ihm spätestens beim Korrekturlesen auffallen müssen. Dennoch sollte man Carolines Anteil an der Übersetzung nicht nur negativ sehen: Sie diskutiert mit Schlegel während der gemeinsamen

Arbeit über die Probleme der Übersetzung und ist ihm darin gewiß eine nicht zu unterschätzende Hilfe, wäre ihm aber eine noch größere gewesen, hätten sich beide mehr Zeit gelassen und hätte sie den Vielbeschäftigten mehr dazu angehalten, nicht zu viele Aufgaben zu gleicher Zeit sich aufzuladen.

Denn jetzt fordert Friedrich in Berlin des Bruders Aufmerksamkeit in einem Maße, die der Übersetzungsarbeit nicht gut bekommen konnte. Ehe wir darauf eingehen, noch ein heiteres Interludium: Gemeint ist der überaus anmutige Briefwechsel zwischen Friedrich Schlegel und Carolines Tochter Auguste. »Man kann sich keine arglosere, neidlosere, fröhlichere Seele denken«, hatte Caroline von der damals siebenjährigen »Gustel« geschrieben. Das frühreife Kind, das die Kerkerhaft und das Geächtetsein der Mutter in großer Verschwiegenheit miterlitten hatte, blüht jetzt in Jena geradezu auf und genießt die Artigkeiten, die ihr »Vater Wilhelm« und »Onkel Fritz« erweisen, vor allem der Onkel Fritz, der ihr so hübsche Briefe schreibt, wie sie selten ein Erwachsener an ein Kind gerichtet hat. Die Korrespondenz des genialischen Fünfundzwanzigjährigen mit der altklugen Zwölfjährigen ist so vergnüglich, daß es schwerfällt, sie hier nicht ganz zu zitieren, zumal sie vollständig bis heute nicht gedruckt worden ist.* Hier einige Auszüge aus den Briefen Friedrichs, die am 28. April 1797 beginnen, als Auguste in Dresden ist:

»Heute bist Du nun punktiter 12 Jahre alt und darfst Dich von nun an niemals wieder auf meinen Schoß setzen. Ich sehe wohl ein, wie hart dies für Dich ist. Da es aber notwendig und die Mutter es haben will, so wirst Du mir nicht übelnehmen, daß ich Dir's ankündige. – Du wirst gewiß recht erwachsen von Dresden zurückkommen. Besonders erwarte ich, daß Du im Müßiggange recht große Fortschritte wirst gemacht haben, worin Du es schon hier so weit gebracht hattest. Oder denkst Du auch zuweilen daran, wie fleißig wir sein wollen, wenn Du wieder hier bist? Doch an *hier* denkst Du wohl gar nicht mehr. Louise *[Seidler]* hat sich nach Dir erkundigt, ist aber fest entschlossen, nicht eher an Dich zu schreiben, bis Du zuerst an sie geschrieben hast. Du denkst wahrschein-

lich auch so. Das heiße ich mir eine zärtliche Freundschaft! [. . .]
Auch die Fichten hat mir gesagt, daß sie Dich recht lieb hätte. Du
wärst ein anmuuutisches Kind*; beinah so anmuuutisch wie Hartmann *[gemeint ist Fichtes Kind mit den Vornamen Immanuel Hartmann].*
Daß Du ein Kind wärst, habe ich denn gleich zugegeben. Sie meinte
auch, Du wärst sehr sittsam. Die ehrliche, gute Frau! Da habe ich sie
denn doch eines Bessern belehrt. Die ausgelassensten wildesten
Hummeln, sagte ich, wären noch still gegen Dich. Bei meiner Beschreibung standen ihr die Haare zu Berge. [. . .] Sag nur dem Vater:
Er müßte notwendig auch eine Historie schreiben. Ich hätte neulich
gelegentlich ausgefunden, daß seine ganze Natur eigentlich histo-
risch wäre. Wenn die Mutter etwa auch wissen will, was sie für eine
Natur hat, so sag ihr nur: politisch-erotisch: doch möchte das
Erotische wohl überwiegend sein. Ich sehe Dir schon an, daß Du
nun auch Deine Natur wissen willst. Du hast aber noch keine,
liebes Kind. Die wächst einem erst später. Doch wird sie wahrscheinlich orchastisch *[orgiastisch?]* werden. Lebe wohl, kleines
Herzblättchen; und erhalten Sie dero schätzbare Gewogenheit
Ihrem dienstbeflissensten Onkel Fritz.«

15. Juli 1797: »Große Freude hat es mir gemacht, liebstes August-
chen, daß Du Dein Wort so schön gehalten und gleich den ersten
Sonntag nach meinem Tode einen ebenso lustigen als lehrreichen
Brief an mich geschrieben hast, noch mehr, daß Du am Ende des
Briefs selbst verrätst, er sei nicht am Sonntage, sondern – am
Sonnabende geschrieben. Gott erhalte Dich dabei, daß Du, wenn
Du noch elf Jahre in der Welt gelebt hast, ebenso ehrlich unehrlich
bist. – Dein Brief ist sehr geistvoll, auch sind, besonders vorn
herein, sogar einige Kommas und Punkte darin; die letzten jedoch
seltener. Ich bin dadurch nicht wenig und zwar aufs angenehmste
überrascht worden. Dein *Augiasstall* ist zwar noch nicht so rein von
Fehlern, wie Du selbst zu glauben scheinst, indessen hat er mir doch
Vergnügen gemacht. [. . .] Schreib mir auch, ob Du noch soviel
närrisches Zeug liest, und was. Dies ist mein voller Ernst. Wenn ich
Dich aber sonst ein wenig necke: so mußt Du es nicht übelnehmen.
Das macht, weil ich Dich so lieb habe. [. . .] – Warum nennst Du

mich denn immer Onkel? – Respekt hast Du doch nicht vor mir. Es hilft mir also zu nichts, als daß es mich erinnert, wie alt ich schon sein muß, daß ich der Onkel von einem so großen Mädchen von elf [zwölf] Jahren bin. Und alt bin ich doch wirklich nicht, wie die Mutter bezeugen kann, ob ich gleich seit meiner Abreise von Jena schon viele graue Haare bekommen habe, die mir aber sehr gut stehn. Nenn mich lieber Dein Brüderchen oder Freund oder Fritz. – Ich weiß wohl, daß Dir oft mehr am Namen als an der Sache liegt. Die Adresse ist Dir wichtiger als der Brief. Der Zucker ist Dir lieber als der Kaffee, und nur durch den Kaffee wird Dir der Sonntag zum Sonntag, welches eine philistermäßige Denkart ist [im Original ist das ph und das D in griechischen Buchstaben geschrieben].« Adressiert ist dieser Brief: »An meine Schülerin Auguste zu Jena. Durch ein Expreß. Sie hat einen gelben Hut und gelbe Haare, schmutzige Hände, aber ein reines Herz.«

25. Juli 1797: »Ich freue mich über Deinen Brief, liebe Auguste, ob er gleich ebenso naseweis als kurz ist, weil er doch beweist, daß das gute Kind froher Laune ist, wenn es auch unartig sein konnte. [. . .] Übrigens aber rechne ich Dir Deine kleine in Brieform ge-brachte Impertinenz keineswegs für einen Sonntagstermin an und zähle sorgfältig nach. Wenn Du mir schreiben willst oder etwas von Deinen griechischen Herrlichkeiten schicken und die Mutter hat keine Gelegenheit: so schreib Du mir nur unfrankiert, welches recht gut eingeht. Soviel kann ich noch bezahlen. Nur muß es hübsch viel sein. – Nun hast Du es sogar auch nach Dresden ausposaunt, daß Du vielleicht einmal Griechisch können wirst? Wenn Du es nun nicht lernst, so kannst Du allenthalben Trauerbriefe hinschreiben, es hätte nicht gehn wollen. Wenn Du recht fleißig bist, so wirst Du vielleicht in 8–10 Jahren soviel Griechisch ver-stehn als die Fr. v. Humboldt. Die hat es aber noch niemand aus-posaunt, vielmehr ein Geheimnis draus gemacht. Daran hat sie sehr recht getan, weil die Leute, die in allen Stücken so handeln und denken wie alle andern, alles Ungewöhnliche lächerlich finden. Daraus muß sich niemand etwas machen, aber warum sollte man Veranlassung dazu geben? – Auch könnten Vernünftige leicht

denken, Du wolltest nur gelobt werden, wenn Du einen so großen Brasch *[Geschwätz]* machst von etwas, was auch, wenn es schon geschehn wäre, gar nicht viel Aufhebens verdienen würde. Ich meinenteils sehe wenigstens nichts Wundersames darin, wenn jedermann, Alt und Jung, Mädchen und Mann, soviel Gutes und Schönes lernt und tut, als er irgend kann. – Nimm mir meine kleine Warnung nicht übel und behalte mich lieb. Schreib mir auch bald wieder und recht viel.«

Berlin, August 1797: »Zu erzählen habe ich Dir nicht so viel wie Du mir; weil Du die Leute und den Ort hier nicht kennst. Doch habe ich ziemlich oft eine Bekannte von Dir gesehen – die *Liebeskind [= Meta Forkel. Carolines Mainzer Freundin und Mitgefangene hatte 1797 den Ansbachischen Regierungsrat Johann Heinrich Liebeskind geheiratet].* Sie hat auch nach Dir sehr emsig gefragt, scheint aber dennoch etwas langweilig und abgelebt. Sie hat mir aufgetragen, die Mutter zu grüßen, und beim Weggehn schärfte sie mir noch besonders ein, zu melden, wie Ihr Gatte *Regierungsrat* im Ansbachschen sei. Sie reisen nun bald dahin und kommen vielleicht durch Jena. Sie mag wohl glauben, daß das was recht besonders ist. Wenn ihr Liebeskind freilich nicht Regierungsrat wäre, so wäre er auch gar nichts!«

26. August 1797: »Äffchen Augustchen, Deine ebenso geistvollen als lehrreichen, ebenso lustigen als chronologischen Briefe sind mir nicht nur angenehm, sondern auch nützlich. – Im Ernst, liebes Mädchen, ich danke Dir's recht, daß Du mich in meinem Elende nicht verläßt und mir so ordentlich schreibst. Ich habe allemal eine rechte Freude, wenn ich das Couvert öffne und mir auch ein Blatt von Deinem liebenswürdigen Gekritzel in die Hand fällt. [. . .] Nach dem, was Du mir immer von Deinen Fortschritten im Griechischen schreibst, wird Dir die Sprache bald zu enge werden und sich vor Dir verkriechen. Wenn nur Wilhelm auch so zufrieden mit Dir ist wie Du mit Dir selbst! – Wenn Du erst ein Buch von Herodot recht fleißig und sorgfältig durchgelesen hast, so wird er Dir gar keine Mühe mehr machen, und nachher wirst Du den Homer nicht zu schwer finden. Eine gewisse Mlle. Loos oder Lose, die mit Viewegs gekommen ist und mit uns verwandt sein will, läßt Dich schönstens

grüßen. Weil sie sagte, sie kenne Dich und Du wärest ein sehr hübsches (– damit Du aber nicht eitel wirst, will ich auch einschieben, was ich ihr antwortete: ›hübsch eben nicht, aber sehr liebenswürdig‹) Mädchen, so habe ich mich mit ihr unterhalten; finde sie aber doch sehr braunschweigerisch. [. . .] Die Herz, eine alte Freundin von mir (das ist so zu verstehen: die Freundschaft ist jung, aber die Freundin ist alt. Mit Dir wäre es grade umgekehrt. Da ist die Freundschaft alt und die Freundin jung. Das ist auch weit mehr nach meinem Geschmack) – hat mir auf die Sakramente geschworen – und sie ist eine Jüdin – daß sie an der Jenischerei gar keinen Anteil hätte *[gemeint ist die Schrift ›Über die hervorstechendsten Eigentümlichkeiten von Meisters Lehrjahren‹ von Daniel Jenisch]*. Sag das der Mutter. Es ist wirklich die Wahrheit. – Was Du im Postskript von den Berliner Frauen und meinem Verhältnis zu ihnen andeutest, hat mich betrübt und erstaunt. *Gottloser Schelm!* – möchte ich zu Dir sagen, wie Apollo zu dem kleinen Hermes. Ich habe Dich lieber als Du verdienst. Nun bist Du schon übermütig und trotzest. Das betrübt mich! Du hast also auch die Ähnlichkeit mit der Mutter; eine mehr als türkische Eifersucht. Das erfreut mich! – Es geschieht alles um Deinetwillen, Auguste, *damit ich nämlich in der Anmut wachse*, wie mir die Mutter immer gepredigt hat, und wie ich nun dichte und trachte von ganzer Seele und von ganzem Gemüte; damit ich Dir nicht mehr so rauh begegne wie wohl sonst, wenn wir wieder beisammen sind. [. . .] Wenn die Mutter nicht selbst an mich schreibt, so solltest Du mir immer recht viel von ihr schreiben, was sie gesagt hat, ob sie lustig ist, ob sie von Wespen gestochen ist oder von andern Ungeheuern, ob sie einen Roman schreibt oder dergl. Vor allen Dingen bitte sie aber immer und suche sie zu bereden, daß sie mir schreibt.«

Mitte September 1797: »Auch freue ich mich sehr, daß Du so groß wirst und das mit so schnellen Schritten. Ich schließe es aus manchen andern Umständen und auch, weil Du so gelehrt von Eifersucht und Nicht-Eifersucht, von Ich vergessen und Du vergessen durcheinander redest, daß mir ganz schwindlig wird. – Ich liebe Dich und dabei bleibt's. Damit Gott befohlen, und nun quengle mir weiter nichts vor. [. . .] Es ist mir so vorgekommen, oder es hat mich so verdünken wollen, als ob Ihre Naseweisheit bisweilen geruhten, mich mit meiner Zärtlichkeit gegen Sie zum Besten zu haben. Wollen Eure Naseweisheit das wohl bleiben lassen? – Lebewohl, liebes Kind. Bei Deinen schnellen Fortschritten bist Du gewiß, wenn ich Dich wiedersehe, schon nicht mehr so ein drolliges Mittelding von Kind und Mädchen, sondern ein ganz komplettes Mädchen. Ich werde Dir dann ehrfurchtsvoll die Hand küssen, Dich aber doch gleich wieder Du nennen und Dich mit Deiner gütigen Erlaubnis an mein Herz drücken.«

Undatiert: »Es ist mir lieb, daß meine Briefe Dir Freude machen. Wenn das auch nicht wäre, so könnte ich es nicht verantworten, daß ich Dir bei so unendlich vielen Arbeiten doch so viel schreibe. – Ob es von Deiner Mutter weise ist, daß sie Dich Nathan den Weisen lesen läßt, weiß ich nicht: aber das weiß ich, wenn Du auch zufälligerweise wider Erwarten weise daraus werden solltest, so wirst Du doch sicher nicht klug daraus werden können.«

November 1797: »Die Liebeskind ist ja recht lange in Jena gewesen. Wir haben sie hier *[in Berlin]* mit ihrer Langweiligkeit und Neugier nicht sehr angenehm gefunden, außer daß sie wegreiste, das war doch gut von ihr. Sie hat sich sehr in Unkosten gesteckt und der *Herz* einen langen Brief voll Lob über die Mutter geschrieben. Ehedem hätte sie nur ihren Kopf gekannt, nun ehre und liebe sie auch ihr Herz; und was des abgeschmackten Zeugs mehr ist.«

Februar 1798: »Der Meßkatalog von Deiner Lektüre wird wohl bei Göschen gedruckt; weil ich ihn so lange nicht erhalten.«

Februar/März 1798: »Höre, ich habe mit der Mutter etwas gezankt in dem Briefe an sie. Wenn Du aber merkst, daß sie wieder freundlich ist, so grüße sie nur schönstens von mir und sage ihr, ich hätte sie doch entsetzlich lieb.«

Diese wenigen Zitate mögen genügen, um das Verhältnis Friedrichs zu Auguste zu charakterisieren. »Begreifst Du wohl, daß man so ein Kind so lieben kann, wie man nur einmal liebt, wenn man auch mehrmal etwas glücklich ist, und wogegen alles andre nichts ist?« schreibt Friedrich im September 1797 an Novalis. Bei allem neckenden Ton ist nichts von Herablassung in ihnen, ja die Briefe zeigen – sie reichen bis Oktober 1799 –, wie ernst er Auguste nimmt und wie sehr er bereit ist, auf ihre Gedanken einzugehen. Auch wenn wir Augustes Briefe nicht kennen – ihr Inhalt läßt sich aus Friedrichs sorgfältiger Beantwortung erschließen, und erschließen läßt sich auch, in welch unbeschwerter Harmonie dies Kind jetzt aufwächst. Neben den Fragen, die ihr Griechisch und ihre Lektüre betreffen, wird sie jetzt zunehmend auch mit dem Problem vertraut gemacht, das die Schlegels im Winter 1797/98 vor allem erfüllt: Es geht um die Gründung einer eigenen Zeitschrift, die zum Sprachrohr dessen werden soll, was die kleine Gruppe als *Romantik* bezeichnet. Romantik – was ist das?

Die Bezeichnungen »romanticism« und »romantic« erscheinen zuerst um die Mitte des 17. Jahrhunderts in England; sie werden pejorativ gebraucht und sollen das Schwärmerisch-Überspannte und Irrationale des heroisch-galanten Barockromans verspotten (»like the old Romances«). »Romantic« ist also das Romanhafte. In dieser Bedeutung erscheint auch das Wort »romanesque« in Frankreich, zuerst 1694 im Wörterbuch der Académie Française. Verdeutscht wird die Vokabel zum ersten Male 1695 mit »romanisch«. Die Vokabel »romantisch« findet sich erstmals 1734 im *Bernischen Spektateur*. Gelegentlich findet sich auch die Übersetzung »romanzisch«.

Auf die Landschaft bezogen, finden wir das Adjektiv schon 1666 in den Tagebüchern des Samuel Pepys, der das Windsor Castle charakterisiert als *the most romantique castle that is in the world*. Schon hier findet sich ein Bedeutungswandel, der den Begriff des Romantischen von der Romanliteratur auf die Landschaft überträgt. Diese Akzentuierung berücksichtigen die französischen Übersetzer englischer Bücher, indem sie das englische *romantic* mit *pittoresque* wiedergeben; erst in der zweiten Hälfte des 18. Jahrhunderts bürgert sich die »englische« Vokabel *romantique* auch in Frankreich ein: Jean-Jacques Rousseau benutzt diese Schreibweise in seinen *Rêveries du promeneur solitaire* (1778), bezogen auf die Ufer des Bieler Sees. *Romantique* ist auch das Alpenpanorama in seiner *Nouvelle Héloïse*

(1761), wobei diese Bezeichnung schon die Bedeutung von »interessant«, »bezaubernd«, »erregend« erhält.

Allmählich verliert das Wort »romantisch« den negativen Beigeschmack, den ihm die Aufklärung verliehen hatte. Jetzt bezeichnet es nicht mehr das Verstiegene, Abstruse schlechthin, sondern – wie am Beispiel Rousseaus ersichtlich – das Bizarre und Maßlose »romantisch« empfundener Gebirgslandschaften oder die als »romantisch« gesehene Gotik, wobei das englische Wort *gothic* zugleich das Bizarre einschließt und eher mit »phantastisch« denn mit »gotisch« zu übersetzen ist, wie schon das Wort *gothic novel* als Bezeichnung für den Schauerroman beweist.

Friedrich Schlegel hat das Zauberwort »romantisch« verschieden ausgedeutet. Für ihn ist dieses Wort synonym mit »schwärmerisch« und »überspannt«, ab 1797 auch mit »interessant«. Wenn er aber über einen Sonettenzyklus Petrarcas sagt, »auch ist er romantisch, nicht lyrisch«, so bedeutet das, es handele sich eher um einen Roman in Sonetten als um Lyrik.

Im November 1797 hatte Friedrich an seinen Bruder geschrieben: »Eine Erklärung des Worts *Romantisch* kann ich Dir nicht gut schicken, weil sie – 125 Bogen lang ist. Laß mir das immer.« Wesentlichen Anteil an Friedrich Schlegels Arbeit und seinen Definitionsbemühungen hat sein Freund Friedrich von Hardenberg, den Friedrich 1791 während seines Studiums in Leipzig kennengelernt hatte. Damals schrieb Friedrich an den Bruder:

»Das Schicksal hat einen jungen Mann in meine Hand gegeben, aus dem alles werden kann. – Er gefiel mir sehr wohl, und ich kam ihm entgegen; da er mir denn bald das Heiligtum seines Herzens weit öffnete. Darin habe ich nun meinen Sitz aufgeschlagen und forsche. – Ein noch sehr junger Mensch – von schlanker guter Bildung, sehr feinem Gesicht mit schwarzen Augen, von herrlichem Ausdruck, wenn er mit Feuer von etwas Schönem redet – unbeschreiblich viel Feuer – er redet dreimal mehr und dreimal schneller wie wir andre – die schnellste Fassungskraft und Empfänglichkeit. Das Studium der Philosophie hat ihm üppige Leichtigkeit gegeben, schöne philosophische Gedanken zu bilden – er geht nicht auf das

Wahre, sondern auf das Schöne – seine Lieblingsschriftsteller sind
Plato und Hemsterhuis – mit wildem Feuer trug er mir einen der
ersten Abende seine Meinung vor – es sei gar nichts Böses in der
Welt – und alles nahe sich wieder dem goldenen Zeitalter. Nie sah
ich so die Heiterkeit der Jugend. Seine Empfindung hat eine gewisse
Keuschheit, die ihren Grund in der Seele hat, nicht in Unerfahren-
heit. Denn er ist schon sehr viel in Gesellschaft gewesen (er wird
gleich mit jedermann bekannt), ein Jahr in Jena, wo er die schönsten
Geister und Philosophen wohl gekannt, besonders Schiller. [. . .]
Sein Name ist v. Hardenberg.«

Die Freundschaft der beiden gleichaltrigen Studenten begann in
hochgemutem Enthusiasmus, führte aber bald zu Spannungen und
zur Entfremdung; dennoch stellte sich 1793 die alte Verbundenheit
wieder ein, und Hardenberg schrieb Ende März dieses Jahres an
Schlegel: »Der König von Thule, lieber Schlegel, war Dein Vorfahr.
Du bist aus der Familie des Untergangs. Jetzt kann ich Dir's sagen
und wundre mich, daß Dir's Dein Bruder nicht sagt. Du wirst leben,
wie wenig leben, aber natürlich kannst Du auch keinen gemeinen
Tod sterben; Du wirst an der Ewigkeit sterben. Du bist ihr Sohn –
sie ruft Dich zurück. Eine seltne Bestimmung hast Du bei Gott.
Vielleicht seh ich nie wieder einen Menschen wie Dich. Für mich
bist Du der Oberpriester von Eleusis gewesen. Ich habe durch Dich
Himmel und Hölle kennengelernt – durch Dich von dem Baum der
Erkenntnis gekostet.«

Aus der Familie des Untergangs. Man darf dieses Bild nicht zu
vordergründig verstehen, dennoch sah Hardenberg richtig. Friedrich Schlegel litt unter Depressionen und Selbstmordgedanken; der
hochsensible, seinen Altersgenossen an Bildung und wachem Verstand weit überlegene Kritiker war der typische Sproß einer tra-
ditionsreichen Gelehrtenfamilie; Hofmannsthals »frühgereift und
zart und traurig« charakterisiert ihn ebenso wie seinen Freund
Hardenberg, nur daß Friedrichs Wesen ein aggressiver, kritisch-
unbarmherziger Zug beigesellt war, der ihn in der Gesellschaft
nicht eben beliebt machte.

Während seines Berliner Aufenthalts im Sommer 1797 machte

Friedrich die Bekanntschaft des damals achtundzwanzigjährigen Friedrich Schleiermacher, protestantischer Prediger an der Charité. Tief beeindruckt von Schlegel, schrieb Schleiermacher: »Ich bin zwar hier nie ohne gelehrten Umgang gewesen, und für jede einzelne Wissenschaft, die mich interessiert, hatte ich einen Mann, mit dem ich darüber reden konnte. Aber doch fehlte es mir gänzlich an einem, dem ich meine philosophischen Ideen so recht mitteilen konnte, und der in die tiefsten Abstraktionen mit mir hineinging. Diese große Lücke füllt er nun aufs herrlichste aus; ich kann ihm nicht nur, was schon in mir ist, ausschütten, sondern durch den unversiegbaren Strom neuer Ansichten und Ideen, der ihm unaufhörlich zufließt, wird auch in mir manches in Bewegung gesetzt, was geschlummert hatte. Kurz, für mein Dasein in der philosophischen und literarischen Welt geht seit meiner näheren Bekanntschaft mit ihm gleichsam eine neue Periode an.«

Zugleich berichtet Friedrich dem Bruder: »Schleiermacher ist ein Mensch, in dem der Mensch gebildet ist, und darum gehört er freilich für mich in eine höhere Kaste. (Tieck, z. B. ist doch nur ein ganz gewöhnlicher und roher Mensch, der ein seltnes und sehr ausgebildetes Talent hat.) Er ist nur drei Jahre älter wie ich, aber an moralischem Verstand übertrifft er mich unendlich weit. Ich hoffe noch viel von ihm zu lernen.«

Den hier wenig liebenswürdig charakterisierten Ludwig Tieck hatte Friedrich im Oktober 1797 kennengelernt. Der damals vierundzwanzigjährige Berliner hatte sich als Autor der Romane *Abdallah* (1795), *Peter Lebrecht* (1795/96) und *William Lovell* (1795/96) einen Namen gemacht; seine *Gesammelten Volksmärchen* und seine dramatischen Arbeiten *Der gestiefelte Kater* und *Ritter Blaubart* erschienen gerade. »Er ist recht häufig bei mir«, schrieb Friedrich an August Wilhelm, »und interessiert mich sehr, ungeachtet er immer aussieht, als ob er fröre und an Geist und Leib gleich mager ist.«

Im literarischen Salon der Henriette Herz, wo die Freunde verkehrten, machte Friedrich Schlegel im Sommer 1797 die für ihn wichtigste Bekanntschaft: die der um neun Jahre älteren Dorothea Veit, einer Tochter des Philosophen Moses Mendelssohn, verheiratet mit dem Bankier Simon Veit. Die Ehe, aus der zwei Söhne hervorgegangen waren, währte dreizehn Jahre, als Friedrich und Dorothea sich kennenlernten, und sie hatte sich keineswegs glücklich gestaltet. Einzig um der Kinder willen hatte es Dorothea abgelehnt, sich von ihrem Mann scheiden zu lassen, der zwar ein überaus nobler Charakter war, geistig aber weit unter Dorothea stand. Jetzt aber, als sie Friedrich Schlegel kennen- und sehr bald auch liebenlernte, war Dorothea zur Scheidung bereit, und sie trennte sich von Simon Veit. Die Ehe wurde 1799 geschieden.

»Sie ist eine wackere Frau von gediegnem Wert«, charakterisierte Friedrich sie damals. »Sie ist aber sehr einfach und hat für nichts in und außer der Welt Sinn als für Liebe, Musik, Witz und Philosophie. In ihren Armen habe ich meine Jugend wiedergefunden, und ich kann sie mir jetzt gar nicht aus meinem Leben wegdenken. Dies ist nicht Täuschung, sondern Einsicht, da wir, beide reicher an Sinn und Vernunft als an Phantasie, die Grenzen unserer Verbindung so bestimmt sehen und wissen, und sie besonders hat es immer auf eine große Art, wenngleich sehr weiblich ertragen, wenn ich diese Grenzen mit aller Härte meiner Offenheit bestimmte.«

An eine Heirat wurde zunächst nicht gedacht; Dorothea bezog mit ihrem sechsjährigen Sohn Philipp eine eigene Wohnung in Berlin (der neunjährige Johannes war dem Vater zugesprochen worden).

Als Verfasser einiger bedeutsamer Abhandlungen hatte sich Friedrich bereits einen Namen gemacht: *Von den Schulen der griechischen Poesie* (1794), *Über den Begriff des Republikanismus* (1797), *Über das Studium der griechischen Poesie* (1797), *Georg Forster* (1797), *Über Lessing* (1797); Arbeiten, die fast alle in Zeitschriften erschienen waren, vor allem im Berliner *Lyceum der schönen Künste,* das Johann Friedrich Reichardt herausgab und als dessen Redakteur (und Autor) Friedrich Schlegel wirkte. Als Reichardt jedoch Friedrich zu bevormunden trachtete, kam es zum Bruch. Und da es auch zwischen August Wilhelm und der *Allgemeinen Literaturzeitung* zu Mißhelligkeiten gekommen war, lag der Gedanke nahe, eine eigene Zeitschrift zu gründen.

Den Anstoß dazu gab Friedrich, der schon am 31. Oktober 1797 an August Wilhelm geschrieben hatte: »Die Hauptsache aber ist, daß jetzt ein großer Plan Tag und Nacht alle meine Gedanken absorbiert. Mir hat es lange Zeit geschienen, unser gemeinschaftliches Journal anzufangen. [. . .] Nämlich ein Journal von uns beiden nicht bloß ediert, sondern *ganz allein* geschrieben, ohne alle regelmäßige Mitarbeiter.« Doch dann modifizierte er: »Ich sagte zwar, keine regelmäßige Mitarbeiter, weil man doch nur für sich allein stehen kann. Doch mit der Ausnahme, daß wir Meisterstücke der höhern Kritik und Polemik aufspürten, wo sie zu finden wären. – Ja auch überhaupt alles, was sich durch erhabne Frechheit auszeichnete.«

Wilhelm erklärte sich einverstanden, er prägte den Titel *Athenäum* (den Friedrich nicht populär genug fand), und das erste Heft erschien im Mai 1798 in einer Auflage von 1250 Exemplaren. Außer drei Beiträgen der Brüder Schlegel enthält dieses Heft eine Sammlung von Fragmenten unter dem Titel *Blütenstaub*. Als Verfasser erschien ein unbekannter Name: »Novalis«. Dieser Name fand sich zur gleichen Zeit unter einer Fragmentensammlung *Glaube und Liebe*, veröffentlicht in den *Jahrbüchern der preußischen Monarchie*. Wer der »mit Zungen redende Novalis« sei (diese »ausgezeichnete Maske«), begehrte Wieland zu wissen. Dabei hatte er selbst 1791 in seinem *Teutschen Merkur* ein Gedicht von ihm abgedruckt: Friedrich von Hardenberg. Mit dem *Athenäum* bekommt die entstehende deutsche Romantik ihr eigenes Forum. Daß hier besonders das Fragment gepflegt wird, ist bezeichnend: Es ist »die neueste und eigenste Form der Romantik« (Fritz Strich). Diese Fragmente sind freilich der klassischen Form entgegengesetzt, denn sie sind nicht geschlossen, sondern offen. Sie behaupten, aber beweisen nicht. Es sind Gedankensplitter, rasch notiert, weil ihre Verfasser spürten, daß sie irgendwie ein Stück Welt, ein Stück Erfahrung erhellen könnten; sie ahnen, raunen, prophezeien dunkel, oft sind sie ganz bewußt dunkel und unverständlich gehalten. Der Romantik, die nach der Entgrenzung, dem Universalen strebte, mußte das Fragment zur geradezu idealen Ausdrucksmöglichkeit werden, eine Art Glasperlenspiel, das alles zueinander in Beziehung setzen konnte und die ersehnte Totalität verwirklichte.

Gerade das zweite Heft des *Athenäum* enthält eine Fülle von Fragmenten, die zum Teil von den Brüdern Schlegel, aber auch von Schleiermacher und Novalis herrühren, ohne daß die Verfasserschaft kenntlich gemacht wurde. »Anfänge interessanter Gedankenfolgen – Texte zum Denken« nannte sie Novalis, und als »Randglossen zu dem Text des Zeitalters« bezeichnete sie Friedrich.

Das Fragment als autonome Kunstform: Friedrich war von dieser seiner Schöpfung, in der er mit Novalis um die Wette brillierte, selbst so bezaubert, daß er von jedermann Fragmente verlangte, ja Ende 1797 seinem Bruder schrieb: »Werdet Ihr mir denn gar keine schicken? – Willst Du keine machen? Will Caroline keine machen? – Will Auguste keine machen? – Bei Tische könntet Ihr das sehr gut. Auguste kann sie gleich aufschreiben.« Auch aus Carolines Briefen »Fragmente« zu lösen fällt ihm ein, aber deren praktischer Sinn wehrt sich entschieden, ihre Briefe künftig zu einem Gedankensteinbruch – für Fragmente – werden zu lassen, auch fühlt sie nicht die Berufung, Mitarbeiterin der neuen Zeitschrift zu werden. Aber Friedrich wünscht sich wenigstens »Carolines freundschaftliche Vermittlung« in allen das Blatt betreffenden Streitfragen, das, so Friedrich, sein »Ein und Alles« sei. Daß Carolines nüchterner Sinn gelegentlich Friedrichs Überschwang einen Dämpfer aufsetzt, verdrießt diesen so, daß er sich über den »unnützen Verdruß« beim Bruder beschwert, den ihm Caroline mache: »Der frohe Mut, die gute Laune ist fort.« Und dann bekrittele sie auch noch, seine Fragmente seien zu lang. »Das ist freilich eine von den Bemerkungen – worauf einem die Antwort in der Kehle stecken bleibt.«

Dennoch ist das Beleidigtsein eher gespielt, denn Friedrichs »froher Mut« leidet keineswegs. Er, dessen große Essays bewiesen haben, daß er mehr kann als nur unausgesetzt Fragmente zu produzieren (es haftet ihnen zuweilen doch etwas von Massenfertigung an, bei aller Originalität), liefert für das zweite Heft einen bedeutenden Beitrag zu Goethes *Wilhelm Meister*. Schon im ersten Heft hatte das *Athenäum* lapidar befunden: »Goethe ist jetzt der wahre Statthalter des poetischen Geistes auf Erden.« Damit war nach dem lange schwelenden Unmut über Schiller eindeutig Partei bezogen worden, was Schiller auch sofort begriff: »Was sagen Sie zu dem neuen Schlegelischen Athenäum und besonders zu den Fragmenten?« schreibt er am 23. Juli 1798 an Goethe. »Mir macht diese naseweise, entscheidende, schneidende und einseitige Manier physisch wehe.«

Goethe hält zwar auch die Fragmente für ein »Wespennest«, aber: »Bei allem, was Ihnen daran mit Recht mißfällt, kann man denn doch den Verfassern einen gewissen Ernst, eine gewisse Tiefe und von der andern Seite Liberalität nicht ableugnen.« Und drei Tage später läßt er Schiller wissen, man müsse über die Fragmente einmal reden: ». . . als Veranlassung zum interessanten Gespräch werden sie gewiß sehr dienen, selbst indem sie zum Widerspruch aufregen.«

Goethes Zurückhaltung hat ihren Grund: Als Autor ist er zu dieser Zeit schon lange nicht mehr »im Gespräch«; soll er gerade jetzt gegen eine Zeitschrift polemisieren, die ihn dermaßen feiert? Also rät er behutsam beiden Seiten zur Mäßigung, worin ihm vor allem die Romantiker folgen.

Daß diese so sehr auf Goethe setzen und sich in gleichem Maße von Schiller abwenden, hat einzig und allein Caroline bewirkt. Denn als sie die Schlegels kennenlernte, waren die Brüder noch ganz auf Schiller eingeschworen. Aber Schillers Idealismus, dessen Theorie schon Bürger so übel mitgespielt hatte und die Schiller für andersgeartete Tendenzen blind machten, war ihre Sache nicht länger. Caroline hatte schon als junge Frau Goethes Schaffen weit aufmerksamer verfolgt als das Schillers, das sie (damals) auch nie so sehr zum Widerspruch oder zur Zustimmung gereizt hatte. Ihre eigene Lebenserfahrung, vor allem die Mainzer und Nachmainzer Monate vertiefen noch den Gegensatz, denn Caroline wehrt sich – instinktiv, und sie spricht es nie aus – gegen Schillers Geistesanspruch gegenüber einer überwältigenden Natur. Für Caroline zählt die sinnlich erfahrene Welt; eine Dichtung, die diese Welt eliminieren will, gilt ihr nichts. In ihren Augen postuliert Schillers Werk einen Menschen, wie er ideell sein sollte, weswegen diese Dichtung der menschlichen Natur mißtraut; bei Goethe dagegen findet Caroline das Naturhafte im Menschen anerkannt, Goethe bestärkt sie in einem Sein, das sie bei Schiller verleugnet findet. Wilhelm Schlegel sucht den von den Romantikern so bewunderten Shakespeare so treu wie möglich zu verdeutschen; Schiller hingegen bearbeitet den *Macbeth* so, wie Shakespeare ihn nach Schillers Meinung eigentlich hätte schreiben müssen, was Caroline über alle Maßen erboste. Es wird sich kaum belegen lassen, in welchem Maße Caroline bei den Schlegels gegen Schiller wirkte, denn die überlieferten Briefe bezeugen erst nach dem offenen Bruch mit Schiller die entschiedene Gegenposition. Ablesbar ist aber, daß erst mit dem Eintritt Carolines in den Schlegelkreis die Abwendung der Brüder von Schiller zugunsten Goethes einsetzt. Und wenn Friedrich Schlegel verkündet: »Der höchste Grundsatz der Moral ist Individualität. Jeder soll sich bestreben, das zu werden, was er ist« – so ist diese »Entwicklung der Selbständigkeit«, die für Friedrich Schlegel »Bildung« bedeutet, eher Goethesches als Schillersches Gedankengut.

Als die Schlegels im Mai 1798 ein weiteres Mal Dresden besuchen, wird das von Schillers Freunden nur noch feindselig registriert. »Von Schlegels habe ich nichts wahrgenommen, was mich erfreut; ich fange an, unduldsam zu werden«, schreibt Minna Körner an Charlotte Schiller. »Wir gehen nicht mehr mit Schlegels Familie um, weil ich finde, daß das Leben zu kurz ist, um seine schönen Stunden an gleichgültige Menschen zu geben.«

Der Aufenthalt erstreckt sich bis in den August und wird zum ersten großen Romantikertreffen: Friedrich kommt aus Berlin, Hardenberg-Novalis (Caroline: »Unser aller Liebling«) aus Weißenfels, und zu ihnen stoßen der junge Philosoph Schelling und der Tasso-Übersetzer Gries, was Caroline »einen freundlichen und lebendigen Kreis« nennt. Man besucht und studiert miteinander eingehend die Schätze der Dresdner Gemäldegalerie (was dann seinen Niederschlag im *Athenäum* finden wird), und Caroline lernt bei einem Essen Jean Paul kennen, der sie als »die originelle Frau des Schlegels, die Exfrau des Custine war«, charakterisiert. Man sieht, wie frisch die Mainzer Verleumdungen noch sind, auch wenn Jean Paul für Carolines Qualitäten nicht blind ist, wenn er von ihr als

Schlegels »kraftvoller Frau« spricht, »mit der ich in Dresden ein ganzes Souper verstritt«.

Gemischte Gefühle gesteht sich auch der junge Schweizer Theologe Johann Friedrich Abegg ein, der am 4. Mai 1798 in einer Gesellschaft bei Karl August Böttiger in Weimar das Ehepaar Schlegel kennenlernt. Zwar findet er, daß bei einem Gespräch über Literatur »Frau Schlegel mit vieler Kenntnis teilnahm«, nennt sie auch »eine geistreiche Frau« (». . . hat einen feiner gebildeten Verstand als ihr etwas plumpes Angesicht andeutet«), aber ihm mißfällt ihre »ungefällige Männlichkeit«, welche Charakterisierung nicht näher erläutert wird. Vermißt der Theologe bei ihr jene bescheidene Zurückhaltung, die in der Männerwelt als »weiblich« gilt und darum bei Frauen auch als ganz selbstverständlich erwartet wird?

Von Dresden aus verhandelt Wilhelm mit Iffland, dem gefeiertsten deutschen Schauspieler jener Jahre und berühmten Theaterdirektor, um eine Aufführung seiner *Hamlet*-Übersetzung, in der Iffland die Titelrolle übernehmen soll. Als er ihm am 11. August[*] schreibt, hat er bereits die Bestallung zum Professor in Jena in der Tasche. Er teilt das Iffland mit, und Caroline fügt in einem Postskript hinzu: »Sie glauben nicht, welches Graun mir der Professor macht und alle Anstalten, welche ich dazu sehe. Studieren tut der Freund freilich wenig genug darauf, aber er läßt sich doch die Haare wachsen, um einen bürgerlichen Zopf zustande zu bringen. Wer weiß, wenn es damit noch nicht recht gehen will, ob er sich nicht auch den Bart wachsen läßt. Wie dem Simson die Stärke mit den Locken genommen wurde, könnte ja wohl bei anderen die Weisheit damit herbeikommen. Dann müßte man ihn aber besonders vor Delilaen in acht nehmen.«

Mit der Delila ist die achtunddreißigjährige Berliner Schauspielerin Friederike Unzelmann gemeint, Deutschlands gefeiertster weiblicher Bühnenstar jener Jahre, die Schlegel vergöttert und die von Caroline scherzhaft als »Diaboline« bezeichnet wird. Nachdem Caroline ihr Postskript unter Schlegels Brief gesetzt hat, kritzelt dieser rasch darunter: »Grüßen sie Mad. Unzelmann schönstens. Sie sehen, dies habe ich pfiffigerweise bis zum Siegeln des Briefes

aufgespart.« Aber er hat doch die Pfiffigkeit seiner Frau unterschätzt, denn als Iffland den Brief öffnet, steht unter Schlegels Nachsatz von Carolines Hand vermerkt: »Ich hab es doch gesehn.«

Nein, nichts von Eifersucht. Die beiden hatten ja ausgemacht, ihre Verbindung »als ganz frei« anzusehen, und Caroline ist Wilhelms besondere Beziehung zur »Unzeline« durchaus bekannt. Aber als »ganz frei« in diesem Punkt betrachtet sich eigentlich nur Wilhelm, der ohne erotische Abwechslung nicht gut leben kann und darauf auch keineswegs zu verzichten gedenkt, während für Caroline – durchaus sich bewußt, eine Vernunftehe eingegangen zu sein – eine Ehe ohne Treue nicht vorstellbar ist.

Novalis hatte am 5. September 1797 nach einem Besuch in Jena an Friedrich geschrieben: »Die Deinigen haben meine frohen Stunden um einige vermehrt. Ich war wie zu Hause bei ihnen. Herzlicher und vergnüglicher kann man nicht sein – lebendiger leben wenige als die beiden. Wir gerieten gleich tief in die Mitte des Gesprächs. Sie haben mich so frei reden lassen – und ich wußte, daß ich reden konnte. Was mich am nächsten angeht, wird auch von Deinem Bruder anerkannt.«

Aber daß diese Harmonie nicht sehr fest gegründet ist, wird sich bald erweisen. Und das hängt mit einem Ereignis zusammen, das im Augenblick niemand für ein Ereignis hält: Am 5. Oktober 1798 trifft der dreiundzwanzigjährige Philosoph Schelling in Jena ein.

»Dorothea sagte, Sie wären eine Wunderfrau. ›Und dabei kann sie noch Strümpfe stricken.‹ In der Tat waren mir diese sehr willkommen; ich habe deren wenig, und diese entsprechen meinem innersten Ideal von Strümpfen.«

Friedrich Schlegel an Caroline, 7. Mai 1798

D as Leben eines Menschen vollzieht sich in einem Rhythmus von jeweils sieben Jahren; in jeweils sieben Jahren erneuern sich die Zellen des menschlichen Körpers von Grund auf, ein Rhythmus von jeweils sieben Jahren bestimmt auch die geistige Weiterentwicklung, oft geradezu einschneidend. Es wäre leicht, hier genügend Beispiele für diesen Siebenerrhythmus anzuführen, aber das Leben Carolines ist modellhaft genug. Dieser Rhythmus markiert sich nicht in mathematischer Exaktheit; die Wandlungen des Menschenlebens setzen nicht präzis im Siebenerrhythmus ein, sie zeichnen sich immer schon kurz zuvor ab, bestimmen dann aber jeweils ein Jahrsiebt. Für Caroline heißt dieser Rhythmus: 1763, 1770, 1777, 1784, 1791, 1798. Sehen wir von den ersten vierzehn Jahren ab, die Kindheit und Pubertät bezeichnen, so ist das Jahr 1784 der Zeitpunkt der ersten Heirat. Die nächste Sieben (4 x 7) bestimmt ein Alter, das für die meisten Menschen der Abschluß des Reifeprozesses und Beginn geistiger Selbständigkeit bedeutet. Für die verwitwete Caroline heißt das Abschied vom Göttingen ihrer Jugend, Loslösung von der Bevormundung der Familie und Vorbereitung auf Mainz. Dann die Epoche der Schlegels, deren Einfluß gegen 1798 nach letztem Höhepunkt verblaßt und an deren Stelle Schelling tritt.

Friedrich Wilhelm Joseph Schelling: Der dreiundzwanzigjährige Schwabe – Pfarrerssohn aus dem württembergischen Leonberg –

hatte die letzten zwei Jahre in Leipzig als Hofmeister zweier junger Barone verbracht; seine ersten philosophischen Schriften, die noch ganz unter dem Einfluß Fichtes stehen, haben bereits das Interesse an dem genialischen jungen Mann geweckt. Seine athletisch-gedrungene Statur, die den einen an einen jungen französischen Revolutionsgeneral denken läßt, den anderen an einen Neger; seine trotzige Männlichkeit, die mißtrauisch beobachtet, immer wie auf dem Sprung, zur Verteidigung loszuschlagen, seine borstige Abgekehrtheit, hinter der sich tiefe Verletzlichkeit schützt; die Unbedingtheit seines Anspruchs, die den Andersdenkenden gleichsam mit schwerem Säbel anzufallen geneigt ist: Dies alles macht Schelling in Jena sofort interessant, und niemand ist davon tiefer fasziniert als Caroline, wobei wir guttun, uns der Wurzel dieses Worts zu erinnern, denn das lateinische *fas* bedeutet Schicksal sowohl wie Verhängnis.

Wenn man sich von Schellings Natur und seinem Denken einen ersten Eindruck verschaffen will, so genügen jene Sätze aus seinem »Systemprogramm«, das er im Frühjahr 1796 im Stil eines philosophischen Manifests niedergeschrieben hatte:

»Die erste Idee ist natürlich die Vorstellung von mir selbst als einem absolut freien Wesen. Mit dem freien selbstbewußten Wesen tritt zugleich eine ganze Welt – aus dem Nichts hervor – die einzig wahre und gedenkbare Schöpfung aus Nichts. – Hier werde ich auf die Felder der Physik herabsteigen, die Frage ist diese: Wie muß eine Welt für ein moralisches Wesen beschaffen sein? Ich möchte unsrer langsamen an Experimenten mühsamen schreitenden Physik einmal wieder Flügel geben. So – wenn die Philosophie die Ideen, die Erfahrung, die Data gibt, können wir endlich die Physik im Großen bekommen, die ich von spätern Zeitaltern erwarte. [...] Von der Natur komme ich aufs Menschenwerk. Die Idee der Menschheit voran – ich will zeigen, daß es keine Idee vom Staat gibt, weil der Staat etwas Mechanisches ist, so wenig als es eine Idee von einer Maschine gibt. Nur was Gegenstand der Freiheit ist, heißt Idee. [...] Endlich kommen die Ideen von einer moralischen Welt, Gottheit, Unsterblichkeit – Umsturz alles Afterglaubens, Verfolgung des Priestertums, das neuerdings Vernunft heuchelt, durch die Vernunft selbst. – Die absolute Freiheit aller Geister, die die intellektuelle Welt in sich tragen, und weder Gott noch Unsterblichkeit außer sich suchen dürfen. Zuletzt die Idee, die alle vereinigt, die der Schönheit, das Wort in höherem platonischem Sinne genommen. Ich bin nun überzeugt, daß der höchste Akt der Vernunft, der, indem sie alle Ideen umfaßt, ein ästhetischer Akt ist und daß Wahrheit und Güte in der Schönheit verschwistert sind – der Philosoph muß ebensoviel ästhetische Kraft besitzen wie der Dichter. [. . .] Die Poesie bekommt dadurch eine höhere Würde, sie wird am Ende wieder, was sie im Anfang war – Lehrerin der Menschheit, denn es gibt keine Philosophie, keine Geschichte mehr, die Dichtkunst allein wird alle Wissenschaften und Künste überleben. Zu gleicher Zeit hören wir so oft, der große Haufen müsse eine sinnliche Religion haben. Nicht nur der große Haufen, auch der Philosoph bedarf ihrer. Monotheismus der Vernunft und des Herzens, Polytheismus der Einbildungskraft und der Kunst, dies ist's, was wir bedürfen. Zuerst werde ich hier von einer Idee sprechen, die soviel ich weiß noch in keines Menschen Sinn gekommen ist, – wir müssen eine neue Mythologie haben, diese Mythologie aber muß im Dienste der Ideen stehen, sie muß eine Mythologie der Vernunft werden. [. . .] Dann erst erwartet uns gleiche Ausbildung aller Kräfte, des einzelnen sowohl als aller Individuen. Keine Kraft wird mehr unterdrückt werden, dann herrscht allgemeine Freiheit und Gleichheit der Geister.«

Dieser herrische, jeden Widerspruch a priori niederschmetternde Stil ist reinster Schelling. Caroline findet schon wenige Tage nach seinem Eintreffen in Jena ausgiebig Gelegenheit, sich mit ihm vertraut zu machen. Am 12. Oktober wird zur Einweihung des frisch umgebauten Weimarer Theaters (»es hat mir erstaunlich wohlgefallen«, berichtet Caroline, die Goethe lobt, daß er das Theater »in ein freundliches glänzendes Feenschlößchen verwandelt« habe) Schillers soeben vollendetes *Wallensteins Lager* uraufgeführt. (Voran geht das Stück *Die Korsen* des Publikumslieblings Kotzebue.) Wilhelm und Caroline sind von Jena hinübergefahren, ohne Auguste, denn mit einem Taler kostet die Eintrittskarte denn doch zuviel.

Man trifft auch Fichte dort, mit dem Caroline ins Gespräch kommt und sich von ihm mit vier Glas Champagner traktieren läßt, was sie mehr animiert als Schillers Stück.

Auch Schelling ist gekommen. Und da Wilhelm beschließt, noch in Weimar zu bleiben, fährt Schelling an seiner Stelle mit Caroline nach Jena zurück. Was während der nächtlichen Wagenfahrt gesprochen wird, wissen wir nicht; für Caroline aber bedeutet sie mehr als nur die beiläufige Fahrt mit einem beiläufigen Begleiter, auch wenn sie darüber nur drei Sätze äußert, und die gehen an Friedrich Schlegel: »Schelling wird sich von nun an einmauern, wie er sagt, aber gewiß nicht aushält. Er ist eher ein Mensch, um Mauern zu durchbrechen. Glauben Sie, Freund, er ist als Mensch interessanter als Sie zugeben, eine rechte Urnatur, als Mineralie betrachtet echter Granit.« Worauf Schlegel spöttisch-aufgeräumt erwidert: »Aber wo wird Schelling, der Granit, eine Granitin finden? Wenigstens muß sie doch von Basalt sein?«

Der »trotzige Schelling« (Caroline) spricht von nun an häufig bei Schlegels vor. »Was Schelling betrifft«, so schreibt Caroline am 4. Februar 1799 an Novalis, »so hat es nie eine sprödere Hülle gegeben. Aber ungeachtet ich nicht sechs Minuten mit ihm zusammen bin ohne Zank, ist er doch weit und breit das Interessanteste, was ich kenne, und ich wollte, wir sähen ihn öfter und vertraulicher. Dann würde sich auch der Zank geben. Er ist beständig auf der Wache gegen mich und die Ironie in der Schlegelschen Familie; weil es ihm an aller Fröhlichkeit mangelt, gewinnt er ihr auch so leicht die fröhliche Seite nicht ab. Sein angestrengtes Arbeiten verhindert ihn oft, auszugehn; dazu wohnt er bei Niethammers und ist von Schwaben besetzt, mit denen er sich wenigstens behaglich fühlt. Kann er nicht nur so unbedeutend schwatzen oder sich wissenschaftlich mitteilen, so ist er in einer Art von Spannung, die ich noch nicht das Geheimnis gefunden habe zu lösen. Neulich haben wir seinen vierundzwanzigsten Geburtstag gefeiert. Er hat noch Zeit, milder zu werden. Dann wird er auch die ungemessne Wut gegen solche, die er für seine Feinde hält, ablegen. Gegen alles, was Hufeland heißt, ist er sehr aufgebracht. Einmal erklärte er mir, daß er in Hufelands Gesellschaft nicht bei uns sein könnte. Da ihn Hufeland selbst bat, ging er aber doch hin. Ich habe ihm mit Willen diese Inkonsequenz nicht vorgerückt. Er hat so unbändig viel Charakter, daß man ihn nicht an seinen Charakter zu mahnen braucht.«

Mit Novalis hat sich jetzt ein lockerer Briefwechsel entsponnen, denn er wird immer mehr zu einem der führenden Köpfe der jungen Romantik, und Caroline schreibt ihm etwas ratlos: »Sie glauben nicht, wie wenig ich von eurem Wissen begreife, wie wenig ich eigentlich verstehe, was Sie treiben. Ich weiß im Grunde doch von nichts etwas als von der sittlichen Menschheit und von der poetischen Kunst. Lesen tu ich alles gern, was Sie von Zeit zu Zeit melden, und ich verzweifle nicht daran, daß der Augenblick kommt, wo sich das Einzelne auch für mich wird zusammenreihen und mich Ihre Äußerungen nicht bloß darum, weil es die Ihrigen sind, erfreuen. Was ihr alle zusammen da schaffet, ist mir auch ein rechter Zauberkessel.«

Für eine eher irdisch gegründete Natur, wie Caroline es ist, bleibt manches rätselhaft. Die Art, wie die junge Romantik das Christentum in ihr System zu integrieren sucht und wie sie Himmlisches und Irdisches einerseits auseinanderdividiert und dann doch wieder integrieren möchte, nötigt der wirklichkeitsnahen Frau leichtes Kopfschütteln ab: »Was Sie Scheidung zwischen beiden nennen, ist doch Verschmelzung«, wagt sie den Einwurf. »Warum soll es nicht? Ist das Irdische nicht auch wahrhaft himmlisch?« Und wie oft steckt sie ihr Credo in eine beiläufig wirkende Zwischenbemerkung: »Ich habe doch am Ende mehr Glauben als ihr alle.«

Glauben – das ist für sie keineswegs die Kirchenlehre, der sie fern, wenn nicht gar spöttisch-ablehnend gegenübersteht. Glauben ist für Caroline eben die Unauflösbarkeit von himmlisch und irdisch, das Gefühl, daß beides einander bedingt, ist das Bewußtsein, in eine höhere Gesetzmäßigkeit eingebunden zu sein, die das Schicksal des Menschen und seinen Gang durch das Erdenleben von Anfang her bestimmt und ihm seinen Platz zuweist. So hat es auch Goethe verstanden, als er 1817 in den *Urworten, orphisch* formulierte:

Wie an dem Tag, der dich der Welt verliehen,
Die Sonne stand zum Gruße der Planeten,
Bist alsobald und fort und fort gediehen
Nach dem Gesetz, wonach du angetreten.
So mußt du sein, dir kannst du nicht entfliehen,
So sagten schon Sibyllen, so Propheten;
Und keine Zeit und keine Macht zerstückelt
Geprägte Form, die lebend sich entwickelt.

Durch viele Briefe Carolines zieht sich diese Gewißheit Goethes, dem Menschen sei aufgetragen, das ihm eingeborene Gesetz zu verwirklichen, das ihn in der Entwicklung seiner Individualität prägt.

Das hat nichts mit Fatalismus zu tun, das bedeutet nicht, dem Menschen sei die Freiheit der Entscheidung genommen. Aber jedes Individuum bekommt bei seiner Geburt sehr verschiedene körperliche und geistige Gaben mit auf den Lebensweg; sie sind die anvertrauten Pfunde des biblischen Gleichnisses, mit denen er »wuchern« soll. Wichtig ist, daß er diese Gaben erkennt und als die seinen anerkennt, damit er gemäß der Forderung des »erkenne dich selbst«, des »werde, der du bist« sein Leben sinnvoll gestaltet.

Novalis hat – wie auch andere Romantiker – bedenkenswerte Gedanken über den Sinn des Menschenlebens notiert und darüber, wie es scheint, gelegentlich das selbstgelebte, selbstgestaltete, individuelle Dasein vernachlässigt. Wenn Caroline ihm andeutet, es werde auch für sie »das Einzelne« sich einmal »zusammenreihen«, so spricht aus dieser Bemerkung der leicht ironisch formulierte Dualismus zwischen der theoretischen Konzeption des jungen Romantikers und Carolines lebensnahen Erfahrungen. Sie braucht die Philosopheme des Novalis nicht, da sie instinktsicher, erfahren und lebensklug ihren Weg geht, von dem sie spürt, daß sie ihn gehen muß, zuweilen auch gegen ihre intellektuelle Einsicht. »Ich habe doch am Ende mehr Glauben als ihr alle.«

Im Frühjahr 1799 bekommt die Universität Jena ihren Skandal. Fichte hatte im Jahr zuvor einen Aufsatz *Über den Grund unseres*

Glaubens an eine göttliche Weltregierung veröffentlicht, worin er bestritt, metaphysische Begriffe wie Substanz oder Sein könnten auf Gott angewendet werden. Die Folge war eine Anklage wegen Atheismus, auf die Fichte scharf replizierte, was dann zu seiner Amtsenthebung als Professor der Universität Jena führte.

Erbittert schreibt Wilhelm Schlegel an Novalis: »Von Fichtes Händeln über den lieben Gott werden Sie aus dem Intelligenzblatt der *Literaturzeitung* unterrichtet werden. Der wackere Fichte streitet eigentlich für uns alle, und wenn er unterliegt, so sind die Scheiterhaufen wieder ganz nahe herbeigekommen.«

Auch Caroline ist entsetzt: »Nur mit Kummer kann ich Dir von dem schreiben, wonach Du mich fragst – von der Fichtischen Sache«, berichtet sie am 24. April 1799 an Luise Gotter. »Glaube mir, sie ist sehr schlimm für alle Freunde eines ehrlichen und freimütigen Betragens. Wie Du von der ersten Anklage, die von einem bigotten Fürsten und seinen teils katholischen, teils herrnhutischen Ratgebern herrührte, zu denken hast, wirst Du ungefähr einsehn. Wir hofften aber, es sollte sich mit einer unbedeutenden Formularität endigen. Aber da hetzt man den Fichte durch allerlei Berichte von Weimar, es stehe schlimm usw., daß er an den Geheimerat Voigt schreibt, er werde seinen Abschied nehmen, wenn man ihm einen gerichtlichen Verweis gebe und seine Lehrfreiheit einschränke. [. . .] Die Studenten haben sich nach Weimar gewendet, um ihn zu erhalten, der natürlich nicht geblieben wäre. Die Antwort ist: daß man ihnen Fichtens *Privat*brief an den Voigt kommuniziert und sie gleichsam zu Richtern mache. – Die Sache läuft darauf hinaus, man ergriff freudig den Vorwand, ihn loszuwerden, aus Furcht vor dem kursächsischen Hof und weil Fichtens unerschütterliche Redlichkeit sie oft in Verlegenheit setzt. Der Herzog hat sich viel gegen Jena erlaubt.«

Fichte sieht, zweifellos zu Recht, einen deutlichen Zusammenhang zwischen der reaktionären Politik der deutschen Staaten und dem Zweiten Koalitionskrieg gegen Frankreich, dessen Gesandte auf dem Rastatter Kongreß in einer Nacht-und-Nebel-Aktion von österreichischen Husaren niedergesäbelt worden waren, welch bei-

spiellosen Diplomatenmord die Reaktion mit allen Mitteln zu ver-
harmlosen sucht. »Es war mir seit der Verbindung Rußlands mit
Österreich schon höchst wahrscheinlich«, schreibt Fichte, »was mir
nunmehr durch die neuesten Begebenheiten und besonders seit
dem gräßlichen Gesandtenmord (über den Schiller und Goethe
ausrufen: So ist's recht, diese Hunde muß man totschlagen!) völlig
gewiß ist, daß der Despotismus sich von nun an mit Verzweiflung
verteidigen wird, [. . .] daß die Basis seines Plans die ist, die Geistes-
freiheit auszurotten, und daß die Deutschen ihm die Erreichung
dieses Zwecks nicht erschweren werden. [. . .] Edel hat sich in
meiner Sache Schelling benommen. Infam Schiller.«

Auch Caroline scheint hier Zusammenhänge zu sehen, wenn sie
im Juni von einem Bericht des so freisinnigen wie hochherzigen

preußischen Diplomaten Christian Wilhelm von Dohm spricht (»der sich sehr gut für Fichte erklärt hat«): »Huber hatte mir schon geschrieben, wenn jene Greuel in Rastatt ans Tageslicht kämen und andre Höfe bestimmten, so sei es Dohms ewig preiswürdigen Bemühungen zu verdanken, der mit Heldenmut die augenblicklichen Maßnahmen betrieben. Wir sprachen ihn nun hier selbst darüber, denn er besuchte uns. Ein wahrhaft verehrungswürdiger Mann, der in Staatsgeschäften sein Haar gebleicht, ohne den Bürgersinn einzubüßen. Er macht einen starken Kontrast mit Goethe und Schiller, die über jene Begebenheit wie Emigrierte sprechen. ›Wer es getan habe, sei einerlei, nur gut, daß es geschehn, denn das Abscheuliche müsse geschehn.‹ [. . .] Wir halten uns in diesen schlimmen Zeiten enge zusammen. Denken Sie, nicht Schelling allein, auch Paulus essen bei uns, und eben hab ich auch Hufeland und Loder.«

Der Fichte-Skandal ist noch nicht ganz abgeklungen, da gibt es neue Unruhe. Friedrich Schlegel hat seinen Roman *Lucinde* veröffentlicht, über den Schiller am 19. Juli in einem Brief an Goethe zürnt: »Ich habe mir vor einigen Stunden durch Schlegels Lucinde den Kopf so taumelig gemacht, daß es mir noch nachgeht. Sie müssen dieses Produkt wundershalber doch ansehen. Es charakterisiert seinen Mann, so wie alles Darstellende, besser als alles, was er sonst von sich gegeben, nur daß es ihn mehr ins Fratzenhafte malt. Auch hier ist das ewig Formlose und Fragmentarische und eine höchst seltsame Paarung des Nebulistischen mit dem Charakteristischen, die Sie nie für möglich gehalten hätten. Da er fühlt, wie schlecht er im Poetischen fortkommt, so hat er sich ein Ideal seiner selbst aus der *Liebe* und dem *Witz* zusammengesetzt. Er bildet sich ein, eine heiße unendliche Liebesfähigkeit mit einem entsetzlichen Witz zu vereinigen, und nachdem er sich so konstituiert hat, erlaubt er sich alles, und die Frechheit erklärt er selbst für seine Göttin. – Das Werk ist übrigens nicht ganz durchzulesen, weil einem das hohle Geschwätz gar zu übel macht. Nach den Rodomontaden von Griechheit, und nach der Zeit, die Schlegel auf das Studium derselben gewendet, hätte ich gehofft, doch ein klein wenig an die Simplizität und Naivetät der Alten erinnert zu werden, aber diese Schrift ist der Gipfel moderner Unform und Unnatur, man glaubt ein Gemengsel aus Woldemar, aus Sternbald und aus einem frechen französischen Roman zu lesen.«

Goethe erwidert dämpfend: »Ich danke Ihnen, daß Sie mir von der wunderlichen Schlegelischen Produktion einen nähern Begriff geben, ich hörte schon viel darüber reden. Jedermann liests, jedermann schilt darauf und man erfährt nicht, was eigentlich damit sei. Wenn mirs einmal in die Hände kommt, will ichs auch ansehen.«

Lucinde ist ein autobiographischer Roman, hat Bekenntnischarakter und speist sich vornehmlich aus zwei Quellen: der Liebe Friedrich Schlegels zu Dorothea Veit und Friedrichs Beziehung zu Caroline. Was aber die Zeitgenossen so schockierte, daß noch nach hundert Jahren *Lucinde* für ein Skandalon galt, sind einige Passagen erotischer Freizügigkeit, die Schiller den Vergleich mit »einem frechen französischen Roman« nahelegten.

»Jeder vollkommene Roman«, so hatte Friedrich Schlegel schon früher postuliert, »muß obszön sein; er muß auch das Absolute in der Wollust und Sinnlichkeit geben.« Diese nun ganz selbstverständliche Forderung sollte *Lucinde* erfüllen, und warum eigentlich nicht? Was der biedere deutsche Bürger damals augenzwinkernd beim Buchhändler unterm Ladentisch erstand, stellt an »Wollüstigkeit« (wie man früher für »pornographisch« sagte) die *Lucinde* weit in den Schatten. Gewiß: Das deutsche Angebot war eher dürftig – etwa *Priaps Normalschule* von Karl Timlich (1789) oder *Cythere* von Johann Georg Scheffner (1791) –, aber der gebildete Bürger las fließend Französisch, und da wurde er von den Romanen Andréa de Nerciats, die zwischen 1788 und 1793 erschienen, oder von den *Mémoires de Saturnin* des Gervaise de Latouche (1787) aufs beste bedient, und des Restif de la Bretonne sechzehnbändiges Erotikon *Monsieur Nicolas ou le Cœur humain dévoilé* (1794/97) nannte selbst Schiller »eine der wichtigsten Schriften der ganzen neueren Literatur«.

Nur: Dergleichen las man diskret, und über Réstif verständigten sich Goethe und Schiller als unter Auguren; *Lucinde* hingegen erschien – wie einst der als »wollüstig« getadelte *Ardinghello* Wilhelm

Heinses – öffentlich und als ein Stück Literatur, das nicht unter dem Ladentisch gehandelt werden sollte. Aber noch etwas Entscheidendes kam hinzu: Die – damals noch sehr kleine – literarische Welt wußte bei der Lektüre natürlich, daß hier so etwas wie ein Geständnis vorlag, und las einschlägige Passagen durchaus mit voyeuristischem Vergnügen. Etwa die »Dithyrambische Phantasie über die schönste Situation«, die den Rollentausch der Liebenden im Bett verherrlichte: »Eine unter allen ist die witzigste und die schönste: wenn wir die Rollen vertauschen und mit kindischer Lust wetteifern, wer den andern täuschender nachäffen kann, ob Dir die schonende Heftigkeit des Mannes besser gelingt, oder mir die anziehende Hingebung des Weibes. Aber weißt Du wohl, daß dieses süße Spiel für mich noch ganz andre Reize hat als seine eignen? Es ist auch nicht bloß die Wollust der Ermattung oder das Vorgefühl der Rache. Ich sehe hier eine wunderbare, sinnreich bedeutende Allegorie auf die Vollendung des Männlichen und Weiblichen zur vollen ganzen Menschheit. Es liegt viel darin, und was darin liegt, steht gewiß nicht so schnell auf wie ich, wenn ich Dir unterliege.« Sodann die »Charakteristik der kleinen Wilhelmine«, die – zweijährig – ihr Vergnügen darin findet, »auf dem Rücken liegend mit den Beinchen in die Höhe zu gestikulieren, unbekümmert um ihren Rock und um das Urteil der Welt«. Daß Schlegel in dem Gebaren eines Kindes schon die Situation der Frau sah (»Wirf auch Du sie von Dir, liebe Freundin, alle die Reste von falscher Scham«), verübelte man ihm außerordentlich. Überhaupt: Der Frau wird hier die vollkommene sexuelle Gleichberechtigung zuerkannt, und das war schockierend genug. Gab es doch Sätze wie diesen: »Es wäre ja grob, mit einem reizenden Mädchen so zu reden, als ob sie ein geschlechtsloses Amphibion wäre. Es ist Pflicht und Schuldigkeit, immer auf das anzuspielen, was sie ist und sein wird; und so unzart, steif und schuldig, wie die Gesellschaft einmal besteht, ist es wirklich eine komische Situation, ein unschuldiges Mädchen zu sein.«

Schlegel sah sich einer wahren Phalanx Entrüsteter konfrontiert, und dazu gehörten keineswegs nur Spießbürger, sondern auch Freunde wie Novalis und Tieck. Aber auch Caroline war unbehaglich, weil sie erkannte, in welchem Maße hier die geschiedene Dorothea Veit bloßgestellt wurde. Nicht weil sie prüde gewesen wäre, mißfiel ihr das Ganze, sondern weil sie deutlich sah, wie wenig es Friedrich Schlegel gelungen war, ein literarisches Kunstwerk zu schaffen, und wie sehr sich hier künstlerische Unzulänglichkeit und provozierender Exhibitionismus durchdrungen hatten. Aber selbst das wäre ihr noch gleichgültig gewesen, hätte sie darüber das Opfer Dorothea vergessen können: »Rein ist der Eindruck freilich nicht, wenn man einem Verfasser so nahe steht. Ich halte immer seine verschlossene Persönlichkeit mit dieser Unbändigkeit zusammen und sehe, wie die harte Schale aufbricht – mir kann ganz bange dabei werden, und wenn ich seine Geliebte wäre, so hätte es nicht gedruckt werden dürfen«, schreibt sie an Novalis.

Der gibt ihr Recht: »Selbst sehr innige Frauen dürften die schöne Athenienserin tadeln, daß sie den Markt zur Brautkammer nähme. [. . .] Vielleicht gehört der Sinnenrausch zur Liebe, wie der Schlaf zum Leben – der edelste Teil ist es nicht, und der rüstige Mensch wird immer lieber wachen als schlafen. Auch ich kann den Schlaf nicht vermeiden, aber ich freue mich doch des Wachens und wünschte *heimlich* immer zu *wachen*.«

Und er benutzt die Gelegenheit, Caroline einiges Grundsätzliche über die Frau wissen zu lassen: »Rousseau hat die Weiblichkeit ausschließlich verstanden, und alle seine Philosophien sind aus einer nachdenkenden weiblichen Seele entstanden. Seine Apologie des Naturstandes gehört in die Frauenphilosophie: – die Frau ist der eigentliche Naturmensch – die wahre Frau das Ideal der Naturmenschen, sowie der wahre Mann das Ideal des Kunstmenschen. – Naturmensch und Kunstmensch sind die eigentlichen *ursprünglichen Stände*. Stände sind die Bestandteile der *Gesellschaft*. Die Ehe ist die einfache Gesellschaft, wie der Hebel die einfache Maschine. In der Ehe trifft man die beiden Stände. Das Kind ist in der Ehe, was der Künstler in der Gesellschaft ist – ein Nichtstand, der die innige Vereinigung – den wahren Genuß beider Stände befördert. Die große Ehe, der Staat, besteht aus einem weiblichen und männlichen Stand, die man halb richtig, halb unrichtig den ungebildeten und gebildeten Stand nennt. Die Frau des gebildeten Standes ist der Ungebildete. Leider ist eben bei uns der Ungebildete weit hinter dem *Gebildeten* zurückgeblieben – er ist zur *Sklavin* geworden. O! daß er wieder Frau würde!«

Novalis ist der einzige unter den Romantikern, der sehr intensiv über die Frau nachgedacht hat. Er hat seine Erkenntnisse nicht veröffentlicht – sein früher Tod verhinderte das –, aber die Notizen, die er 1798/99 nur skizzenhaft niederschrieb, machen sehr deutlich, in welchem Maße die Romantik bemüht ist, einem sich verändernden Bewußtsein von der Frau gerecht zu werden:

»Sollte nicht für die Superiorität der Frauen der Umstand sprechen, daß die Extreme ihrer Bildung viel frappanter sind als die unsrigen. Der verworfenste Kerl ist vom trefflichsten Mann nicht so verschieden als das elende Weibsstück von einer edlen Frau. Nicht auch der, daß man sehr viel Gutes über die Männer, aber noch nichts Gutes über die Weiber gesagt findet.«

»Haben sie nicht die Ähnlichkeit mit dem Unendlichen, daß sie sich nicht quadrieren, sondern nur durch Annäherung finden lassen? Und mit dem Höchsten, daß sie uns absolut nah sind und doch immer gesucht – daß sie absolut verständlich sind und doch nicht verstanden, daß sie absolut unentbehrlich sind und doch meistens entbehrt werden, und mit höhern Wesen, daß sie so kindlich, so gewöhnlich, so müßig und so spielend erscheinen?«

»Auch ihre größere Hilflosigkeit erhebt sie über uns – so wie ihre größere Selbstbehilflichkeit – ihr größeres Sklaven- und ihr größeres Despotentalent – und so sind sie durchaus über uns und unter uns und dabei doch zusammenhängender und unteilbarer als wir.«

»Würden wir sie auch lieben, wenn dies nicht so wäre. Mit den Frauen ist die Liebe und mit der Liebe die Frauen entstanden – und darum versteht man keins ohne das andre. Wer die Frauen ohne Liebe und die Liebe ohne Frauen finden will, dem geht's wie den Philosophen, die den Trieb ohne das Objekt und das Objekt ohne den Trieb betrachteten – und nicht beide im Begriff der Aktion zugleich sahen.«

»Ihr Zirkel. Was noch nicht *a leur portée* ist, ist noch nicht *reif.* Ihre Beschäftigungen. Was sie jedem Alter sind. Ihre Erziehung. Sie sind, wie die vornehmen Römer, nicht zum Verfertigen, sondern zum Genuß der Resultate da – zum Ausüben – nicht zum Versuchen. *Chevalerie.* Ihr *Bau* – ihre Schönheit. – Sie sind ein liebliches Geheimnis – nur verhüllt – nicht verschlossen. Auf ähnliche Weise reizen sie die philosophischen Mysterien. Hetairie. Ihre Seelenkräfte. Blicke auf die Zukunft. Der Akt der Umarmung. Die griechischen Göttinnen. Madonna. Jedes Volk, jede Zeit hat ihren Lieblings-Frauencharakter. Die Frauen in der Poesie. Geliebt zu sein ist ihnen urwesentlich. Über die weiblichen Jahrszeiten. Frauen und Liebe trennt nur der Verstand.«

»Das schöne Geheimnis der Jungfrau, was sie eben so unaussprechlich anziehend macht, ist das Vorgefühl der Mutterschaft – die Ahndung einer künftigen Welt, die in ihr schlummert und sich aus ihr entwickeln soll. Sie ist das treffendste Ebenbild der Zukunft.«

»Die Holzkohle und der Diamant sind *ein* Stoff – und doch wie verschieden. – Sollte es nicht mit Mann und Weib derselbe Fall sein. Wir sind Tonerde – und die Frauen sind Weltaugen und Saphire, die ebenfalls aus Tonerde bestehn.«

»Das Leben der Pflanzen ist gegen das Leben der Tiere gehalten – ein unaufhörliches Empfangen und Gebären – und letzteres gegen dieses – ein unaufhörliches Essen und Befruchten. – Wie das *Weib das höchste sichtbare* Nahrungsmittel ist, das den *Übergang vom Körper zur Seele* macht – so sind auch die Geschlechtsteile die höchsten *äußern* Organe, die den Übergang von sichtbaren und unsichtbaren Organen machen. – Der *Blick* – (die Rede) – die *Händeberührung – der Kuß – die Busenberührung – der Griff an die Geschlechtsteile* – der Akt der Umarmung – dies sind die Staffeln der Leiter – auf der die Seele heruntersteigt – dieser entgegengesetzt ist eine Leiter – auf der der Körper heraufsteigt – bis zur Umarmung. *Witterung – Beschnüffelung –* Akt. Vorbereitung der Seele und des Körpers zur Erwachung des Geschlechtstricbes. – Seele und Körper *berühren sich* im Akt. – *Chemisch* – oder galvanisch – oder elektrisch – oder *feurig.* – Die Seele

181

ißt den Körper (und verdaut ihn?) *instantant* – der Körper empfängt die Seele – (und gebiert sie?) instantant.«

»Der Samen ist ein Nahrungs- und Reizungsmittel des Weibes zum Ersatz für die Menstrua. Im eigentlichsten Sinn lebt also der Mann für die Frau *mit*. – Sollte die Frau *sensibler*, der Mann *reizbarer* sein.«

»Die Frau ist das Symbol der *Güte* und *Schönheit* – der *Mann* das Symbol der Wahrheit und des Rechts. – Warum das Männchen im Tierreiche *schöner* (relative Schönheit) sein muß als das Weibchen. (Die tierische Schönheit – der Reiz – ist Stärke – Energie.) (*Direkt reizender* ist der Mann übh. Indirekt reizender die Frau.) – Problem: Schönheit soll das unzertrennliche Symptom – äußre Kennzeichen von Güte sein – Schönheit soll Güte – Güte Schönheit notwendig *symbolisieren* und *signalisieren* zugleich.«

»Die Frauen wissen nichts von Verhältnissen der Gemeinschaft. – Nur durch ihren Mann hängen sie mit Staat, Kirche, Publikum etc. zusammen. Sie leben im eigentlichen Naturstande.«

»Pflanzenähnlichkeit der Weiber. Dichtungen auf diese Idee. (Blumen sind Gefäße.) Chemische, organische und physiologische Natur der Schönheit eines Körpers.«

Novalis' Standpunkt ist sehr klar umzogen. Zunächst einmal nimmt er die Frau als Absolutum, fragt also nicht, ob ihr Wesen *geworden* ist oder ob bestimmte weibliche Eigentümlichkeiten, die er konstatiert, durch die Jahrhunderte anerzogen wurden oder schon immer *eo ipso* vorhanden waren und wirken. Darin unterscheidet er sich in nichts von seinen Vorgängern. Für ihn steht die Frau der Natur näher als der Mann: Das macht sie ihm überlegen. Die Frau *ist* Natur, das bedeutet: Sie ist – anders als der Mann – weniger verbildet, sie lebt daher auch stärker aus ihrem Wesen, wozu ihre Befähigung zur Mutterschaft beiträgt. Das Einssein mit der Natur ist dem Mann nur über die sexuelle Vereinigung mit der Frau, als der Natur an sich, möglich. Daraus entwickelt Novalis auch sein spezifisches Verständnis von Sexualität: Erst in der Vereinigung der Geschlechter erfährt der Mensch die Einheit von Seele und Körper; beide bedingen einander. Der Mann als das geistige Prinzip, die Frau als reine Natur (»Pflanzenähnlichkeit«) – das ist für Novalis der Dualismus, aus dem heraus die Geschlechter leben.

Das klingt ganz praktisch – für den Mann. Denn was da als Superiorität der Frau gedacht ist, nämlich ihre ganz unmittelbare Naturnähe, schließt sie für den Geist, der ja dem Mann zugesprochen wird, von vornherein aus. Auch wenn Novalis nirgends behauptet, die Frau sei dem Mann als Mensch unterlegen oder gar minderwertig, so diskriminiert er sie unbewußt. Die Frau ist, verglichen mit dem Mann, das höhere Menschenwesen, weil sie sich im Einklang mit der Natur befindet, zumindest aber ist sie der unverzichtbare Kontrapunkt des männlichen Menschens. Das mag ja so sein, aber warum sollte die Frau dann auf den Geist verzichten müssen?

In deutlicher Anspielung auf des Novalis Behauptung von der »Pflanzenähnlichkeit der Weiber« notiert sich Friedrich Schlegel sehr zu Recht: »Frauen als Pflanzen zu betrachten, doch eigentlich sehr sultanisch.« Zwar ist er noch ganz im Einklang mit seinem Freund, wenn er sagt: »Die Poesie der Dichter bedürfen die Frauen weniger, weil ihr eigenstes Wesen Poesie ist.« Aber er ist doch nüchterner als Novalis, wenn er findet: »Prüderie ist Prätention auf Unschuld, ohne Unschuld. Die Frauen müssen wohl prüde bleiben, solange Männer sentimental, dumm und schlecht genug sind, ewige Unschuld und Mangel an Bildung von ihnen zu fordern. Denn Unschuld ist das einzige, was Bildungslosigkeit adeln kann.«

Genau in jener Zeit, als Novalis über die Frau, ihr Wesen und ihre Aufgaben nachzudenken beginnt, entsteht ein Roman, der 1801 in Berlin erscheint und als eine rechte Kuriosität bezeichnet werden muß: *Das Paradies der Liebe* von James Lawrence, einem in Deutschland lebenden Schotten. Wir wissen nicht, ob Caroline diesen Roman, der vehement gegen die Ehe polemisiert, gekannt hat (in ihren erhaltenen Briefen wird er nicht erwähnt), aber seine Vorrede dürfte ihr vertraut gewesen sein, denn sie erschien 1793 in Wielands *Teutschem Merkur* und wird im *Athenäum*, in den von Friedrich Schlegel veröffentlichten Fragmenten, erwähnt. Diese über 60 Seiten umfassende Vorrede ist darum interessant, weil sie die Situation der Frau in einer ganz anderen Weise darstellt und sich in ihrer entschiedenen Stellungnahme von den eher vorsichtigen Bemühungen der Romantiker unterscheidet. Da dieser Roman heute vergessen und sehr selten geworden ist, mag der Abdruck eines größeren Auszugs gerechtfertigt sein:

»Als die Meinungen über die Rechte des Menschen alle Köpfe in Verwirrung setzten, mußte jeder Vorurteilsfreie mit Vergnügen auf die Stimme einer Schriftstellerin (Frau Wolstonecraft-Godwin, Verfasserin des Buches über die Rechte der Weiber 1792, in welchem Jahre diese Vorrede geschrieben wurde) hören, die ganz allein auftrat, mit bescheidenem Mute die Rechte der Weiber zu verteidigen und ihre unrühmliche Lage mit Wahrheit und Gefühl zu schildern. Während die Barone zu Runnymead sich mit ihrem Souverain wegen ihrer verletzten Vorrechte entzweit hatten, nahmen der arbeitsame Landmann und der betriebsame Handwerker die Gelegenheit wahr, den Druck der Sklaverei zu endigen. Jetzt also, jetzt oder nie, ist es Zeit, für die eine Hälfte des Menschengeschlechts die Ketten zu zerbrechen, welche Gewohnheit oder Tyrannei ihr geschmiedet haben, und ihre natürlichen Rechte zu behaupten. Leider hat sich das eine Geschlecht gleichsam verschworen, das Unglück des anderen, das wegen der Fortpflanzung den Unbequemlichkeiten und Schmerzen des Gebärens unterworfen ist, zu vermehren, und nach einer abscheulichen Politik diesen notwendigen Unterschied zu einem untrüglichen Zeichen der Unterwürfigkeit zu machen. Man beweise aber, warum diese Unterwürfigkeit nötig sei und worin sie bestehe? Ob sie in Eigenschaften des Körpers oder des Geistes ihren Grund habe? Ob sie aus den unabänderlichen Ratschlüssen der Natur oder einem zufälligen Erziehungssystem entspringe? (...)

Da die Erziehung der beiden Geschlechter bei den höheren Ständen am meisten voneinander abweicht, so muß hier eine größere Verschiedenheit der entwickelten Kräfte und Anlagen stattfinden. Bei den niederen Ständen findet man weit mehr Gleichheit unter beiden Geschlechtern, und diese Gleichheit hat ihren Grund darin, daß auf das männliche keine so ausgezeichnete Aufmerksamkeit gerichtet und das weibliche keinem so großen Zwang unterworfen wird. Machte man den Versuch, zwei Personen aus beiden Geschlechtern, die auf dem Lande erzogen worden wären und niemals das Dorf verlassen hätten, miteinander zu vergleichen, so würde die Mannsperson in den Eigenschaften des Geistes keinen Vorzug behaupten.

Ob das weibliche Geschlecht dem männlichen an körperlichen Kräften so nahe als an Geistesfähigkeiten komme, ist freilich noch zu bezweifeln. Allein vielleicht aus demselben Grunde, aus welchem der Tagelöhner eine größere Leibesstärke hat als der, welchen der Mangel niemals zur Handarbeit zwang, der Sänftenträger robuster ist als der Kavalier und der Bauer stärker als der Gutsherr, besitzt das männliche Geschlecht mehr körperliche Stärke als das weibliche. In Ländern, wo die Weiber gewöhnt sind, auf dem Felde zu arbeiten, Lasten zu tragen, viele Beschwerden auszustehen und sich jeder Veränderung von Hitze und Kälte auszusetzen, sind sie von den Männern weder durch einen schwachen Körperbau noch durch zarte Weichlichkeit unterschieden. (. . .)

Die Ehe scheint ausschließlich zum Vorteil des Mannes eingeführt zu sein. Auf das Weib ist ganz und gar keine Rücksicht genommen. Sie muß allen seinen Einfällen folgen, ohne sich im mindesten seinen Befehlen widersetzen zu dürfen. Sie muß seiner Bequemlichkeit wegen ihre Wohnung verändern und, um nach seinem Willen zu leben, alle Freundschaftsverbindungen ihrer Jugend aufopfern. Sie muß geduldig seine Abwesenheit ertragen, wenn es ihm einfällt, sie zu verlassen. Wenn er ihr ewige Treue geschworen hat, mit welchem Recht darf er ohne ihre Erlaubnis in Krieges- oder Seedienste treten? Ist er berechtigt, eine lange Reise zu unternehmen und sie vielleicht in der Blüte der Jugend, da ihre Leidenschaften am heftigsten sind, zurückzulassen, um ihre verwitweten Nächte in der Einsamkeit durchzuschaudern? Ist es so leicht, die Rolle der Penelope zu spielen, wenn sie vermuten muß, daß unterdessen ihr Ulysses seine Schätze an eine orientalische Tänzerin verschwendet oder den Becher der Kirke aus der Hand einer Mulatten-Schönheit empfängt? (. . .)

Solange noch die Leidenschaft dauert, welche zwei Liebende zur Ehe vereinigt, solange hat man auch Hoffnung, daß ihre Ehe nicht unfruchtbar sein werde. Folgt aber Gleichgültigkeit und Abneigung auf die Freuden des Genusses: so müssen alle zwangvollen Bande nicht nur zu einer Quelle von Verdruß für das getäuschte Paar werden, sondern auch der Staat wird dadurch zweier Mitglieder beraubt, weil sie nun keine neue Verbindung eingehen dürfen, von der man sich einen besseren Erfolg versprechen könnte. Diese Behauptung wird noch mehr durch die Bemerkung bestätigt, daß, wenn die ersten Jahre des Zusammenwohnens von keinen Kindern beglückt sind, wenig Wahrscheinlichkeit da ist, daß aus dieser Ehe überhaupt Kinder erfolgen werden. Es gibt mancherlei Ursachen, weswegen eine Ehescheidung verlangt werden kann, welche die Menschheit mit Freuden bewilligen muß und die Politik nicht verweigern kann. (. . .)

In dem ganzen protestantischen Teile von Deutschland wird die Ehescheidung ohne viele Schwierigkeit bewilligt, wenn eine der Parteien des Ehebruchs oder einer Ausschweifung, die dem Vermögenszustande der anderen Partei nachteilig ist, überführt werden kann. Auch wird sie selten einem Paare versagt, das gegenseitig seine Einwilligung zur Trennung gibt. (. . .)

Sind Leute besonders glücklich, so sind sie es durch die Liebe. Für zwei Leute, die sich beide eines in des anderen Armen glücklich fühlen, muß das Leben ein wahres Elysium sein. Warum soll sie aber die Ehe an einen Ort binden, dessen Reize gleich dem Garten Eden verschwinden und sie als die Leibeigenen einer Einöde zurücklassen können? Liebe ohne Ehe muß eben das Glück gewähren, was Liebe und Ehe vereinigt vermögen; aber Ehe ohne Liebe muß ein gleichgültiger oder kummervoller Zustand sein.«

Wir brechen hier ab, obwohl die muntere Polemik noch manches bemerkenswerte Detail enthält. Zu solch klarer und entschiedener Stellungnahme wie der von James Lawrence mochte sich freilich kein deutscher Romantiker durchringen; da galt es denn doch, konventionelle Rücksicht zu nehmen. An die von Lawrence so stürmisch geforderte Abschaffung der Ehe dachten die Romantiker ohnedies nicht, aber wenigstens machten sie sich doch stark für eine Eheschließung aus Liebe, statt sozialen oder wirtschaftlichen Erwägungen dabei den Vorzug zu geben. Es ist durchaus denkbar, daß die hier auszugsweise zitierte Vorrede im Kreis der Schlegels diskutiert wurde, enthielt sie doch reichlich Hinweise auf die Situation aller Beteiligten, und Caroline wird auch, rückblickend auf ihr Leben, genug Anspielungen auf die eigene Lage entdeckt haben.

Die Bemerkung von Lawrence, im protestantischen Teil Deutschlands werde die Ehescheidung nicht allzusehr erschwert, ist zutreffend, und wenn sie auch im allgemeinen noch gesellschaftlich verpönt ist, nimmt sie doch bemerkenswert häufig zu. »Es macht mir ein trauriges Vergnügen, zu denken, welche Menschen zusammengepaßt haben würden, indem oft, wenn man drei oder vier Paare zusammennimmt, recht gute Ehen entstehen könnten, wenn sie tauschen dürften«, schreibt Schleiermacher, der sich auch publizistisch für die Rechte der Frau einsetzte, mehr als die anderen Romantiker.

Das 18. Jahrhundert hatte die Frauen noch in zwei Klassen eingeteilt: Zur einen gehörte die Hausfrau und Mutter, zugleich der »Bettschatz«, zur anderen die Seelenfreundin. Die Romantik sucht diese Klassen aufzuheben, so wie es Friedrich Schlegel in der *Lucinde* versucht: »Nur in der Antwort seines Du kann jedes Ich seine unendliche Einheit ganz fühlen.« Die Romantik kennt nicht die entwürdigende Einteilung in hier »Bettschatz«, dort »Seelenfreundin«, ihr Frauenideal ist die bruchlose Verschmelzung beider.

Diese Entwicklung hatte bereits gegen Ende des 18. Jahrhunderts eingesetzt, als immer stärker das Gefühl, die Liebe, zum Motiv für den Lebensbund wird. Caroline und Dorothea waren nicht nach ihren Gefühlen gefragt worden. Bei Caroline bestimmte der Bruder den Ehemann; Dorothea, die Tochter von Moses Mendelssohn, bekam den ungeliebten Ehemann vom Vater ausgesucht, als sie gerade erst fünfzehn Jahre alt war. Übrigens, Moses Mendelssohn hatte – aller jüdischen Tradition spottend – selber aus Liebe geheiratet und sich dabei wenig um die ursprünglichen Absichten seines Schwiegervaters gekümmert, aber bei seiner eigenen Tochter fragte er nicht nach deren Wünschen, sondern mutete ihr eine Ehe zu, die sie nach ihrer Scheidung von Veit als »lange Sklaverei« charakterisierte.

Sein Ideal offenbart Friedrich Schlegel in der Darstellung jener namentlich nicht genannten Frau in der *Lucinde*, die längst als ein kaum retuschiertes Bild Carolines erkannt worden ist:

»Überhaupt lag in ihrem Wesen jede Hoheit und jede Zierlichkeit, die der weiblichen Natur eigen sein kann, jede Gottähnlichkeit und jede Unart, aber alles war fein, gebildet und weiblich. Frei und kräftig entwickelte und äußerte sich jede einzelne Eigenheit, als sei sie nur für sich allein da, und dennoch war die reiche, kühne Mischung so ungleicher Dinge im Ganzen nicht verworren, denn ein Geist beseelte es, ein lebendiger Hauch von Harmonie und Liebe. Sie konnte in derselben Stunde irgendeine komische Albernheit mit dem Mutwillen und der Feinheit einer gebildeten Schauspielerin nachahmen und ein erhabenes Gedicht vorlesen mit der hinreißenden Würde eines kunstlosen Gesanges. Bald wollte sie in Gesellschaft glänzen und tändeln, bald war sie ganz Begeisterung, und bald half sie mit Rat und Tat, ernst, bescheiden und freundlich wie eine zärtliche Mutter. Eine geringe Begebenheit ward durch ihre Art sie zu erzählen so reizend wie ein schönes Märchen. Alles umgab sie mit Gefühl und mit Witz, sie hatte Sinn für alles, und alles kam veredelt aus ihrer bildenden Hand und von ihren süß redenden Lippen. Nichts Gutes und Großes war zu heilig oder zu allgemein für ihre leidenschaftlichste Teilnahme. Sie vernahm jede Andeutung, und sie erwiderte auch die Frage, welche nicht gesagt war. Es war nicht möglich, Reden mit ihr zu halten; es wurden von selbst Gespräche, und während dem steigenden Interesse spielte auf ihrem feinen Gesichte eine immer neue Musik von geistvollen Blicken und lieblichen Mienen. Dieselben glaubte man zu sehen, wie sie sich bei dieser oder jener Stelle veränderten, wenn man ihre Briefe las, so durchsichtig und seelenvoll schrieb sie, was sie als Gespräch gedacht hatte. Wer sie nur von dieser Seite kannte, hätte denken können, sie sei nur liebenswürdig, sie würde als Schauspielerin bezaubern müssen, und ihren geflügelten Worten fehlte nur Maß und Reim, um zarte Poesie zu werden. Und doch zeigte eben diese Frau bei jeder großen Gelegenheit Mut und Kraft zum Erstaunen, und das war auch der hohe Gesichtspunkt, aus dem sie den Wert der Menschen beurteilte.«

Hat Caroline sich in diesem Porträt erkannt? Keiner ihrer Briefe gibt darüber Auskunft. Wohl aber geht aus ihnen hervor, daß sie – zumindest partiell – das Manuskript vor der Drucklegung in Händen gehabt haben muß, denn Dorothea bedankt sich bei ihr für Kürzungen (»schön haben Sie gestrichen, liebe Caroline!«), und Friedrich hält Carolines Urteil für »das schönste, was mir darüber gesagt ist« (obwohl ihr die Lektüre »mehr Schmerz als Freude« bereitet hatte), was aber nichts daran ändert, daß sie den Roman in seiner künstlerischen Gestaltung für mißglückt hielt.

Irgendwann in dieser Zeit konzipiert Caroline selbst einen Roman. Friedrich Schlegel hatte sie mehrfach gedrängt, ein »Romänchen« zu schreiben, und gemeint, stehe erst der eine auf dem Papier, würden noch andere folgen. Auch Novalis wollte sie dazu ermuntern: »Möchten doch auch Sie die Hände ausstrecken nach einem Roman!« Vielleicht ist das, was Caroline auf drei Oktavseiten skizziert, der Versuch, schreibend mehr über sich zu erfahren; einige autobiographische Details sind unverkennbar. Und so lautet ihr Entwurf:

»Der Hauptgegenstand des Romans wäre ein Weib – das wir Gabriele nennen wollen – ein selbständiges und zugleich ein liebenswürdiges Wesen. Die Torheit müßte auf den ersten Blick stärker bei ihr hervorschimmern als die Vernunft; sie wäre ihre verführerische Seite, die sie selbst mehr aus Frohsinn als aus Leichtsinn geltend machte. Aber im Innern wohnte Würde, Adel, der heiligste Ernst eines schönen Herzens. Ihr Geist müßte hell sein, ihr angeboren, und auch ausgebildet – die allzu rege Empfänglichkeit dürfte ihn zuweilen verwirren –, nur ganz verblendet dürfen wir sie nicht sehen; selbst wo sie mit Leidenschaft liebt, und wo ihre Leidenschaft Unrecht hat, muß sie es ahnden, fast wissen, und nur sich durch eine andere Ausflucht täuschen. So kann sie hoffen, die Fehler oder die Mängel eines Geliebten zu besiegen oder zu ergänzen. Sie darf ganz hingegeben lieben, aber wenn der nächste Augenblick nach einer glücklichen Stunde sie auffordert, so muß sie sich ganz auf sich allein verlassen können. Not, Liebe, Genuß müssen die vielleicht vernachlässigte Überlegung mit Blitzesstrahlen wieder in ihr erleuchten, statt sie zu verfinstern. Sie kann hingerissen werden, ohne sich hinterdrein als die Betrogne zu fühlen – der ist der Betrogne, der sie getäuscht zu haben glaubt.

Vorurteilsfrei durch Instinkt soll ihr das Räsonnement mehr Gründe gegen andere als für sich leihen. Die äußere Sitte schont sie in allem, nicht sowohl aus Grundsatz als gewohnter Bescheidenheit. Sie soll glänzend sein, wenn sie lebhaft wird, aber nicht immer gleich sich als lebhaft ankündigen. Mögen manche nur häusliche Tugenden in ihr kennen. Ohne sich selbst eigentlich zu kennen, mag sie früh in die Welt geworfen werden. Keine zärtlichen Bande knüpfen sie an ihre erste, fast bedeutungslose Jugend – sie hat nach dem Tode ihres Vaters keine nahen Verwandte, ein Mann, an den sie verheiratet wurde, starb früh. Ihr Nachdenken muß erwachen, indem sie sich so allein wie vor den Toren eines Daseins sieht, dessen Fülle sich in ihr zu bewegen anfängt – ihr Nachdenken, ihr dennoch unbefangnes Zutraun, aber kein stolzes Bewußtsein, noch sichere Rechnung auf einen Himmel auf Erden, der dem in ihrer Brust entspräche.

Wir können vielleicht annehmen, daß ihr Vater ein Gelehrter war und sie ihre Mutter früh verlor. Allein neben ihrem Vater bekam sie manche Kenntnisse, ohne daß diese in wahrer Verbindung mit ihrem Geiste standen. Nur späterhin kamen sie ihr zu Hilfe. Ihr Vater mochte ein Philologe sein und ihr vom Homer und der Sappho vorsagen und sich dagegen von ihr auf dem Klavier spielen und Romanzen vorsingen lassen. Es durfte ihm nicht an Sinn und Seele fehlen, wie man sieht, aber es gibt Menschen, die solche haben und doch nicht eigentlich mitteilen können, denen es dabei auch an umfassenden Begriffen mangelt, und meinen, das erhabene sei nur bloß für sie, auf ihrer Studierstube und in ihren Büchern *da* – *hier* erkennen sie es nur, denn die lebendige Welt kennen sie ja nicht.

Gabrielens Schönheit brachte sie an den Mann. Dieser Mann war jung und brav, aber übrigens nicht so, daß er ihren Kopf, ihr Herz aus dem Schlummer der Kindheit hätte wecken können. Er hinterließ ihr ein kleines Vermögen. Sie kehrte in ihres Vaters Haus zurück – bis dieser starb. In diesem Zwischenraum lernt sie Wallern kennen. Sie ist noch nicht zwanzig Jahr.«

Es ist bei dieser Skizze geblieben. Carolines Bestimmung hieß nicht, eine Schriftstellerin werden zu sollen, und man wird ihr nicht gerecht, wenn man sie und ihr Leben als das Dasein einer Autorin interpretiert.*

Die Monate August/Oktober 1799 belasten Caroline aufs äußerste, vor allem als Hausfrau. Zuerst kommt aus Braunschweig die Familie zu Besuch: die Mutter, Louise, die Schwester, mit ihrem Mann und zwei Kindern, und eine Woche später Sophie Tischbein, die Frau des Dessauer Porträtmalers, gleichfalls mit zwei Kindern. Dann trifft aus Berlin Tieck ein, den Caroline launig begrüßt: »Sie kommen durch die Tür? Ich meinte, Sie müßten wie Ihr Kater über die Dächer einherspazieren.« Eine Anspielung auf Tiecks Stück *Der gestiefelte Kater.* Aus Weißenfels erscheint Novalis auf zwei Wochen, auch Friedrich Schlegel kommt aus Berlin, um seine künftige Wohnung einzurichten. Da sich außerdem noch Schelling und das Ehepaar Paulus zum Essen ansagen, hat Caroline »jeden Mittag 15–18 Personen zu speisen«. Dabei gehen ihr eine Köchin und das Dienstmädchen Rose zur Hand. Wie sie die Aufgaben einer Hausfrau bewältigt, bedenkt man die technischen Unzulänglichkeiten eines Haushalts jener Zeit, bleibt ein Rätsel, erst recht, wenn man weiß, daß Caroline auch in dieser Zeit Wilhelm auf vielfältige Weise bei seinen Arbeiten unterstützt und abends dennoch so munter ist, die Gesprächsrunden anzuregen.

Die drei Tischbeins, deren Musikalität dafür sorgt, daß »sie *[Caroline Tischbein]** und Betty Arien und Auguste mit ihnen Duetts und Trios und die Mutter mit den beiden Töchtern Chöre sangen«, reisen am 20. September wieder nach Dessau und nehmen Auguste mit; für uns ist das darum ein Glücksfall, weil wir jetzt auf den Briefwechsel Carolines mit Auguste zurückgreifen können, Zeugnisse von einer so tiefen Mutter-Tochter-Bindung, wie sie selten genug ist, und die uns zeigen, daß Caroline die Beziehung zu ihrer Tochter ganz partnerschaftlich versteht, was für jene Zeit völlig ungewöhnlich ist. Zugleich bezeugen diese Briefe das anregende geistige Leben im Schlegelhaus. Schon einen Tag nach der Abreise schreibt Caroline den ersten Brief an die Tochter:

»Wenn Du dies erhältst, bist Du schon in Dessau, schreib nur bald. Gestern früh war schrecklich, es regnete den ganzen Morgen. Ich wußte keinen andern Trost, als mir eine ganze Menge Blumen zu kaufen und um mich her zu setzen – das waren meine Kinder, sie rochen mich lieblich an, aber singen konnten sie nicht. Der Mittag ging noch toll genug hin, wir tranken aus Desperation viel Wein, sie blieben lange, und darauf setzte ich mich zum Schreiben an die Mumu in Hannover.* Abends Tee mit den beiden Brüdern. Heut ist Friedrichs Stube gänzlich eingerichtet, so daß er sich schon breit darin niedergesetzt hat. Auch Wilhelms Stube und Kammer sind gereinigt, und ich schlafe diese Nacht wieder oben. Vorige Nacht brachte ich in eurem Neste zu und las im Bett *Les vœux téméraires* von Mad. Genlis, die sehr tugendhaft und geistreich zu sein streben. Anbei muß ich Dir melden, daß ich sehr naß heut auf einem Spaziergang geworden bin, wogegen weder Geist noch Tugend helfen. – Der russische Kaiser kommt nach Wien. Goethe ist heute hier angekommen. Er hat expreß gewartet, der alte Herr *[Goethe ist 50 Jahre alt!]*, bis ihr weg waret, glaube ich. – Die Zeitungsfrau ist gestern Abend mit einem Unkepunz niedergekommen, männlichen Geschlechts.«

Am 30. September: »Du Herzensmädchen, was hat mich Dein Brief gefreut, und die arme böse Mutter kann nun erst heut antworten! Du glaubst nicht, wie geschäftig ich in der letzten Woche gewesen bin, und krank dazu, denn endlich muß mir mein Laufen und Rennen, das ich so gern tat, doch zu Haus und zu Hof kommen. Loderchen hat mir was verschreiben müssen. Nun ist das ganze Haus gereinigt und neu aufgeputzt. Ich habe dabei eine große Wäsche gehabt und etwa einige 20 Vorhänge aufzustecken. Auch das neue Sofa ist gemacht, und es sieht alles aufs netteste aus, besonders ist unsre kleine Stube mit dem Frommannschen kleinen Sofa hübsch. Friedrich wohnt Dir wie der beste apanagierte Prinz. Diesen Abend soupieren wir 3 bei Schelling, um ihm sein neues Nest einzuweihen. Er freut sich, daß Du ihn zum Bacchus gemacht hast, indem Du ihn den Geber des Weins nennst, bald wird er auch der Geber der Freude heißen können, denn er ist sanft und liebreich und scherzhaft und läßt Dir sagen, Du möchtest ihm bei Deiner Wiederkunft nicht wie eine spröde Halbmamsell begegnen. Wilhelm macht alle Morgen ein Gedicht. Friedrich tut alle Tage nichts – als die Veit erwarten, die nicht über Dessau kommt. [. . .] Ungemessen lange Spaziergänge haben wir gemacht, von 2 bis 7 ist das gewöhnliche Un-Maß. Wilhelm will nicht mehr mit ausgehen, er liefe sich die Beine ab; da er nun die vorige ganze Woche jeden Morgen von 10 bis 1 Uhr mit Goethe hat auf- und abspazieren müssen, so ist es wohl billig, daß er den Nachmittag ausruht, der Länge lang nach. Goethe hat seine Gedichte, nämlich Goethens Gedichte, von denen ein neuer Band herauskommt, mit ihm durchgesehen und ist erstaunlich hold. [. . .] Treibe nur ja recht viel Musik und räume in Deinem *département* auf, sei ja ordentlich. Demnächst wirst Du noch andre Geschäfte treiben müssen, liebes Kind. Ich habe der Großmutter* fest versprochen, daß Du Ostern konfirmiert werden sollst. Sie schrieb mir mit einer Bekümmernis darüber, die wir ihr ersparen wollen. Dich hat sie den letzten Tag noch gefragt, wie sie mir sagt, ob Du Unterricht hättest. Wie kommt es, daß Du gegen mich davon schwiegest? Ich habe ihr auseinandergesetzt, wie verhaßt und unnütz so ein Studentenunterricht in der Religion einem gescheiten Kinde wie Du sein müßte. Daß ich Dich aber hier bei dem Oemler* nicht konfirmieren lassen kann, siehst Du ein, Du kämest dabei um. Es muß in Gotha bei Löffler* geschehn, und ich habe mich schon vorläufig erkundigt. Mit 6 Wochen wird alles getan sein. [. . .] Lehmann soll die Nachricht von der Nuys ja nicht auf Noten setzen, sie ist des Komponierens nicht wert. Dies ist eine von den vielen dummen Sagen, die in Dresden und Leipzig über sie herumgingen. Die Nuys ist eine in der Gegend von Hamburg und Bremen, wo sie wohnte, völlig als Mad. Nuys bekannte Frau seit

Dorothea Veit

langen Jahren – längern als ihr vielleicht lieb ist. [. . .] Schelling läßt
der Tischbein sagen, das wär' wenig, daß Goethe sie eine ange-
nehme Gegenwart genannt. Ihm wäre sie auch eine äußerst an-
genehme Erinnerung. Adieu, ich drücke Dich braun und blau an
mein Herz.«

Am 6. Oktober: »In der Nacht setz ich mich noch hin, damit Du
liebes Seelchen morgen gewiß ein Briefchen bekommst, da Du so
sehr jammerst. Du mußt bedenken, daß ich wirklich oft nicht schreiben kann, weil ich doch auch alle Deine kleinen Geschäfte neben
meinen großen versehe. Nur das neueste. Diesen Mittag kam die
Veit an, nachdem Friedrichs Ungeduld aufs höchste gestiegen war.
Also nun ist sie da – da ist sie – merke Dir's wohl. Sie hat ein
nationales, *c'est à dire* jüdisches Ansehn, Haltung und so weiter.
Hübsch kommt sie mir nicht vor, die Augen sind groß und bren-
nend, der Unterteil des Gesichts aber zu abgespannt, zu stark.
Größer wie ich ist sie nicht, ein wenig breiter. Die Stimme ist das
sanfteste und weiblichste an ihr. Daß ich sie liebgewinnen werde,
daran zweifle ich keineswegs. Vor dem Jungen *[Philipp]* fürchte Dich

nicht länger, *c'est un joli petit espiègle [ein hübscher kleiner Schelm]*, er wird Dir tausend Spaß machen, ich bin schon sehr gut Freund mit ihm.«

Am 14. Oktober: »Wir treiben sehr stark das Italienische, jeden Abend 7 Uhr gibt uns der heilige in Gott andächtige Vater Fritz eine Stunde, Schelling und mir. Die Veit ist dabei. Dir wird Fritz oder Wilhelm eine Zeitlang besonders Stunden geben müssen. Wir sind schon zu weit. Was Du letzt gegen Schelling sagtest, war gar nit hübsch. Wenn Du Dich gegen ihn so sträubst, so werd ich glauben, daß Du auf Dein Mütterchen eifersüchtig bist. *Er* ließ Dir das mit der spröden Mamsell natürlich nicht sagen, das war *ich*, und was ist denn unverständlich darin? Hast Du nicht zuweilen herbe Manieren wie ein saurer Apfel? Einen Beweis von Schellings Liebenswürdigkeit muß ich Dir erzählen, er hat mir heimlich schwarze Federn auf meinen Hut kommen lassen, der mir recht wohl steht. Nun denk! Ich war ganz verblüfft. [. . .] Die Lady Augusta Murray* ist wirklich in Berlin. Die Veit hat sie oft gesehn und kennt auch die Nuys persönlich. Haben wir uns schon für Carolinens *[Tischbein]* Konterfei der Nuys bedankt? Es sieht ihr wirklich gleich. Wilhelm hat es auch gleich zu sich genommen.«

Mit der in diesen Briefen besonders scharf betonten de Nuys hatte es eine Bewandtnis: Wilhelm Schlegel machte ihre Bekanntschaft am 31. August, und sie betraf ihn dermaßen, daß er der neunundzwanzigjährigen, frischgeschiedenen Bremerin schon am 13. September einen so stürmischen wie ausführlichen Bekenntnisbrief nach Braunschweig, wohin sie gereist war, nachschickte, in dem er sie nicht nur mit »liebste beste Elisa« anredet, sondern auch von den »Süßigkeiten eines Umgangs von wenigen Tagen« schwärmt. Und er gesteht auch, »man« sei »zu klug, um nicht durchzusehen«. Mit »man« ist Caroline gemeint, der die jähe Leidenschaft ihres Mannes nicht verborgen geblieben war. Sie hatte bisher die Liebschaften Wilhelms, vor allem seine Verehrung für »Unzeline«, großzügig toleriert; die Passion für Frau de Nuys aber ging ihr doch nahe, denn sie spürte sofort, daß diese Frau ihrem Mann mehr bedeutete als seine bisherigen Bettschätze. Denn von diesen macht sie in ihren Briefen kein Aufhebens, Frau de Nuys aber wird jetzt in einer Weise erwähnt, die Carolines persönliche Betroffenheit spüren läßt, die nur zu begründet ist, liest man Wilhelms innigen Brief an diese Frau, deren »exemplarische Schönheit« uns gerühmt wird. Die weitere Geschichte der Frau de Nuys braucht uns hier nicht zu interessieren – Schlegels altbewährte Berliner Liebschaften verdrängen sie auch aus seinem Gedächtnis –, aber wenn irgend etwas in diesem Herbst 1799 zu einem (wenn auch feinen) Riß in Carolines Ehe führt, so war es Wilhelms Schwärmerei für die schöne Elisa.

Doch zurück zu Carolines Briefen an ihre Tochter. »Meine liebe Auguste«, schreibt sie am 17. Oktober, »ich habe gestern Deinen Brief bekommen, woraus ich seh, daß Du eine wütige impertinente kleine Kreatur bist und auch den Schnupfen hast. [. . .] Mein bestes Mädchen, Dein ganzer Sinn ist bloß auf Belustigung gerichtet, und auf diese Weise wird nie etwas entschiednes aus Dir werden. Nicht nach dem Mütterchen sehnst Du Dich allein, obwohl ich weiß, Du tust das auch, und wir heulen auch gewiß beide vor Freude, wenn wir uns wiedersehn. Sei nur jetzt gescheit, sieh ein, daß Du nun noch nichts für Dein Singen hast tun können, und es war mir doch heiliger Ernst damit, wie ich Dich nach Dessau gehn ließ. Sollt ich Dich bloß zum Scherz von mir trennen?«

Am 21. Oktober: »Mein liebes Mädchen, wie kommt es, daß ich seit 3 oder 4 Posttagen nichts von Dir erhalte? Du ängstigst mich sehr. Ich habe Dir außer dem letzten jedesmal geschrieben. Einen Brief gab ich Schlegel nach Leipzig mit, damit er früher kommen sollte, der wird aber wohl dadurch später gekommen sein? Meine liebe Seele, bist Du nicht wohl? Bist Du betrübt? Wer weiß, ob Hufelands nicht doch noch über Dessau gehn und Du mit ihnen wiederkommst! Sie haben noch immer nicht aus Berlin geschrieben, und ich weiß nun gar nicht, wie es steht in der Welt – ich weiß nicht, was mein Kind macht. Meinst Du etwa, weil ich Dich noch dort lassen wollte, ich hätte Dich nicht lieb? Glaub nur, Du bist Deiner Mutter das teuerste, was sie hat, und das wirst Du schon noch fernerhin gewahr werden. [. . .] Am Donnerstag kamen Tiecks. Sie sind durch Dessau gekommen und glaubten Dich mit der Tischbein in Dresden, so daß sie Dich nicht gesucht haben und nur wahrscheinlich mit Dir in der Komödie waren, in den Arkadiern *[= »Die neuen Arkadier«, Singspiel von Franz Xaver Süßmayr]*. Häßlich ist die Tieck nicht. Hätte sie Anmut und Leben und etwas mehr am Leibe als einen Sack, so könnte sie für hübsch gelten. Das kleine Tieckchen *[Dorothea Tieck]* ist recht sehr hübsch und blühend geworden. Es macht sich übrigens alles recht gut zusammen. Den ersten Abend hat Schlegel gleich den König Richard* und gestern Tieck ein Stück von Holberg vorgelesen. Das soll alles noch einmal gelesen werden, wenn Du kommst. [. . .] Schillers Musenkalender ist auch da, das Gedicht von Imhoff *[= »Die Schwestern von Lesbos« von Amalie von Imhoff]* eben weiter nicht viel als ein Rudel Hexameter, aber über ein Gedicht von Schiller, *das Lied von der Glocke*, sind wir gestern Mittag fast von den Stühlen gefallen vor Lachen, es ist à la Voß, à la Tieck, à la Teufel, wenigstens um des Teufels zu werden. [. . .] Die Schillern hat eine Tochter. Die Mellish* auch, und denke Dir, erst vor ein paar Tagen kam sie nieder. Er schickte einen Expressen. Daß die Schiller schwanger, hast Du wohl nicht einmal gewußt? Gott segne Dich, Du weißt vieles noch nicht. Lernst Du denn doch wenigstens singen? Dein verzweifelndes Mütterchen.«

Der Brief vom 28. Oktober enthält jene politische Nachricht, die damals viele in Deutschland begeisterte: »*Buonaparte ist in Paris.** O Kind, bedenke es, es geht alles wieder gut. Die Russen sind aus der Schweiz vertrieben – die Russen und Engländer müssen in Holland schmählich kapitulieren, die Franzosen dringen in Schwaben vor. Und nun kommt der Buonaparte noch. Freue Dich ja auch, sonst glaub ich, daß Du bloß tändelst und keine gescheiten Gedanken hegst.«

Der dreißigjährige General Buonaparte, soeben von seinem fabulösen, die Phantasie anregenden Ägypten-Feldzug zurück, ist vielen damals eine Hoffnung auf Perpetuierung der Revolutionsidee. Das Malerische seines jungen Feldherrnruhms begeistert so manchen deutschen Poeten, der in ihm einen *Alexander redivivus* erblickt, und die Romantiker verehren ihn ganz besonders, glauben sie in ihm doch einen Förderer der Künste zu erkennen, durch den vielleicht auch eines Tages für sie etwas abfallen könnte. Novalis plant *Reden auf Buonaparte*, die er aber dann doch nicht schreibt. Die Brüder Schlegel bemühen sich in diesen Wochen, eine in Berlin angebotene Napoleon-Büste zu kaufen, und Wilhelm dichtet gar ein Sonett in italienischer Sprache* auf den Mann, den Hölderlin schon jetzt »den Allbekannten« nennen kann, und schickt es dem Vergötterten nach Paris.

Soviel zum Ideal, nun wieder zurück zum Leben, in dem gleichfalls ein Sonett vorkommt:

»Was die Menschen für Zeugs aushecken, das glaubst Du nicht. Ich werde Dir ein Sonett auf den Merkel schicken, der in Berlin geklatscht hat, der Herzog habe den Schlegels wegen des Athenäum

Luise Duttenhofer: Der lesende Tieck

Verweise geben lassen usw. Da haben sich Wilhelm und Tieck letzt Abends hingesetzt und ihn mit einem verruchten Sonett beschenkt. Es war ein Fest mit anzusehen, wie beider braune Augen gegeneinander Funken sprühten und mit welcher ausgelassenen Lustigkeit diese gerechte *malice* begangen wurde. Die Veit und ich lagen fast auf der Erde dabei. Die Veit kann recht lachen, was sie Dir wohl bestens empfehlen wird. Der Merkel ist ein geliefertes Ungeheuer. Davon erholt er sich nicht. Ein Mordslärm wird übrigens von allen Seiten losgehn. Schütz und Wilhelm haben artige Billette gewechselt, Schelling rückt der A. L. Zeitung mit voller Kraft auf den Leib. Doch diese Händel gehn Dich nichts an, die Russen und Buonaparte aber viel.«

Solche Momentaufnahmen aus dem Jenaer Kreis sind Carolines Stärke. Was verschlägt's, daß Garlieb Merkel beileibe nicht »geliefert« ist, ja sich nicht einmal zu erholen braucht? Er läßt nämlich das »verruchte Sonett« fröhlich vervielfältigen, was unbedingt für ihn spricht. Und wenn auch »die frechen Romantiker« (Thomas Mann) bei der Lektüre von Schillers *Glocke* fast von den Stühlen fallen vor Lachen: Das Gedicht wird seinen Siegeszug durch das deutsche Bürgertum antreten wie kaum ein anderes und für mehr als ein Jahrhundert zum Bildungskanon deutscher Gymnasien zählen. Aber ernsthaft geht es den Romantikern ja nicht etwa um eine Vernichtung des Gegners; der Spaß, den sie an ihrem Spott haben, trägt seinen Lohn in sich. Denn so unbändig ausgelassen sie polemisieren: Sie wollen allenfalls verletzen, niemals töten. Was nicht heißt, daß es ihnen nicht in ihrem Wollen ernst gewesen wäre, aber jedweder blindwütige Fanatismus geht ihnen ab, das macht sie so sympathisch. Hatte die boshafte Polemik im *Athenäum* zunächst noch gefehlt, so sollte das jetzt anders werden. »Daß Grobheiten ins nächste Stück kommen müssen«, schreibt am 5. Oktober 1799 der Theologe Schleiermacher an Wilhelm, »darüber bin ich ganz Ihrer Meinung. Schränken Sie nur, um es möglich zu machen, den Kampfplatz nicht zu sehr ein. Seien Sie freigebig! Geben Sie Tieck den Iffland preis, Bernhardi den Herder, und Ihrem Bruder den Schiller, so stehe ich Ihnen dafür, daß Sie die göttlichsten Teufeleien bekommen.«

Opfer der »Teufeleien« ist zum Beispiel Wieland, der sich noch kaum von dem Ärger über die *Xenien* erholt hat und jetzt dies im *Athenäum* lesen muß:

»Wieland wird Supplemente zu den Supplementen seiner sämtlichen Werke herausgeben unter dem Titel: Werke, die ich sogar für die Supplemente zu schlecht halte und völlig verwerfe. Diese Bände werden aber unbedruckte Blätter enthalten, welches sich besonders bei dem geglätteten Velin schön ausnehmen wird.«

Noch ärger aber ist jene »Teufelei«, die Wieland des krudesten Plagiats bezichtigt:

»Nachdem über die Poesie des Hofrat und *Comes Palatinus Caelareus* Wieland in Weimar, auf Ansuchen der Herren Lucian, Fielding, Sterne, Bayle, Voltaire, Crébillon, Hamilton und vieler andern Autoren *Concursus Creditorum* eröffnet, auch in der Masse mehreres verdächtige und dem Anschein nach dem Horatius, Ariosto, Cervantes und Shakespeare zustehendes Eigentum sich vorgefunden; als wird jeder, der ähnliche Ansprüche *titulo legitimo* machen kann, hierdurch vorgeladen, sich binnen Sächsischer Frist zu melden, hernachmals aber zu schweigen.«

So war es nach Schleiermachers Geschmack. Aber Schiller fehlte! Und der Theologe spricht wieder bei Wilhelm vor: »Und was für eine himmelschreiende Sünde ist es, solch ein risibles Subjekt zu vernachlässigen, wie der Schiller ist mit seinem kaum ausgekrochenen und schon zusammengeschmolzen werden sollenden Wallenstein! Und welch ein herrlicher Beweis an Rücksichtslosigkeit wäre es, wenn Sie ihn springen ließen.«

Dazu aber kann sich Schlegel nicht verstehen. Mit Schiller hatte es schon genug Spannungen gegeben; Schiller ist mit Goethe befreundet, der stets mäßigend auf die Parteien einzuwirken sucht, und mit Goethe wollen es die Romantiker auf gar keinen Fall verderben. Im Gegenteil: Sie ziehen ihn ins Vertrauen, sie bitten um seinen Rat. Und »der alte Herr«, wie das junge Volk den Fünfzigjährigen nennt, hat sich – so Wilhelm – »so herzlich und wahrhaft väterlich gegen uns benommen, daß sein Rat alle Rücksicht verdient«.

Wenn man sich über Schiller lustig macht, so nur in den eigenen vier Wänden. »Die ließe sich herrlich parodieren«, ist Carolines Meinung von der *Glocke*. Worauf ihr Ehemann zur Freude aller reimt:

Wenn jemand schwatzt die Kreuz und Quer,
Was ihm in Sinn kommt ungefähr,
Sagt man in Frankreich wohl zum Spotte:
Il bavarde à propos de bottes.
Bei uns wird wohl das Sprichwort sein:
Dem fällt bei Glocken vieles ein.
Der Dichter weiß ins Glockengießen
Das Los der Menschheit einzuschließen:
Er bricht die schönen Reden, traun!
Vom Glockenturm und nicht vom Zaun.

Auch Schillers Gedicht *Die Würde der Frauen* (»Ehret die Frauen! sie flechten und weben / Himmlische Rosen ins irdische Leben . . .«) provoziert am Löbdergraben unbändiges Gelächter und animiert Wilhelm Schlegel zu diesem Einfall:

Ehret die Frauen! Sie stricken die Strümpfe,
Wohlig und warm, zu durchwaten die Sümpfe,
Flicken zerrissene Pantalons aus;
Kochen dem Manne die kräftigen Suppen,
Putzen den Kindern die niedlichen Puppen,
Halten mit mäßigem Wochengeld haus.
Doch der Mann, der tölpelhafte,
Find't am Zarten nicht Geschmack.
Zum gegornen Gerstensafte
Raucht er immerfort Tabak;
Brummt, wie Bären an der Kette,
Knufft die Kinder spat und fruh;
Und dem Weibchen, nachts im Bette,
Kehrt er gleich den Rücken zu.

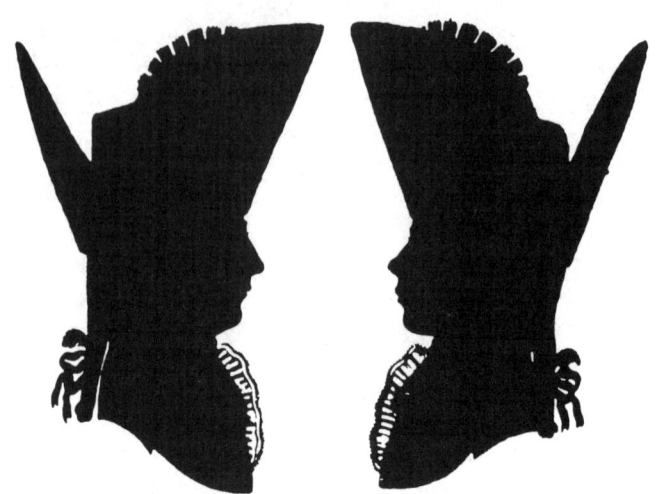

Zwei Jenaer »Jungfüchse« (oben) und ein Student (1798)

Sicher wäre das eine ideale »Teufelei« nach Schleiermachers Geschmack gewesen, aber Schlegel läßt dergleichen nicht aus dem Haus. Erst 1846 – als außer Schelling keiner der Beteiligten mehr lebt – werden Wilhelms Schiller-Parodien veröffentlicht.

Schiller, und das weiß Schlegel, ist kein Garlieb Merkel, der auf ihn gemünzten Spott auch noch selbst verbreitet; Schiller hätte eine solche Publikation schwer, vielleicht sogar tödlich verwunden können. Daß ausgerechnet ein Theologe, nämlich Schleiermacher, beständig nach Giftpfeilen verlangt –, darüber mag man freilich nachdenklich werden, zumal ihn alle Zeugnisse sonst als weich und mildherzig ausweisen.

So also geht es im Jenaer Kreis zu. Was Wunder, wenn Carolines grämliche Mutter eines Tages der Tochter erklärt, sie werde sie nicht wieder besuchen, da sie den vielen Witz nicht vertragen könne. »Überhaupt ist das Geschrei groß über uns und unsre Frechheit«, triumphiert Friedrich Schlegel. Der alte Wieland nimmt es eher mit gutem Humor; man erfährt, er habe von den Brüdern als den »beiden Götterbuben« gesprochen, was Caroline veranlaßt, darüber nachzudenken, »ob er mehr Akzent auf das Göttliche oder Bübische gelegt«. Man darf nicht vergessen: Die Romantik ist eine »Jugendbewegung«, mit der die ältere Generation auch sonst ihre Schwierigkeiten und Sorgen hat; ihr jugendlicher Elan macht sie in Jena schnell zum Mittelpunkt für die junge Generation, auch wenn die Zahl der Studenten als Folge von Fichtes Vertreibung rückläufig ist. »Man geht hier nicht aus«, schreibt Dorothea Veit, »oder man hört von *Wilhelm Meister*, Transzendentalphilosophie und Silbenmaßen sprechen. [. . .] Dabei tönen aus jedem Haus Gitarren und Geigen.«

Aber inmitten des heiteren Geplänkels wird es plötzlich ernst: Huber meldet sich. Huber – erinnert man sich seiner noch? Er ist jenes bescheidene Talent, das der Nachwelt nur darum bekannt wurde, weil es zum Geliebten von Georg Forsters Frau avancierte. Huber also sucht sich am Zipfel des jungen Romantikerruhms festzuklammern, indem er wissen läßt, er werde in der *Allgemeinen Literatur Zeitung* das *Athenäum* (»eine Verbrüderung nicht gemeiner

Talente und Kenntnisse«) verreißen, was denn auch am 21. November geschieht. Caroline kennt den Text noch nicht, als sie ihm einen Tag später antwortet. Zwar ist Hubers Brief an Wilhelm gerichtet, aber Caroline öffnet ihn, weil Wilhelm »auf mehrere Tage verreist« ist, »um Augusten wiederzuholen, die wir seit 8 Wochen nicht bei uns gehabt haben«.

Ihre an Huber gerichteten Beschwörungen nützen natürlich nichts mehr, die Rezension ist im Druck. Bemerkenswert aber ist, wenn sie an ihrer beider Mainzer Erinnerungen appelliert: »Es bildet sich jetzt ein *allgemeiner* Kampf des Guten und Schlechten. Sie kennen revolutionäre Zeiten und sollten an der Weise nicht kritteln. Was Sie wollen, nennt man im Politischen halbe Maßregeln, ich gestehe, ich halte Sie, auch im Politischen, für zu friedliebend, zu genau abwägend, darum haben Sie eine größere Wirkung verfehlt, die Ihnen sonst gewiß zu Gebote stand. Was ich hierüber meine, ist gewiß nicht Liebe zum Streit. An meinen Vorstellungen, ja an meinen dringenden *Bitten*, hat es nicht gelegen, daß nicht die Hälfte des Anzeigers im Athenäum unterdrückt wurde *[im »Literarischer Reichsanzeiger« überschriebenen Teil der Zeitschrift stehen die »Teufeleien«]*. Ich habe zuletzt der männlichen Gewalt nachgegeben, ich habe geschwiegen, wie ich das eben in politischen Angelegenheiten auch tun würde, im Glauben, daß, aller unsrer Vernunft zum Trotz, die Männer dieses doch besser verstehen. Jetzt, da es geschehen ist, kommt es mir notwendig vor, und wenn sich die ganze Welt dagegen auflehnte, wie es ja auch geschieht.« Da Huber außerdem zu verstehen gibt, er werde sich auch noch die *Lucinde* vornehmen, und bei dieser Ankündigung zugleich Friedrich analysiert, holt Caroline aus:

»Ihre psychologischen Bemerkungen über Friedrich sind wirklich ebenso ungegründet. Das ist ja doch wohl psychologisch, einen der Affektation, der Sucht nach Originalität zu beschuldigen. Er weiß gar nicht anders, als daß man so wunderbar ist, wie er den Menschen erscheint. Er wundert sich kindisch über unsern Widerspruch und Kopfschütteln. Friedrich ist ein tiefsinniger, oft tiefgrübelnder, innerlich großer Mensch, der äußerlich ein Tor einhergeht. Selbst die künstliche Absichtlichkeit seiner Kompositionen behandelt er mit kindlicher Zuversicht und Unbewußtheit. Er ist in allem aufrichtig, bis in den tiefsten Grund der Seele hinein. Und da sprecht ihr nun so leichthin von Affektation, und daß der Mensch verkehrt sei, oder vielmehr sich verkehrt machen wolle – und Sie sollten doch bedenken, daß es von je der außerordentlichen Menschen Schmach gewesen ist, so auszusehen. Lucinde hätte nach meiner Meinung nicht gedruckt werden müssen, nämlich in der Gegenwart nicht. In 50 Jahren da könnt ich es leiden, daß sie vor 50 Jahren gedruckt worden wäre. Wozu hatten Sie aber nötig, sie zu rezensieren, das, dächte ich, hätte noch weit weniger geschehen müssen, zumal da sie noch nicht fertig ist. – Denken Sie nicht, daß diese Männer sich untereinander schmeicheln und etwas weismachen: sie kennen sich, sie sagen sich ihre Wahrheiten, aber sie haben ein Ziel – und das haben sie sehr fest in den Augen. Ich könnte mir sehr den Triumph wünschen, Sie persönlich unter uns zu sehen. Es würde lebhafte, prächtige, beredte Disputen geben. – Was sprechen Sie von Faktion? Keine Revolution ohne Faktion, das wissen Sie, oder sind Sie plötzlich so *modéré* geworden? Zu den Klagen gegen die LZ. und Schlegels Erklärung schließen sich Fichte und Schellings Sache und Klage unmittelbar an. Das alles wird noch viel lauter werden, und die LZ. fürchtet sich bitterlich. Sie haben das ihnen mögliche getan, um S. Erklärung zu verhindern, die sie nun so nach Hufelandscher Art fein und hinterlistig, auch etwas langweilig, beantwortet haben. Und glauben Sie denn, daß in die Sache der schlechten Schriftsteller nicht auch die hohen Häupter gemischt werden? Es ist alles geschehen, um den Herzog aufzuwiegeln, und was der nicht tat, oder nicht tun konnte, wurde ihm angelogen. Und alle dies Volk wird sich nun ausgelassen über Ihre Rezension freuen *et vous avez bien merité de la patrie!* Die Redaktoren fügen sicher noch die Anmerkung hinzu, daß sie von einem Freund Schlegels sei.«

Zwei Tage später – sie hat jetzt Hubers Rezension gelesen – schickt Caroline einen zweiten Brief. In der Form höflich, in der Sache aber gnadenlos sagt sie Huber ihre Meinung:

»In jener Zeitschrift, die sehr zufällig als Zeitschrift erschien, woran Sie sich doch so besonders hängen, ist von Philosophie, Kunst, sowohl bildender als Kunst überhaupt und dem Altertum die Rede. Sie wissen viel besser, wie ich es Ihnen sagen könnte, daß Sie dieses alles nur sehr oberflächlich kennen, Philosophie ganz und gar nicht, die Kunst sehr verworren – selbst die Poesie ist Ihnen nie als freie Kunst erschienen. Einer Bekanntschaft mit dem Altertum können Sie sich keineswegs rühmen, die Schlegels beide in so hohem Grade haben – es ist mir noch erinnerlich, daß Sie das Griechische völlig vernachlässigt hatten, bloß als Sprache genommen – und Sie schreiben oft in Ihrer eignen Sprache so, daß man zweifeln könnte, ob Sie die Härten und das Hammerwerk richtig zu beurteilen imstande wären. Also, da dieses alles fehlte, warum vollbrachten Sie denn die Arbeit? Darüber gibt Ihr Brief Licht – wo die Kenntnisse mangelten, sollte es der Charakter tun, mit der Charakterstärke, die Sie Schlegel bitten vorwalten zu lassen, wollten Sie die Schlegels bezwingen, die Ihren Unwillen rege gemacht hatten. Dazu glaubten Sie sich berufen, statt eines schlechteren etwa, das *edle* Organ des gesamten Unwillens vom heiligen Volke von Athen zu werden. Wie heiß werden Ihnen auch Böttiger, Kotzebue, die ALZ, Nicolai etc. samt allen Gegenern Fichtens und alles, was Höfen und Fürsten anhängt, dafür danken.«

Offenbar hat dieser Hieb gesessen, denn Huber reagiert darauf erst am 9. Januar 1800 mit der Arroganz des beleidigten Männchens: »Ich bin zu galant«, schreibt er an Wilhelm Schlegel, nicht etwa an Caroline, »um zu sagen, daß ein Brief von einer Frau des Zurückschickens an seinen Eigentümer nicht wert ist; ich bin zu aufrichtig, um das Zurückschicken ausdrücklich zu fordern...« Außerstande, Carolines Argumenten etwas entgegensetzen zu können, spielt er die eingebildete Überlegenheit des dummen Mannes aus, der anders einer ihm weit überlegenen Frau nicht zu antworten versteht. Und dazu wird ihn seine Therese entsprechend inspiriert haben, die noch haßerfüllt drei Jahre später ihrer Tochter schreiben wird, Caroline habe in diesem Brief »die Würde unseres Geschlechts« vergessen.

Natürlich kommt dieser ganze Streit nicht zufällig, natürlich steckt mehr dahinter als nur eine Kontroverse zwischen Huber und Schlegel. Das Verhältnis zwischen den Romantikern und der *Literatur Zeitung* hatte sich in den letzten Monaten immer mehr verschlechtert, der Redaktion paßte längst die ganze Richtung nicht mehr. Statt aber auf saubere Trennung zu drängen, gefiel sich das Blatt in verdrehten Behauptungen und gab unqualifizierten Kritikern Gelegenheit, die Arbeiten der Romantiker, die immerhin schon sehr lange für das Blatt geschrieben hatten, auf dümmlichste Weise zu attackieren, vornehmlich Schellings. Wilhelm Schlegel kündigte die Mitarbeit und veröffentlichte eine Aufstellung aller seiner 300 für die ALZ (anonym) geschriebenen Rezensionen. Damit ist der Bruch mit der Zeitung da, und die Schlegels sehen seither »selbst unsre *nächsten Nachbarn* nicht mehr«, wie Caroline an den Tasso-Übersetzer Gries schreibt, der Caroline als »die geistreichste Frau, die er gekannt«, verehrt. Die Schlegels und ihre Freunde, sich ihres Wertes sehr wohl bewußt, leiden unter dem Zank nicht im mindesten; man weiß jetzt wenigstens genauer, wo der Feind steht und wer ihn unterstützt. Das Weihnachtsfest wird in diesem Jahr am Löbdergraben nicht darunter leiden: »Wir haben uns alle untereinander mit artigen Kleinigkeiten und artigen Versen beschenkt«, schreibt Caroline an Gries. »Eine grüne elastische Schärpe« sei Schellings Geschenk für Auguste gewesen, mit diesem Gedicht:

Laß dieses Band den holden Leib umfangen
Elastisch, wie was über ihm sich regt;
Indes manch Herz voll Bangen und Verlangen
Dir insgeheim und still entgegenschlägt,
Färbt doch nur *einer* Dir die zarten Wangen,
Den fern von Dir des Schicksals Fittich trägt;
Laß nie der Hoffnung süßes Grün ersterben
Und, wer's verdient, das Himmelreich erwerben.

Mit dem *einen*, dem Auguste offenbar einige Neigung entgegenbringt, ist Schellings Freund, der junge Norweger Henrik Steffens[*], gemeint, den man auf Reisen wähnt, der aber in diesem Augenblick zur Tür hereinkommt, was allen »ein großer Spaß« bedeutet, »wie ihn des Schicksals Fittich just dazu herführte«, so Caroline. Sie selbst bekommt von Schelling ein paar goldene Armreifen geschenkt, dazu die Verse:

Nach goldnen Äpfeln in silbernen Schalen
Wie man uns tut die Weisheit malen,
Kann wahrlich mir das Herz nicht hangen,
Wonach ich weit mehr könnt' verlangen
Sind silberne Arme mit goldenen Spangen.

Wie Schlegel diesen Wunsch aufnimmt, sagt Caroline nicht. Daß Schelling ihr nicht gleichgültig ist*, daß er für sie mehr bedeutet als Freunde wie Tieck oder Novalis, ist für den Kreis längst unübersehbar geworden. Novalis hat gerade in dieser Zeit zwei hellsichtige Sätze niedergeschrieben, deren tiefe Wahrheit erst heute mehr und mehr begriffen wird: »Krankheiten müssen als körperlicher Wahnsinn, und zwar als *fixe Ideen* zum Teil, angesehen werden«, lautet der eine. Und der zweite, daraus folgende: »Jede Krankheit kann man Seelenkrankheit nennen.«

Es ist in diesem Buch darauf verzichtet worden, Carolines Krankheiten – und sie ist sehr oft krank – zu protokollieren. Ohne das jetzt nachholen zu wollen – dabei der beträchtlichen Lücken in ihrer Korrespondenz eingedenk –, läßt sich sagen: Es gibt kaum eine tiefgreifende seelische Veränderung in ihrem Leben, die nicht von Krankheit begleitet würde. In Zeiten seelischer Stabilität ist sie nicht krank, und frei von Krankheit ist sie auch in der Zeit der Kerkerhaft, wo alles in ihr darauf konzentriert ist zu überstehen. Jetzt aber, wo ihr immer deutlicher wird, wie sehr sie Schelling liebt und daß dies zwangsläufig das Ende ihrer Ehe bedeutet, erkrankt sie so schwer wie bisher noch nie in ihrem Leben. Die Diagnose lautet »Nervenfieber«, was sowohl Ruhr wie Typhus bedeuten kann, die Medizin jener Tage kann zwischen beiden Krankheiten noch nicht genau unterscheiden. Anfang März 1800 ist ihr Leben in Gefahr. Der

Arzt verordnet in seiner Hilflosigkeit ein »fatales Senfpflaster an der Wade«, das alles nur verschlimmert. Jetzt greift Schelling ein und dringt auf die Anwendung der Brownschen Methode.

Der schottische Arzt John Brown hatte 1780 folgende Theorie entwickelt: Das Innere des Menschen befindet sich, durch seine Nerven, im Zustand der Erregbarkeit; Erregung selbst entsteht dann, wenn Reize von außen (»Potenzen«) – Wärme, Kälte, Luft etc. – sich mit der Erregbarkeit im Organismus verbinden, wobei der Außenreiz durchaus auch psychischer Natur sein kann. Aus der Mischung von Reiz und Erregbarkeit entstehen Krankheiten, je nach dem Verhältnis von Außenreiz zur Erregbarkeit sind sie »sthenischer« oder »asthenischer« Natur. »Sthenische« Krankheiten behandelt man mit abführenden, schweißtreibenden oder brechreizbewirkenden Mitteln; »asthenische« mit Alkohol, Opium, Äther, Kampfer, Quecksilber und Arnica. »Dies ist jenes wunderbare Verhältnis entgegengesetzter Faktoren, zwischen welchen das organische Leben gleichsam balanciert, ohne je aus ihm heraustreten zu dürfen – ein Verhältnis, das John Brown zuerst geahndet«, hatte Schelling ein Jahr zuvor in seinem »Ersten Entwurf eines Systems der Naturphilosophie« geschrieben. »Die Entdeckung dieses Verhältnisses ist einer der tiefsten Griffe in die organische Natur. Denn das Individuum nicht nur, sondern die ganze organische Natur schwankt zwischen jenen Grenzen.«

Daß die Brownsche Erregungstheorie (die in der Praxis mehr geschadet als genutzt hat) damals soviel Beifall und Anhänger findet (Novalis: »Brown ist der Arzt unserer Zeit«), ist verständlich. Die Romantik hat über das Wesen der Krankheit viel nachgedacht. »Woher kommt Krankheit als aus Verdrossenheit zur Entwicklung, daher, daß die einzelne Kraft nicht mit dem Ganzen fort will, nicht dem Ganzen ersterben, sondern eigenwillig für sich sein?« So Schelling. »Das Ideal einer vollkommenen Gesundheit ist bloß wissenschaftlich interessant. Krankheit gehört zur Individualisierung.« So Novalis. Und wenn Carl Gustav Carus 1840 schreibt, »Der Schlüssel zur Erkenntnis vom Wesen des bewußten Seelenlebens liegt in der Region des Unbewußtseins« (hier wird dieses Wort erstmals geprägt), so entspringt das genau dem romantischen Denken. Nicht nur, daß die Romantiker einen Leib-Seele-Dualismus nicht gelten lassen; sie beschäftigen sich auch so intensiv wie niemand vor ihnen mit der Erkundung der Psyche, etwa auch mit der Frage nach der Identität und dem Identitätsverlust. Nur bleiben Erkenntnis und Praxis fast unvereinbar. Wie eigentlich immer sind die Romantiker genial in ihren spontanen Einfällen, die oft weit in die Zukunft vorausweisen. Aber weder können sie ein System entwickeln, das eine Grundlage abgäbe für – etwa – eine psychiatrische Behandlung, noch können ihre erstaunlichen Einsichten in die Psyche des Menschen und das Wesen von Krankheit vergessen machen, daß die medizinische Praxis jener Zeit erbärmlich ist. Übertrieben formuliert: Noch immer sind Purgieren und Aderlaß die Säulen, auf denen die Medizin jener Zeit ruht. Demgegenüber muß natürlich Browns System revolutionär erscheinen. Wie gefährlich es aber war, sollte erst eine leidvolle Praxis erweisen.

Bei der Behandlung Carolines hat Schelling Erfolg – wobei nicht untersucht werden soll, ob Caroline gesundete auf Grund der von Schelling gewählten Behandlungsmethode, deren genaue Indikationen wir nicht kennen. Jedenfalls dringt Schelling als erstes auf die Entfernung sinnloser Senfpflaster und versucht es mit Reizmitteln wie Chinin, Wein, Moschus, Opium, Bouillons und »nährende Cremen« – »und sieh da, es geschehen Wunder vor unsern Augen«, schreibt Friedrich Schlegel. Den »Ungarwein« schickt übrigens Goethe, und Wilhelm weiß ihm zu berichten, der Wein habe sich als »wahrer Balsam« erwiesen. Anfang Mai hat sich Caroline soweit erholt, daß an eine Badekur zur Regeneration ihrer Kräfte gedacht werden kann.

Die Wahl fällt auf Bad Bocklet in Unterfranken. Bis Rudolstadt bringt Wilhelm Caroline und Auguste, dann begleitet Schelling Mutter und Tochter nach Süddeutschland. Im doppelten Sinne wird es eine Reise ohne Wiederkehr. In wenigen Wochen wird nichts mehr so sein, wie es einmal gewesen ist.

»Du weißt, ich folge Dir, wohin Du willst, denn Dein Leben und Tun ist mir heilig, und im Heiligtum dienen – in Gottes Heiligtum – heißt herrschen auf Erden.«

Caroline an Schelling, 9. Juni 1800

Anfang Dezember, also noch vor Carolines Krankheit, hatte Friedrich Schlegel an Schleiermacher geschrieben, Caroline und Dorothea stimmten »sehr gut zusammen, besser als ich hoffte, so gut als ich nur immer hoffen darf, daß Dorothea je mit einer Freundin, deren Bedürfnis sie so sehr fühlt, harmonieren kann«. Aber am 15. Mai, nach Carolines Abreise, schreibt Dorothea Veit an Schleiermacher: »Die törichte Frau! aus welchem Herzen hat sie sich mit Gewalt gerissen! Aus einem von Gott gesegneten blühenden, goldne Früchte tragenden Garten hat sie sich gerissen, um in einer rohen Wüste zu *regieren*! Ich seh sie niemals wieder!«

Das sind die letzten Sätze eines langen Bekenntnisbriefs, in dem Dorothea Veit ihren blindwütigen Haß austobt. Ein halbes Jahr hat genügt, um aus zwei Frauen, die Freundinnen schienen, die bittersten Feindinnen zu machen.

Die ersten Wochen des Zusammenlebens waren harmonisch verlaufen. Die durch trübe Erfahrungen verschüchterte Dorothea – Scheidung einer bürgerlich reputierlichen Ehe, zwei Kinder, Liebesverhältnis mit einem von der Gesellschaft wenig geachteten, mittellosen Schriftsteller, Jüdin dazu – hatte in Jena dank Caroline eine so vorurteilslose wie herzliche Aufnahme empfangen. Ihren Gefährten Friedrich betete Dorothea an, diese Redensart darf man hier wörtlich nehmen; aber: Sie war doch eigentlich nur geduldet in einem Haus, in dessen Erdgeschoß sie wohnte (Friedrichs Räume lagen unterm Dach), über ihr, im ersten Stock hatten Caroline und Wilhelm ihre Zimmer, deren Fenster übrigens alle in den Hinterhof gingen. Als »Wunderfrau«, die sogar »noch Strümpfe stricken kann«, erscheint eine Hausfrau wohl nur aus der Ferne, aber auch aus der Nähe kommt Caroline gut weg.

»Caroline ist wirklich sehr liebenswürdig, lieber Freund!« schreibt Dorothea am 11. Oktober 1799 an Schleiermacher. »Wäre sie es auch nur in dieser einzigen Rücksicht, daß sie die Wirtin so leicht und in einer so angenehmen Manier macht, daß es jedem wohl im Hause werden muß. Sie ist es aber noch in mancher andern Rücksicht, sie ist dienstfertig, gefällig und unermüdlich, es einem jeden rechtzumachen. Sie spricht hübsch, manchmal mit etwas Pathos, aber in der Gesellschaft zeichnet sie sich eben nicht durch Einfälle oder Witz aus, so wie sie überhaupt sich von ihren eigentlichen Verdiensten nichts merken läßt. [. . .] Von Arroganz habe ich noch nichts gemerkt, das heißt, sie spricht oder urteilt nicht leicht von Dingen, die sie nicht versteht, obgleich sie oft ein eignes Urteil hat und es zu behaupten sucht. Aber Capricen und Launen kommen oft mit einiger Heftigkeit zum Vorschein, doch weiß sie es gleich drauf mit sehr guter Art wieder vergessen zu machen, wenn sie etwas Hartes gesagt hat. Auch ist sie gar nicht so lebhaft und lustig, als man nach ihren Briefen schließen sollte; ob das nur momentane trübe Stimmung oder wirklicher Hang zur Schwermut ist? Das kann ich noch nicht beurteilen. – Die Levi *[Rahel Levin in Berlin]* sagte mir: sie sei sehr hübsch kokett gegen ihren Mann; das möchte ich wohl folgenderweise einschränken: Sie ist sehr kokett! wirklich recht sehr, aber doch auch hübsch, das kann man ihr nicht ganz nehmen. Zugleich stört ihre Koketterie die Gesellschaft nicht, weil sie nicht was man nennt ins Blaue hinein kokettiert, sondern irgendeinen Zweck zu ihrem End und Ziel macht, und wer wäre dann nicht gern diskret, da sie so bescheiden ist? Den Fehler der Frauen, die so ins Unendliche hinein kokettieren, den hat sie nicht, nämlich den: jede andre um sich zu verdunkeln; sie freut sich, im Gegenteil, mit jedes fremde Verdienst. [. . .] Sinn hat sie aber gewiß für alles Schöne und

Gute. Sie ist nicht schön, aber sehr angenehm und gefällig. [. . .] Sie hat braunes Haar, das sie kurz und kraus um den Kopf trägt, sie ist so groß als ich, aber ihre Figur ist feiner und graziöser, in der Figur. [. . .] Sie kleidet sich simpel, aber nett, und in einem recht guten Geschmack; so ist auch die Einrichtung und die Möbel im ganzen Hause, und so der Tisch, nett, reinlich, zierlich und einfach. Da sie sich alles, was sie trägt, selbst macht, so ändert sie ohne große Kosten ihren Anzug sehr oft und erscheint immer frisch und niedlich, auch sitzt ihr alles sehr gut.«

Die »ewigen ängstlichen Neckereien und Zankereien« zwischen Wilhelm und Caroline behagen Dorothea zwar weniger, aber »die Veit« sucht sich damit zu trösten, daß dies bei einem Paar, das mehr »als liebende Freunde« zusammenlebt (»es ist nicht viel vom Sakrament zu merken«), wohl nicht anders sein könne. Caroline lache sie wegen ihrer Ängstlichkeit nur aus.

Nach zwei Wochen kann sich Dorothea schon ein besseres Bild machen: »Caroline ist liebenswürdig und bleibt es, trotz der nähern Bekanntschaft. Ewig schade, daß sie ihr seltnes Talent für die Kunst nicht übt und mit Ernst bildet. So nimmt ihr aber die schöne Weiblichkeit alle Zeit und alle Gedanken. Im Grunde glaube ich nicht, daß sie zu dem Leben, wie es ihr hier angewiesen ist, rechte Liebe hat. Ihr Wunsch ist wahrscheinlich, einen glänzenden Weg zu gehen. Sie ist freundlich und lebhaft, aber nie vergnügt, nie fröhlich. Auch ist oft ein Zerstreutsein, eine merkliche Abwesenheit in ihrem Wesen merklich kurz, ich glaube nicht, daß sie glücklich ist.«

Am 18. November geht an Rahel Levin diese Charakteristik: »Mit Carolinen bin ich sehr zufrieden, ich stehe mit ihr aufs beste, und das ist nicht so etwas Leichtes; denn sie schmeichelt nicht ein einzigesmal und tut dergleichen nie aus reiner Gefälligkeit, ich mußte also von ihrer Seite eine etwas scharfe Prüfung ausstehen, eh sie mir gut ward, freundlich war sie aber von Anfang an. Was mir aber sehr schätzbar an ihr ist, das ist ihre zwar etwas harte, aber immer brave Gradheit und Aufrichtigkeit. So urteilt sie über jedes Werk der Kunst und über alles ganz dreist; was aber von andern arrogant wäre, liegt bei ihr in der Unbefangenheit und unbesonnenen Rücksichtslosigkeit ihres Charakters. Sie ist wirklich recht sehr brav, und jedes Gute an jedem Menschen steht bei ihr am rechten Ort angeschrieben. Sie hat zwar eine sehr hohe Meinung von sich, eigentlich sollte aber jeder rechtliche Mensch diese von sich haben, besonders, wenn sie so neben der Gerechtigkeit für jedes fremde Verdienst steht als bei Carolinen und so ganz naiv sich bei jeder Gelegenheit zeigt und niemals die hohe Meinung über sich selbst im Herzen versteckt, während sie eine für einen anderen erheuchelt. Man ißt auch in ihrem Hause sehr gut, sie macht die Wirtin sehr gut und mit einem leichten Anstand. Wie sie sich aber in einem fremden Haus mit ihrer dreisten Zuversichtlichkeit und ihrem unbekümmerten Wesen ausnehmen möchte, ist schwer zu sagen; etwas sauer möchte sie es einem wohl machen, ihre Wirtin zu sein! Ich bin ihr aber recht gut geworden und setze das unumschränkteste Zutrauen in sie. Sehr hübsch ist es, wie diese Frau ihre Jugend so erhält, sowohl körperlich als geistig. Was Sie mir von ihrer Koketterie gegen Wilh. Schlegel sagten, gab mir gleich anfangs die Vermutung, daß sie ihn nicht liebt, wovon ich nun die völlige Überzeugung habe.«

Und dann, zu Ende des Jahres 1799, tritt etwas zwischen diese beiden Frauen, was sie sehr rasch entfremdet. In einer undatierten Tagebuchnotiz vermerkt Dorothea: »Caroline *beurteilt* alle Menschen ganz gleich, nämlich sie hält alle für dümmer als sie selbst ist, *behandelt* sie aber sehr verschieden und in unendlichen Nuancen, ihren Absichten gemäß. Ich hingegen *beurteile* die Menschen wieder ebenso verschieden, *behandle* sie aber alle gleich, das heißt, ich behandle sie gar nicht, ich gehe bloß mit ihnen um oder traue ihnen. Da ich niemals *Absichten* habe, so verwechsle ich das oft und werde betrogen, statt daß Caroline sich immer selbst betrügt. Kurz, wir fehlen beide, sie in der *Beurteilung*, ich in der *Behandlung*, wenn man eigentlich meine gleichmütige Offenheit ›Behandlung‹ nennen will.«

Dazu eine zweite Tagebucheintragung Dorotheas: »*Und er soll dein Herr sein!* – Diese Worte des Schöpfers sind nicht Moralgesetz, sondern *Naturgesetz* und als solches liebevolle Warnung und Erklärung. Es können Frauen durch die unvernünftige Herrschaft der Männer unglücklich sein, ohne diese Herrschaft sind sie aber auf immer verloren und das ohne alle Ausnahme.« Beide Tagebuchstellen sind im wörtlichen Sinne aufschlußreich, denn sie bezeugen den tiefen Gegensatz zwischen diesen beiden Frauen, und der ist der eigentliche Anlaß für den Bruch. Natürlich ist es nicht wahr, daß Caroline »alle für dümmer als sie selbst« hält, ihre Briefe beweisen das Gegenteil.

Aber ihr mangelt es nicht an einem gesunden Selbstbewußtsein; nie verstand sie sich zu einer demütig dienenden Rolle, mit der sie ihr Ich preisgäbe, dessen Verdienste sie kennt, aber sie ist darum niemals dünkelhaft, niemals arrogant – was Dorothea zunächst auch ganz klar erkennt, wie denn ihre hier bisher zitierten Charakteristiken eine sehr präzise und gerechte Beurteilung Carolines liefern, die kein Biograph besser treffen könnte. Dorothea hingegen, von plumper Leiblichkeit und unschönem Gesicht, gebricht es nach eigenem Eingeständnis an Selbstbewußtsein, wobei die gesellschaftliche Verfemung das ihrige tut. Gewiß ist sie alles andere als ein »Heimchen am Herd«, aber sie hätte mit Sophie von Faninal aus Hofmannsthals *Rosenkavalier* sagen können: »Ich aber brauch' erst einen Mann, daß ich was bin. Dafür bin ich dem Mann dann auch gar sehr verschuldet.« Caroline hätte die Veröffentlichung der *Lucinde* (»wenn ich seine Geliebte wäre«) nicht zugelassen, wie sie sagte. Dorothea aber, die unter den Indiskretionen des Romans leidet, nimmt die Demütigung willig auf sich: »Ich denke aber wieder, alle diese Schmerzen werden vergehen mit meinem Leben, und das Leben auch mit; und alles, was vergeht, sollte man nicht so hoch achten, daß man ein Werk darum unterließe, das ewig sein wird. Ja, dann erst wird die Welt es recht beurteilen, wenn alle diese Nebendinge wegfallen.«

Sodann: Dorothea liebt ihren Mann, Caroline nicht. Aber auch wäre es anders: Caroline hätte nie – wie Dorothea – von ihrem Gefährten als »der Göttliche« gesprochen. Dorotheas manchmal geradezu götzenhafte Verehrung Friedrichs wäre für Caroline undenkbar gewesen in einem Verhältnis zu einem Mann, während für

Dorothea im Verhältnis zu ihrem Lebensgefährten stets die dienende, erbötige Verehrung Ziel und Sinn ihres Lebens blieb. »Ihm Ruhe schaffen und selbst in Demut als Handwerkerin Brot schaffen, bis *er* es kann«, bekennt sie im Februar 1800. »Und dazu bin ich redlich entschlossen.« Während Caroline in diesen Monaten ihren Ehemann immer distanzierter sieht, steigert sich Dorothea gegenüber Friedrich in eine Unterwürfigkeit, die auf Caroline abstoßend wirken muß, auch wenn sie das nirgends sagt. Seit sie Schelling kennt – vor allem, seit sie ihn liebt –, ist sie hellsichtiger für Friedrichs Schwächen geworden, zumal für dessen zunehmende Trägheit und Bequemlichkeit. Dorothea muß sich also eigentlich nicht wundern, wenn »zwischen Caroline und Friedrich sich eine gewisse Antipathie entspinnt«.

Die Antipathie geht aber von Friedrich aus, der das Verhältnis zwischen Caroline und Schelling zuvörderst als Kränkung des älteren Bruders empfindet und diesen gegen Ehefrau und Freund aufzustacheln trachtet. Was sich zwischen diesen entwickelt hat, ist Wilhelm keineswegs verborgen geblieben, aber nicht nur, daß seiner Natur die Rolle des eifersüchtigen Ehemanns zuwider ist, er weiß schließlich, und das besser als Friedrich und Dorothea, auf welchen Voraussetzungen seine Ehe gegründet ist; das Gezischel Jenaer Spießer interessiert ihn nicht. Dazu tritt, daß Friedrich Schlegel den jüngeren – und begabteren – Schelling zunehmend als Konkurrenz betrachtet, und Friedrichs Gegner sind Dorotheas Feinde, das kann nicht anders sein.

Rahel Levin in Berlin erfährt als erste die veränderte Stimmung. »Sie wollen Caroline Schlegel nicht für *hart* erkennen?« schreibt ihr Dorothea am 23. Januar 1800. »Darin haben Sie nun geirrt, und hätten Sie auch sonst niemals geirrt. Hart, hart wie Stein; wir beide, Sie und ich, meine Liebe, wir sind sammetweich gegen Caroline! Sie kann übrigens recht liebenswürdig sein, *wenn sie will!* aber sie *muß* nicht! Nein, Liebe, sie hat unendliche Vorzüge vor den meisten Frauen, in andern steht sie wieder ganz mit den meisten auf demselben Grad; in der Kieselhärte sucht sie aber ihresgleichen, und wie *Ihnen* das entgehen konnte, ist mir unbegreiflich.«

Kieselhärte – das ist gewiß nicht falsch; der Bruch mit dem langjährigen Freund Meyer setzt Entschiedenheit bis zur Härte voraus. »Sammetweich« – gegenüber Dorothea – ist Caroline nur so lange, als sie in »der Veit« so etwas wie eine Mitstreiterin sieht; für die erbötige, stets völlig kritiklose und anhimmelnde Gefährtin Friedrich Schlegels kann sie nur »Kieselhärte« übrighaben, erst recht in einem Augenblick, wo sich dieses Paar unaufgefordert in ihr Privatleben mischt und kleinlichen Zank stiften will, statt die Entfremdung der Ehepartner diesen selbst zur Klärung zu überlassen. Noch – ein letztes Mal – ist Dorothea gewisser Einsicht zugänglich, wenn sie am 4. April an Schleiermacher schreibt:

»Ich habe Caroline recht viel zu verdanken, sie war die *erste*, die mich öffentlich anerkannte; und wenn es auch nur der Mut sein sollte, so werde ich ihn ihr doch nie vergessen! Auch gebe ich ihr bei weitem nicht soviel Absicht schuld, als Friedrich ihr zur Last legt, vielmehr erkenne ich erst jetzt, daß sie ganz unbesonnen und höchst egoistisch, aber wie ein unverständiges Kind, bloß für die Gegenwart bedacht ist, sie ist gar keines weiten Plans fähig. Friedrich begegnet sie aber höchst unwürdig und ist durchaus nicht imstande, ihn zu begreifen, sie ist ganz übermütig gegen ihn; und dies ist der Punkt, worüber ich keinen Scherz verstehe!«

Zwei Wochen später aber hat sie sich endgültig entschieden: »Von Caroline habe ich mein Herz vollends abgewandt, sie zeigt sich jetzt in einem gehässigen Licht, und obgleich mir von allen Seiten vom Zauber und der genialischen Anlage ihres Geistes die Ohren vollgetrommelt werden; so habe ich dennoch auch an ihren Geist den Glauben verloren; Friedrich ist meiner Meinung im Grunde, aber ihren *Geist* will er doch nicht abschwören, warum hat er eine so geringe Meinung vom Geist? Warum setzt er ihn so tief unter den Verstand, den er ihr völlig abspricht. – Wie das Haupt der Gorgo halten sie mir immer ihre geistreichen Briefe vor; diese erkenne ich an, ich behaupte aber, in diesen Briefen steckt sie eben allen Geist hinein, in ihrer Unterhaltung kommt immer mehr das messer- und schwertmäßige Zerschneiden zum Vorschein, und ihre Urteile sind so voller Vorurteile, so oberflächlich, berechnet und absichtlich, daß man nicht weiß, ob man sie greulich oder lächerlich finden soll, sogar der Ton ihrer Stimme ist zerschneidend. Beinah muß ich glauben, sie hat mich nur die gänzende Seite ihres Geistes nicht zu zeigen gewürdigt, denn auch die Ernst, die unbestechliche Charlotte *[Schlegels Schwester in Dresden]*, schreibt vom Zauber ihres Geistes!«

Und so kommt es denn zu jenem eingangs erwähnten Bekenntnisbrief Dorotheas an Schleiermacher vom 15. Mai 1800, in dem sie ihr gnadenloses Fazit zieht:

»Was mein hartes Urteil über Carolines Geist betrifft, darin mögen Sie sehr Recht haben; Friedrich meint es auch. Ich habe im Ganzen geirrt; der *Geist* war für mich das höchste, nicht der *Verstand*, den habe ich zu sehr mit der *Klugheit* verwechselt. Mein eignes anfängliches Urteil darf aber nicht gegen mich auftreten; ich war von zu vielen frohen Empfindungen damals überrascht, als daß ich dem Mißtrauen, das mich gleich in der ersten Zeit (grade über ihren Geist) beschlich, hätte Raum geben sollen, was mir nicht einleuchten wollte, hielt ich für meine eigne Schwerfälligkeit und Unverstand; und da ich zugleich mich ihr für ihre Aufnahme verbunden fühlte, so betäubte ich mich selbst gegen jede mißfällige Bemerkung. Durch die Krankheit ist sie aber keineswegs niedergedrückt, sondern sie ist vielmehr an allen Ecken schärfer herausgetreten, dadurch, daß die abrundende Grazie sie verließ. Ihr Urteil, sei es Menschen oder Kunstwerk, ist immer von ihren kleinlichen Absichten geleitet, so trau ich auch ihrem Sinn für Poesie nicht viel zu, sie hat oft gar weidlich darüber deraisonniert, und das im schärfsten, schneidendsten Tone. Von Friedrichs Sachen versteht sie *nichts*, von Friedrich selbst *gar nichts*. Hat sie auch Witz und Geist und Leben, so ist keine Fülle, kein Reichtum da, es strömt ihr das Herz nicht davon über. Es ist mit kluger karger Wirtschaftlichkeit fest verwahrt und an einen kühlen Ort gelegt, wo es zu seiner Zeit zu koketten Absichten verbraucht wird. Sie hört auf, gefällig zu sein, da, wo ihr nichts daran liegt, zu gefallen. So ist ihr Charakter kokett und tief, während ihr Geist prüde und oberflächlich ist. – Daß sie bei all ihrem Leben nicht einmal soviel Takt gelernt hatte, einzusehen: daß Wilhelm kein *bequemer* Ehemann und Schelling nicht durch die Liebe (wenigstens durch keine glückliche) gebildet werden kann, ist vollends einer Frau, wie sie eine repräsentiert, ganz unwürdig. Sie fährt freilich mit großer Geschicklichkeit zum Ziel, sollte man denken, aber keineswegs; sondern sie geht unvermerkt vom Wege ab, den sie anfänglich im Sinne hatte, und sieht sich dann urplötzlich mit ihren Zöglingen am Abgrund; sie wird mit Schelling gewiß nicht länger glücklich sein als sie mit W. war; denn sie hat ihn mit vieler Kunst für sich gewonnen; er hatte eine entschiedene Abneigung gegen sie, so wie gegen alle geistreiche bedeutende Frauen, wie kann sie also glauben, daß eine so zur Roheit prädestinierte Natur *ihr* zuliebe (denn sie kannte seinen Abscheu gegen die gebildeten Frauen) eine andre Natur annehmen wird? Wie kann *sie* Neulings Leidenschaftlichkeit für Liebe nehmen und sich ihr *à tête perdu* überlassen? *Sie* durfte das nicht tun. Wilhelm liebt sie wirklich noch und wird sie wohl lieben, bis eine andre es auch ihren Absichten wird gefüge finden, ihn zu fesseln. Denn geliebt hat ihn Car. nie! Auch nicht, als sie ihn heiratete, und er weiß es und läßt sich doch gern von ihr kajolieren *[schmeicheln]* und regieren und kann sich doch nicht enthalten, sie öffentlich zu despotisieren, während *sie* es insgeheim tut, so sehr hat er sich in das Ehemannswesen vertieft. Weder er noch sie haben sich würdig bei ihrer Geschichte genommen. Ihr Haß auf den Friedrich kommt eigentlich daher, weil sie glaubt, *er* wäre schuld, daß Wilhelm gegen *Schelling* sei, und darin hat sie ganz Recht, er ist auch schuld, denn ich bin mit ihr darüber einig; hätte W. sich nicht vor Fried. geschämt, so wäre zwischen den Dreien alles recht friedlich und aufgeklärt zugegangen, Car. hätte heute einem, morgen dem anderen zugehört, und irgendein hübsches Stubenmädchen, oder wohl gar Auguste selbst, hätte die Ehe *en quatre* vollständig gemacht. – Aber Friedrich, der anfangs, als Car. dem W. erklärte, was vorgegangen sei, meinte, es würde auch alles andre sich so würdig verhalten, war äußerst gegen ein Verhältnis, was mit schwerfälligen Beinen auf ein leichtes Gewebe, das für französische Gliedmaßen nur nicht zu zerbrechlich ist, hineintappte, er fand Carolinens Weise, zwei Männer gegen ihre Absicht (denn sie zankten sich auf die unangenehmste Weise fast jeden Tag) zusammenzuhalten, und drang auf eine gänzliche Scheidung von einem der beiden. W. nahm sich, *um sich nicht lumpen zu lassen,* etwas fester als sie gewohnt war, und daher war sie freilich äußerst unzufrieden mit F., daß er es sich einfallen ließ, seinen Bruder mit seiner Energie anzustecken. Sie sah nichts in seinem edlen Wesen als das Bestreben, sie bei W. zu verdrängen, sie sah es nicht ein, wie würdig er sie nahm und behandelte. Er dachte freilich daran, Caroline würde sich gern losmachen und für sich von ihren Arbeiten leben, aber *sie* war weit von diesem Gedanken entfernt, sie hält es für *triumphierender,* wenn zwei Männer für sie arbeiten, wie nimmt sich das arme Pförtchen *Würdig* gegen den Ehrenbogen *Triumph* aus? – Mich hatte sie auch durch ein unliebenswürdiges Betragen auf einige Tage aus ihrem Zimmer entfernt (Friedrich war in vielen Wochen nicht zu ihr gekommen), und diese Zeit hat sie benutzt, W. wieder ganz für sich einzunehmen und mit Schelling zu versöhnen, so daß er nun gar nicht mehr zu detrompieren *[eines Besseren zu belehren]* ist, er gibt sich ganz hin, aus Schwäche, Gewohnheit oder Gott weiß welcher negativen Eigenschaft. Daß die ganze Welt darum weiß und ihn lächerlich findet, fällt ihm nicht ein, und läßt man etwas davon merken, so sagt er gleich: Nun, das müssen sie auch wissen, wenn sie alles wissen, daß es für mich kein Geheimnis war, also fällt kein *ridicule* auf mich. Riskiert man es, ihm die Wahrheit zu sagen, so bringt er es in demselben Moment Carolinen vor, der es dann nicht schwer wird, es im gehässigsten Licht gegen uns zu drehen.«

Nun fällt dieser letzte Vorwurf voll auf Dorothea zurück, die sich hier als eine wahre Meisterin perfiden Verdrehens erweist. Sie hat offenbar ganz aus ihrem Bewußtsein verdrängt, daß sie selbst nach dreizehnjähriger Ehe ihrem Mann davongelaufen ist und sich dafür von einem ihrer beiden Kinder hat trennen müssen. All die Schäbigkeiten, die sie jetzt Caroline nachsagt, hat man ihr nachgesagt. Sie mußte genau wissen, daß Carolines Ehe mit Wilhelm nicht auf Liebe beruhte; sie hätte aus eigener Erfahrung eigentlich mehr Verständnis als sonst jemand für diese zerfahrene Ehesituation

aufbringen müssen. Statt dessen erfindet ihre Phantasie Nieder-
trächtigkeiten wie die einer »Ehe *en quatre*«, in die sie selbst Auguste
einzubeziehen sich nicht zu schade findet. Und Schellings »zur Roheit prädestinierte Natur« und sein »Abscheu gegen die gebildeten
Frauen«: Nur Friedrichs gekränkte Eitelkeit und Dorotheas Gefühl
immerwährender Minderwertigkeit können dergleichen erfinden.

Es ist nur konsequent, wenn Dorothea Veit sich anschließend
Augustes annimmt, der sie ja bereits eine Konkubinen-Rolle wie
selbstverständlich zugedacht hat:

»Auguste ist eine sehr liebenswürdige Natur, hängt mit innigster
Liebe an ihrer Mutter, und das ist ihr Unglück, denn sie verläßt sich
im Denken für sich selbst ganz auf diese; sie ist auch schon ganz
ruiniert, denkt nichts als ihre äußere Erscheinung, glaubt sich von
jedermann bemerkt, liebt wie die Mutter die äußere Erscheinung
der Energie, denkt ewig an Heiraten und ans Unglück, eine alte
Jungfer zu werden, kann doch kein ordentliches Verständnis zustande bringen, weil sie zu viel wahren jungfräulichen Stolz hat, und
weil sie nur die liebt, die ihre Mutter liebt, weil diese aber geschick-
ter ist, so hat sie die Männer bald für sich, und wenn die Kleine das
erst merkt, so zieht sie sich wieder in ihre Schale zurück; denn sie
will (wie sie mir einmal ganz naiv gesagt hat) ganz allein geliebt sein,
und daß man auch einmal um ihretwillen ins Haus komme. Die
Mutter hat ihr erst vorgemacht, Schelling sollte sie heiraten, da sie
aber hernach das wahre Verhältnis innewurde, hat sie sich zurückgezogen, obgleich Schelling auf Ordre ihr die *cour* machen mußte.
Nun hat die Mutter sie wieder auf Röschlaub aufmerksam gemacht
und auf eine recht gemeine Art davon gesprochen: Welche gute
Partie es für sie wäre, wenn er sie heiratete! So wird das Mädchen
angelernt, keinen Menschen und keine Begebenheit unbefangen
anzusehen. Sie ist wohl zufrieden, daß die Mutter mit Schelling ist,
denn sie kann Wilhelm nicht leiden, obgleich sie ihm nach der
Mutter ihr Beispiel schmeichelt. Sie hat nichts gelernt, nichts! Ist
dies wohl erlaubt? Sie putzt sich, klatscht und träumt sich *aventuren*.
Da sie doch unter so günstigen Umständen aufgewachsen und mit
einer herrlichen Natur geboren ist, so möchte man darüber weinen,

daß nichts mehr daraus geworden ist. Wilhelm ist aber so verblendet, daß er behauptet, sie wäre vortrefflich erzogen, hätte Sinn für Goethe, für Shakespeare, für alte Gedichte, für seine Dichtungen und Gott weiß was! Er sieht es nicht, daß das Kind mit der größten Begierde die schmutzigen Haufen aus der Leihbibliothek holen läßt, er sieht es wohl, aber er bildet sich ein, das geschieht vielleicht aus Wißbegierde. Er sieht es nicht, daß das Kind kein andres Wort meint, als was die Mutter meint; er sieht es nicht, daß auch diese gar keinen wahren Sinn für die Poesie hat; er ahndet es nicht, daß sie, wenn sie nicht wieder zu ihm kommt, vielleicht kein ordentliches Buch wieder ansieht, sie wird nun ebenso in Schellings Naturphilosophie und Poesie panschen als vorher in Wilhelms Poesie!«

Daß alle diese Behauptungen auf teils (bewußt) falschen und verleumderischen Behauptungen beruhen, daß Carolines angeblich kupplerische Pläne überhaupt nicht stimmen, sondern von Dorothea (natürlich mit Friedrichs Hilfe) erfunden werden – muß man es noch sagen? Was sich hier austobt, ist der ungezügelte Haß einer Frau, die nicht verwinden kann, daß hier eine Frau – mit ihrer Tochter – eine Freiheit gefunden hat, die Dorothea Veit zeitlebens versagt bleiben wird. Hier manifestiert sich nichts anderes als die Wut der im Leben ewig zu kurz Gekommenen.

So also vollzieht sich Carolines Abreise aus Jena: nur von bittersten Verwünschungen begleitet. Das hindert aber die doppelzüngige Dorothea nicht, der »liebenswürdigen Auguste« im Juni 1800 einen Brief zukommen zu lassen, in dem es heißt: »Ich freue mich, daß es mit der Gesundheit Deiner Mutter so gut geht, und wir alle hoffen, daß das Bad vollends alles wiederherstellen wird. Ich habe einen drollig pathetischen Brief von Humboldt aus Paris gehabt, er läßt sich Deiner Mutter recht sehr empfehlen. [. . .] Grüße die Mutter und behalte mich etwas lieb. – Dorothea. – Friedrich läßt viele Grüße sagen.«

Wilhelm Schlegel also hatte Caroline und Auguste nach Rudolstadt begleitet, wo bereits Schelling wartet, der die beiden nach Süddeutschland bringt – dort will er seine Eltern besuchen. In Bamberg machen die drei Zwischenstation, was sich ungewollt zu einem längeren Aufenthalt ausweitet, denn aus Bad Bocklet wird gemeldet, die für die Kurgäste bestimmten Wohnungen würden eben renoviert. Fünf Wochen bleiben Caroline und Auguste schließlich in Bamberg; Schelling ist weitergefahren, weiß aber beide unter guter ärztlicher Obhut: Adalbert Friedrich Marcus, Chefarzt des Bamberger Krankenhauses, und Andreas Röschlaub, Professor am Ludwigsspital und mit Schelling befreundet, kümmern sich um die noch recht hinfällige Caroline. Wobei es Schelling wichtig ist, daß beide Ärzte – wie er selbst – Anhänger der Brownschen Erregungstheorie sind.

Schelling, von Caroline und Auguste zärtlich »Mull« genannt, ist von Bamberg aus zu seinen Eltern gefahren, wird aber brieflich über alles informiert. So schreibt ihm Auguste Anfang Juni aus Bamberg: »Jetzt bin ich doch wieder ein bißchen in Nahrung gesetzt, die Mutter nimmt es recht gern an, daß ich mich hinsetze und Dir schreibe, denn sie wendet ihre Kräfte lieber darauf, Dir von ihren Empfindungen bei Deiner Abreise zu sagen als von Geschäften. – Ich danke Dir recht sehr für das Mittel, was Du mir an die Hand gegeben hast, Mütterchen zu amüsieren, es schlägt herrlich an, wenn ich auch noch soviel Narrenpossen treibe, sie zu unterhalten, und es will nicht anschlagen, so sage ich nur ›wie sehr er dich liebt‹, und sie wird gleich mullig, das erstemal, als ich es ihr sagte, wollte sie auch wissen, wie sehr Du sie denn liebtest, da war nun meine Weisheit aus, und ich half mir nur geschwind damit, daß ich sagte: mehr als alles, sie war zufrieden, und ich hoffe, Du wirst es auch sein.« Nach diesen Eingangssätzen ist dann »von Geschäften« die Rede; aber es folgt noch ein reizendes Postskript des »Uttelchen«, wie Auguste zärtlich gerufen wird: »Bemerke nur in Wilhelms Brief die vielen Allerliebsten Augusten, ich habe ihm neulich so einen impertinenten lustigen Brief geschrieben, daß die arme Mutter vor Lachen beinah Krämpfe bekam *(Caroline: Es war ein Kunstwerk von Impertinenz)*.«

Vier Tage später: »Wir haben gestern Deinen niedlichen Brief bekommen, und er hat uns große Freude gemacht. Du bist recht artig, daß Du uns so bald geschrieben, wir sehnten uns schon recht.

Mutter ist recht wohl, und die Kälte hat ihr nichts geschadet, wir sind auch alle Tage zusammen spazieren gegangen, wenn es das Wetter erlaubte. Aber mit mir armen Kinde geht kein Mensch des Abends spazieren . . .« Postskript: »Mutter will auch noch ganz viel schreiben. Leb recht wohl, Du Mull, und vergiß das Uttelchen nicht, das so gern mit Dir spazieren ginge.«

Anfang Juli trifft Schelling Caroline und Auguste in Bad Bocklet wieder. Dieser kleine Badeort, unmittelbar bei Bad Kissingen gelegen, damals aber viel berühmter als Kissingen, besitzt eine Heilquelle, deren Wasser gern zur Trinkkur verschrieben wird bei Erschöpfungszuständen nach Krankheiten, damals wie heute.

Aber während sich Carolines Befinden bessert, erkrankt plötzlich Auguste. »Doch wird sie in wenig Tagen so weit hergestellt sein . . .«, schreibt Schelling am 6. Juli. Aber ihr Zustand verschlimmert sich, und dann steht die Diagnose fest: Ruhr. Schelling, der den Künsten des Badearztes wenig Vertrauen entgegenbringt, wendet auch hier die Brownsche Methode an, die doch offenbar Caroline gerettet hat; allerdings kennen wir weder die verwendeten Mittel (außer Opium) noch die Indikationen, aber umsonst: Am 12. Juli ist Auguste tot.

»Über Augustens Verlust lassen Sie mich nicht reden, es ist nicht in Worte zu fassen«, schreibt Wilhelm Schlegel an Luise Gotter. »Von Ihnen wurde sie als eignes Kind geliebt, aber sie mußte dem fremdesten, ja ich darf sagen dem gleichgültigsten Menschen als ein ausgezeichnetes Wesen erscheinen, so himmlisch hatte sie sich, noch seit Sie zuletzt sie sahen, entwickelt.«

Er ist, nachdem er die Todesnachricht erhalten, nach Bocklet gefahren: »Vor kurzem habe ich die erste Wallfahrt zu ihrem Grabe angetreten.« Das Wort »Wallfahrt« trifft den Kern: Der jähe Tod des alle bezaubernden Kindes verleiht der Toten eine Aura von Unantastbarkeit. Aber nur dem Kind; die Mutter, nicht mit dem Ehemann, sondern mit dem Geliebten am Sterbebett, scheint der strafende Finger Gottes gezeichnet zu haben. Die Reaktionen der Betroffenen offenbaren ihren Charakter ganz unverstellt. Während von Wilhelm Schlegel kein Wort der Anklage zu hören ist – »auf die erste Nachricht habe ich geglaubt, wahnsinnig zu werden« –, sorgen Friedrich und Dorothea dafür, daß ihre Version bekannt wird. Und nur durch ihre unausgesetzte, keine Verleumdung auslassende Einflußnahme wird die Reaktion von Novalis verständlich, der an Friedrich schreibt:

»Du hast mir eine sehr traurige Nachricht geschrieben. Wilhelm dauert mich am meisten. Hat ihr Tod einen Zusammenhang mit Carolines Geschichte? Du schreibst mir nicht deutlich darüber. Auguste war ein liebes, schönes Mädchen. Die hellen Farben und der schlanke Wuchs kündigten das frühe Hinscheiden wohl an. Sie wäre sehr reizend geworden. Der Himmel hat sich ihrer angenommen, da ihre Mutter sie verließ und ihr Vater sie hingab. Eben auf der Schwelle der Welt mußte sie umkehren. Sie ist einem trüben Schicksal entgangen, und laß uns ihr glückwünschen und uns freuen, daß sie ein reines, jugendliches Andenken von dieser Welt noch mitnahm. Der Frieden ihrer Seele komm auf Wilhelm. Für die Mutter ist es eine ernste Warnung. Ein solches Kind läßt sich nicht so leicht wie ein Liebhaber erhalten. Sie ist nun ganz frei, ganz isoliert. Ich zweifle, daß sie es so nimmt, wie es zu nehmen wäre. Die Eitelkeit ist ein unsterbliches Kind.«

Gewiß waren Novalis und Caroline nie besonders innig befreundet, aber die Eiseskälte seiner Verurteilung verrät in ihrem Vokabular nur zu genau, wer ihn so gegen Caroline verhetzt hat. Und bedürfte es dazu noch eines Beweises, so genügt der Brief, den Dorothea an Schleiermacher richtet. Das Ehepaar Paulus nämlich, auch sie Erzfeinde Carolines, hatte nichts Besseres zu tun, als schleunigst zu einem Urlaub in Bad Bocklet aufzubrechen und dort mit Fleiß den niederträchtigsten Klatsch zu sammeln. Vollgesogen mit diesem Gift, referiert nun Dorothea die Ereignisse von Bocklet und kommentiert: »Alles, was weiblich in einem ist, muß sich empören bei dieser ruchlosen Verderbtheit. An der Ruhr ist sie wohl nicht eigentlich gestorben, an dieser stirbt man nicht mehr, sagt Hufeland*; aber diese Krankheit traf sich grade in einer sehr kritischen Epoche für junge Mädchen, an deren Eintritt Auguste schon seit einem Jahre litt, bei der eine so zarte Natur, wie die ihrige war, sowohl geistig als körperlich mit der größten Schonung behandelt werden mußte; die heftigen Erschütterungen, die das Kind leiden mußte, haben ihren Zustand schon seit lange gefährlich gemacht; es war von jeher unvernünftig, sie so früh als Erwachsene zu behandeln; sie mußte freilich bei der interessanten Frühreife auch zu früh zugrunde gehen.«

Was Dorothea meint und auch verbreitet: Schelling habe eigentlich gar nicht Caroline geliebt, sondern Auguste, und die Mutter habe hier nur das Amt einer Kupplerin versehen, eine These, die – wie alle Briefe Carolines beweisen – völlig unsinnig ist. Außerdem taucht in diesem Zusammenhang erstmals die Behauptung auf, Schelling habe in die ärztliche Behandlung »hineingepfuscht« und dadurch eigentlich den Tod verschuldet. Man stirbt nicht mehr an der Ruhr? Jahr für Jahr sterben Hunderte, wenn nicht gar Tausende daran, wobei die Medizin damals noch nicht genau zwischen Ruhr und Typhus unterscheiden konnte. Und ist nicht gerade erst Caroline, nur knapp dem Tod entronnen, von ebenjenem Doktor Hufeland (der nicht mit dem gleichnamigen Juristen verwechselt werden darf) mit Senfpflaster behandelt worden? »Und nun die Ostentation der Trauer!« höhnt Dorothea, die damit Schleiermacher weismachen will, der Schmerz Carolines und Schellings sei doch eigentlich nur gespielt. Die Gemeinheit und Niederträchtigkeit dieses Briefes zeigt, daß Dorotheas Haß auf Caroline inzwischen schon pathologische Ausmaße angenommen hat. Mit dem Satz, »Alles, was weiblich in einem ist, muß sich empören bei dieser ruchlosen Verderbtheit«, spricht sich Dorothea selbst ihr Urteil.

Ostentation der Trauer? Caroline hat den Tod Augustes nie mehr verwunden. »Fasse Dich selbst und Deine Kinder, um meinen Anblick zu ertragen«, schreibt sie am 18. September an Luise Gotter, »ich lebe nur noch halb und wandle wie ein Schatten auf der Erde.« August Wilhelm Schlegel verfaßt zum Gedächtnis Augustes einen Sonetten-Zyklus *Totenopfer*: »Die Flecken auf der ersten Seite sind Spuren von Tränen«, schreibt er im September aus Bamberg an Ludwig Tieck, dem er das Manuskript sendet, »ich erwähnte es nicht als eine Seltenheit – denn diese Libationen *[Trankopfer]* auf das

Grab des geliebten Mädchens werden sich immer erneuern, diesen Tod werde ich nie aufhören zu beweinen.« So unbezweifelbar die Empfindung ist, die diese Gedichte inspirierte, so kalt und routiniert wirken sie heute auf uns; aber Goethe fand sie »vorzüglich«. Vom »Totenopfer« spricht Wilhelm Schlegel; Dorothea Veit nennt den Tod Augustes ein »Sühneopfer«.

Wie sie das verstanden wissen will, geht aus ihrem Brief an Schleiermacher hervor. Aber auch Caroline steht der Vorstellung vom Sühneopfer nicht fern. Hineingewühlt in einen Schmerz, der sie fast um den Verstand bringt, befestigt sich in ihr jetzt von Monat zu Monat stärker der Gedanke, im Tod des geliebtesten Menschen einen Wink des Schicksals zu erkennen: Sie darf in Schelling künftig nicht mehr den Geliebten sehen, nur noch den Sohn und den Bruder ihres Kindes. Dieser Gedanke erscheint zum erstenmal in einem Brief, den sie im Oktober 1800 an Schelling richtet, aus Braunschweig, wohin sie sich zurückgezogen hat. Denn Jena kann und will sie jetzt nicht wiedersehen. Alles erinnert dort an die Tote, und sie darf sich jetzt den unvermeidbaren Umgang mit Friedrich und Dorothea nicht zumuten. Sie weiß: Nur einer kann jetzt dem verzweifelten Schelling in Jena helfen: Goethe. »Er liebet Dich väterlich, ich liebe Dich mütterlich – was hast Du für wunderbare Eltern! Kränke uns nicht.« Auf diesen Ton sind jetzt ihre Briefe gestimmt. Daneben aber bezeugen sie eine so erstaunliche Gefaßtheit und Gelassenheit, daß sie hinzufügt: »Das ist mein innerstes Wesen, daß ein Lächeln grenzen kann an die unsäglichste Not.« Unter diesem Wort stehen die ihr noch verbleibenden Jahre. Schelling stürzen ihre Briefe in eine schwere Depression. Nach dem Verlust Augustes verliert er nun auch die Geliebte, die es als Frevel empfindet, ihm künftig als Frau anzugehören. Und da schreibt sie am 26. November 1800 an Goethe[*]; er ist der einzige, von dem sie weiß, daß sein Umgang auf Schelling wohltätig wirken kann:

»Wenn Ihre eignen Hoffnungen von *Schelling* und alles, was er schon geleistet hat, wenn er selbst Ihnen so lieb und wert ist, wie ich es glaube, so werden diese Zeilen ihre Entschuldigung finden, ungeachtet ihrer Seltsamkeit, die Sie bitten sollen, ihm zu helfen. Ich weiß in der Welt niemand außer Ihnen, der das jetzt vermöchte. Er ist durch eine Verkettung von gramvollen Ereignissen in eine Gemütslage geraten, die ihn zugrunderichten müßte, wenn er sich ihr auch nicht mit dem Vorsatz hingäbe, sich zugrunderichten zu wollen. Es kann Ihnen fast nicht unbemerkt geblieben sein, wie sehr sein Körper und seine Seele leidet, und er ist eben jetzt in einer so traurigen und verderblichen Stimmung, daß sich ihm bald ein Leitstern zeigen muß. Ich bin selbst müde und krank und nicht imstande, ihm die kräftige Ansicht des Lebens hinzustellen, zu der er berufen ist. Sie können es, Sie stehn ihm so nah vonseiten seiner höchsten und liebsten Bestrebungen und der persönlichen Zuneigung und Verehrung, von denen er für Sie durchdrungen ist. Sie haben das Gewicht über ihn, was die Natur selbst haben würde, wenn sie ihm durch eine Stimme vom Himmel zureden könnte. Reichen Sie ihm in ihrem Namen die Hand. Es bedarf weniges weiter, als Sie wirklich schon tun, Ihre Teilnehmung, Ihre Mitteilung ist mehrmals ein Sonnenstrahl für ihn gewesen, der durch den Nebel hindurch brach, in dem er gefangenliegt, und manches, was er mir geschrieben, hat mir den Gedanken und den Mut gegeben, Sie bestimmter für ihn aufzufordern. Lassen Sie ihn nur wissen, daß Sie die Last auf seinem Herzen und eine Zerrüttung in ihm wahrnehmen, die ihm nicht ziemt, und wenn das Geschick auch noch so ausgesucht grausam ist. Lassen Sie ihn einen hellen festen Blick auf sich tun. Sie werden durch jeden Wink auf ihn wirken, denn mag er noch so verschlossen und starr erscheinen, glauben Sie nur, sein ganzes Wesen öffnet sich innerlich vor Ihnen, wenn Sie sich zu ihm wenden, und wenn er nicht die heftige Erschütterung scheute Ihnen gegenüber, so hätte er vielleicht selbst getan, was ich sanfter, obwohl sehr bekümmert, an seiner statt tue: sein Heil Ihrer Vorsorge übergeben. Es ist das beste, was die Freundin für ihn zu tun vermochte, die ihn nicht auf die Art trösten kann, wie sie sich selbst trösten darf. Ich habe es gewagt im Vertrauen auf Ihre Güte und den ernsten Sinn meines Anliegens. Meine Augen sind trübe, ich sehe nur noch, daß er leben muß und alles Herrliche ausführen, was er sich gedacht hat.

Brief Carolines an Goethe vom 26. November 1800

Wenn ich einen Wunsch besonders aussprechen darf, so ist es der, daß Sie ihn um Weihnachten aus seiner Einsamkeit locken und in Ihre Nähe einladen.

Ohne weitere Antwort hoffe ich es beruhigend zu erfahren, daß Sie meine Bitte geachtet haben, und nur zum Überfluß ersuche ich Sie, ihrer auf keine andere Weise zu erwähnen.«

Goethe lädt daraufhin* nicht nur Schelling ein, er holt ihn sogar persönlich in Jena ab: Vom 26. Dezember 1800 bis zum 4. Januar 1801 ist er Gast im Haus am Weimarer Frauenplan.

Aber auch der Umgang mit Goethe kann Schelling nicht über den Verlust der Geliebten hinwegtrösten, er muß das auch Caroline geschrieben haben (Schellings Briefe sind nicht erhalten), denn sie antwortet: »Warum bist Du nur so traurig? Ich möchte Dir ganz kindisch sagen: ich bin es ja nicht. Ich bin es nicht anders, als ich es ewig sein muß, und Dein Trost ist der meinige. Unser Kind weicht mir keinen Augenblick von der Seite, ich kenne kein Vergessen, ob ich äußerlich schon lebe wie ein andrer. Ja, Du weißt es, liebe Auguste, wie Du bei Tage und bei Nacht vor Deiner armen Mutter stehst, die kaum mehr arm zu nennen ist, denn sie blickt Dich mehr mit Entzücken als mit Jammer an, die Klage über den herben bittern Tod hat keine Dolche und zerreißenden Schmerzen mehr, ich kann lächeln, freundlich mich beschäftigen, aber ich lebe und bewege mich immer nur in Dir, mein süßes Kind – ach störe mich nicht in meinem sanften Trauern, lieber Schelling, dadurch, daß ich bitterlich über *Dich* weinen muß. Das sollte nicht sein. Hättest Du Dir vorzuwerfen, dann ich tausendmal mehr; aber Gott weiß, es will nicht Raum in meiner Seele finden und haften. Ich habe Dich geliebt – es war kein frevelhafter Scherz, das spricht mich frei, dünkt mich.« Und sie schließt: »Adieu, mein lieber lieber Schelling. Erquicke mich durch ein freudigeres Herz.«

Ein freudigeres Herz? Woher soll Schelling das kommen, der die Geliebte immer mehr entschwinden, sich ihm entziehen sieht, ganz unfähig, sich in ihre Gedankengänge einzufühlen, wenn sie ihm etwa schreibt: »Als Deine Mutter begrüße ich Dich, keine Erinnerung soll uns zerrütten. Du bist nun meines Kindes Bruder, ich gebe

Dir diesen heiligen Segen. Es ist fortan ein Verbrechen, wenn wir uns etwas anders sein wollten.«

Der Schmerz um das verlorene Kind, die Gewißheit, Schelling künftig nur noch als Sohn sehen zu dürfen, führt vorübergehend zu einer Annäherung an Wilhelm Schlegel, freilich nur noch eine freundschaftliche. Dann kann sie ihm etwas von einer Stolberg-Lektüre* schreiben: »Ich werde mir nichts draus merken als ›die Herzen der Guten sind heilbar, sagt Homer‹. Im Homer habe ich das niemals gefunden, bloß in meinem eignen Herzen. Wenn Du mir es mit den griechischen Worten nachweisen kannst, so schenk ich Dir etwas Hübsches dafür.«

Dann kann sie Wilhelm Schlegel auch ermuntern, stärker als bisher die eigene Dichtung zu fördern und die Arbeit als Kritiker zurückzustellen, denn: »O mein Freund, wiederhole es Dir unaufhörlich, wie kurz das Leben ist, und daß nichts so wahrhaftig existiert als ein Kunstwerk – Kritik geht unter, leibliche Geschlechter verlöschen, Systeme wechseln, aber wenn die Welt einmal aufbrennt wie ein Papierschnitzel, so werden die Kunstwerke die letzten lebendigen Funken sein, die in das Haus Gottes gehn – dann erst kommt Finsternis.«

Aber sie vergißt, daß sie diese schönen Sätze an einen Mann richtet, dessen Begabung das Erschaffen eines Kunstwerks verwehrt ist. So kritisch ihr Urteil sonst zu sondieren weiß: In Schlegel sieht sie eine poetische Kraft, deren Dünnblütigkeit ihr nicht bewußt zu sein scheint.

Für das Überragende in Schellings Werk ist ihr Blick geschärfter, aber wie die Nähe von Schlegel sie unkritisch macht gegenüber seinen bläßlichen Poesien, von denen nicht eine überdauern wird, wird ihr bei Schelling der Blick für das verstellt, was er für sie empfindet. Gleichsam traumwandlerisch ist ihr ganzes Denken und Empfinden auf die Sohnschaft des Geliebten fixiert, und sie spürt das Begehren des Sechsundzwanzigjährigen, das ja nicht nur auf ihren Geist gerichtet ist und das sich Hoffnungen auf eine endgültige Trennung Carolines von Schlegel macht, nur wie durch einen schweren Schleier von Benommenheit: »Wenn Du mich von Dir losmachen wolltest, so würdest Du mein Leben mitzerreißen«, schreibt sie ihm im März 1801. »Also, was Du schwatzest vom Wunsch, frei zu sein, und von der Möglichkeit, daß mich mein innrer Genius nicht eben zu Dir unwiderstehlich hinzöge, das ist alles Torheit – denn eben zu Dir; ich habe es nie allmächtiger empfunden. Ich will bloß dabei bleiben, was ich bin, was ich nicht ändern könnte, ohne mich zu zerstören, mir treu, um Dir desto treuer zu sein. [. . .] Als Freund, als Bruder, als Sohn und Geliebten schließe ich Dich an meine Brust, es ist wie das Geheimnis der Gottheit, gleich der Jungfrau, die Mutter ist und Tochter ihres Sohnes und Braut ihres Schöpfers und Erlösers. So laß es uns denn endlich still und gläubig ansehen. [. . .] Spotte nur nicht, Du Lieber, ich war doch zur Treue geboren, ich wäre treu gewesen mein Leben lang, wenn es die Götter gewollt hätten, und ungeachtet der Ahndung von Ungebundenheit, die immer in mir war, hat es mir die schmerzlichste Mühe gekostet, untreu zu werden, wenn man das so nennen will, denn innerlich bin ich es niemals gewesen. Dieses Bewußtsein eben von innerlicher Treue hat mich oft böse gemacht, hat mir erlaubt, mir wagend zu erlauben; ich kannte das ewige Gleichgewicht in meinem Herzen. Konnte mich etwas niedreres vor dem Untergang bewahren in meinem gefahrvollen Leben als dieses Höchste? Und wenn ich mir Verzweiflung bereitet hätte in der Verzweiflung der von mir Geliebten – ja, ich würde im Schmerz darüber verzweifeln, im Gewissen nicht, niemals könnte ich wie Jacobi ausrufen: Verlasse Dich nicht auf Dein Herz. Ich müßte mich verlassen auf mein Herz über Not und Tod hinaus, und hätte es mich in Not und Tod geleitet. Das ist *mein* unmittelbares Wissen, daß diese Sicherheit sicher ist, und könnte sie in mir zerbrochen werden, so müßte sogleich die Vernichtung eintreten, für mich nämlich. Denn eine Lehre ist das nicht und kann nicht mitgeteilt werden, eine unsichtbare Kirche wird es aber doch wohl sein. Du siehst, ich nehme es mit der Treue im Großen – aber gewiß nicht, um Dir zu entschlüpfen, nur weil mir das so naheliegt; insofern ich mir treu bin, bin ich es auch Dir.«

Und sie schreibt danach an Schlegel: »Ich kann niemals Schelling als Freund verleugnen, aber auch in keinem Falle *eine* Grenze überschreiten, über die wir einverstanden sind. Dies ist das erste und einzige Gelübd meines Lebens, und ich werde es halten, denn ich habe ihn angenommen in meiner Seele als den Bruder meines Kindes.«

Hat sie das wirklich geglaubt? Hat sie gemeint, auf einer solchen Basis ihr künftiges Leben einzurichten, ganz gleich, was Schlegel und Schelling dazu sagen würden? Es ist leicht, Caroline vorzuwerfen, sie habe recht bequem an der Ehe festhalten wollen, um mögliche Versorgungsansprüche nicht zu verlieren und gleichzeitig – unter dem Hinweis auf Treue – Schelling in eine fast mystisch zu nennende Freundschaft zu verweisen.

Ich glaube eher, daß Carolines seelische Verfassung damals noch weit verzweifelter gewesen sein muß, als ihre Briefe es ahnen lassen. Und diese Briefe, so scheint mir, schrieb sie zuvörderst an sich, um mit sich ins reine zu kommen, ihr Inhalt betraf einzig sie selbst, und das machte Schelling so ratlos. Der Tod Augustes hatte sie jeglicher geistig-seelischen Basis beraubt, und Schelling war mit diesem Tod so eng verbunden, daß sie sich von ihm als dem Geliebten freimachen mußte. August Wilhelm Schlegel, ihren Ehemann, hat sie niemals wirklich geliebt, aber er blieb doch ein verläßlicher Partner, und er hatte sich gegenüber Schelling anständig verhalten, als sich Friedrich zum Hüter der brüderlichen Ehe aufwarf.

Anfang April fährt sie für zwei Wochen nach Hamburg*, dann kommt sie nach Braunschweig zurück, um dort den Haushalt aufzulösen; am 23. April 1801 ist sie wieder in Jena, nach einem Jahr Abwesenheit. Sie findet eine fast verwüstete Wohnung vor: Friedrich Schlegel hat hier am 15. März aufwendig seinen Doktorschmaus gegeben (er hat seinen Doktor am 17. August 1800 gemacht, aber erst jetzt dem Brauch entsprechend gefeiert); viele Dinge des Haushalts fehlen, vieles ist zerschlagen.

»Friedrich kommt nicht zu mir, und ich begreife es wohl«, schreibt sie an Wilhelm. »Wir sind in einer höflichen Korrespondenz offner Zettelchen miteinander über Tische und Betten und Feuerzangen etc. etc., die ich alle erst dort hervorlocken muß. Es tut mir recht leid, ihn damit zu behelligen, aber ich warte mit Willen nicht, bis sie wieder da ist, um bloß mit ihm zu tun zu haben *[Dorothea ist in Leipzig]*. Rose *[das Dienstmädchen]* spricht, sie bedauerte ihn recht, Mad. Veit wären doch allein schuld – und daran ist kein Zweifel. Sie fand hier bis auf die geringste Kleinigkeit alles zu ihrem Empfange bereit und hat nicht einmal soviel Rechtlichkeit, die gebrauchten Sachen vor meiner Ankunft wieder alle ins Haus tragen zu lassen. Das Klavier ist gänzlich von Staub und Flecken innerlich und äußerlich bedeckt.«

Friedrich Schlegel sieht sie erst am 4. Mai persönlich. Das Gespräch ist kühl und »ungemein beklommen«, man hat einander nichts mehr mitzuteilen. »Ich hab es nicht erwähnt, daß sich kein Glas mehr im Haus findet, daß das Porzellan so eingeschmolzen ist, daß ich nicht 2 Fremde über unsre gewöhnliche Zahl mehr würde bewirten können – ich nehme es an, als habest Du ihnen den Gebrauch aller Sachen, als wenn es ihr Eigentum wäre, zugestanden«, schreibt sie an Wilhelm. Jena ist ihr fremd geworden: »Du hast keinen Begriff davon, wie sich alles untereinander beklatscht hat und welche Menschen daran teilgenommen. Wir haben uns da bisher so sehr fernzuhalten gewußt, und ich denke, es soll auch wieder so werden und eine reine gesäuberte Luft um uns wehen. [. . .] Wenn alles still ist, desto besser ließe sich hier dichten, mein guter Wilhelm. Es sind doch gar schöne Spaziergänge, und der Frühling ist hier vielleicht noch lieblicher wie im Tiergarten. So lieblich, daß er mir bittre, bittre Schmerzen macht, und ich gestehe Dir, ich bin krank von wehevollen Tränen. Wo ich gehe, da sind *ihre* Spuren, der ich nun so hilflos nachweine.«

Sie steht vor Trümmern – und das in jeder Weise. Sie hat ihr Kind verloren, ihre Ehe ist zerstört, ihr Haushalt ist verdorben; sie kehrt in eine entleerte Wohnung zurück. Die Verleumder wohnen unter ihrem Dach, aber es ist niemand da, der die Zurückgekehrte schützt. Wieder einmal ist Caroline ganz auf sich verwiesen.

»Daß Mad. Veit nicht zu mir kommt, ist meinen Wünschen gemäß, obgleich Deiner Erwartung schwerlich. Du sollst sehn, sie wird es nicht tun, wie doch nun ohne Frage in der Ordnung wäre. Sie hat sich hier schon lange berühmt, sie wolle mich nicht sehn.

Diese Person, die keinen Menschen hier gesehn haben würde ohne mich, und der ich alle Bedenklichkeiten aufopferte.« Und Friedrich? »Er ist nicht ohne Rachsucht; er glaubte sich an Schelling rächen zu müssen, der doch in der Tat bloß auf *sein* Verfahren von ihm abfiel – und alles dies trübe Wesen hat ihm seine Erinnerung meiner und seiner verdunkelt, ihn verstockt.«

Wilhelm Schlegel gibt sich zunächst nicht sonderlich betroffen; er genießt sein Berliner Leben und gedenkt vorerst nicht, nach Jena zu kommen. Aber das bedeutet nicht, daß er die Auseinandersetzung mit dem Bruder scheut, und die läßt nicht auf sich warten. Die Art, wie Friedrich von Caroline spricht (». . . weil Du sie noch als Deine Frau zu agnoszieren scheinst . . .«), die Rücksichtslosigkeit, mit der sich das Paar drohnenhaft in seiner Wohnung eingerichtet und sie in seiner Verschlamptheit mutwillig ruiniert und verschmutzt hat, die Perfidie, mit der Friedrich jetzt Caroline als das eigentlich störende, hemmende Element in ihrer Beziehung denunziert und darüber scheinheilig lamentiert – diese moralische Verkommenheit bringt endlich auch Wilhelm aus seiner Reserve. »Wenn Deine festesten Entschlüsse«, hatte Friedrich ihm geschrieben, »Deine so oft wiederholte Versprechung, daß Carolines Künste uns nie trennen sollten, wenn alles, was geschehen ist, und was wir zusammen sprachen, nicht ganz aus Deiner Erinnerung verschwunden ist, so mußt Du ja selbst die Antwort auf alles finden können.« Und die findet Wilhelm nun in der Tat: Er stellt sich vor Caroline und schreibt an Tieck, der – wie Schleiermacher – längst von Friedrich gegen Caroline aufgehetzt worden ist: »Schwerlich möchtest Du aber die rechte Partei ergreifen, wenn Du die von Fr. gegen C. nimmst. Glaube mir, er hat sich in dieser Sache auf eine auch mir zu nahetretende Art indiskret eingemischt, und das zwar aus bloßer Empfindlichkeit, da er leider von diesen Kleinlichkeiten nicht frei ist. Was von der V. zu sagen ist, weißt Du selbst so gut wie ich. Wenn ich nach Jena komme, muß von derlei Parteiwesen nicht weiter die Rede sein, oder ich würde dann selbst gegen Fr. Partei nehmen.«

Friedrich, der mit solcher Reaktion des Bruders nicht gerechnet hat, steckt sofort zurück und behauptet allen Ernstes:

»Feindselige Gesinnung habe ich nicht gegen Caroline. Darauf kannst Du Dich verlassen.« Liest man, was Friedrich und Dorothea zur gleichen Zeit an Tieck und Schleiermacher schreiben, so ist die Lügenhaftigkeit und Feigheit dieser Behauptung nur zu offensichtlich.

Endlich aber – und das bringt das Faß zum Überlaufen – bietet Friedrich seinem Bruder ein Gedicht zum Abdruck in dem von Wilhelm und Tieck geplanten *Musenalmanach für 1802* an: *Der welke Kranz*, eine unangenehm manirierte, kaltherzige und verlogene Totenklage um Auguste, deren Veröffentlichung Wilhelm sofort ablehnt. Dazu hätte es des berechtigten Protestes Carolines gar nicht bedurft. Die Geschmacklosigkeit dieses verkitschten Gedichts, die Geschmacklosigkeit, auf Auguste eine Totenklage zu dichten, braucht nicht diskutiert zu werden. Die Entrüstung, mit der dann das Gespann Schlegel/Veit auf die Zurückweisung reagiert, ist peinlich und zeigt, daß dieses Paar nur noch in Lüge, Selbstbetrug und Selbstbeweihräucherung zu Hause ist. Dorothea bekommt zum Geburtstag von Friedrich »einen verwelkten Veilchenkranz, den ihm Auguste einmal geschickt hatte«, aufgesetzt bei öffentlicher Feier mit Musik und Feuerwerk, wobei Friedrich sein Gedicht *Der welke Kranz* überreichte: »Ein Totenopfer im vollsten blühendsten Leben«, wie Dorothea jubelte.

Friedrich wettert nun gegen Carolines »Zensur«; offenbar hat er vergessen, daß er eben diese »Zensur« von ihr noch vor nicht langer Zeit für das *Athenäum* ausdrücklich gewünscht hatte, aber freilich – damals noch nicht beherrscht von Frau Veit. »Wenn sie nur jemand totschlagen wollte, ehe ich stürbe«, entfährt es Caroline im November 1801; ein unbegreiflicher Satz? Sie hat ihr letztes Kind verloren, ihre Ehe mit Wilhelm existiert nur noch auf dem Papier, sie leidet unsäglich unter der Liebe zu Schelling, weil sie diese Liebe für verboten hält, sie findet in Jena eine geradezu geschändete Wohnung vor und weiß sich von den Hausgenossen (die sie ja überhaupt erst nach Jena eingeladen hatte) verleumdet und verfolgt – was soll, was kann sie überhaupt noch vom Leben erwarten?

»Ein freundliches und selbst freundschaftlich zärtliches Verhältnis wird zwischen mir und C. immer fortdauern«, schreibt

Wilhelm Schlegel am 4. September 1801 an seine Geliebte Sophie Bernhardi, die Schwester Tiecks; »sie macht gar keine Ansprüche an mich, begleitet aber jede meiner Tätigkeiten und mein ganzes Leben mit reger Teilnahme. Für sich selbst hat sie nach ihrer jetzigen Stimmung und körperlichen Verfassung schon ganz Abschied von der Welt genommen, und ihr Leben ist nur wie ein leichter Schein.«

Schelling befindet sich in einer tiefen Depression. Er empfängt von Caroline Briefe, in denen sie ihn beständig ihrer tiefen und unwandelbaren Liebe versichert (»unser ewiges Bündnis«), dem sie sich aber als Frau verweigert und ihm rät: »Wenn Du augenblicklicher Erquickung bedarfst, so geh zum Goethe.« Aber die Stunden mit Goethe ersetzen ihm freilich nicht die Geliebte, die seine Geliebte nicht mehr sein will. Es gibt eine merkwürdige Stelle in einem Brief, den sie im März 1801 an Schelling geschrieben hat: »Ja, ich habe ein Verbrechen begangen, da ich mich der Liebe überließ, aber was ihr Fesseln anlegte, war und ist heilig und nicht ein Mangel an freier Gesinnung und nicht eine Halbheit der Liebe. Willst Du mir nie verzeihen, daß die unwiderstehliche Neigung zu Dir sie durchbrach? Nichts ist unheilbar für Seelen wie die unsrigen, und ich war kühn, aber nicht frevelhaft. Vergib mir.«

Was mag sie meinen, wenn sie Ausdrücke wie »Verbrechen« und »frevelhaft« gebraucht? Es gibt eigentlich nur eine Erklärung: Die Sätze scheinen darauf anzuspielen, daß sie sich einmal Schelling körperlich hingegeben hat und daß sie die Erinnerung daran jetzt belastet, zumal Schelling offenbar darauf angespielt hat. Belastet fühlt sie sich wohl nicht, weil sie hierin einen Ehebruch sieht, sondern weil sie in ihren Gedanken, die vielfach Ausdruck einer etwas wirren Mystik werden, vermutlich darin das auslösende Ereignis für Augustes Tod erblickt. Sie hat sich einem Mann hingegeben, der ihr vom Schicksal nicht zum Geliebten bestimmt ist, und das Schicksal hat sie dafür furchtbar bestraft. Wir wissen nicht, wie Caroline über Sexualität gedacht hat; sie dürfte eine eher sexualfeindliche Erziehung gehabt haben, und die wenigen Anspielungen auf das »Kind der Glut und der Nacht« deuten darauf hin, daß sie auch hier die Strafe für einen Frevel erkannte. Ist für sie das Eins-werden von Mann und Frau in der körperlichen Verschmelzung so etwas wie eine *unio mystica?* Trägt es numinosen Charakter? Es könnte so sein, es spricht jedenfalls nichts eigentlich gegen diese Deutung – und macht man sie sich zu eigen, dann hätte man wohl den richtigen Schlüssel für die beharrliche, von heimlichen Ängsten geprägte Verweigerung gegenüber Schelling. Die gelegentlich geäu-ßerte Vermutung, sie habe sich Schelling entziehen wollen, weil sie die mögliche Gefährdung ihrer Beziehung durch den Altersunter-schied (zwölf Jahre) gesehen habe, scheint mir wenig glaubwürdig.

Als am 25. März 1801 Novalis in Weißenfels der Schwindsucht erliegt, schreibt sie an Wilhelm: »Hardenberg ist also in Ruhe, wohin meine Seele auch so gern gelangen möchte.«

Und doch hat sie – obwohl ständig von kleineren Erkrankungen geplagt – wieder Zeiten, wo ihre Briefe ganz frei sind von Resigna-tion und Bedrücktsein und eine intensive Beschäftigung mit Litera-tur bezeugen. Sie übersetzt Sonette von Petrarca, sie beschäftigt sich mit *Godwi,* dem »verwilderten Roman« des jungen Clemens Bren-tano, der seit zwei Jahren in Jena lebt: »Er treibt sich hier mit seiner grenzenlosen Impertinenz herum (schimpft *item* auf Goethe), daß man täglich neue alberne Streiche davon hört, was uns in der Ferne belustigt, da der Narr uns nicht zu nahekommt. In dieser Ferne hat mir denn sein Roman gleichfalls ein augenblickliches Vergnügen gemacht.« Denn im *Godwi,* so findet sie doch, »sind Romanzen darin, die ordentlich so aussehn, als wenn sie nicht eben gemacht worden wären, sondern sich vor langer Zeit selbst gemacht hätten«. Und als sie erfährt, Friedrich Schlegel habe »in das Exemplar des verrückten Romans des Brentano ein Distichon geschrieben«, ver-gißt sie darüber sogar Friedrichs Feindschaft, denn dessen Disti-chon lautet:

Hundert Prügel vorn Arsch, die wären Dir redlich zu gönnen,
Friedrich Schlegel bezeugt's, andre Vortreffliche auch.

Zu den »andren Vortrefflichen«, die Schlegel zur Unterschrift nötigte, gehören Ludwig Tieck und Johann Wilhelm Ritter, der Physiker und Freund des Novalis. Denn Brentano, den der Jenaer

Kreis nie als Gleichberechtigten, sondern immer nur als Adepten betrachtet hatte, wurde nie ganz für voll genommen. Als er einmal Tieck erzählte, über nächtlichen Shakespeare-Studien sei er eingeschlafen und erst aufgewacht, als die Kerzenflamme ihm Buch und Haar versengt habe, spottete Tieck: »Heißen Sie etwa daher Brentano?« Fortan wird er nur noch als »Angebrentano« oder der »Angebrannte« verspottet.

Am 2. Januar 1802 wird in Weimar Wilhelm Schlegels Schauspiel *Ion* uraufgeführt, zwar anonym, aber es hat sich schon früh herumgesprochen, wer der Verfasser ist, der übrigens an der Premiere nicht teilnimmt. Das Stück, eine Euripides-Adaption, ist so, wie eben Schlegels Ausflüge in die Poesie sind: kalt, farblos und langweilig zurechtgebosselt wie seine Gedichte. Das Publikum ist enttäuscht, und keiner begreift, warum Goethe dieses Stück überhaupt angenommen hat. Und Caroline, offenbar im Bestreben, den Ehemann zu unterstützen, tat das Verkehrteste: Sie veröffentlicht am 16. Januar in der *Zeitung für die elegante Welt* anonym eine umfangreiche Besprechung, in der über das Stück eigentlich nur gesagt wird: »Vollkommen harmonisch war der Eindruck des Ganzen.« Das ist nun so zweideutig wie diplomatisch geschickt formuliert. Darüber nun ist der Verfasser so beleidigt, daß er – gereizt durch die wenig wohlwollenden Urteile anderwärts – im August 1802 im gleichen Blatt gegen seine Rezensenten polemisiert und dabei wider die eigene Ehefrau zürnt, der Rezensent verstünde eben kein Griechisch.

Ehe diese Erwiderung erscheint, hat Caroline Wilhelm Schlegel in Berlin besucht, wo sie sich von Ende März bis Anfang Mai aufhält und in der Lindenstraße 66 Quartier bezieht. Als sie dann nach Jena zurückkehrt, ist das Verhältnis merklich abgekühlt. Mit Wilhelm hat es zunehmend Auseinandersetzungen um Geld gegeben, denn die getrennten Haushalte in Jena und Berlin belasteten freilich die gemeinsame Kasse, in die Caroline, neben ihrer Pension, noch eine Erbschaft von tausend Reichstalern hatte einbringen können (von ihrer Großmutter, die besorgte, die Enkelin sei nicht hübsch genug, um ohne Geld zu einem Ehemann zu kommen).

Wir besitzen eine Haushaltsabrechnung, die Caroline am 21. Januar 1802 an August Wilhelm nach Berlin schickte und die hier nur darum vollständig wiedergegeben wird, weil sie einen Einblick gewährt in die Finanzierung eines Haushalts um 1800 und bezeugt, wie gewissenhaft Caroline ihre Aufgaben wahrnahm:

»Von Schlegel erhalten seit Anfang des November 1801

mir zurückgelassen	19 [rt]	12 [gr]	
für verkaufte Kleider und Bücher	12	2	6
erhalten aus Berlin	164	3	
	195	17	6
Meine Zinsen aus Hannover	33	12	
Schellings Almanachanteil	14	6	
	243	11	6
Was mir Loder für meinen Bruder gegeben in gr. Geld	13	21	
Was ich aus Braunschw. baar erhalten um es hier auszuzahlen	12	18	
	270	2	6

Hauptposten meiner Ausgaben seit Anfang Nov. 1801

Wein in Erfurt bezahlt	19	12
Hemden für Schlegel zu nähen	3	4
Koffer für ihn zu reparieren		22
Rechnung der akademischen Buchhandlung	4	18
Beym Tischler, Rahmen um Schlegels Bild	1	18
das Bild nach Hamburg nebst Glas	1	12
Spiegelrahm und andre Kleinigkeiten	2	13
Ofenschirm, Gestelle nebst Zubehör	3	18
Die rückständige Schuld an Schelling	47	8
	85	5

Auf das seit April gebrauchte Holz bezahlt	32	12
2 p. kurze Strümpfe für Schlegel	1	4
dem Böttcher für Waschgefäße u. Backtrog	5	
Der Weinachten für die beyden Mädchen		
an Geld, Sachen u. Kuchen, item für die		
alte Christiane	7	9
Lohn der Mädchen	7	
Neujahrsgelder für die verschiedenen		
Offizianten	2	
Vielfältiges Porto ungefähr	6	
	146	6
für meine Haushaltung seit 10 Wochen	60	
	206	6

Das übrige ist für Holz kl[ein] machen, Wäsche, Licht, kleinere Bedürfnisse des Hauses, Fahrt nach Weimar (größtentheils) draufgegangen. Auch ist dabey was ich der . . . schuldig war und noch ein Hauskleid für Julchen, auch einige Geschenke an gestrickten Sachen für meine Neveux und Niecen. Für mich ein Fußkorb mit Pelz und ein gestrickter wollener Unterrock.

Schulden zu Anfang November 1801

Holz	30 [rt]	
Zucker u. Caffee aus Braunschweig	17	
Wein	20	
ein kupferner Waschkessel	7	16
Miethe	45	
Beym Böttger	5	
Bey Paulßen ungefähr	20	
Bey Möllenbeck ungefähr	50	
Bey Schelling	47	8
	242	

Philipp hat uns gegeben im Februar 1801 in Louisd'or zu 5 rhl. [Reichstaler]	400	
Schlegel hat von Hufeland für ihn empfangen 9 Louisd'or	45	
Hufeland ist Philipp noch weit mehr schuldig und soll alles was er kann gleich an Schlegel auszahlen. Das hat ihm Philipp geschrieben.		
Von Schlegel erhalten seit seiner Abreise von Braunschweig Ende des Februar mir zurück-gelassen	19	3
durch Wied[emann] 3 Louisd. von Cotta	17	
durch Nicolovius	163	
seit seiner Ankunft in Jena 17 Louisd.	97	1
	296	4
dritten Sept. 2 Louisd'or	11	10
Weinbrunn 2 Louisd.	11	8
am 16ten Sept. 2 Louisd.	11	8
erhalten am 21 Sept.	2	5
In Weimar 8 Louisd'or	45	16
	378	3
erhalten bis Ende Oktober	378	3
davon geht ab für Schlegel	192	8
für mich also	185	19
200 Louisd'or		
An meinen Bruder zu bezahlen in Louisd'or zu 5 rhl. Kapital von	400 [rt]	80 [Lsd]
Zinsen dafür vom Februar 1801 bis dahin 1802	15	3
Auslagen für 1 Stück englisch Meublen Catten [Baumwollstoff für Möbel], Pomeranzen, Heringen u. dergleichen	25	5
Was Hufeland Schlegel Sommer 01 ausgezahlt hat	45	9

Was er noch auszahlen wird ungefähr	47 12	9½
Loder hat mir jetzt für ihn gezahlt	12 12	2½

545 oder 109

Von Claproth in Gött. Rückzahlung von einer Summe die ich nur bis 8 Jahren leihn mußte	100	20

645 129

bleiben 71 Louisd'or

Dann ist zu bezahlen in Braunschweig in Louisd'or zu	5 rhl.	6 gr.
an Moellenbeck	56 [rt]	
Apotheke	9	3 [gr]
Zucker u. Caffee im Sommer	17	
Zucker u. Caffee diesen Winter erhalten	9	21
für Porcellan	18	14
Eine Rechnung bey dem Juden größtentheils für mich, Spitze, Kleidung, Halstücher, zuletzt noch das Kleid für Julchen (auch das Kleid für Caroline Tischbein)	66	4
Leinwand ins Haus	4	20
Ferner: Theils an erhaltenen Sachen ins Haus als Mahagonyteller und Weinbouteillen u. Gläser Theils baar um es hier im Februar an Mad. Fleischer auszuzahlen	25 an Kilian 20	
Musik die nach Berlin geschickt	9	10

216

beträgt ungefähr 41 Louisd'or bleiben von obigen 71 Louisd'or 30 Louisd'or	166	6
NB. Von diesen 30 Louisd'or oder 166 rhl 6 gr. gc Geld muß ich hier vor meiner Abreise noch bezahlen für Holz	66	6

an anderen kleinen Rechnungen   20
endlich auch noch für Thee von welchem
³/₄ Theile nach Berlin gekommen.
4 Carolin mithin   26
_____
                                      132   6
bleiben 34 rhl für einen Pe[lz?]«

Friedrich und Dorothea sind wenigstens bei der Rückkehr nach
Jena nicht mehr da. Friedrichs Ziel heißt jetzt Frankreich, »wo er
sich republikanisch zu vermählen gedenkt«, wie Caroline an Luise
Gotters Tochter Julie schreibt. »Das Ersäufen in der Loire hieß
unter Robespierre *noces republicaines [= republikanische Hochzeit; dabei
wurden die Hinzurichtenden paarweise – Mann und Frau – aneinanderge-
fesselt und ertränkt]*, und der Hälfte dieses Paares möchte ich gern solche Hochzeit gönnen.«

Aber trotz wachsender Entfremdung zwischen Caroline und
Wilhelm, trotz Geldstreitigkeiten und Ärger über Carolines Rezension: Wilhelm Schlegel läßt sich nicht bewegen, gegenüber Schelling eine feindselige Position einzunehmen. Als die *Allgemeine Literatur Zeitung* am 10. August behauptet, Schellings Eingreifen in die
Behandlung der kranken Auguste habe dieser erst den Tod gebracht (der Informant war der Kissinger Badearzt Büchler, dem
Schelling die Behandlung entzogen hatte, der Verfasser des Artikels
war der Würzburger Theologe Franz Berg), veröffentlicht Schlegel,
aufgebracht über diese Perfidie, eine Broschüre wider die *in der
Jenaischen A. L. Z. begangene Ehrenschändung.*[*]

Der gemeinsame Aufenthalt in Berlin hat gezeigt, daß die Ehe nicht
länger aufrechtzuerhalten ist. Wilhelm konnte sich längst dort fest
etablieren und sich einen eigenen Lebenskreis aufbauen, vor allem
einen erotischen, und seine Vorlesungen über Literatur haben ihn
in Berlin zu einer Attraktion werden lassen. Caroline, aus der
Kleinstadt Jena kommend, wo sie nur noch mit dem dort lehrenden
Schelling in Verbindung ist, findet sich außerhalb dieses mondänen

Zirkels, der ihrer Welt so sehr konträr ist. Beide einigen sich auf die Ehescheidung, bestrebt, »die Sache nach gemeinschaftlicher Verabredung und auf keine beiden Teile nachteilige Weise *[zu]* betreiben«. Seit diesem Entschluß – September 1802 – redet Caroline, um die endgültige Trennung noch zu betonen, Wilhelm mit Sie an.

Weihnachten 1802 verbringt sie in Jena mit Schelling und dem ungarischen Magnaten Karl Freiherr von Podmanitzky von Aszód, den Goethe als einen »vielseitig unterrichteten Mann« lobt und der Schelling mit einem Tokayer versorgt, den Caroline »göttlich« findet: »Er hat geschworen, daß es der Naturphilosophie nie mehr daran gebrechen soll.« Caroline meint, Podmanitzky sei »ein ganz vorzüglich guter und nach vielen Seiten hin ausgezeichneter Mensch [. . .], mit dem in Verbindung zu stehn Schelling viel Freude macht«. Im übrigen bekommt die treue Rose zum Fest ein Geldgeschenk, »die dumme Köchin« hingegen nichts. Schelling wird – angesichts der Tokayer-Spende – von Caroline mit einem Korkenzieher und diesem Begleitgedicht beschenkt:

> Längst hattest Du den Schlüssel der Natur,
> Dir fehlte einzig der der Flasche nur,
> Denn der hat nicht den Geist der Welt ergründet,
> Der nicht sein Werk im goldnen Weine findet.

Ist es um diese Zeit, da Caroline auch ihr Spottgedicht auf Fichtes *Wissenschaftslehre*[*] verfaßt? Es hat sich auf dem Vorsatz einer gebundenen Ausgabe des *Athenäum* gefunden, undatiert, könnte früher – etwa 1799 –, könnte aber auch erst jetzt geschrieben worden sein, seit Schelling und Fichte sich überworfen haben. Mit »Wissenschaftslehre« bezeichnet Fichte sein philosophisches System. Dieses bisher unveröffentlichte Gedicht, als Spottgedicht ein kleines Meisterwerk, lautet:

> Text
> Meine Herrn, damit Sie's wissen
> Welche Wissenschaft ich lehre:

Es ist die Wissenschaftslehre,
Das heißt Wissen von dem Wissen.

Glosse
Dies muß ich nun deutlich machen.
Können Sie es nicht verdauen,
Will ich's Ihnen erstlich kauen
Und dann schieben in den Rachen.
Zwar ihr Kopf wird etwas krachen,
Weil mit unnütz schlechtem Wissen
Sie ihn sonst zu sehr verschlissen;
Darum will ich's unverhohlen
Ihnen sagen, wiederholen,
Meine Herrn, damit Sie's wissen.

Kreide nehm ich in die Rechte:
Will man Wahrheit recht erwecken,
Muß man auf ein Brett sie kerben,
Wie im Wirtshaus was man zechte.
Daß ich tapfer sie verfechte
Komme nach der Kinderlehre
Jeder, den ich nicht bekehre,
Zweifle, frage, forder Proben,
Und er wird dereinst noch loben,
Welche Wissenschaft ich lehre.

Wissen Sie nicht irgendwas?
Zweimal zwei etwa macht viere;
Daß ich Sie nicht prostituiere
Nehm ich an, Sie wußten das.
Unsers Wissen ist nur was,
Wenn ich's höher noch verkläre
Und Besinnung drin beschere
Wird draus die Wissenschaft,

Die des Wissens Wissen schafft,
Es ist die Wissenschaftslehre.

Diesen starken Stamm der Fichte
In der Hand, da kann man wandeln,
Fest auf Erden stehn und handeln
Und wird nimmermehr zunichte.
Bis zum letzten Weltgerichte,
Wenn sonst alle Stränge rissen,
Bleibt ihr ruhig im Gewissen.
Denn ihr wißt gewiß, ihr wißt,
Und auch, was dies Wissen ist,
Das heißt Wissen von dem Wissen.

Am 17. Mai 1803 wird von einem evangelischen Konsistorium
(»Herzogliches Oberkonsistorium«) auf »ein entschiedenes Rescript
Serenissimi« die Scheidung ausgesprochen*, was bedeutet, daß Herzog Carl August von Sachsen-Weimar persönlich die – sonst äußerst erschwerte – Scheidung befürwortet hatte: auf Empfehlung
Goethes, der das von Carolines Hand geschriebene Gesuch sogar
persönlich redigierte.

»Ich habe nun alles verloren«, schreibt Caroline am 18. Februar
1803 an Julie Gotter in einem Brief, in dem sie das Resümee ihrer
zweiten Ehe zieht, »mein Kleinod, das Leben meines Lebens ist hin,
man würde mir vielleicht verzeihen, wenn ich auch die letzte Hülle
noch von mir würfe, um mich zu befreien, aber hierin bin ich
gebunden – ich muß dieses Dasein fortsetzen, solange es dem Himmel gefällt, und das einzige, was ich dafür noch bestimmtes wünschen kann, ist Ruhe, wahrhafte Ruhe und Übereinstimmung mit
meinen nächsten Umgebungen. Diese kann ich in der Verbindung
mit Schlegel nicht mehr finden; mannigfaltige Störungen haben sich
dazwischen geworfen, und mein Gemüt hat sich ganz von ihr abge-
wendet; das habe ich ihm vom ersten Moment an nicht verhehlt,
meine Aufrichtigkeit ist ohne Rücksicht gewesen. Es hätte seitdem
vielleicht manches anders werden können, allein andre bemäch-

tigen sich seiner, da ich zurücktrat, und nicht die löblichsten Menschen, wie Du weißt, und ich gewann immer mehr Ursache, mich für eine entschiedne und öffentliche Trennung zu entschließen, nicht ohne Kampf, weil es mir schrecklich war, auch noch durch dieses gehn zu müssen, das ich aber endlich durchaus für Pflicht hielt; ich konnte und wollte Schlegeln nicht mehr alles sein und hätte ihn nur verhindert, ihn, der in der Blüte seines Lebens steht, auf andern Wegen sein Glück zu suchen. Dazu kam, daß meine Gesundheit mir nicht die Hoffnung läßt, Mutter zu werden; und so wollte ich ihn auch dessen nicht berauben, was mir ihm zu gewähren versagt war. Kinder hätten unstreitig unsre Verbindung, die wir unter uns nie anders als wie ganz frei betrachteten, unauflöslich gemacht. Das sind die Seiten meines Geschicks, wo das Verhängnis eintritt und von keiner Verschuldung die Rede sein kann. Dagegen hätte ich behutsamer sein sollen, die Heirat mit ihm nicht einzugehn, zu der mich damals mehr das Drängen meiner Mutter als eigner Wille bestimmte. Schlegel hätte immer nur mein Freund sein sollen, wie er es sein Leben hindurch so redlich, oft so sehr edel gewesen ist. Es ist zu entschuldigen, daß ich nicht standhafter in dieser Überzeugung war und die Ängstlichkeit andrer, dann auch der Wunsch, mir und meinem Kinde in meiner damaligen zerrütteten Lage einen Beschützer zu geben, mich überredeten, allein dafür muß ich nun doch büßen. Insoweit *Du* Schlegel kennst, Julchen – ich muß an Dein unbefangnes Gefühl appellieren – glaubst Du, daß er der Mann war, dem sich meine Liebe unbedingt und in ihrem ganzen Umfange hingeben konnte? Unter anderen Umständen hätte dieses bei einmal getroffener Wahl nichts verändert, so wie sie hier indessen nach und nach stattfanden, durfte es Einfluß über mich gewinnen, besonders da Schlegel mich selbst mehrmals an die unter uns bestehende Freiheit durch Frivolitäten erinnerte, die, wenn ich auch nicht an der Fortdauer seiner Liebe zweifelte, mir doch mißfallen konnten, und wenigstens nicht dazu beitrugen, meine Neigung zu fesseln. – Jetzt, nachdem das Schicksal keines andern Wesens mehr mit dem meinigen verflochten ist, bin ich wohl berechtigt, zu tun, was für mich das Rechte und Wahre ist, und auch

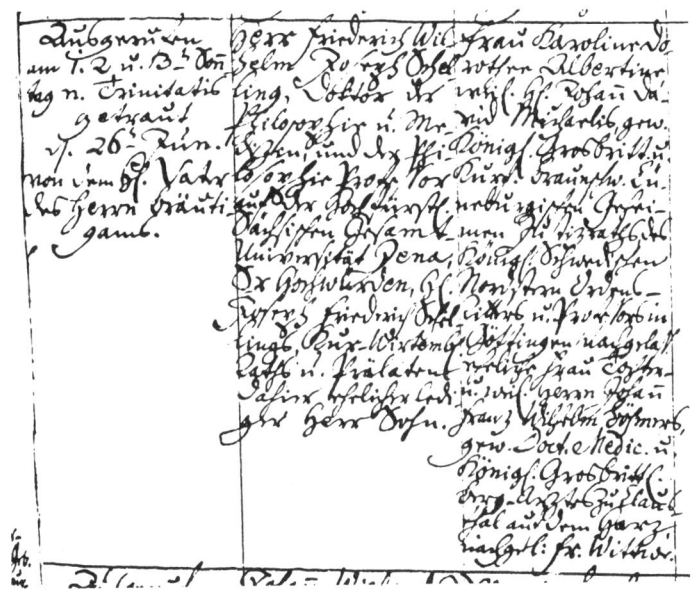

Beurkundung der Trauung Schellings mit Caroline in Murrhardt
am 26. Juni 1803

ganz und gar nicht danach zu fragen, wie das nach außenhin aussehn mag, was an sich gut ist. [...]

Ich kann Dir nicht ausdrücken, wie ruhig ich seit dem Moment bin, wo wir uns entschieden hatten, ich bin fast glücklich zu nennen, und meine Gesundheit hat beträchtlich gewonnen. [...] Sonderbar ist es, daß, *einmal* in die Stürme einer großen Revolution verwickelt mit meinen Privatbegebenheiten, ich es gleichsam jetzt zum zweitenmal werde, denn die Bewegung in der literarischen Welt ist so stark und gärend wie damals die politische.«

Am 26. Juni 1803 wird Caroline mit Schelling in Murrhardt von Schellings Vater getraut.

Dritte Ehe und Tod

»Der Tod ist eine himmlische Hoffnung, wenn er so der Bewahrer
unsrer liebsten Schätze geworden. Das Leben wäre unerträglich und eine
Schmach, wenn es, dieser beraubt, nicht dennoch ein überirdisches
Interesse enthielte, einen Teil jener ewigen Seligkeit, und Sie wissen, wer
mir nicht bloß ein zeitlicher Gefährte ist.«

Caroline an Meta Liebeskind, 19. August 1804

N ach Zwischenstationen in Bamberg und Würzburg war Caroline Anfang Juni in Murrhardt eingetroffen. Neun Tage hatte
sie für die Reise von Jena bis hierher gebraucht. Vater Schelling war
von seinem Sohn schon vorbereitet worden: »Sie werden überhaupt
an Madame Schlegel nicht nur eine sehr geistreiche, sondern auch
eine sehr liebenswürdige, freundliche und gute Frau finden, deren
Umgang meiner Schwester und Mutter, gewiß ebenso sehr auch
Ihnen, angenehm sein wird. Wollen Sie ihr ein Zimmer mit Aussicht
ins Freie, und das zugleich der Sonne genießt, anweisen, so bin ich
gewiß, daß es ihr bei Ihnen in jeder Rücksicht gefallen wird.« Und
die Eltern sahen der künftigen Schwiegertochter »mit Wonne« entgegen. Anfang Juni kam Caroline in Murrhardt an, Ende des Mo-
nats war die Trauung. Mit Schellings Eltern verstand sie sich sofort;
Vater Schelling hatte übrigens einst mit Michaelis in Göttingen
korrespondiert, »der viel auf ihn gehalten haben muß«.

Von Murrhardt aus besuchen Caroline und Schelling Stuttgart,
um Schillers *Maria Stuart* im Theater zu sehen, zumal »Unzeline« die
Maria gibt.

Caroline kannte das Stück bisher nur aus der Lektüre und fand
es »wahrlich nicht besser wie der Wallenstein – ja der gesamte
schlechtere Wallenstein spricht einen daraus an«, so hatte sie sich
zwei Jahre zuvor gegenüber Schlegel geäußert. Sie habe bei der

Lektüre »nicht einiger Langeweile entgehen können« und finde das Ganze zu konstruiert: »Mir ist es ganz klar, daß alles poetische Drum und Dran dieses Stückes in der Summe keine Poesie macht.« Aber sie räumt ein: »Denken kann ich mir wohl, daß es sich auf dem Theater ganz gut macht.«

Nun also sieht sie *Maria Stuart* im Theater, aber sie findet sich abgelenkt: Vor ihr sitzt Huber. Beide sehen sich an, mimen aber Nichterkennen, Caroline hat ihm seine »dumme Rezension des Athenäum« nicht vergessen. Aber die Hubers legen plötzlich Wert auf Carolines Bekanntschaft – wegen Schellings wachsender Berühmtheit? Frau Unzelmann – »eine höchst verständige kleine Person«, findet Caroline – vermittelt zwischen den Feind-Freundinnen, und Caroline gibt nach, um Thereses willen, denn Huber trägt sie seine »schlechten Grundsätze« nach. Therese hat Carolines Nachgeben keineswegs honoriert; im Gegenteil: Die Caroline diffamierenden Briefe der Frau Huber stammen aus ebendiesem Sommer 1803.*

Nach einer Reise, die Schelling und Caroline im Spätsommer über Stuttgart, Tübingen, Ulm und »das prächtige« Augsburg nach München führt – »alles auf Chausseen, über welche die Wagen wie mit Flügeln rollen« –, ist das endgültige Ziel Würzburg, dessen neugegründete Universität (die Stadt gehört seit einem Jahr zu Bayern) Schelling berufen hatte. Anfang November bezieht hier das Ehepaar eine große Wohnung: »Meine Zimmer für mich, deren 4, ein Schlafzimmer, ein Wohnzimmer und 2 große für Gesellschaft, in einer Reihe und durch Flügeltüren mit Glasscheiben verbunden«, wie Caroline der Freundin Luise Gotter berichtet. Zu dieser von der Regierung gestellten Wohnung gehört auch Schellings »hübsch dekorierter« Hörsaal; beides liegt im einstigen adligen Seminar. Mitbewohner sind die Professoren Paulus und Hoven mit ihren Familien, auch der Jurist Hufeland wird nach Würzburg berufen, so daß die alten Feinde fast vollzählig wieder beisammen sind, und die haben nichts vergessen und vergeben. »Die Damen Hufeland und Paulus haben mir ihren Besuch gemacht, sind ganz charmant, ich gleichfalls, ohne allen Groll, ich weiß gar zu gut, wieviel – das heißt wie wenig, überhaupt der Haß und die Liebe von dergleichen

Wesen wert ist, beides gilt mir keinen Kreuzer.« Aber die Damen denken darüber anders.

Schelling sei »zu beklagen, daß er sich so schändlich hat unterjochen lassen« (von Caroline natürlich), weiß Schiller Wilhelm von Humboldt mitzuteilen. Und Hausgenosse Paulus meldet schon Mitte November 1803: »Schelling ist unsichtbar geworden.* Wir sehen ihn weder im Hause noch in der Stadt. Er soll an seinem Roman, der schon in Jena sein *otium cum vel sine dignitate [Muße mit oder ohne Würde; nach Ciceros otium cum dignitate]* ausgefüllt hat, schreiben. Sicher wird er darin seine medicalischen Phantastereien die Zügel schießen lassen, was dazu führen möge, daß er endlich seine Parforceritte auf dem Felde der Philosophie einschränkt oder sogar aufgibt. Die Katze wird ihm, wie bisher, nicht von der Seite gehen und nun auch auf dem Theatrum Magicum die Geister beschwören helfen, die dann dem einzigen heiligen Geiste den Eintritt darein zu wehren angehalten werden.«

Die Katze – das ist noch milde. Im März 1804 wird der fromme Theologe in einem Brief an Charlotte Schiller deutlicher: »Von dem Übel, wie Schiller zu Hufeland sagte, sind wir so ziemlich befreit. Diese bösartige Natur hat durch ebenso boshafte als dumm erfundene Lügen über mich die Hoven abhalten wollen, mit mir umzugehen; als sie sah, daß ihr dies nicht gelang, so wurde sie gegen die Hoven impertinent, und nun sehen wir sie gar nicht mehr. Auch Schelling hat bei dieser Gelegenheit bewiesen, daß er ein folgsamer Ehemann ist und daß die bösen Einflüsse dieser Madame Luzifer kräftig auf ihn wirken. Es ist recht gut, daß unsere Wohnung durch eine Kirche von der ihrigen getrennt ist, wo nach katholischer Sitte fleißig geräuchert wird.« Henriette von Hoven ergänzt Anfang April* (gleichfalls an Charlotte Schiller) mit einer so ausgiebigen wie gehässigen Charakteristik der Erzfeindin in genüßlicher Breite:

»Die Nachrichten, die ich über die berühmte Dame erhalten hatte, der Eindruck, den ihr persönliches Betragen auf mich machte, waren nicht geeignet, mir Mut zu machen und ihren Umgang zu wünschen; im Gegenteil, es fiel mir schwer, wenn ich mich mit ihr in einem Hause dachte, und darum weigerte ich mich, unsere freie Wohnung zu beziehen. Hoven tröstete mich damit, daß mit dem Teufel gut auszukommen sei, wenn man ihn kenne. Die Eltern von S., die seit meiner frühen Jugend viel Liebe für mich hatten, verhehlten mir nicht, daß sie befürchteten, dieser böse Dämon möchte meinen Frieden stören. Ich nahm mir nun vor, recht klug, gefällig und höflich zu sein und mich übrigens entfernt zu halten. Ich gestehe, daß es mich Überwindung kostete, die äußeren Zeichen der Achtung zu beobachten; ich zwang mich um Hovens, um ihres Mannes willen. Schon in Ludwigsburg hatte sie angefangen, nach Hoven ihr Netz auszuwerfen; als er hier ankam, gab sie sich alle Mühe, ihm gefällig zu sein; sie schmeichelte, lispelte, tat gelehrt, süß, verschämt, putzte sich, hüpfte um ihn her, wollte für ihn sorgen, kurz, sie bot alle Künste auf. Meine Ankunft war ihr höchst fatal, ob sie sich gleich freundlich gegen mich zeigte. Sie fing bald an, mich bearbeiten zu wollen und meine Gefälligkeit zu mißbrauchen. Mein höflicher Widerstand machte sie nur dreister. Sie versuchte mit ihrer Gelehrsamkeit zu imponieren, ich bemerkte es nicht. Sie putzte sich wie ein fünfzehnjähriges Mädchen und zeigte mir diese Herrlichkeiten mit gravitätischem Schritt; ich tat, als sähe ich es nicht und zog immer wieder mein gewöhnliches Kleid an. Sie ließ sich austragen, ausfahren, ich sollte sie begleiten; ich entschuldigte mich. Sie legte Spitzen, Zeuge, allerlei Dinge vor mir aus und setzte mit bestimmtem Tone dazu, daß ich solches kaufen und – haben müßte. Ich erwiderte kalt, daß ich keine Lust hätte. Sie tadelte meine häusliche Einrichtung, ich lächelte dazu; sie spottete über dieses und jenes, ich hörte es nicht, zog mich aber natürlich immer mehr von ihr zurück. Demungeachtet hofmeisterte, korrigierte sie unaufhörlich, borgte Verschiedenes aus meiner Haushaltung, als wären die Sachen nur für sie da. Als ich wegen künftiger Gesellschaften allerlei anschaffen *sollte* und mit dürren Worten erklärte, daß wir *nie* Gesellschaften geben würden, ward sie wütend, lief davon, schalt mich träge, geizig. – Ich verfolgte ruhig meinen Lebensplan und achtete nicht auf ihr glänzendes Beispiel. Weder die Menge der prächtigen Kleider, die Trumeaus zu 100 Talern, die Fußteppiche, kostbaren Ofenschirme, türkischen Sitze, noch die

Bedienung änderten das mindeste in meiner häuslichen Einrichtung. Dafür erhielt ich freilich einen Ehrentitel – die schwäbische Küchenmagd! Mit Hoven kam sie nicht weiter, er blieb stets derselbe, höflich und munter, sprach lieber mit dem Manne als mit ihr und kam seit meiner Ankunft weniger hinüber. Dies nahm sie natürlich höchlich übel und verwünschte das fatale schwäbische Weib, mit der gar nichts anzufangen sei. Sie mochte sich freilich ganz was anderes von mir versprochen haben, mich bildsam, gelehrig, gehorsam glauben und brauchbar zur Folie, wodurch sie gerne desto mehr geglänzt hätte, dieser schlecht geschliffene böhmische Stein! Als sie das letztemal zu mir wollte, war ich ausgegangen; darüber entbrannte sie, war grob gegen Minchen, und seitdem sah ich sie – dem Himmel sei Dank, nicht wieder, es sind jetzt sechs Wochen. Sie veranlaßte ihren Mann, unhöflich gegen Hoven zu sein, nun sehen sich diese beiden auch nimmer. Was sie vollends recht in Harnisch gebracht hat, sind die Besuche des Grafen bei uns und überhaupt Hovens Verhältnisse mit ihm. Daß wir diesen Grafen *[gemeint ist Graf Thürheim, Kurator der Universität und ehemaliger Mitschüler Hovens]* nicht zu ihr brachten, sie nicht herüber baten, dies ist, wie Hoven sagt, die Sünde wider den heiligen Geist – die nie vergeben wird. Hier scheint sie ihr Glück nicht zu machen und ihre Rechnung zu verfehlen; sie wollte ganz Würzburg dressieren. Die Weiber fliehen sie, und die Männer lachen sie aus. Auch ist ihre Lebensgeschichte ziemlich im Umlaufe. Ihren Äußerungen nach steht sie in besonders guten Verhältnissen mit Goethe, was ich aber sehr bezweifle. Was haben denn Sie an ihr gesündigt? Sie und Schiller stehen gar nicht in Gnaden. Überhaupt scheint es mir, daß niemand einen eigentlichen Wert bei ihr hat als ihr eigenes Ich, sogar ihr untertäniger Gemahl nicht, ob sie gleich höchst zärtlich tut, ihm die Hände tausendmal leckt und, wie Hoven sagt, mit ihm grünäugelt. Er ist ein unglücklicher Mensch. Sie wird ihm überall seine Existenz verkümmern. Es ist sehr zu beklagen, daß sie so mächtigen Einfluß auf ihn hat, ob sie ihn gleich oft mißhandelt und despotisiert und dann wieder auf der Erde kriecht. Die Augen werden ihm noch schrecklich aufgehen.

Bei all ihrem Wissen benimmt sie sich oft recht dumm und unvorsichtig. So sprach sie zum Beweis mit einigen Professoren über die Universität mit der unverschämtesten Anmaßung: ›Jener müsse berufen, dieser abgeschafft werden, der dürfe durchaus nicht angestellt werden – das leiden wir nicht‹, rief sie aus. Dem Professor der Artistik gab sie die Weisung mit folgenden Worten: ›Ordnen Sie nur indessen Ihr Kabinett, dann will ich kommen und sehen, wer mehr davon versteht, Sie oder ich.‹ Ein andermal sagte sie zum Präsident Leiden: ›Die Schriftsteller regieren die Welt.‹

Diese und ähnliche unzähligen Äußerungen wirken nichts Gutes, weder für sie noch für ihren Mann. Sie war anfangs sehr bemüht, Paulus und uns voneinander entfernt zu halten; vermutlich darum, weil sie fürchtete, daß wir durch dieselben etwas von ihrer Geschichte erfahren möchten; allein diese Furcht war überflüssig, Paulus hätte uns nichts Neues sagen können; wir wissen von ihrer früheren Lebensart vielleicht mehr als die Jenaer und der glückliche Ehemann selbst. Weder Hufelands noch Paulus' kommen mehr zu ihr.«

Nach der Lektüre dieses Briefes läßt sich leicht feststellen, daß Carolines Bezeichnung »schwäbische Küchenmagd« für Frau von Hoven nur allzu berechtigt ist. Dieses Gebräu aus Kleinkariertheit, echt schwäbischer Spießigkeit und groben Lügen ist bezeichnend für den Ungeist des damaligen Würzburger Universitätslebens und Auftakt zu einem Verleumdungsfeldzug, der jetzt gegen Caroline geradezu systematisch begonnen wird.

Im Mai 1804 kommt August Wilhelm Schlegel nach Würzburg zu Besuch. Er befindet sich inzwischen – neben Benjamin Constant – im Gefolge der Madame de Staël, die ihn aus Berlin mitgenommen hat. Schlegel trifft sich noch am Abend seiner Ankunft mit Schelling, der ihn um elf Uhr in seine Wohnung bittet. Hier trifft Schlegel zum erstenmal nach Carolines Berlin-Besuch seine einstige Gefährtin wieder; er bleibt »bis nach ein Uhr« und besucht sie noch einmal am anderen Morgen vor seiner Abreise. »Sie schien geneigt, alle Bitterkeit der Erinnerung auslöschen zu wollen, und war bei meinem Abschiede gerührt. Ihr Aussehen schien mir besser und gesunder als in Berlin, und dann weiß sie sich immer noch vorteilhaft zu kleiden und ihre Umgebung zierlich einzurichten. In einem großen Gesellschaftszimmer hatte sie die Büste von Goethe und Augusten aufgestellt und innen an den Fenstern zwei große Orangenbäume. In dem Wohnzimmer sah ich das geliebte Bild Augustes *[von Tischbein]* wieder.« Man spricht über das seit längerem geplante Monument für Augustes Grab* in Bad Bocklet, aber ebenso über den Ärger, den das Ehepaar Schelling in Würzburg hat: »Caroline sprach natürlich ebenso schlimm von der Paulus als diese von ihr. Auch über die Huber und deren scheinbare, aber nicht haltbare Versöhnung mit ihr.«

Nichts beleuchtet das Verhältnis der Brüder Schlegel zu Caroline besser als dieser Brief Wilhelms. Bei ihm hätte man Bitterkeit und Groll erwarten und verstehen können, aber bei Friedrich? Der schreibt einen Monat später an Carolines Erzfeindin Caroline Paulus: »Wunderbar ist es freilich, daß Sie nun mit Madame Schelling unter einem Dache wohnen; doch so ganz wunderbar nicht, da ja auch auf jedem fruchtbaren Weizenfelde Dorn und Distel, Lolch und andres schlechtes Gesäme sich einzunisten pflegt. Gott gebe, daß der Teufel sie bald holen mag, und zwar mit der gehörenden Feierlichkeit und Lärm nach Standesgebühr; an Gestank wird es ohnehin nicht fehlen.«

In diesen Ton stimmt auch Henriette von Hoven ein, die am 4. August Frau Schiller berichtet: »Von der Dame Luzifer kann ich Ihnen zu meinem Trost sagen, daß ich sie nicht wieder gesehen habe. Sie sitzt völlig verlassen bei ihren Möbeln. Es kommt niemand mehr zu ihr außer ihrem – *Freund*, Professor Köhler *[außerordentl. Professor für Zoologie]*, der sie das Ideal der Weiber, die Vollkommenheit der Welt nennt. Man erzählt, sie schimpfe giftig über das Universitätswesen, die Kuratel und die Regierung; es war dies zu erwarten, denn jetzt sieht sie ihre Nichtigkeit, die Frucht ihrer Anmaßungen und Impertinenz. Seit sechs Wochen hat sie eine Jugendfreundin bei sich, die vormalige Forkel, geb. Wedekind, jetzt die Frau des Oberamtmanns Liebeskind in Ansbach. Gewiß werden Sie auch von dieser Person gehört haben. Die Schwester von Sch. ist abgereist. Die Unzufriedenheit der Dame über die Veränderung ihrer Wohnung äußert sich laut. Das Seminarium wird zu den Kabinetten der Universität verwendet, die drei Professoren, die es seither bewohnten *[Schelling, Paulus und Hoven]*, bekommen nun eine andere Wohnung in einem neuen angenehmeren Hause. Die Dame geht den Tausch ungerne ein, sie ist gut eingerichtet; vielleicht paßt nicht alles wieder im neuen Hause, wie es im alten paßte.

Bei ihrer Hierherkunft machte sie den Verwaltern des Seminariums weis, daß der Regierung an Sch. am meisten gelegen sei, daß man mit der Einrichtung *ihrer* Wohnung vorzüglich Rücksicht nehmen müsse. Die Leute glaubten dies anfänglich, daher kam es, daß man sie die beste Wohnung wählen ließ, daß solche am meisten Geld kostete und daß man nach ihrer Phantasie baute. Nachher merkte man freilich, daß sie sich zu viel herausgenommen hatte. Die unverschämten Menschen gewinnen immer für den Moment. Jetzt gilt diese List nichts mehr, man kennt sie zu gut. Dessen ungeachtet wählte sie im neuen Hause die untere Etage, die zehn Zimmer hat, verlangte aber auf den beiden anderen Etagen gleichfalls Zimmer, ein Auditorium im – *Keller* usw. Als sie den Handwerksleuten ihre Befehle erteilt hatte, wurden die Wohnungen von der Kuratel angewiesen und die untere Etage *mir* bestimmt. Nun ist ihre Galle rege. Sie erhält den mittleren Stock, der zehn Zimmer hat, allein damit ist ihre Begehrlichkeit nicht zufrieden. Sie werden finden, daß sie es weit treibt, zumal da sie sicher nie halb so gut gewohnt hat in ihrem ganzen Leben. Sie war vor kurzem in einer Gesellschaft, bei der ein gewisser Präsident Seuffert *[er war Präsident des Hofgerichts]* sich befand; sie schimpfte auf die vormalige schlechte Regierung, tadelte ziemlich unhöflich den Mangel an Bäumen und Schatten; dieser Seuffert, der bei der vorigen Regierung alles galt, fand sich beleidigt durch ihre Äußerungen; er antwortete ihr: ›Sie wissen es ja von Mainz her, Frau Professorin, wie es ist auf Festungen.‹ – Diese bittere Pille verschluckte sie gutwillig. Hier in Würzburg hat sie alles verloren, sie schimpft auch tüchtig über das dumme, ungebildete Volk.

Schlegel war hier, aber es gab keine zärtliche Szene; er war zwar im Hause bei P*[aulus]* und erkundigte sich nach seiner ehemaligen

Hälfte, doch sehen, sprechen wollte er sie nicht. Gleichwohl erzählte sie jedermann, daß Schlegel – lange bei ihr gewesen sei; dies gab zu manchen Spöttereien Anlaß. Die Äußerung von Goethe[?] ist ganz vortrefflich; indessen wird sie gar nicht müde, den Leuten zu sagen: ›Goethe ist der Mann meines Herzens.‹ Daß der Fall bei ihm umgekehrt ist, wußte ich voraus. Schiller tut sie nicht so viele Ehre an, sie geht noch weiter, sie behauptet, Schiller könne – kein Gedicht machen, er habe gar kein Genie, kurz, sie spricht das allertollste Zeug. Da sie Schiller von der moralischen Seite nicht angreifen kann, so versuchte sie es von seiten der Talente, der Wissenschaften. Die Törin! Es wäre zweckmäßig für ihre Lage, wenn sie wüßte, wie man eine gute Suppe kocht und eine Wasch behandeln muß.«

Freilich, das wäre so ganz nach dem Herzen der »schwäbischen Küchenmagd« gewesen. Daß sie – nach Hausfrauenart – die ihr intellektuell weit überlegene Caroline eben als Hausfrau schmäht, ist in der Argumentation geradezu zeitlos. Noch 190 Jahre später sind solche Schlüsse unter Hausfrauen beliebt, die sich vom Leben benachteiligt fühlen. Als hätte Caroline nicht zur Genüge bewiesen, daß sie sich sowohl auf die »gute Suppe« wie auf »eine Wasch« verstand. Und daß Wilhelm Schlegel sie nicht habe sehen wollen – nun, sein Brief wurde zitiert. Aber zu anderem als dümmlichen Unterstellungen (wozu man auch die Kontroverse mit Seuffert rechnen muß, denn mit den Seufferts stand Caroline während der ganzen Würzburger Zeit in einem recht freundschaftlichen Verhältnis) und plumpen Lügen war die von einem schweren Minderwertigkeitsgefühl belastete Frau wohl nicht fähig.

Natürlich darf in diesem Konzert Dorotheas Stimme nicht fehlen. »Meinst Du wirklich«, schreibt sie im September 1804 an Caroline Paulus, »daß ich ohne Verdruß in Würzburg leben, in einem Hause mit meiner großen Feindin leben könnte? Bedenke das. Du weißt wohl, ich kann weder zanken noch mich rächen, aber ärgern kann ich mich sehr, wobei denn andre ihre Absicht erreichen und ich den Schaden habe. Wie sehr würde eine solche Feindseligkeit nicht unsre Freude, beisammen zu sein, stören?« Nun: »weder zanken noch mich rächen« – diese Selbststilisierung ist freilich hübsch angesichts früherer Dorotheen-Briefe über Caroline. Friedrich Schlegel gibt sich da ungezwungener: »Besser aber ist's, er *[Schelling]* hält sich mit Marcus gemeinschaftlich an die Theorie der Gicht, Krätze, Schwerenot und andrer Dinge, die in sein Fach gehören, und wobei er allenfalls auch von seiner Frau als einem treffenden *Symbol* Gebrauch machen kann.«

Natürlich ist auch Frau Niethammer mit von der Partie. »Die Schelling«, schreibt sie im Oktober an Charlotte Schiller, »wie sie herkam, war noch mit der Paulus gespannt, raisonniert also über die Paulus ganz abscheulich, weil sie glaubte, sich damit rein zu waschen; sie mochte aber raisonnieren, soviel sie wollte, so konnte sie weder den Königstein noch Mainz wegwaschen, da wußten die Würzburger sehr gut, was für eine Rolle sie dort gespielt hatte. Dies wurde der Paulus aus Freundschaft oder Klatschsucht wiedergesagt; sie ging aber doch zu Schelling um des äußern Anstands wegen, und diese Dame ließ sich dann auch artig finden, daß sie beide, den alten Groll vergessend, sich aufs neue aneinander anschlossen. So formierten dann die Madam Schelling, Paulus, Hoven, Hufeland eine hübsche Quadrille, bis die Schelling ihre Herrschsucht wieder lebendig werden und wirken ließ. Dies war nun freilich hart für die Damen, die alle selbst sehr klug sind; das Reich zerfiel also zum zweiten Mal und steht nun in öffentlicher Fehde gegeneinander. Wie ich hierher kam, wurde ich mit nichts als mit Grobheiten, Anmaßungen und Lügen, die die Schelling alle sollte begangen haben, unterhalten, am meisten ist die Hoven wütend auf sie; die wird nicht fertig, von der Heldendame zu reden, so daß ich wirklich dieses unerschöpflichen Themas wegen wenig noch von ihr weiß, als daß sie sehr von der Frau Luzifern muß gemißhandelt worden sein, und darinnen wohl auch der Grund mit liegt, daß es ihr hier nicht gefällt.«

»Die Schelling geht mit niemand mehr um«, berichtet Clemens Brentano am 31. Oktober aus Würzburg an Sophie Mereau. Wundert das jemanden?

»Es heißt ja, Schelling würde eine Reise über Frankreich nach Italien machen«, läßt sich Dorothea Schlegel (seit einem Jahr nicht länger »die Veit«) am 13. Januar 1805 vernehmen; »das ist wohl eine Gelegenheit, um mit Pauken und Trompeten von Würzburg abzuziehen? Ob denn Frau Martha Schwerdtlein wohl mitzieht? Nach Italien meine ich, oder ob sie unterdessen in der Hexenküche bleibt und etwa den Kessel abschäumt und die jungen Meerkatzen in Ordnung hält?«

Caroline, von Dorothea als »der große Teufel« bezeichnet, beginnt in diesem Jahr, Rezensionen zu schreiben. Denn was den Romantikern in Jena nicht gelungen ist, nämlich Caroline zum Schreiben zu animieren (mit Ausnahme einer kleinen Rezension über Johannes von Müller und der Mitarbeit an Wilhelm Schlegels Gespräch über die Gemälde in der Dresdner Galerie – beide im *Athenäum*), gelingt jetzt Schelling: Caroline schreibt für die neugegründete *Allgemeine Literatur-Zeitung*, die seit Anfang 1804 in Jena erscheint, nachdem die alte, nach Halle verlegte, allmählich verkümmert, weil Schütz und Hufeland längst den Anschluß an die neueren Tendenzen verloren haben und daher nicht mehr gelesen werden.

Caroline rezensiert 1805 vier Bücher: eine Travestie auf Lessings *Nathan*, die *Poetischen Versuche* von Wilhelm Calezki, den von Chamisso und Varnhagen herausgegebenen *Musenalmanach auf das Jahr 1805* und Samuel Gottlieb Bürdes *Poetische Schriften* – vier veritable Verrisse, mit viel Ironie, aber ohne Vernichtungstendenzen geschrieben, jedoch so abgefaßt, daß nach der Lektüre kaum ein Leser Lust verspüren dürfte, diese Bücher zu lesen. Für den Calezki braucht sie nur ein paar Zeilen: »An dieser kleinen, auf graues Papier, ohne Ortsangabe gedruckten Sammlung ist nur die Kühnheit merkwürdig, dergleichen ihrer Majestät, der Königin von Preußen, zuzueignen, als ob die Sonne das Unkraut in Blumen verwandeln könnte. Obige Versuche verraten nicht einmal einen jungen Studierenden, der seine dürftige Anschauung in ein paar Bogen Reime bringt, sondern weit eher einen wandernden Handwerksgesellen, dem die Musen in *seiner* Sprache antworten, wie er selbst berichtet: ›Herab! (vom Pegasus) was käme davon her? / Daß Du erschienst ein Bärenhäuter.‹«

Die Schlegels in Köln setzen unterdessen ihre Angriffe gegen die

Schellings munter fort. »Von jenem pfiffigen literarischen Räuberhauptmann und Schinderhannes oder Rinaldo Rinaldini und seiner ehrsamen Caroline«, schreibt Friedrich Schlegel über Schelling, dem er nicht verzeihen kann, berühmter zu sein als er, und für Dorothea wird es im Juni wieder einmal Zeit, sich gegenüber dem Ehepaar Paulus, das sie mit neuestem Würzburger Klatsch versorgt hat, aufs neue grundsätzlich über Caroline auszulassen, diesmal nach dieser Weise: »Daß die Schelling sich einen Doktor Köhler angeschafft hat, hörte ich schon hier von den Studenten, ich wollte es aber immer nicht recht glauben und hielt es eben für Geschwätz. Es soll ein ganz unbedeutender Mensch von seiten des Geistes sein; wie ich hörte, ist es ein hübscher junger Kerl, der Geld verdient.« In der Tat: Köhler verdiente sein Geld an der Universität Würzburg als außerordentlicher Professor für Zoologie. Aber von einem »Verhältnis« mit Caroline konnte nicht einmal entfernt die Rede sein. Was schert das Dorothea Schlegel: »Das ist ja ganz rasend! Bei der Gelegenheit fällt mir ein, was Wilhelm damals sagte, als sich ihr Verhältnis mit Schelling manifestierte; ›o‹, sagte er im größten Grimm, ›sie ist noch nicht am Ende, ihr nächster Liebhaber läuft noch im Husarenhabitchen herum!‹ – Das wäre ein Spaß, wenn sie Schelling untreu würde!«

Und die Frau Paulus bekommt gleich eine Probe der neuen Glaubensweisheit der zum Katholizismus Konvertierten: »Bertram empfiehlt sich Dir; er ist ein eifriger Katholik und studiert Tag und Nacht auf einen recht kräftigen Exorzismum, um, wenn er nach Würzburg kommt, den Teufel oder die Legion Teufel aus Madame Luzifer zu bannen, daß sie recht mit Gestank aus ihr fahren, die Herde, den unsaubern Geist aufzunehmen, wird gewiß nicht weit sein, dazu werden sich eine Menge der andächtigen Zuhörer Schellings wohl sattsam qualifizieren; durch dieses Wunder hofft Bertram Dich von der Wahrheit des katholischen Glaubens zu überzeugen und Dich in den Schoß der alleinseligmachenden Kirche zu führen. Einstweilen ist er erbötig, Dir alle Mittel, welche die katholische Kirche gegen alle Anfechtungen des Bösen habe, zuzuschikken. Als da sind: Gertrudis Zettelchen gegen alles böse Ungeziefer.

Gesegnetes Räucherwerk gegen allerhand Unrat. Gesegneten Krautwich gegen Donnerwetter. Johannesbriefchen gegen alle Verleumdungen böser Zungen. Das kräftigste unter allen ist das sogenannte *Teufelsgeißelchen*, das die besondre Eigenschaft hat, den Satanas, wenn er sich auch in den schönsten Engel verkleidet habe, sobald er davon berührt werde, in seiner ursprünglichen Mißgestalt zu zeigen mit Klauen, Hörnern, Schwanz etc. Dies Büchelchen in einem eleganten Teezirkel heimlich der Madame Luzifer unter den *Allerwertesten* geschoben, müßte von erfreulicher Wirkung sein. Sind auch in Würzburg die Kamine weit genug zu einer möglichst schnellen Retirade?«

Und Friedrich Schlegel kann sich kein Postskript zu den Briefen seiner Ehefrau entgehen lassen, ohne Sätze wie diese anzuhängen: »Was macht der philosophische Chirurgus? – und besonders Mad. Schwerdtlein? Geht es ihr wohl unter dem Einfluß der Franzosen? Mir deucht, es müßte ihr sehr wohl gehen; von da ging sie aus, nun ist sie wieder da und hat ihren Kreislauf vollendet, wenn anders der krumme Weg einer solchen zweibeinigen Schlange kreisförmig genannt werden kann. Gott, nämlich ihr Gott, d. h. der Gottseibeiuns, gesegne es ihr und helfe ihr.«

Das ist nun der phantasielose »Humor« eines von Rachedurst und Minderwertigkeitsgefühlen wahrlich heimgesuchten Paares, dessen infantiler Witz sich besonders an Begriffen wie »Gestank« festhakt. Neu ist am letzten Zitat nur, daß nun auch noch eine nationalistische Komponente ins Spiel gebracht wird, nämlich die Franzosen, so, als hätte sich der Europäer Schlegel (selbst unter französischer Herrschaft lebend) nicht noch vor kurzer Zeit an der Vorstellung von Napoleons Universalherrschaft lebhaft erwärmt. Aber dieser rachsüchtige Mann kann nicht vergessen, daß ihm in Jena die Studenten weggelaufen waren, um Schelling zu hören, daß er nicht nach Würzburg berufen worden ist (obwohl Schelling für dessen Berufung sogar ausdrücklich plädiert hatte!), daß seine Arbeit von wirtschaftlicher Not getrübt wird. Der andere, das ist der Erfolgreiche, von dem man spricht. Von Friedrich Schlegel spricht man nicht, spricht man nicht mehr.

Der Krieg Napoleons mit der österreichisch-russischen Koalition im Herbst 1805, der mit der vernichtenden Niederlage der Koalitionsarmee in der Schlacht von Austerlitz am 2. Dezember 1805 sein Ende findet, ist für Würzburg folgenreich. Bayern erwirbt mit dem Frieden von Preßburg nicht nur die Königswürde, sondern auch Tirol mit Vorarlberg und Salzburg; dafür aber wird – wunderlich genug – der seines Landes verlustig gegangene Kurfürst-Erzherzog von Salzburg (Bruder des Deutschen Kaisers) mit Würzburg entlohnt, dieses zum Großherzogtum gemacht und aus dem bayerischen Staat herausgelöst.

»Wer hätte sich auch so verruchtes Zeug träumen lassen!« kommentiert Caroline. »Es ist ein Spott des Zufalls, daß wir am Ende noch kaiserlich werden müssen. Am *Ende* freilich werden wir's nicht bleiben.« Denn Schelling weigert sich, den Eid auf die neue Regierung zu leisten, da er von der bayerischen berufen worden war und Bayern treu zu bleiben gedenkt. Caroline, die jetzt zum erstenmal napoleonische Politik als Bürgerin erfährt, ist der früher gehegte Enthusiasmus für Frankreichs neuen Kaiser gründlich vergangen: »Was nun das Schlimmste ist, so bekommen wir jetzt noch französische Truppen ins Land, und die Kaiserlichen werden wieder weichen, denn dieser Napoleon weidet mit scharfen Zähnen ein Land nach dem andren ab und wirft sie dann erst den beschützten Regenten zu, er, der König der Könige, dem der Herr aller Herren doch gnädiglich bald den Hals brechen möge.«

Dennoch hat diese Veränderung ihr Gutes. Würzburg ist den Schellings längst verleidet. Katholische Engstirnigkeit hetzt und stichelt gegen Schelling; angehenden Priestern ist es verboten, seine Vorlesungen zu besuchen. Die haßerfüllte Rotte um die Professoren Paulus und Hoven, täglich aufgestachelt von ihren geistig unbedarften Ehefrauen, hatte es zudem verstanden, Schelling und Caroline den Alltag zu verderben, obwohl die Schellings zu keinem Zeitpunkt gesellschaftlich isoliert waren, wie Frau von Hoven behauptete. Aber bei Carolines Feinden wurde stets der Wunsch für Wirklichkeit ausgegeben.

Die bayerische Regierung beruft Schelling nach München. Das

bedeutet endlich Großstadt, und vor allem: Man wird die inferiore Nachbarschaft los. Nachdem ihm die Studenten am 24. März 1806 mit einer »sehr feierlichen Nachtmusik« zum Abschied gehuldigt haben, verläßt Schelling Mitte April Würzburg, um sein Münchner Amt vorzubereiten und eine Wohnung zu suchen. Caroline bleibt zurück zur Auflösung des Hausstandes, was vor allem Verkauf des gesamten Mobiliars bedeutet, um die beträchtlichen Frachtkosten zu sparen. Am 16. Mai ist Auktion in der Wohnung. »Dieses wäre nun glücklich mit Anmut und Würde überstanden – alle Zimmer sind leer, und die Mobilien, in Würzburg zerstreut, gehn hin und lehren allen Heiden.« Und sie kann ferner berichten, daß an die 1100 Gulden zusammengekommen sind (das sind nur hundert Gulden weniger als Schellings Jahresgehalt) und daß meist mehr gezahlt wurde, als die Möbel gekostet haben. »Durch eine unvergleichliche Spötterei des Geschicks [. . .] ist Dein Schreibtisch, der graue, an den Koch des Kurfürsten gekommen. Man hat ihn nachher dem Mann wieder abhandeln wollen, aber er tat es nicht.« Postskript: »Meinen Teetisch hat der Kurfürst selbst für 20 fl.«

Somit steht der Abreise nach München nichts mehr entgegen. Caroline hat wirbelige Wochen hinter sich gebracht: Die Auflösung des Haushalts, begleitet von Krankheit (sechs Tage lang Kopfschmerzen, dann Erkältung) und Regierungswechsel; zum Einzug von Kurfürst Ferdinand (er wird dann Großherzog) muß die Stadt festlich beleuchtet werden, was Bürgerpflicht ist, der sich auch Caroline nicht entziehen kann, wenn auch die Kerzen dazu von der Stadt gestellt werden. Sie findet das alles höchst amüsant: »Es ist kein Unschlitt mehr in der Stadt aufzutreiben, Tag und Nacht exerziert das Bürgervolk, sie müssen noch bersten vor Patriotismus und Zuneigung, wenn der Herr nicht bald kommt.«

Da spricht die Mainzer Demokratenschule. »Ich habe heut die Anstalten vor dem Rathause gesehn – horribler und geschmackloser ist selbst noch kein Heiliger der Kirche bedient worden. Auch ist das Ding in Form eines Hochaltars, und einige Dutzend bretterner Tugenden sind daran aufgepflanzt. Billig sollten sie eine recht kolossale *Hoffnung* vor dem Einzugstore aufstellen. Die Stadt sieht jetzt mit allen den Anstalten wie ein schlechtes Theater bei Tage aus. (. . .) Die Universität wird ganz einfach beleuchtet, auch der Turm nicht, diese kluge Jungfrau sparet ihr Öl«, spottet die Theologentochter. Und dann ist der neue Landesvater endlich da: »Von dem Kurfürsten habe ich von oben herab, da er auf unserer Seite saß, gerade die Hände gesehn, die er gleichsam in der Stille rang, und dann rieb er sie sich.« Die Freundin Forsters kann diesen Duodezfürstenplunder nur lächerlich finden. Dennoch besucht sie eine Vorstellung von *Fanchon, das Leyermädchen*, ein damals sehr beliebtes Singspiel des preußischen Hofkapellmeisters Friedrich Heinrich Himmel (Text von Kotzebue), weil sich der Kurfürst zur Aufführung angesagt hat, den sie doch einmal gern aus der Nähe gesehen hätte, aber der kommt nicht. »Er hat eine so zarte Seele und kann die Prologe nicht leiden« – man sieht, das Festspektakel wirkt auf Caroline geradezu belebend.

Zu all diesem Trubel kommt überraschend noch Besuch ins Haus. Es ist der treue Gries, von Caroline wegen seiner Schwerhörigkeit gern »die taube Nuß« genannt: »Er hatte, weil er uns lange weg glaubte, schon einige Stunden bei Paulus zugebracht, aber eben erst von ihnen gehört, nämlich ins Ohr gefaßt, daß ich noch da wäre, worauf er denn zu mir eilte, und, wie meine alte Teemaschine gebracht wurde, ihr fast um den Hals fiel aus zärtlicher Dankbarkeit für die vielen Tassen guten Tees. – Ganz dick ist er geworden und sieht aus wie der Gnom, wenn man dem seine Wäsche und einen englischen Tuchrock antäte.«

Der wackere Gries, von dem Caroline behauptet, er sei nur aus Taubheit so dick geworden, erzählt ihr von Jena, in dem es »nicht mehr auszuhalten, alles wäre da tot und traurig«. Auch von Goethe weiß er Neues, und das interessiert seine Zuhörerin natürlich·am meisten: Goethe sei im Winter schwer krank gewesen, nur eine seiner Nieren arbeite noch. »Wenn mir der Himmel nur die gesunden Nieren von einem der Russen bescherte, die in der Schlacht von Austerlitz geblieben sind!« habe Goethe gerufen.

Richtig »tot und traurig« wird es in Jena aber erst, als die Schellings schon in München wohnen. Nach dem Sieg Napoleons in der

Doppelschlacht von Jena und Auerstedt am 14. Oktober 1806 werden Weimar und Jena das Opfer der plündernden Sieger, und Carolines Briefe sind jetzt voll Sorge um die Freunde in diesen Städten, wenn auch die Nächststehenden verschont geblieben sind, wie sich nach und nach erweist. Sorge macht ihr auch die Mutter; diese hatte zwar noch rechtzeitig Braunschweig verlassen und war mit der jüngsten Tochter nach Kiel gegangen, aber ist der Weiterbezug ihrer Pension gesichert? Wenn nicht, so überlegt Caroline, müsse man sich unmittelbar an die neuen französischen Machthaber wenden, »da der Name Michaelis in Frankreich noch nicht vergessen ist«.

Das dürfte denn doch zu bezweifeln sein, aber selbst, wenn dem so sein sollte, so ist der Krieg inzwischen weit totaler geworden als in den höflichen Zeiten des Siebenjährigen Krieges, als die französischen Militärs dem damals so berühmten Michaelis artig die Reverenz erwiesen. Selbst Goethe hatte Schlimmes erleben müssen, auch wenn sein und Wielands Haus unter den ausdrücklichen Schutz französischer Marschälle gestellt wurde.

Von München ist das alles himmelweit entfernt, man kann sich hier die Schreckenstage und -nächte von Jena und Weimar kaum vorstellen, schließlich ist Bayern der treue Alliierte Napoleons, und über die Exzesse der bayerischen Truppen im preußischen Schlesien wird man in München schwerlich gesprochen haben; sie standen denen der französischen Soldaten nichts nach.

Die Schellings berührt das ohnehin nicht; sie leben in guten Verhältnissen: »Die Katastrophe im Norden hat ihm gar nicht klar und begreiflich werden wollen«, schreibt Caroline von ihrem Mann. »Ich lebe hier in der Hauptstadt, als wenn ich auf dem Lande lebte, nach meiner gewöhnlichen stillen Weise. Wir haben ein Logis, wo die *Faҫe* der Häuser auf einen freien Platz vor der Stadt hinausgeht, und ich sehe die Tirolergebirge aus dem Fenster. Mein Mann ist sehr heiter, sehr gesund und so placiert, wie er es nur wünschen konnte. Er hat als Mitglied der Akademie der Wissenschaften seine ganze Zeit für sich und ein Gehalt, das ihn vor Sorge schützt. Eingerichtet habe ich mich nur ganz notdürftig, mich dünkt, ich möchte mich nirgends mehr ansiedeln und es ganz buchstäblich nehmen, daß wir nur Pilger sind.«

Aber dann drängt sich wieder das politische Geschehen auf die Briefseiten: »Alle Nachrichten stimmen dahin überein, daß die Verblendung und Dummheit auf der Seite der Preußen ins Unglaubliche gegangen ist, daß alles den Kopf verlor oder keinen hatte, Fehler auf Fehler gehäuft wurden, und noch jetzt! Die Übergabe aller der Festungen! – Wir lesen jetzt die Geschichte des Siebenjährigen Krieges, das war ein andrer Kampf wie dieser siebentägige. Oft alles verloren, aber dann durch den Geist wieder alles gerettet, der nicht unterging, der letzte Funken aus der Asche wieder angefacht und in helle Flammen verwandelt.«

Freilich: Preußen war längst nicht mehr das des Siebenjährigen Krieges, es war sich seit dessen Ende – in Carolines Geburtsjahr – selbst zum Mythos geworden, den es nach Kräften hegte und pflegte. Mit seinem desolaten Zusammenbruch 1806/07 endete eine Epoche, endete ein Lebensstil; die Menschen haben das erst sehr viel später begriffen, daß hier mehr zugrunde gegangen war als nur eine zu Paraden abgerichtete Armee. Caroline muß das entfernt gespürt haben, wenn sie im August 1807 an die Gotters schreibt: »Um den Durchzug Napoleons habe ich euch nicht sehr beneidet, ob mir schon zuweilen der Wunsch kommt, ihn doch auch einmal zu sehn, um ihn lieber zu gewinnen. Jedermann sagt, daß sein Anblick etwas Versöhnendes habe. Für mich ist er immer nur noch das personifizierte Schicksal gewesen, das ich nicht hasse und nicht liebe, sondern abwarte, wohin er die Welt führt.« Das klingt freilich anders als noch vor zwei Jahren. »Das personifizierte Schicksal«, das erinnert an jene berühmte Briefstelle Hegels, der am Vorabend der Schlacht von Jena geschrieben hatte: »Den Kaiser – diese Weltseele – sah ich durch die Stadt zum Rekognoszieren hinausreiten; – es ist in der Tat eine wunderbare Empfindung, ein solches Individuum zu sehen, das hier auf einen Punkt konzentriert, auf einem Pferde sitzend, über die Welt übergreift und sie beherrscht.« Der Mythos Preußen wird abgelöst durch den Mythos Napoleon; »wohin er die Welt führt«, wird Caroline nicht mehr erleben.

Kurz vor Weihnachten 1807 kommen Frau von Staël und Wilhelm Schlegel nach München: »Diese Anwesenheit, welche etwa 8 Tage dauerte, hat uns viel Angenehmes gewährt. Schlegel war sehr gesund und heiter, die Verhältnisse die freundlichsten und ohne Spannung. Er und Schelling waren unzertrennlich. Frau von St. hat über allen Geist hinaus, den sie besitzt, auch nicht den Geist und das Herz gehabt, Schelling sehr liebzugewinnen. Sie ist ein Phänomen von Lebenskraft, Egoismus und unaufhörlich geistiger Regsamkeit. Ihr Äußres wird durch ihr Innres verklärt und bedarf es wohl; es gibt Momente oder Kleidung vielmehr, wo sie wie eine Marketenderin aussieht und man sich doch zugleich denken kann, daß sie die *Phädre* im höchsten tragischen Sinne darzustellen fähig ist.«

Schlegel aber sieht das Treffen anders: »Dieser Mensch«, so schreibt er über Schelling an Novalis' Bruder, »hat in allen andern Stücken ebenso schlechte Grundsätze als in der Philosophie, wozu ich freilich durch die Gesellschaft, die ich ihm beigegeben, das Meinige getan haben mag.« Dennoch bleiben beide in höflichem Briefwechsel. Sollte Friedrichs Haß den Bruder zu dem Seitenhieb auf Caroline inspiriert haben? Durch das Jahr 1806 zieht sich nämlich zwischen den Brüdern eine Korrespondenz, in der Friedrich in bekannter Weise gegen Caroline wütet: »Schellings«, so heißt es da am 27. Februar 1806, »scheinen übrigens in ihrer Pöbelhaftigkeit im niedrigsten Schimpfen und Lügen auf mich sich selbst zu übertreffen; doch fällt das wohl vorzüglich Caroline zur Last.« Dann am 15. April: »Wie ist es denn um Gottes Willen nur möglich, daß das Lügengewebe jener lasterhaften Frau Dich noch immer umstrickt hält, und ihre Fantasmagorien noch immer vor Deinen Augen sich erhalten? Du kannst es doch wohl nicht ganz vergessen haben, daß ich mit Schelling nur freundschaftlich umging, bis mir jene Abscheulichkeiten klar wurden; als Du mich feierlich aufordertest, zwischen ihm und Dir zu wählen, da war dies schon längst geschehen und bedurfte überhaupt eben keiner Wahl. Du wurdest jedoch bald wieder leidlich und äußerlich gut, und ich blieb allein den Ungezogenheiten des rachsüchtigen Weibes und eines mitunter etwas brutalen Liebhabers ausgesetzt. [...] Danke dem Geschick,

das Dich von ihr befreit hat und in reinere Verhältnisse führte.«
Dann wieder am 24. Juli: »Daß ich im Winter 1800/1801 einigemal
ziemlich in Hitze geriet, will ich nicht leugnen; es würde Dich aber
nicht wundern, wenn Du einigermaßen wüßtest, was Caroline alles
angestellt hat, um mich so weit zu bringen; doch würde die Rücksicht auf Dich gewiß jede leidenschaftliche Aufwallung besiegt haben, wenn Du mir nur damals Dein Vertrauen geschenkt und
bestimmter Deine Absichten und Wünsche mitgeteilt hättest. Was
Du für einen Verdacht aus ganz frühen Zeiten meinst, kann ich
durchaus nicht erraten; wohl aber ist mir schon oft der Argwohn
gekommen, daß Carolines Lügengespinste zwischen uns so alt sind,
als meine Bekanntschaft mit ihr.«

Am 5. Februar 1808 stirbt in Kiel die fast siebzigjährige Mutter
Carolines. »Es hat mich mehr, wie ich Dir ausdrücken kann, erschüttert«, schreibt Caroline an ihre jüngste Schwester, »mehr wie
Du begreifen würdest, da Du nach dem Leiden der armen Mutter
das Aufhören desselben nur tröstlich mußt finden können, und das
tue auch ich, aber ich fühle den Fall wie den Riß des letzten nahen
und natürlichen Bandes zwischen der mütterlichen Erde und mir,
ich gedenke dessen, was ich schon verloren, und wie ich, ich möchte
sagen, durch jeden Akkord des Schmerzes angeregt worden bin bis
zur Zerrüttung und so vielfältigen Tod überleben mußte. Meine
Augen sind noch wenig trocken geworden seit Erhaltung der Nachricht, ich haben den Anlaß ergriffen, so scheint es mir selber, um
einmal recht auszuweinen, da ich es jetzt konnte, ohne das Herz des
besten Mannes geradezu zu zerreißen. Dann auch, wenn ich mir
denke, wie mühselig die letzten Schritte bis zum Grabe hin der
guten Mutter noch geworden sind, so kann es mich fast nicht
beruhigen, daß es nun vorbei ist.«

Es ist das einzige Mal, daß Caroline näher auf ihre Mutter
eingeht. Ihr Verhältnis zu ihr war zeitlebens eher von Freundlichkeit denn von Innigkeit bestimmt. Ihre anderen Kinder haben der
Frau Hofrätin Michaelis nähergestanden als Caroline, und dies von
Anfang an; die geistvollen Menschen, mit denen sich Caroline
umgab, waren der humorlosen, eher zur Grämlichkeit neigenden

Göttinger Postratstochter so unheimlich wie befremdend; im bürgerlichen Zirkel der jüngsten Tochter fühlte sie sich entschieden wohler. Briefe, die zwischen Caroline und ihrer Mutter gewechselt wurden, sind nicht erhalten; es bleiben nur die wenigen Sätze, die Caroline über sie schrieb, nachdem sie die Todesnachricht empfangen hatte. »Wir hatten ihr kein längeres Leben mehr zu wünschen«, schreibt sie an Luise Gotter, »weil wir es ihr nicht mehr versüßen konnten, eine unüberwindliche Niedergeschlagenheit des Geistes bei außerordentlicher Besonnenheit und Regsamkeit desselben hätten viel günstigere Umgebungen als die, in denen sie sich befand, zuschanden gemacht, das ist mein Kummer in diesen letzten Jahren oft genug gewesen, auch wünschte sie sich selbst den Tod, aber du begreifst leicht, wie der Schmerz um ihr freudenloses Leben bei ihrem Tode mich heftiger befiel und zugleich aus seinem leichten Schlummer alles andre in mir geweckt wurde, indem das letzte Band hinter mir nun auch zerschnitten ist wie alle vor mir. – So hat denn dieser an sich dem natürlichsten Lauf der Dinge gemäße Fall fast in mir selbst einen Lebensfaden mehr zerrissen, was ich beinahe körperlich empfinde und Dir nur gelinde ausdrücken will.« Und der Schwester schreibt sie ein zweites Mal: »Ich kann mir genugsam vorstellen, daß der Tod der Mutter mehr Tröstliches für die, welche sie umgaben, hatte als ihr Leben, das so verkümmert war, auch mich betrübt das Andenken an dieses mehr wie jenes, und was mich so sehr dabei angriff, das ging nur mich an – was Dich dabei angeht, so ist es mir vielmehr beruhigend, daß jetzt mehr Harmonie in Deine häusliche Existenz kommen muß, da Du allein mit Mann und Kindern bist. Laß das auch Deine ganze Sorge sein, liebe Luise. – Wie wohltätig ist doch aber das Einschlummern der Fähigkeiten und Sinne im Alter gegen den Zustand der Mutter, wo alles in höhere Empfindung übergegangen war.«

Was Caroline so sehr Anlaß wird, »um einmal recht auszuweinen«, ist wohl eher der Schmerz um dieses so freudlose, verfehlte Leben gewesen, das der Mutter beschieden war, denn die zerrissene Bindung zwischen Mutter und Tochter. Freilich: Mit der Mutter erlosch für Caroline das Elternhaus, und wenn Caroline es auch nicht ausspricht: Die Bindung zu den Eltern ist von nun an genauso zerschnitten wie die Bindung zu den eigenen Kindern seit dem Tode des letzten; Bindung – soweit sich Leben an Leben knüpft, nicht Bindung durch immer wieder erneuerte Erinnerung.

Am 13. Mai 1808 wird in München die Akademie der bildenden Künste gegründet; zu ihrem Generalsekretär ernennt der König Schelling, bei einer Gehaltserhöhung von bisher 1200 Gulden auf 3000 Gulden. Zwei Wochen später wird der Philosoph mit dem Ritterkreuz des Zivildienstordens der bayerischen Krone ausgezeichnet und darf seinem Namen ein »von« voranstellen. »Daß wir nun auch eine *Legion d'honneur* haben, wißt Ihr doch? Gotha hat dazu 2 kleine Ritter geliefert, die gar nicht recht wissen, wie sie dazu kommen. Auch Schelling hat den Orden erhalten, er schickt sich gut darein«, findet Caroline, »und ist eben, als hätte er ihn schon immer gehabt. Mir macht es indes einiges Vergnügen, daß mein Mann es so weit wie mein Vater gebracht hat.«

Sie beschränkt sich jetzt nur noch darauf, diesem Mann die Gefährtin zu sein, nicht als demütig Dienende, sondern wirklich als Gefährtin, als Anregerin, die ihren Stand weder als den einer Köchin noch als den des Bettschatzes begreift. Ein Jahr zuvor hatte sie ihre beiden letzten Rezensionen veröffentlicht; sie betreffen *Erzählungen und Spiele* von Wilhelm Neumann und Karl August Varnhagen und *Eros* von Wilhelm Eulogius Meyer. Tenor: ironisch-nachsichtig.

Ironisch-nachsichtig wird auch der Kommentar der Außenwelt: »Die Krone aller Weiber lebt einsam und – sparsam, die Umstände wollen es so, und niemand stört ihren philosophischen Gang«, schreibt Henriette von Hoven 1807 noch an Charlotte Schiller, dann erstirbt das Geklatsche. Der Kreis, mit dem das Ehepaar Schelling verkehrt, ist nicht groß; Caroline liegt wenig an gesellschaftlichem Umgang und Reputation. Einmal schreibt ein zehnjähriger Zögling des Münchner Kadettenhauses seiner Mutter: »Ich bin recht gerne bei Mad. Schelling, weil sie so schöne Bücher hat.« Es ist August Graf von Platen-Hallermünde.

Aber die Freude an geschliffenen kleinen Boshaftigkeiten ist ihr geblieben. Über Carl Friedrich von Rumohr, Kunstkenner und begabter Zeichner aus Schleswig-Holstein, Förderer romantischer Künstler und Gourmet *(Geist der Kochkunst)*, der sich einige Zeit in München aufhält und dessen Bekanntschaft sie macht, meint sie: »Es ist immer schade um ihn, daß er so gar unvernünftig, langweilig und policinellenhaft ist, denn *einen* Sinn hat ihm der Himmel gegeben, eben den für die Kunst, wo er reich an den feinsten, zugleich sinnlichsten Wahrnehmungen ist. Der Freßsinn ist ebenso vortrefflich bei ihm ausgebildet, es läßt sich gar nichts gegen seine Ansicht der Küche sagen, nur ist es abscheulich, einen Menschen über einen Seekrebs ebenso innig reden zu hören wie über einen kleinen Jesus.«

Im Herbst 1808 kommt Ludwig Tieck mit seiner Schwester zu Besuch. Sophie Bernhardi-Tieck, einst die Geliebte Wilhelm Schlegels, hatte schon ein Jahr zuvor vorgesprochen: »Ich bin hier bei Schelling gewesen und sie haben mich sehr artig empfangen, Caroline wollte kalt und fremd sein, konnte aber nicht zwei Minuten in der Fassung bleiben, weil ich so viel Welt gelernt habe, in der armseligen Welt, daß ich, wo es mir darauf ankommt, den Ton selbst anstimmen kann, aus welchem man mit mir umgehen soll, und so sind wir nun als wären wir immer die besten Freundinnen gewesen.«

Jetzt also erscheint sie wieder, und diesmal mit dem berühmten Bruder, der wie einst in Jena wieder alle mit seiner hinreißenden Rezitationskunst unterhält, »der Lustspiele vorliest und uns schon manchen Abend in die Täuschung versetzt hat, als säßen wir vor einer Bühne, auf der alle Rollen aufs auserlesenste besetzt wären«, schreibt Caroline an Pauline Gotter, Luises Tochter. »Schon ehemals las er gut, aber es ist jetzt das Beste, was man in der Art genießen kann, und eigentlich etwas ganz einziges. Er macht die Stücke erst, indem er sie so lieset.«

Sie schöpft jetzt Hoffnung, »als würde sich hier ein Sammelplatz bilden wie Jena war; eine Menge Fäden laufen hier wieder zusammen, teils sind sie wirklich schon angeknüpft, teils sehen wir's nur kommen. An wohlbekannten Gesichtern fehlt es schon seit einiger Zeit nicht. Jetzt sind wir nun so weit, daß Tieck manchen schönen Abend wieder vorlieset, eine Gabe, die er so ausgebildet hat, daß er wirklich einen ganz einzigen Genuß dadurch gewährt und sich in *einer* Person zu einem vollständigen Theater auf und zusammen tut. Er ist übrigens noch der alte; die Anmut seiner Sitten hat sich nur mit einer gereiften Würde vermählt, die aber absonderlich ihren Sitz in etwas von der Gicht gesteiften Beinen genommen hat. Von neuen Hervorbringungen ist wenig die Rede, doch hat er manches angefangen und viel projektiert, das jedoch nicht neu durch neuen Schwung des Geistes sein mag. Seine Schwester ist auch hier, und der Bildhauer *[Friedrich Tieck]* wird sich nächstens von Coppet aus einfinden, wo er Frau von Staël in eine Bildsäule verwandelt, was in Anbetracht ihrer großen Beweglichkeit nicht für ein kleines Wunder zu halten ist. Es scheint, als wenn wir diese Gäste den Winter über behalten werden, obschon Tieck, den wir am liebsten behielten, von früherer Rückkehr spricht.«

Nachdem nun aber einige Wochen ins Land gegangen sind, liest sich's doch etwas moroser. Vom alten »Sammelplatz« ist nicht mehr die Rede, sondern sie argwöhnt: »Es scheint sich jetzt mancherlei Volk [. . .] nach München ziehn zu wollen, wie ehemals nach Jena. Wir besitzen alleweil die ganze Ange *Brentanorei*«, denn Savigny, Brentanos Schwager, kommt nach Landshut und in dessen Gefolge Clemens Brentano mit seiner Frau, und schließlich folgt der Quirl, »Bettine Brentano, die aussieht wie eine kleine Berlinerjüdin und sich auf den Kopf stellt, um witzig zu sein, nicht ohne Geist, *tout au contraire*, aber es ist ein Jammer, daß sie sich so verkehrt und verreckt und gespannt damit hat; alle die Brentanos sind höchst unnatürliche Naturen«.

Nein, Bettine Brentano, diese irrwischhafte Erscheinung, die noch im Alter von 24 Jahren glaubt, den ewigen Backfisch spielen zu müssen, ist Caroline von Herzen konträr, aber nicht unsympathisch: »Es ist ein wunderliches kleines Wesen, eine wahre Bettine (aus den *Venezianischen Epigrammen*) an körperlicher Schmieg- und Biegsamkeit, innerlich verständig, aber äußerlich ganz töricht, anständig und doch über allen Anstand hinaus, alles aber, was sie ist und tut, ist nicht rein natürlich, und doch ist es ihr unmöglich, anders zu sein«, bekommt Pauline Gotter erzählt. »Sie leidet an dem

Brentanoischen Familienübel: einer zur Natur gewordenen Verschrobenheit, ist mir indessen lieber wie die andern. Unter dem Tisch ist sie öfter zu finden wie drauf, auf einem Stuhl niemals. Du wirst neugierig sein zu wissen, ob sie dabei hübsch und jung ist, und da ist wieder drollig, daß sie weder jung noch alt, weder hübsch noch häßlich, weder wie ein Männlein noch wie ein Fräulein aussieht.«

Bettine, die sich als das ewige Kind vortrefflich zu inszenieren versteht (wozu auch gehört, Fremde ganz zutraulich zu duzen), bringt einigen Umtrieb in die Schellingsche Wohnung, willkommene Abwechslung, nachdem sich das Verhältnis zu Tieck recht ernüchtert hat; der sei eben doch nichts anderes »als ein anmutiger und würdiger Lump«, findet Caroline, und sie teilt Pauline Gotter einen in München kursierenden Spottvers auf Tieck mit, der möglicherweise von ihr selber stammt (»von dem einer seiner Freunde ein Lied gedichtet«):

Wie ein blinder Passagier
Fahr ich auf des Lebens Posten,
Eine Freundschaft ohne Kosten
Rühmt sich keiner je mit mir.

Bei dieser Familie gehöre »die Gaunerei mit zu ihrer Poesie und Religion«. Tieck und seine Schwester leben in München geradezu fürstlich, haben aber kein Geld; ein Baron Knorring, der Sophie einige Jahre zuvor geschwängert hatte (sie schob die Vaterschaft dem recht großmütigen Wilhelm Schlegel zu, mit dem sie gleichzeitig ein Verhältnis unterhalten hatte), muß das Gespann aushalten. Tieck liegt inzwischen »an der Gicht kläglich danieder« und läßt sich von Bettine Brentano besuchen, die zu ihm sagt »da von Goethe die Rede war, den Tieck gar gern nicht so groß lassen möchte, wie er ist: Sieh, wie du da so liegst, gegen Goethe kommst du mir wie ein Däumerling vor – was für mich eine recht *anschauliche* Wahrheit hatte«, denn dieser Seite Bettines weiß Caroline viel abzugewinnen.

Von einer Freundschaft zwischen Sophie Bernhardi-Tieck und Caroline ist längst nicht mehr die Rede: »Die Schwester ist eine ganz

Bettina Brentano: Papageien

verruchte Person, falsch wie eine Katze, treulos gegen jedermann, voller Lügen und Streiche. Ihr Hochmut geht dabei ganz ins Lächerliche, es ist ihr leid genug, daß hier gar keine vornehmen Verbindungen angeknüpft werden konnten und alle dergleichen Versuche fehlschlugen.« Diese Äußerung erklärt Sophies Beschwerde bei Wilhelm Schlegel: »Ich leide hier viel von Carolines alter Bosheit.« Nun ist das etwas wunderliche Leben dieser Dame einigermaßen bekannt, so daß der Vorwurf von Carolines »alter Bosheit« wenig begründet ist; diese Mischung aus Hurenhaftigkeit, Neurosenpflege, Geltungsbedürfnis, Skrupellosigkeit und Chuzpe ist psycho-analytisch betrachtet gewiß höchst reizvoll, im persönlichen Umgang hingegen schwer erträglich, zumal für Naturen wie Caroline, die Menschen von solcher Verlogenheit nicht ausstehen kann: »Wir haben uns ziemlich zurückgezogen, und sie werden wohl nun lauter auf uns schimpfen, wie vorher insgeheim, wo es ihnen nützlich dünkte.«

Dennoch kommt sie in einem späteren Brief noch einmal auf die Tieck-Sippe zurück, als die Nachricht bekannt wird, sie wollte zum katholischen Glauben konvertieren: »Ich habe nie unfrömmere, in Gottes Hand weniger ergebene Menschen gesehn als diese Gläubigen; besonders ist in der Schwester ein durchaus rebellischer Sinn, so daß man sich dadurch geneigt fühlt, auch das, was sie nicht unmittelbar selbst verschuldet, sondern durch Krankheit und dergleichen über sie verhängt wird, für ein Gericht des Himmels zu nehmen.« Und da inzwischen auch Friedrich Schlegel katholisch geworden ist, schreibt Caroline: »Wilhelm scheint doch unter seiner Ägide, das heißt unter der Ägide seiner Pallas, protestantisch zu bleiben, so gläubig er sonst gegen seine Freunde gesinnt ist, aber hier geht eben Glauben gegen Glauben und Einfluß gegen Einfluß auf. Dennoch ist er der reinste von allen diesen – denn ach, wie sind jene von der Bahn abgewichen, wie haben sie sich sämtlich durch Bitterkeit gegen die Schicksale bestimmen lassen, die sie sich doch selber zugezogen! Friedrich hat die Anlage, ein Ketzerverfolger zu werden – fast soll er schon fett, bequem und schwelgerisch wie ein Mönch sein. Ich habe sie alle in ihrer Unschuld, in ihrer besten Zeit gekannt. Dann kam die Zwietracht und die Sünde, man kann sich über Menschen täuschen, die man nicht mehr sieht, noch Verkehr mit ihnen hat, aber ich fürchte sehr, ich würde mich auch über Friedrich entsetzen.«

Und wieder ist Krieg. Wieder eröffnet ihn Österreich ohne Kriegserklärung mit einem Überfall auf das mit Frankreich verbündete Bayern im April 1809. Er begräbt die Hoffnung der Schellings auf eine Italien-Reise, die sie schon 1803 geplant hatten und jetzt wie damals aufgeben müssen. Statt dessen besuchen sie Mitte August

Schellings Eltern, die inzwischen in Maulbronn leben.* »Der Frieden, hofften wir, würde hinter uns drein kommen«, hatte Caroline erwartet, »dagegen fanden wir den Krieg auf unserem Wege, besonders zwischen Augsburg und Ulm, wo den ganzen Tag über bald Kürassiere aus Spanien, bald Depots von Infanterie und vor allem furchtbare Pulvervorräte uns entgegenkamen, Wagen mit Fässern so stark beladen, daß immer 10–12 Pferde vorgespannt waren. In Zusmarshausen kamen wir in ein gewaltiges Gedränge, ein Zug von Blessierten war mit uns angelangt, ein Infanterie-Bataillon rückte von der andern Seite ein, und eben trieb der Hirt die zahlreiche Hornviehherde durch den Ort. [. . .] Beinah müssen wir fürchten, den großen Kaiser wieder versäumt zu haben. Bei unserer Durchreise durch Stuttgart erwartete man ihn dort für die nächsten Tage, die Kanonen waren aufgeführt, die ihn begrüßen sollten. Hier erfährt man nur, was die Zeitung bringt, welches nicht immer das rechte und neueste ist.« Und die Zeitungen sind völlig falsch informiert, wenn sie Napoleon in Stuttgart erwarten, denn der hält sich im August in Wien auf, das er erst Mitte Oktober verläßt.

Caroline, das fällt der Familie in Maulbronn auf, ist »diesmal so ganz besonders liebevoll und zärtlich gegen alle«, zugleich »still und in sich gekehrt, wenngleich bei dem äußeren Ausdruck der völligsten inneren Heiterkeit«. Man nimmt es für Anspannung, denn Schelling war im Frühjahr zwei Monate lang krank gewesen, und Caroline hatte ihn gepflegt und sich dabei wenig geschont.

Eines Abends, als sie in Maulbronn mit Schelling am Fenster steht und in die Landschaft blickt, sagt sie plötzlich: »Schelling, glaubst du wohl, daß ich hier sterben könnte?« Schelling mißt dieser Frage keine Bedeutung bei, er glaubt sie durch die Melancholie der Landschaft inspiriert. Dann brechen sie zu einer dreitägigen Wanderung auf, von der sie am 3. September zurückkehren. Wenige Stunden später ist Caroline erkrankt: Ruhr. Noch nimmt sie die Symptome nicht wichtig, aber dann beginnt sie am Abend zu fiebern. Als Schelling am nächsten Morgen an ihr Bett tritt, sagt sie: »Ich fühle die Destruktion solche schnellen Fortschritte machen, daß ich glaube, ich könnte diesmal – sterben.«

Nur an diesem Tag hat sie Schmerzen, die übrige Zeit ist sie völlig schmerzfrei. Am Abend des 6. September »fühlte sie sich leicht und froh«, wie Schelling später berichtet, »die ganze Schönheit ihrer liebevollen Seele tat sich noch einmal auf; die immer schönen Töne ihrer Sprache wurden zur Musik; der Geist schien gleichsam schon frei von dem Körper und schwebte noch über der Hülle«.

Am 7. September 1809 stirbt Caroline um 3 Uhr morgens »sanft und ohne Kampf: Auch im Tode verließ sie die Anmut nicht; als sie tot war, lag sie mit der lieblichsten Wendung des Hauptes mit dem Ausdrucke der Heiterkeit und des herrlichsten Friedens auf dem Gesicht«, wie Schelling an Luise Gotter schreibt. »Sie ist gestorben, wie sie sich immer gewünscht hatte.«

Am Abend des 10. September wird Caroline hinter der Klosterkirche von Maulbronn beigesetzt.

»*Ihr* ist jetzt wohl; der größte Teil ihres Herzens war schon längst jenseits dieses Lebens«, fährt Schellings Bericht an Luise Gotter fort. »Mir bleibt der ewige, durch nichts als durch den Tod zu lösende Schmerz, einzig versüßt durch das Andenken des schönen Geistes, des herrlichen Gemüts, des redlichsten Herzens, das ich einst in vollem Sinne *mein* nennen durfte. Mein ewiger Dank folgt der herrlichen Frau in das frühe Grab. Gott hatte sie mir gegeben, der Tod kann sie mir nicht rauben.«

Und an Carolines Bruder Philipp schreibt Schelling: »Ihre Seele hatte sich seit dem Tode Augustes immer mehr jener Welt zugewandt; nur eine stete liebevolle freundliche Gegenwart konnte sie zurückrufen und festhalten.« In diesem Brief vom 29. November 1809 steht der schönste Nekrolog, der Caroline geschrieben werden konnte, der schönste, weil er wahr ist: »Sie war ein eigenes, einziges Wesen, man mußte sie ganz oder gar nicht lieben. Diese Gewalt, das Herz im Mittelpunkte zu treffen, behielt sie bis ans Ende. Wir waren durch die heiligsten Bande vereinigt, im höchsten Schmerz und im tiefsten Unglück einander treu geblieben – alle Wunden bluten neu, seitdem sie von meiner Seite gerissen ist. Wäre sie mir nicht gewesen, was sie war*, ich müßte als Mensch sie beweinen, trauern, daß dies Meisterstück der Geister nicht mehr ist, dieses seltne Weib von männlicher Seelengröße, von dem schärfsten Geist, mit der Weisheit des weiblichsten, zartesten, liebevollsten Herzens vereinigt. O etwas der Art kommt nie wieder!«

Schellings Biograph Arsenij Gulyga urteilt: »Man bedauerte ihn, versuchte, ihn zu trösten, aber niemand – weder die Verwandten noch die Freunde und nicht einmal er selbst – begriff, welchen Schlag das Schicksal ihm versetzt hatte. Caroline war nicht nur eine geliebte Frau, eine Freundin, sie war ein Teil seiner selbst, sie hatte ihn inspiriert und beflügelt. Mit ihr starb auch ein Teil seiner Seele. Wie ein Uhrwerk, das stehenbleibt. Später wurde es zwar wieder repariert, aber es lief anders weiter. Er hatte noch viele Lebensjahre vor sich, mehr, als schon hinter ihm lagen. Originelle Gedanken werden ihm kommen, und er wird sie ganz gut zu Papier bringen, aber alles bleibt unvollendet, und es wird nichts Bedeutendes mehr gedruckt werden. Das hat viele Ursachen. Eine der wichtigsten ist: Caroline fehlt ihm. Selten hat es in der Geschichte der Kultur den Fall gegeben, daß eine Frau eine so große Bedeutung für das Schaffen eines Philosophen gehabt hat.«

Die Nachricht vom Tode Carolines erregt höchst unterschiedliche Reaktionen – wie nicht anders zu erwarten. Der Philosoph Franz Baader: »Sie war eine Frau von ausgezeichneten Eigenschaften und Talenten, und sie hat durch ihr äußerst anstandsvolles Betragen in München sich selbst und den Ruf beschämt, der in München vor ihr herging! Ihr Mann verliert außerordentlich viel an ihr, und ich fürchte, daß dieser Verlust ganz unersetzbar für ihn ist.«

Luise Gotter, die lebenslange Freundin: »Die Freundschaft mit ihr, in meiner frühen Jugend geschlossen, rechne ich unter die glücklichsten Begebenheiten meines Lebens. Jede Stunde ihres Umgangs war reiner Gewinn für Herz und Geist, ihm verdanke ich sehr viel, späterhin auch meine Kinder. Was hätte ich darum gegeben, mit ihr an einem Orte zu leben, doch das blieb einer meiner unerfüllten Wünsche, so wie der, sie noch einmal in diesem Leben zu umarmen.«

Der Philosoph Hegel findet – von Heinrich Paulus inspiriert – nur Worte für »jene Septem *[= Böse Sieben]*, deren Tod wir neulich hier vernommen und von der einige die Hypothese aufgestellt haben, daß sie der Teufel geholt habe«.

Charlotte Schiller weiß genau: »Für manche seiner *[Schellings]* Freunde ist es doch, als wäre ein Gefesselter befreit.«

Therese Huber schreibt genau den Nachruf, den man von ihr gar nicht anders erwartet: »Jetzt eben starb ein Weib – die arme *[Elise]* Bürger (von der sie früher ausführlich gehandelt hatte) ist gegen sie eine Vestalin – aber diese behielt die Außenseite einer Frau von Stande und imponierte bis an ihren Tod. Ich meine Schellings Frau, die vor ein paar Monaten starb. Eines der merkwürdigsten Geschöpfe – an Sinnlichkeit, Falschheit und Verstand – sie hatte soviel Verstand, daß ich überzeugt bin, sie wäre endlich gut geworden – ja man sagt mir, das sei sogar in ihrem letzten Lebensjahr der Fall gewesen.«

Dorothea Schlegel an Wilhelm: »Ich habe ihr längst *alles* verziehen, und mein Mund hat es nie gelernt, gegen sie zu klagen!« An ihren Ehemann schreibt Dorothea in frommer Selbstgerechtigkeit: »Aber denke Dir nur, daß Caroline gestorben ist! Es war doch ein Schrecken, als Best es sagte. Mir ist sehr wohl, daß ich ihr längst schon verziehen habe, sonst müßte mir bange sein, daß sie ohne Versöhnung hat aus der Welt gehen müssen, und ich hoffe nun, sie wird Vergebung finden, wie ich ihr von ganzem Herzen vergeben habe.«

Worauf Friedrich Schlegel antwortet: »Also nun auch Caroline? Ich muß mich erst besinnen, was mir dies für einen Eindruck macht. Freilich, mir war sie schon lange gestorben.« Und er schreibt seinem Bruder: »Ich kann mir recht denken, wie manche schmerzliche Gefühle und Erinnerungen Carolines Tod bei Dir erregt hat. – Was jene frühere Zeit betrifft, wo man den Samen des Zwiespalts zwischen uns auszustreuen suchte, so glaube nur, daß man Dir damals vieles gesagt hat, was nicht so war. Da Du einmal darauf gekommen bist, so schreibt Dir meine Frau einiges darüber – und dann ist es am besten, jenes Gehässige für immer zu vergessen.«

Vergessen – dieses Wort steht über Carolines Nachleben. Neunzehn Jahre nach ihrem Tod – längst ist über ihrem Grab in Maulbronn jener rote Sandsteinobelisk* errichtet worden, der noch heute dort steht – veröffentlicht August Wilhelm Schlegel seine *Kritischen Schriften*. In seinem Vorwort erwähnt Schlegel einige Aufsätze, von denen er sagt, sie seien »nicht ganz von mir, sondern zum Teil von der Hand einer geistreichen Frau, welche alle Talente besaß, um als Schriftstellerin zu glänzen, deren Ehrgeiz aber nicht darauf gerichtet war«. So Schlegels verspäteter Nekrolog; daß diese »geistreiche Frau« Caroline war, wird dem Leser nicht gesagt.

Huber, Tatter und Schiller waren Caroline im Tod vorausgegangen; Huber am 24. Dezember 1804 in Stuttgart, Tatter am 16. April 1805 in Petersburg, Schiller am 9. Mai 1805 in Weimar. Luise Gotter war die nächste: Sie starb 1826 in Gotha. Friedrich Schlegel (seit 1815 geadelt) folgte am 12. Januar 1829 in Dresden; Therese Huber am 15. Juni 1829 in Augsburg; Dorothea Schlegel am 3. August 1839 in Frankfurt am Main; F.L.W. Meyer am 1. September 1840 in Bramstedt bei Hamburg; Clemens Brentano am 28. Juli 1842 in Aschaffenburg; Henrik Steffens am 13. Februar 1845 in Berlin; August Wilhelm Schlegel (gleichfalls seit 1815 geadelt) am 12. Mai 1845 in Bonn; Ludwig Tieck am 28. April 1853 in Berlin; Schelling am 20. August 1854 in Ragaz (Schweiz), und endlich Bettine, die Achim von Arnim geheiratet hatte und ihn überlebte, am 20. Januar 1859 in Berlin.

August Wilhelm Schlegel heiratete 1818 Sophie Paulus, die Tochter des Theologen (die Ehe wurde schon nach wenigen Monaten wieder aufgelöst); Schelling heiratete am 11. Juni 1812 die sechsundzwanzigjährige Pauline Gotter, die Tochter von Carolines ältester Freundin Luise. Die Ehe währte 42 Jahre, und sechs Kinder gingen daraus hervor. Pauline starb vier Monate nach Schelling.

Als Bettine von Arnim fünfzig Jahre nach Caroline starb, gab es niemanden mehr, der die vielbewunderte, vielverleumdete Frau, Schillers »Dame Luzifer« persönlich gekannt hatte. Wie vergessen sie war, zeigt der 1847 veröffentlichte Roman *Die Clubisten in Mainz* von Heinrich Koenig, in dem Caroline als Frau des Georg Böhmer (also ihres Schwagers) auftritt, und als solche wird sie noch 1865 in einer Edition der Briefe Charlotte Schillers bezeichnet.

Erst 1871 veröffentlichte Georg Waitz, ein Schwiegersohn Schellings, die Briefe Carolines (in Auswahl); zugleich erschien (1870) Richard Hayms *Die romantische Schule*, welches umfangreiche Werk erstmals die vergessene (und verrufene) Romantik wiederbelebte, und das dreibändige Werk Plitts, *Aus Schellings Leben*. Die erste Würdigung Carolines schrieb Ricarda Huch in ihrem Werk über die Romantik 1899/1902.

Dennoch brauchte es noch bis 1913, als Erich Schmidts erweiterte Ausgabe der Briefe Carolines erschien (in der erstmals der Schleier über Carolines unehelichen Sohn gelüftet wurde), um wirklich eine Caroline-Rezeption in Gang zu setzen. Trotz einiger bedeutender Dissertationen über Caroline in den zwanziger und dreißiger Jahren ist die Diskussion seither nicht nennenswert fortgediehen. Wohl aber erschienen einige bemerkenswerte essayistische Arbeiten über Caroline, so Rainer Maria Rilkes (erst 1966 veröffentlichte) Skizze von 1914, die ein »schönstes, rührendstes Frauen-Schicksal« rühmt; »in falschen Verhältnissen sich kühn zu erhalten, über den tiefsten Schmerzen, fast schon abgetrennt vom Leben, aus der eignen Tiefe heraus unaufhörlich entwickelt zu sein, unbeirrt, um dann endlich doch noch, in der kurzen Verbindung mit Schelling, das reife und köstliche Herz an *Das* zu wenden, wofür es von jeher gemeint war: dies war das Los, darin sie keine Stelle scheint leer gelassen zu haben, und über das der Tod, so unvermutet er einbrach, doch nur wie eine nächste Jahreszeit sanft verfügte.« Und er ergänzt: »Caroline ist ein Beispiel dafür, wie schwer es der Frau wird, sich gegebenen falschen Umständen zu entziehen, aus denen der Mann, wenn er nur das Bestimmtere in sich fühlt, denn doch aufbegehrt. Wenn ihre Kräfte so rein aufgehen, daß der Tod schließlich nur eben zuzugeben hat, daß sie nicht mehr sei, so liegt das weniger an den Ausgaben ihres vielfachen und zweimal äußersten Leid-Wesens, sondern ganz und gar an der Leistung, durch die ihr höheres Dasein unterhalten werden mußte. Sie war von früh auf in der Lage, das ihr instinktiv Zugehörige über Grenzen mühsam herüberzuziehn, und war es ihr angeeignet, so konnte es wieder nur ins Ferne und über Abgrenzungen fort angewendet sein.«

Neun Jahre später schreibt Ricarda Huch ihren Caroline-Essay, in dem es heißt: »Carolines Geschmack ging in allen Dingen auf das Harmonische. Ihr Sinn für das Komische machte sie empfindlich gegen Übertreibungen; andrerseits war sie zu wahr und folgerichtig und empfand sie zu tief, um sich an der Plattheit genügen zu lassen, die nach dem Sinn des Publikums in der ausgehenden Aufklärungs-zeit war. Als ein Kind ihrer Zeit war sie irreligiös, wenn man die Zugehörigkeit zu einer Konfession, das Bekenntnis eines Dogmas Religion nennen will; hingegen fühlte und nannte sie sich selbst fromm in dem Sinne, daß sie, sich als Glied eines alles umfassenden, göttlichen Zusammenhanges fühlend, sich nie gegen ihr Geschick auflehnte, sondern auch das Bittere und Unverstandene gehorsam annahm.« Und: »Auch wenn Caroline Schelling nicht begegnet wäre, hätte man sie glücklich nennen dürfen, die ihr Wesen nach so vielen Richtungen hin betätigen und ihre Eigenart, dem Umfang derselben entsprechend, der Zeit einprägen konnte. Wie wunder-voll krönte es ihr Geschick, daß sie denjenigen noch fand, den sie so lieben konnte, wie ihre Weiblichkeit es ersehnte, den an Willen Stärkeren, der sie allen anderen gegenüber selbständig, nur sich gegenüber schwach und selbstverleugnend wollte. Nach mehrjäh-riger Ehe ist es ihr noch Bedürfnis, sich nicht nur Rat von ihm zu holen, sondern Befehle von ihm zu empfangen; das Bewußtsein, ihm gehorchen zu dürfen, versichert sie erst ganz ihres Glückes. Liest man in den Briefen, die Schelling nach Carolines Tode schrieb, wie nachdrücklich er betont, daß sie ganz sein war und es immer sein werde, so fühlt man, daß er den Mittelpunkt ihres Wesens, sofern sie Frau war, instinktiv erfaßt hatte.« Hervorgegan-gen ist dieser Essay aus dem Caroline-Kapitel von Ricarda Huchs 1899 erschienenem Werk *Blütezeit der Romantik*.

Margarete Susman veröffentlichte ihren Essay über Caroline 1931: »Caroline wagte einzig aus sich selbst zu leben: aus dem ihr immer gegenwärtigen Sinn ihres ganz persönlichen Wesens – ohne daß je ein Fremdes, Einzelnes, ihr Übermächtiges sie bestimmte oder ablenkte. Nie – von früher Jugend an – hat sie für irgendeine Tat, irgendeine Entscheidung ihres Lebens nach Gründen, nach Maßstäben, nach etwas außerhalb ihrer selbst Liegendem gefragt; jeder, auch der verzweifeltsten und schuldvollsten Lage gegenüber, hat sie sich noch auf sich selbst, auf ihr eigenes Innere gestützt und berufen.« Ihr Fazit: »In unzähligen Formen versucht sich das geschichtliche Leben; alle wirkt es wahllos in sein buntes Gewebe ein. Fast alle Formen menschlichen Lebens bleiben Versuche, gehen unentwirrbar durcheinander, brechen ab oder verlieren sich unkenntlich in ihrem Verlauf. An dem – jenseits von aller Moral – rein aus seinem mystischen Kern gestalteten Leben Carolinens ist einer unter ungezählten seiner Versuche zur Vollendung gelangt.«

Ob man nun dieses 46 Jahre während Leben als vollendet betrachtet oder als vorzeitig abgebrochen, ist eine Frage der Perspektive des Betrachters, ist auch die Frage, als was man Leben versteht. Zudem sieht jede Zeit ein abgeschlossenes Leben unter veränderten Aspekten, wobei neuentdecktes Material eine gewichtige Rolle spielen kann. Im Falle Carolines sind zwar seit Erich Schmidts zweibändiger Ausgabe ihrer Briefe einige neue Funde gemacht worden, aber sie verändern in keiner Weise das tradierte Bild. Anders steht es mit dem Zeithintergrund. Wir wissen heute weit mehr über die Einflüsse des aus Frankreich kommenden revolutionären Gedankenguts auf die Deutschen als vor fünfzig Jahren und bewerten ein Gebilde wie die Mainzer Republik ganz anders als jene Zeit, die darin nur ein finsteres, verschweigenswürdiges Kapitel unserer Geschichte gesehen hat. Daß offenbar der größte Teil von Carolines Briefen aus Mainz bewußt vernichtet worden ist, weil man ihren Inhalt für kompromittierend hielt, ist ein schmerzlicher Verlust, denn diese Briefe hätten Auskunft gegeben über die politischen Vorstellungen (vielleicht auch Wandlungen) der Schreiberin. Nicht minder beklagenswert ist der Verlust des Briefwechsels mit Tatter, den Caroline geliebt hat. Sind schon ihre Briefe an Meyer Bruchstücke einer Konfession, so müssen es die an Tatter in ungleich stärkerem Maße gewesen sein. Aber anders als Meyer bleibt für uns auch die Persönlichkeit Tatters völlig im dunkeln.

Dieses Buch ist zuerst 1975 erschienen und war lange vergriffen. Damals schrieb ich: »Die hier vorgelegte Biographie möge als Skizze verstanden werden, als Vorstudie zu einem umfassenden Lebensbild, das erst dann wird geschrieben werden können, wenn einmal der gesamte überlieferte Handschriftenbestand gesichtet worden ist.« Das ist bis heute nicht geschehen. Die von Waitz und Schmidt gesammelten Briefe befinden sich in Archiven und Bibliotheken, manches mag auch in privater Hand sein. Erst wenn eine zuverlässige Gesamtausgabe der Korrespondenz vorliegt (Schmidts Edition enthält zahlreiche Auslassungen und nennt ihre Quellen nicht), kann eine erschöpfende Biographie (falls es so etwas überhaupt gibt) geschrieben werden.

Das Leben Carolines ist lückenhaft dokumentiert, lückenhaft im Korpus ihrer Briefe, lückenhaft in den Zeugnissen der Zeitgenossen. Diese weißen Flecken auf der Karte eines Menschenlebens darf ein Romancier kolorieren, der Biograph darf es nicht, oder er muß dem Leser deutlich machen, wo seine nachschaffende Phantasie ergänzt und restauriert. In der vorliegenden Darstellung wurde nichts ergänzt, sondern streng nach den Quellen berichtet, was natürlich die Sympathien und Antipathien des Verfassers nicht ausschließt. Die lange Beschäftigung eines Biographen mit der von ihm dargestellten Persönlichkeit führt, über die Epochen hinweg, zu einer eigentümlichen Vertrautheit und Vertraulichkeit. Obwohl das Bild nur in großen Fragmenten überliefert ist, stellt sich eine Nähe ein, die gefährlich werden kann. Aber dieses Gefühl eines sehr intensiven Naheseins bestand hier nur anfangs, denn je mehr man Caroline zu kennen glaubt, desto stärker entzieht sie sich auch. Sie lebte in und aus dem Gespräch, der ständigen mündlichen Kommunikation, was keinen Widerspruch bedeutet zu ihren äußerst lebendigen Briefen. Auf den ersten Blick könnte man den Eindruck gewinnen, Caroline sei offen und bekenntnisfreudig gewesen. Tatsächlich aber war sie bei aller Spontaneität und scheinbar großer Mitteilsamkeit ein eher verschlossener Mensch. Daß ihr ganzes Wesen polarisierte – und das meint Schellings »man mußte sie ganz oder gar nicht lieben« –, hatte auch damit zu tun, daß sie, deren Herz scheinbar auf der Zunge lag, sich im Innersten verschloß und immer unzugänglich blieb. Der Rahel Varnhagen eigentümliche Drang zur Selbstanalyse lag ihr fern. Was nach dem Tode Augustes in ihr vorgegangen ist, und in welchem Maße sie von da an auf das eigene Ende zulebte, das können wir bestenfalls ahnen, werden es aber nie wissen. Die Arbeit eines Biographen ist und bleibt Stückwerk, zumal wenn er in Zeiten hinabsteigt, deren Lebensgefühl mit dem unseren wenig gemeinsam hat. Er kann nur eine – nicht einmal in den Konturen geschlossene – Rekonstruktionszeichnung liefern und dabei den Leser immer wieder daran erinnern, daß die schöne Flüchtigkeit eines Menschenlebens (»sie gehen daher wie ein Schemen«, sagt der Psalmist) sich jeder Beschreibung letzten Endes entzieht.

»Ein schwach Gefäss und Werkzeug«

7 *Motto:* Die zwischen 1765 und 1768 getane Äußerung Goethes galt
dem Leipziger Kupferstecher Johann Michael Stock, bei dem Goethe
während seiner Leipziger Zeit Unterricht im Radieren genommen
hatte. Parthey referiert die Mitteilung der 1759 geborenen ältesten
Tochter Dorothea Stock, die eine begabte Porträt-Zeichnerin wurde.
Sie blieb unverheiratet.

7 *obwohl Jesus selbst:* vgl. dazu Matth. 19,4; Markus 10,6; Lukas 7,36
bis 50; Lukas 8,1–3; Johannes 4,17–27; Johannes 8,3–11

9 *Bach neun vertont hat:* Es handelt sich um die Kantaten BWV 68, 74, 87,
103, 108, 128, 175, 176, 183

Kindheit und Jugend

16 *Motto:* Aus Lichtenbergs Gedicht *Schreiben an einen Freund* (Mai 1769).

23 *mit Zoten würzte:* »Sein Vortrag ist abscheulich wie sein Sprachorgan
und voller Zoten«, so Alexander von Humboldt in einem Brief vom
17. 8. 1789, also aus der Spätzeit. Daß diese auch sonst bezeugte
Eigentümlichkeit Michaelis' so ungewöhnlich nicht war, geht aus
Laukhards Memoiren und der Darstellung Werner Kloses hervor
(s. Bibliographie).

26 *liebten die Geselligkeit:* Geselligkeit gab es aber auch gelegentlich im
Michaelis-Haus. Im Winter 1782/83 wurde jeden Sonnabend dort
von 20 bis 22 Uhr getanzt (12 Paare), und zu Ende dieses Winters
gab Michaelis zu seinem Geburtstag sogar einen Ball.

26 *in das Stammbuch ihres Hauslehrers:* Es handelt sich um den Theologie-
studenten Georg August Borchers, der – laut Quartierliste des Göt-

tinger Universitätsarchivs – vom Herbst 1773 bis Herbst 1775 im Michaelishaus wohnte und seit Ostern 1772 in Göttingen nachweisbar ist. Von 1784 bis 1794 war er Pastor in Diemarden. Das Stammbuchblatt befand sich im Besitz des Göttinger Historikers Otto Deneke (1875–1956); das Manuskript ist verschollen, laut Auskunft von Dr. Wolfgang Gresky, Göttingen, dem an dieser Stelle für seine Recherchen in Sachen Caroline herzlich gedankt sei.

40 *eine sehr witzige Beschreibung:* Im Original französisch (Brief an Juliane von Studnitz v. 3. 9. 1781), Übersetzung vom Verfasser.

46 *nachdem er wohlbehalten heimgekehrt ist:* Dazu ein Brief Therese Heynes an Sömmering v. 6. 6. 1784: »Dr. Michaelis ist Leibmedicus geworden, höre ich eben. Die Schwester freut sich ausgelassen. Grüßen Sie ihn in meinem Namen. [. . .] Diese Schwester, die er so erhebt, ist ein sehr kluges Mädchen, das klügste, was ich hier kenne, sie hat aber zu viel Eitelkeit, um ohne Falsch zu sein, und zu wenig Welt und Erfahrung, um Toleranz zu besitzen. Vor wenigen Jahren geriet sie durch Unerfahrenheit und die Gesellschaft eines unnützen Mädchens in sehr zweideutigen Ruf und beging aus Eitelkeit und Neid (die natürliche Folge der Eitelkeit, wenn nicht Stolz und inneres Gefühl seines Werts sie überwinden) einige wirklich boshafte und unvorsichtige Streiche; dieses gibt ihr jetzt den Anschein von Prüderie, da sie wirklich wider ihr Temperament sanft und zurückhaltend ist. – Dem Bruder muß sie sich freilich von der vorteilhaftesten Seite zeigen, weil ihre Eitelkeit bei ihm bloß genährt, aber auf keine Weise beleidigt wird. Hätte unser Interesse als Mädchen nicht so oft sich gerieben, und wüßt' ich nicht, daß sie ehemals von meiner Freundin zu meiner Feindin ward, so würde sie mein liebster Umgang sein. Ihren Verstand und ihre Talente muß ihr Bruder immer bewundern, und ich liebe in ihr ihr Schwesterherz, denn sie betet den Bruder an.«

DIE ERSTE EHE

47 *Motto:* Wilhelm Ferdinand Müller *Meine Streifereien in den Harz und in einige seiner umliegenden Gegenden,* Weimar 1800/01. Da das Vorwort vom 15. 7. 1799 datiert ist, dürfte die Reise wohl 1798 stattgefunden haben.

48 *stiller, frommer, nicht ungeschickter Arzt:* Zitat bei Piter Poel (s. Bibliographie). Dort heißt es unter Verdrehung der Tatsachen: »Zum Leidwesen seiner Freunde ließ er sich durch die Künste der ältesten Michaelis, nachher soviel besprochenen Schlegel und Schelling, berücken; sie mag ihm in den wenigen Jahren seines Ehestandes, die er in Clausthal zubrachte, sein Leben sehr verbittert haben.«

58 *stets Caroline verdammt haben:* So Ludwig Geiger, der Biograph Thereses (s. Bibliographie), der Thereses Haßtiraden gläubig übernimmt,
wenn er Caroline charakterisiert: »Diese scharfsinnige, witzige,
geistreiche, aber selbstsüchtige und gemütlose Frau war Thereses
böser Geist. Sinnlich und sittenlos zeigte sie sich schon in ihren
Mädchenjahren« usw.

63 *von ihr zurückzog:* Tatter schrieb am 25. 1. 1789 an Meyer: »Sie *[Caro-
line]* wird uns verlassen und Ostern nach Marburg zu ihrem Bruder
ziehen. Es ist mir jetzt unbegreiflich, daß Sie diese Frau gekannt
hatten und kannten und also wußten, was sie ist, und doch sie hier
nicht zu kennen schienen.«

65 *in einem schönen alten Fachwerkhaus:* Dieses Haus, Reitgasse 14, mit
Nr. 13 und 15 im Ensemble, eines der schönsten Marburgs, wurde
1964 – trotz öffentlicher Proteste – mutwillig vernichtet und durch
einen stupiden Neubau ersetzt, aus Gründen der Bauspekulation.
Die Stadt Marburg hat nichts zu seiner Rettung getan.

70 *durch anhaltenden Fleiß:* Philipp Michaelis wurde am 30. 12. 1790 in
Göttingen zum Dr. med. promoviert.

72 *in Tatter verliebt:* Daß Tatter hier nur spärlich dargestellt wird, hat
seinen Grund: Man weiß sehr wenig über ihn. Aber seine Beziehung
zu Caroline erhellt ein Satz aus einem Brief Tatters an Carolines
jüngste Schwester Luise, den er am 17. 12. 1798 über Caroline
schrieb: »Die ich mehr liebte, als ich noch etwas auf Erden geliebt
habe.« Aus dem Briefwechsel der Brüder Schlegel geht hervor, daß
bis November 1793 immerhin 218 Briefe zwischen Caroline und
Tatter gewechselt wurden: »Vermutlich war es sogar der umfang-
reichste Briefwechsel, den Caroline je geführt«, schreibt 1927
Waldemar von Olshausen (in *Euphorion*; s. Bibliographie). Von dieser Korrespondenz ist nichts überliefert.

Die Mainzer Republik

80 *Motto:* Aus Carolines Briefen geht hervor, daß sie Ende Februar/
Anfang März 1792 in Mainz eingetroffen sein muß (nicht »Anfang
Mai«); sie schreibt am 20. 4. 1792 an Luise Gotter: »Ich bin nun hier
seit 8 Wochen.«

87 *wie an Louisens Küssen:* Der 1761 geborene Große hatte 1792 die
Memoiren des Marquis von G. veröffentlicht, in denen es von Caroline
heißt: »Hierüber erhielt ich von seiner ältesten Schwester, die auswärts lebte, ein hochtrabendes Schreiben. Man hatte es wahrscheinlich selbst nicht verstanden. Ich renoncierte darauf, den Sinn zu
entziffern, und nur aus einigen Stellen ergab sich mit etwas Deutlich-

keit, daß man mir die Kur übertrüge. In einem ebenso sinnlosen Stile, mit ebensoviel Schwulst überfüllt, in ebenso närrischen und verschrobenen Wendungen und Phrasen antwortete ich dieser vortrefflichen Schwester, deren ganzer Verstand sich in hohlklingenden Worten befand, und man war so scharfsinnig, es für eine Liebeserklärung anzusehen, wie aus einer possierlichen Antwort hervorleuchtete.

91   *einen Roman* Maria *veröffentlicht:* Meta Forkel übertrug übrigens auch Thomas Paines 1791 erschienenes Hauptwerk *The Rights of Man* ins Deutsche.

91   *Meta Forkel:* Sie lebte schon 1791 in Mainz. Am 26. 10. 1791 berichtet der Medizinstudent Justus Erich Bollmann (geb. 1769) über Forster und seine Familie: »Diese drei *[Forster, Therese, Huber]* und eine gewisse Madam Forkel von Göttingen, ein Frauenzimmer, von dem ich nichts sagen will, als daß man sie überall, außer in Göttingen, wo sie einige schlechte Menschen zu unerbittlichen Feinden hat, hochschätzt, eine Frau, die außerordentlich schief beurteilt wird, weil sie niemand beurteilen kann, außer der ganz genau ihre Geschichte kennt, die jene *drei* Menschen *lieben,* und deren hervorstechendes Talent eine vorzügliche Behendigkeit im Umgang mit Menschen ist – waren die Menschen, in deren Gesellschaft ich jeden Abend zubrachte.«

»Meine Existenz in Deutschland ist hin«

107   *in dessen Umkreis:* Daß Sömmering der Verfasser ist, wird man ihm – trotz allem – denn doch nicht zutrauen mögen; aber er könnte sehr wohl der Zuträger des anonymen Skribenten gewesen sein, denn Sömmering war über alles, was in Mainz geschah, bestens informiert.

108   *deutsche Professoren:* Man vergleiche dazu die Rezensionen der von Erich Schmidt 1913 besorgten Ausgabe der Caroline-Briefe.

124   *die Begabung zum Vorlesen:* Carolines Begabung zum Vorlesen bestätigt einige Jahre später auch ein Sonett, das J. D. Gries an August Wilhelm Schlegel richtete. Es endet:

Allein wozu noch andre Melodien,
Als dir der Dichtkunst mächt'ger Gott verliehn,
Der huldreich dir vor Tausenden gewesen?

O willst du selbst erfahren, wie dein Lied
Mit Zauberkraft die Seelen an sich zieht,
So laß es dir von Caroline lesen.

124 *das Schmerzenskind:* Den von Friedrich Schlegel überlieferten Satz Carolines »Ich kann diesen Mann nie geringschätzen – werde mich des Verlorenen immer mit Liebe erinnern«, hat Erich Schmidt in den Anmerkungen zu seiner Ausgabe auf Dubois-Crancé bezogen. Aber Waldemar von Olshausen (s. Bibliographie) macht plausibel, daß dieser Satz Tatter gilt. Mit Olshausen bin ich der Meinung, daß die Beziehung Tatters zu Caroline nicht auf den Nenner »selbstische Kühle« (E. Schmidt) zu bringen ist. Als Caroline in Not war, befand sich Tatter in Rom, konnte also nicht helfend eingreifen.

124 *ihre in Mainz geführte Korrespondenz:* Carolines Mainzer Briefe sind nur zu einem geringen Teil überliefert, vor allem fehlt der ganze Briefwechsel mit A. W. Schlegel.

131 *Aufenthaltsverbot für Göttingen:* Das Verbot datiert vom 16. 8. 1794; es wurde am 26. 9. 1800 noch einmal ausdrücklich bestätigt.

132 *Wilhelm Meisters Lehrjahre:* Die ersten beiden Bände lagen bis Ostern 1795 vor, der dritte erschien im Oktober 1795.

DIE ZWEITE EHE

136 *eine Wohnung gemietet haben:* Das am Löbdergraben in Jena gelegene, heute »Romantikerhaus« genannte Gebäude galt noch vor wenigen Jahren als das Wohnhaus der Schlegels. Inzwischen weiß man, daß es tatsächlich Fichtes Haus gewesen ist. Das Haus, in dem die Schlegels gewohnt haben, existiert schon seit langem nicht mehr.

141 *Wilhelm Meister:* Der vierte, letzte Band erschien im Oktober 1796.

148 *Die Schillern läßt Dir sagen:* Aus einem bisher unveröffentlichten (undatierten) Brief, den ich der freundlichen Mitteilung von Dr. Johann Ludwig Döderlein, München, verdanke, der im Besitz des Originals ist.

149 *arge Verschlimmbesserungen:* Im Manuskript der Übersetzung von *Romeo und Julia* hat Schlegel einmal an den Rand geschrieben: »C. will mit Gewalt auf etwas andres denken.« Gemeint ist die Stelle, wo Lorenzo am Sarge Julias erscheint und Julia sagt: ». . . comfortable friar . . .«, was Schlegel übersetzt hatte: »O güt'ger Vater! wo ist mein Gemahl?« Caroline wollte und setzte durch: »O Trostesbringer!« Aber »Trostesbringer« ist sinnlos, wieso Trost? »Comfortable« bedeutet zu Shakespeares Zeit »hilfreich, liebreich«. Wenn Schlegel die Stelle im *Sturm* (II, 1,141) übersetzt: »Es ist schlecht Wetter bei uns allen, Herr, / Wenn ihr bewölkt seid« – so macht Caroline, die die Metapher nicht verstanden hat, aus »bewölkt« *[clouded]* ein »betrübt«. Im *Kaufmann von Venedig* (V, 1,69) sagt Jessica: »I'm never merry when I hear sweet music.« Schlegel notierte vier Fassungen: »Nie hör' ich

fröhlich liebliche Musik« / »Nie bin ich froh, spielt liebliche Musik« / »Nie bin ich froh, wenn ich Musik vernehme« / »Nie bin ich froh bei lieblicher Musik«. Caroline setzt nun hinzu: »Nie war bei lieblicher Musik ich lustig« und »Nie macht die liebliche Musik mich lustig«. Für diese letzte Version entscheidet sie sich, obwohl das Wort »lustig« hier völlig am Gemeinten vorbeigeht. Und wenn Schlegel im *Julius Caesar* übersetzt »Mein lieber Junge, ich bin sehr vergeßlich« (IV, 3,255), macht Caroline daraus »verdrießlich«, was absolut unsinnig und psychologisch geradezu widersinnig ist.

150 *vollständig . . . nicht gedruckt:* Erich Schmidt stützt sich in seiner Wiedergabe auf die Publikation von Waitz und schreibt: »Die Originale sind leider verloren.« Otto Braun, der die Manuskripte aber wiederfand, veröffentlichte die von Waitz ausgelassenen Stellen 1916/17 in der Zeitschrift *Das literarische Echo* (s. Bibliographie); der Abdruck in diesem Buch stellt – abgesehen von den hier vorzunehmenden Kürzungen – den Originaltext wieder her.

151 *anmuuutisches Kind:* Schlegel parodiert hier die Schweizer Mundart der Frau Fichte.

165 *am 11. August schreibt:* Dieser Brief mit Carolines Postskript wurde erstmals 1931 in einem Berliner Privatdruck veröffentlicht (s. Bibliographie).

DER KREIS VON JENA

191 *das Dasein einer Autorin interpretiert:* So geschieht es in dem Caroline gewidmeten Kapitel des Buches *Schrieb oft, von Mägde Arbeit müde* von Eva Walter.

191 *Caroline Tischbein:* Die damals knapp sechzehnjährige Caroline Tischbein – ihre Schwester Betty ist 11 Jahre alt – hat später ihre Erinnerungen an diesen Besuch niedergeschrieben, die von rechter Giftigkeit sind: »Im Schlegelschen Haus in Jena gab's dagegen Poesie genug, aber keine Ordnung. Diese Wirtschaft überstieg jede mögliche Unordnung und wurde mir so widerlich, daß ich dadurch erst die Notwendigkeit einer besseren Einrichtung schätzen lernte.« Über Caroline: »Sie war gar nicht schön, kaum hübsch, aber ihre nette, gewandte, kleine Gestalt war graziös wie ihr ganzes Wesen, und in dem von Pockennarben etwas beschädigten Antlitz lag so viel Einnehmendes, in ihren dunklen Augen leuchtete soviel Geist, und ihre Lippen zeigten, wenn sie sich öffneten, so schöne Zähne, daß man allenfalls die Neigung begreifen kann, welche nicht bloß Schlegel, sondern auch viele andere Männer ihr maßlos widmeten.« Über Carolines Mittagstisch: »Dieser war nicht der beste, vielmehr gab es

ein abscheulicheres, ungesunderes Essen als hier wohl selten. Vielleicht wußte Frau Schlegel oft um zwölf Uhr noch nicht, was sie kochen lassen wollte. Saure Gurken, Kartoffeln, Heringe und eine unschmackhafte Wassersuppe halfen dann aus. Die Würze zu diesem Mahl lieferten geistige Bestandteile bei der unnachlassenden Gewandtheit der Wirtin, welche alle zu beleben und anzureizen und ihren Witz leuchten zu lassen wußte, so daß die Gesellschaft über dem Sprechen das Essen vergaß. Die Abendvereine bei Tee und kalter Küche waren auch sehr angenehm, Wurst und Käse dabei wenigstens eßbar.« Dieses Urteil ist insofern erstaunlich, als sonst die Zeitgenossen von Carolines Hausfrauenbegabung recht angetan sind. Die Tischbein-Tochter will auch Zeugin ehelicher Zerwürfnisse gewesen sein (»Er war ausfahrend, übellaunig; sie behandelte ihn mit kalter Verachtung«), aber bei der unverhohlenen Antipathie gegen Caroline sind all diese Äußerungen mit äußerster Vorsicht aufzunehmen, auch wenn ein Satz wie »Er weinte, sie sah sehr entschlossen und erhitzt aus« glaubwürdig stimmen möchte. Damals begann Carolines Liebe zu Schelling.

192 *die Mumu in Hannover:* Großmutter Schlegel.

193 *der Großmutter:* Großmutter Michaelis.

193 *Oemler:* Der über vierzigjährige Superintendent Christian Wilhelm Oemler.

193 *Löffler:* Es ist jener Superintendent Joseph Friedrich Löffler, der 1791 Caroline hatte heiraten wollen.

195 *Lady Augusta Murray:* Sie war eine Tochter des schottischen Grafen von Dunmore, die sich im April 1793 in Rom heimlich mit dem Prinzen August von England, Sohn des Königs Georg III., hatte trauen lassen. Der Begleiter des Prinzen, des späteren Herzogs von Sussex, war Georg Tatter gewesen. Als die Nachricht von der Trauung in London bekannt wurde, ließ der König den unbotmäßigen Sohn nach England zurückrufen.

197 *hat Schlegel gleich den König Richard ... vorgelesen:* Tieck, der für sein brillantes Vorlesen berühmt war, meinte, Schlegel habe zwar Lyrik »in sehr angenehmer Weise« vorgetragen, »Dramatisches dagegen in einem unerträglichen Kanzelton«. Sein Verhältnis zu Caroline war recht schwankend. In einem Brief vom 6. 12. 1799, in dem er Dorothea Veit eine »Bestie« und »Lucinde in einer Brechpotenz« nennt, schreibt er über die »androgynische« Caroline: »Sonst macht Schelling der Schlegel die Cour, daß es in der ganzen Stadt einen Skandal gibt, die Veit dem Wilh. S. und so alles durcheinander. [. . .] Seid nur überzeugt, daß die Schlegel eigentlich die Ursache aller Zänkereien ist.« Aber nur wenig später lobt er sie als »eine höchst gebildete Frau«, die er »fein« und »geistreich« findet.

197 *die Mellish:* Die Frau des Weimarischen Kammerherrn Joseph Charles Mellish.

197 *Buonaparte ist in Paris:* Napoleon Bonaparte war, aus Ägypten kommend, am 16. Oktober 1799 in Paris eingetroffen; sein Staatsstreich vom 9. November machte ihn zum Ersten Konsul. Die Russen hatten Ende September/Anfang Oktober die Schweiz räumen müssen, und ein am 16. August in Holland gelandetes englisch-russisches Korps mußte am 28. Oktober kapitulieren und Holland verlassen.

198 *ein Sonett in italienischer Sprache:* Dieses höchst konventionelle Gedicht kam tatsächlich in die Hände Napoleons, der »mit wenigen Worten« dafür dankte. Veröffentlicht wurde das Sonett erstmals 1925 in der *Zeitschrift für Bücherfreunde* (s. Bibliographie).

207 *Henrik Steffens:* Steffens war 1799 nach Jena gekommen. In seinen Erinnerungen schreibt er: »Ich war nun allmählich mit mehreren Familien bekanntgeworden. A. W. Schlegel und seine bedeutende und höchst geistreiche Frau sowie die liebliche Tochter gehörten zu meinem angenehmsten Umgange. Durch sie lernte ich auch den Justizrat Hufeland, den Mitredakteur der Allgemeinen Literaturzeitung, kennen, der mich gastfrei und freundlich aufnahm.«

208 *Daß Schelling ihr nicht gleichgültig ist:* Am 23. Oktober 1799 schreibt Fichte an seine Frau: »Wegen Schellings und der Schlegelin nimm Dich doch ja in acht! Ich bitte Dich um unsrer Liebe willen. Ich bin schon von anderer Seite darüber avertiert *[unterrichtet]*, und so, daß ich Dich gar sehr um Diskretion bitten muß. Schelling macht sich einen üblen Namen, und das tut mir sehr leid. Wäre ich persönlich in Jena gegenwärtig, so würde ich ihn warnen. Das Übel ist, daß bei dergleichen Gelegenheiten die Akteurs denken, kein Mensch merke etwas, weil ihnen kein Mensch etwas sagt, so lange, bis ein recht öffentlicher Skandal entsteht. Macht denn doch der Mann der Sache nicht ein Ende?«

AUGUSTES TOD

225 *an dieser stirbt man nicht mehr:* Nach einer Pressemeldung 1975 sterben noch heute in der Bundesrepublik etwa 40 Prozent aller nichtbehandelten Fälle an der Ruhr.

227 *Und da schreibt sie . . . an Goethe:* Der Original-Brief befindet sich im Goethe-Schiller-Archiv in Weimar.

230 *Goethe lädt daraufhin:* Zum Verhältnis Goethe–Schelling, das aus Gründen des Umfangs nicht ausführlich dargestellt werden kann, vgl. die Aufsätze von H. Berendt und O. Braun (s. Bibliographie).

231 *Stolberg-Lektüre:* Es handelt sich um Friedrich Leopold Graf zu Stol-
bergs *Reise in Deutschland, der Schweiz, Italien und Sizilien in den Jahren
1791 und 1792,* das 1794 erschien.

233 *Anfang April fährt sie . . . nach Hamburg:* Wie wenig Sinn Caroline für
die norddeutsche Landschaft besitzt, zeigt ihr Brief an A. W. Schlegel v. 4./5. 4. 1801: »Ich wurde seekrank von dem einförmigen Anblick der Heide und des Himmels, und so geht es doch von Braunschweig bis hieher *[Harburg]* 18 Meilen in einem fort, dürre braune
Heide, Sand, verkrüppelte Bäume mit Moos und Schimmel überzo-
gen, alle Meile ein Dorf statt Meilenzeiger, das recht aus dem nämlichen Boden hervorgewachsen zu sein scheint. Auch hier sind die
Ufer nichts weniger wie schön, und der Anblick von Hamburg wirkt
bloß in der Idee.« Man vergleiche dazu die ähnliche Charakteristik,
die Stendhal in einem Brief vom 25. 11. 1807 an seine Schwester gibt.

244 *Ehrenschändung:* Dazu Caroline in einem Brief an Julie Gotter v.
17. 10. 1802: »Der allgemeine Unwille und Abscheu, den ich über so
etwas empfinden muß, schützt mich gegen die besondre Weise, wie
mich dieses angreifen könnte; ihr habt auch wohl gesehn, daß ich
zwar beschäftigt war, aber nicht wehmütig angerührt und unterlie-
gend. Was sich auch noch im Verfolg dieses Handels ereignen möge,
so beruhigt euch insofern für mich, daß mein Kind und ich da sind,
wohin diese Greuel nicht dringen können, oder vielmehr, daß ich bei
meinem Kinde bin, im Himmel und nur noch dieser zufälligen Gestalt nach auf Erden.«

245 *Spottgedicht auf Fichtes »Wissenschaftslehre«:* Dieses Gedicht wurde erst
1956 bekannt, als das Düsseldorfer Goethe-Museum eine gebundene
Ausgabe des *Athenäum* erwarb, auf dessen Vorsatz Caroline ihre
Verse geschrieben hat (NW 142/1956).

247 *die Scheidung ausgesprochen:* Die gemeinsame Eingabe des Ehepaars
Schlegel, gerichtet an den Herzog persönlich, erfolgte im September 1802; überliefert ist nur das Konzept Carolines, das Schelling am
11. 10. 1802 an Schlegel nach Berlin schickte. Während Schlegel von
einem Rechtsanwalt Hesse vertreten wurde, war Carolines Anwalt
der Jenaer Jurist Hufeland, also einer der Herausgeber der mit
Schlegel (aber auch mit Schelling) verfeindeten ALZ! Die Kosten
betrugen für beide Ehegatten je 25 Reichstaler, zu zahlen an den
Schulfonds des Landes.

DRITTE EHE UND TOD

251 *aus eben diesem Sommer 1803:* Ende 1803 schickte Therese Huber mit
einem Brief an Schelling ein Blatt, auf dem sie ihr Verhältnis zu

Caroline beschreibt – »den ehrwürdigen Alten in Murrhardt bestimmt«, Schellings Eltern also, die Therese Huber im August 1803
besucht hatte. »Unnatürlich war also unser Verhältnis, aber ich war
nicht falsch«, behauptet Therese Huber am Schluß, dabei ist der
ganze Text das Zeugnis selbstgerechter Heuchelei. Wie falsch aber
Therese war, zeigen ihre Äußerungen über Caroline aus diesem
Jahr, die sie in Briefen an ihre Tochter niederlegte, zeigt vor allem ihr
»Nachruf« nach Carolines Tod, der an Niederträchtigkeit seinesglei-
chen sucht. Aus der Charakteristik für Schellings Eltern geht übrigens hervor, daß Therese Huber alle Briefe Carolines an Forster
besaß. Diese Briefe existieren nicht mehr, Therese dürfte sie vernichtet haben. Wenn man weiß, wie sehr Therese in ihrer Ausgabe
der Briefe Forsters diese Dokumente verfälscht hat, liegt der Schluß,
sie habe aus Haß auf Caroline deren Briefe vernichtet, auf der
Hand. – Die »Charakteristik« Therese Hubers wurde erstmals 1913
in der *Zeitschrift für Bücherfreunde* veröffentlicht (s. Bibliographie).

252   *Schelling ist unsichtbar geworden:* Paulus an Niethammer v. 17. 11. 1803.
Was mit Schellings »Roman« gemeint ist, ist unklar. Diese bisher
unveröffentlichte Briefstelle verdanke ich der freundlichen Mitteilung von Dr. Johann Ludwig Döderlein, München, der im Besitz des
Originalbriefs ist.

252   *Henriette von Hoven ergänzt Anfang April:* Die in diesem Brief enthalte-
nen Lügen zu widerlegen, erübrigt sich. Die dümmste ist, Schellings
Eltern hätten vor Caroline als »böser Dämon« gewarnt. Das Verhältnis von Schellings Eltern zu Caroline war von Anfang an herzlich und vorurteilsfrei.

256   *Monument für Augustes Grab:* Caroline wünschte sich für Augustes
Grab auf dem Bockleter Friedhof ein Denkmal. Friedrich Tieck hatte
eine (heute verschollene) Büste Augustes geschaffen, die vor einem
Relief stehen sollte; es ist die Büste, die Schlegels Brief erwähnt. Für
das Relief hatte man Schadow ausersehen. Ein endgültiges Urteil
über das Projekt hatten die Schellings von Goethe erbeten, und das
fiel ablehnend aus. Er halte es »für sündlich«, antwortete Goethe,
»ein Kunstwerk, das gut und schön werden soll, in ein barbarisches
Land unter freien Himmel zu relegieren, besonders in der jetzigen
Zeit, wo man nicht weiß, wem Grund und Boden im nächsten Jahr
gehören wird«. Man solle »Geld und Kunst nicht für Badegäste und
Pfaffen, sondern für den Kreis der Familie und der Freunde wirken«
lassen; er rate zu einem »Paar Urnen, in der Größe, wie man sie in ein
Zimmer stellen kann«. Trotz dieser kühlen Absage hielten die Schellings an dem Projekt fest. Statt Schadow sollte Friedrich Tieck den
Auftrag übernehmen, da der aber noch nach Carolines Tod damit
nicht fertig wurde, ging der Auftrag schließlich an Thorwaldsen.

Der wurde erst 1841 damit fertig, aber das Werk wurde nie aus Rom, wo Thorwaldsen arbeitete, nach Deutschland geschickt; es gelangte nach dem Tod des Bildhauers mit dessen übrigem Nachlaß nach Kopenhagen, wo es heute im Thorwaldsen-Museum zu sehen ist. So erhielt Augustes Grab nie einen Grabstein, es ist auf dem kleinen Bockleter Friedhof längst verschollen. Die heute gezeigte Grabplatte liegt links vom Eingang, bezeichnet aber nicht das Grab.

277 *Schellings Eltern, die inzwischen in Maulbronn leben:* Das 1803 säkularisierte Kloster Maulbronn beherbergte ein evangelisches theologisches Stift, dem der Vater Schellings als Prälat vorstand. Die Wohnung der Eltern befand sich im ersten und zweiten Stock des Ephorus-Hauses; dort ist auch Caroline gestorben.

278 *Wäre Sie mir nicht gewesen, was sie war:* In seinem Buch über Schelling schreibt Karl Jaspers: »Unter den großen Philosophen ist es nur Schelling, für den eine Frau durch ihre Persönlichkeit von entscheidender Bedeutung wurde, und zwar nicht nur durch erotische Leidenschaft und menschliche Verbundenheit, sondern in eins damit ursprünglich durch ihr geistiges Wesen.« Und: »Caroline gehört nicht zu den seltenen Frauen, die, zu dem einen zu ihnen gehörenden Manne berufen, bereit sind für ihn. Sie warten auf ihn, mit dem dieses Leben verwirklicht werden soll. Lieber erlöschen sie im geheimnisvollen Glanz eines unerfüllten Wesens, als daß sie einen Kompromiß eingehen. Caroline will leben, sogleich verwirklichen, nicht warten, nicht versäumen. Sie wagt von Anfang an auch das Ungenügende, das Unangemessene. Sie vertraut, daß darin vom Herrlichen der Welt sich ihr zeigen werde, was sich lohnt, und daß sie selber im wesentlichen unbefleckt, ordnend und formend sich treu sein wird.« Und: »Caroline, obgleich reif, als sie Schelling traf, wurde erst durch ihn zu der losgelösten Selbständigkeit des Geistes geführt, die nun in dem Glanze Schellings rein und mit gutem Gewissen blühen konnte. Schelling aber, obgleich er mit ernsthafter Arbeitsamkeit von Anfang an auch in dem Übermut der Geistigkeit als solcher lebte, wurde erst durch Caroline gelockert zu der Freiheit und Weite, die er erreicht hat.«

281 *jener rote Sandsteinobelisk*: Er trägt folgende Inschriften: »Hier ruht Caroline Dorothea Albertina Schelling geborene Michaelis. Das Grab der treuen ewig Geliebten bezeichnet mit diesem Stein ihr hinterbliebener Gatte Dr. Wil. Joseph Schelling. Jedes fühlende Wesen steht mit Andacht hier, wo die Hülle schlummert, die einst das edelste Herz und den schönsten Geist umschloß. Ruhe sanft, du fromme Seele, bis zur ewigen Wiedervereinigung. Gott, vor dem du bist, lohne in dir die Liebe und Treue, die stärker ist als der Tod.« (Vorderseite) »Gott hat sie mir gegeben, der Tod kann sie mir nicht

rauben.« (Rechte Seite) »Sie starb bei dem Besuch des elterlichen Hauses zu Maulbronn den 7. September des 1809 ten Jahres, ergriffen von der herrschenden Seuche der Ruhr und des Nervenfiebers.« (Linke Seite) Der Obelisk bezeichnet längst nicht mehr die Stelle, an der Carolines Gebeine liegen (sie ist genauso unbekannt wie das Grab Augustes, die an der gleichen Krankheit starb, wohl eher Typhus denn Ruhr, wie der Zusatz »Nervenfieber« ausweist). Eine gründliche Restaurierung und würdige Neuaufstellung hat der Stein erst vor wenigen Jahren erfahren, dank der Initiative und Beharrlichkeit von Helmut Wegerdt (Altensteig).

CAROLINE IM ROMAN

Keine Gestalt der deutschen Romantik hat die Romanciers so sehr zur poetischen Nachzeichnung verlockt wie Caroline; aber keine ist auch dermaßen verzerrt worden. Als Nebenfigur erscheint sie 1847 – und das ist Carolines erster Auftritt in der Belletristik – in dem dreibändigen Roman *Die Clubisten in Mainz* von Heinrich Koenig: als Ehefrau Georg Böhmers, eine von Anfang an mit unangenehmen Attributen versehene Person, die mit der historischen Caroline nur gemein hat, daß sie »eine Tochter des berühmten Orientalisten Michaelis in Göttingen« ist.

Erst die Briefausgabe Erich Schmidts (1913) regte zu Caroline-Romanen an: Henriette von Meerheimbs *Caroline* (1921) eröffnet den Reigen, in Ina Seidels *Das Labyrinth* (1922) erscheint Caroline als Nebenfigur (der Roman beschreibt das Leben Georg Forsters); das Jahr 1926 beschert gleich zwei Romane: *Caroline Schlegel* von Toni Rothmund und *Madame Lucifer* von Emil Hadina, und 1948 folgt *Die blaue Blume* von Edith Mikeleitis. Allen Romanen (ausgenommen der Ina Seidels) ist eine verkitschte, klischeehafte Darstellung gemeinsam; daß die historische Caroline jeglicher Süßlichkeit ermangelte, müssen diese Autoren als Manko empfunden haben, dem es abzuhelfen galt.

Recht unglückliche Zwitter sind *Caroline – Ein Lebensbild aus der Romantik* von Thekla von Düring (1942) und *Caroline Schlegel oder Dame Lucifer* von Eckart von Naso (1969), weder Biographie noch Roman, aber sentimentalisiert wie die Romane, und überall dort, wo die Fakten fehlen, mit kolportagehaften Details und dilettantischen Dialogen vollgestopft.

Das neunte dieser Bücher ist wieder ein Roman: *Caroline – Das Leben der Caroline von Schelling* von Irma Brandes (1970). (Schelling wurde übrigens erst 1806 geadelt.) An Quellenkenntnissen ist die Autorin ihren Vorgängern voraus, an poetischem Talent indes nicht. In den Beschreibungen

299

reiht sich ein Klischee ans andre, und die Dialoge sind trivial. Auch der letzte dieser gutgemeinten Versuche, sich Caroline zu nähern, ist eine verkitschte Bemühung, die sich freilich nicht »Roman«, sondern »Ansichtssachen« nennt: *Caroline unterm Freiheitsbaum* von Brigitte Struzyk (1988). Dargestellt wird Caroline in einer preziösen lyrischen Prosa, meist jambisch gegliedert, voll unfreiwilliger Komik, etwa: »Mein August, ach, mir war noch nie so weh. Ich bin durch dick und dünn mit ihr gegangen. Sogar in Königstein hab' ich mich wohl gefühlt – in Grenzen freilich, doch wir waren eng zusammen.« Unvorstellbar, der historischen Caroline wären solche Formulierungen jemals über die Lippen gekommen.

Allen Büchern gemeinsam ist: Sie schildern eine Caroline, wie sie nach den Vorstellungen ihrer Verfasser eigentlich hätte sein müssen, wie sie aber in Wahrheit nicht gewesen ist. Sie demonstrieren, wie stark eine historische Gestalt verfälscht werden kann, wird sie zum Opfer von Trivialliteratur. Dabei geht es nicht um die Behandlung dokumentarischen Materials, mit dem frei zu verfahren dem Romancier durchaus zusteht, sondern um die Unzulänglichkeit und Unangemessenheit des Verfahrens, die historische Gestalt in Dichtung zu transponieren. Der Widerspruch wird im Falle Carolines um so stärker spürbar, als Carolines klarer und knapper Briefstil konträr zu der Sprache steht, die man der Roman-Caroline in den Mund legt. Wenn überhaupt einige Sätze zu diesen Büchern hier gesagt werden, so nur darum, weil sie das populäre Bild Carolines ganz wesentlich mitbestimmt haben (einige dieser Romane haben hohe Auflagen erreicht), anders als die essayistischen oder wissenschaftlichen Arbeiten, die nur einen begrenzten Leserkreis erreichen.

Bibliographie

Briefe Carolines

Georg Waitz (Hrsg.): Caroline. Briefe an ihre Geschwister, ihre Tochter Auguste, die Familie Gotter, F.L.W. Meyer, A. W. und Fr. Schlegel, J. Schelling u. a. nebst Briefen von A. W. und Fr. Schlegel. 2 Bde. Leipzig 1871.

Erich Schmidt (Hrsg.): Caroline. Briefe aus der Frühromantik. Nach Georg Waitz vemehrt herausgegeben. 2 Bde. Leipzig 1913 (als Reprint 1970 im Verlag Herbert Lang, Bern).

Reinhard Buchwald (Hrsg.): Carolines Leben in ihren Briefen. Eingeleitet von Ricarda Huch. Leipzig 1923.

Elisabeth Mangold: Caroline. Ihr Leben, ihre Zeit, ihre Briefe. Kassel 1922.

(Otto Elsner, Berlin): Unveröffentlichte Briefe von Albert Niemann und Caroline Schlegel. Privatdruck Berlin 1931.

Josef Körner: Neues von August Wilhelm und Caroline Schlegel. In: »Zeitschrift für Bücherfreunde« N. F. 17 (1925). Darin Brief Carolines an Dorothea Marie Campe v. 6. 5. 1798.

Caroline Schlegel-Schelling: »Lieber Freund, ich komme weit her schon an diesem frühen Morgen«. Briefe. Hrsg. v. Sigrid Damm. 4., erweiterte u. bearbeitete Auflage. Darmstadt 1988.

Manuskripte: Spottgedicht auf Fichtes Wissenschaftslehre. Goethe-Museum, Düsseldorf.

Brief an unbekannten Adressaten v. 18. 10. 1797. Goethe-Museum, Düsseldorf.

Brief an die Brüder Ramann v. 27. 10. 1801. Goethe-Museum, Düsseldorf.

Brief an Georg Göschen v. 7. 5. 1798. Deutsches Literaturarchiv, Marbach.

Brief an Wilhelm Gottlieb Becker v. 21. 1. 1802. Deutsches Literaturarchiv, Marbach.
Gesuch um Scheidung (undatiert) vom September 1802 mit Korrekturen von Goethes Hand. Deutsches Literaturarchiv, Marbach.

Rezensionen Carolines

Athenäum. Eine Zeitschrift von A. W. Schlegel und Fr. Schlegel. Stuttgart 1956 (Reprint).
Erich Frank: Rezensionen über schöne Literatur von Schelling und Caroline in der Neuen Jenaischen Literatur-Zeitung. Heidelberg 1912.

Caroline im Roman

Irma Brandes: Caroline. Das Leben der Caroline von Schelling. Berlin 1970.
Thekla von Düring: Caroline. Ein Lebensbild aus der Romantik. Leipzig 1942.
Emil Hadina: Madame Lucifer. Leipzig 1926.
Heinrich Koenig: Die Clubisten in Mainz. 3 Bde. Leipzig 1847.
Henriette von Meerheim: Caroline. Leipzig 1921.
Edith Mikeleitis: Die blaue Blume. Braunschweig 1948.
Eckart von Naso: Caroline Schlegel oder Dame Lucifer. Hamburg 1969.
Toni Rothmund: Caroline Schlegel. Leipzig 1926.
Ina Seidel: Das Labyrinth. Stuttgart 1965 (benutzte Ausgabe).
Brigitte Struzyk: Caroline unterm Freiheitsbaum. Darmstadt 1988.

Charakteristiken Carolines

Alice Apt: Caroline und die frühromantische Gesellschaft. Königsberg 1936 (Diss.).
Gertrud Bäumer: Caroline. In: »Gestalt und Wandel«, Berlin 1939.
Barbara Bondy: Caroline Schlegel-Schelling. Das ewige Gleichgewicht. In: Der unversöhnliche Traum. München 1986.
Hugo G. F. Brzoska: Caroline Böhmer in Clausthal. In: »Allgemeiner Harz-Berg-Kalender für das Jahr 1961«, Clausthal-Zellerfeld o. J.
Gisela Dischner: Caroline und der Jenaer Kreis. Ein Leben zwischen bürgerlicher Vereinzelung und romantischer Geselligkeit. Berlin 1979.
Friedrich Frensdorff: Die Heimat Carolines. In: »Zeitschrift des Histor. Vereins f. Niedersachsen« Bd. 85, 1920.

Rudolf Gottschall: Die Cœurdame der romantischen Schule. In: »Blätter für literarische Unterhaltung« Nr. 37, S. 577–583, Leipzig 1871.

Klaus Günzel: Lebensgeschichte einer Frau in Verwünschungen – Caroline Schlegel-Schelling. In: Romantikerschicksale. Eine Porträtgalerie. Berlin 1987.

Martin Havenstein: Karoline. In: »Preußische Jahrbücher« Bd. 162, S. 157–163, 1915.

Rudolf Haym: Ein deutsches Frauenleben aus der Zeit unserer Literaturblüte. In: »Preußische Jahrbücher« Bd. 28, S. 457–506, 1871.

Ernst Heilborn: Caroline. In: »Das literarische Echo« XV, Sp. 1250–1258, 1912/13.

Ricarda Huch: Karoline. In: »Die Romantik. Ausbreitung, Blütezeit und Verfall«, Tübingen 1951 (benutzte Ausgabe).

Carmen Kahn-Wallerstein: Schellings Frauen: Caroline und Pauline. Bern 1959.

Josef Körner: Carolines Rivalin = Elisa v. Nuys. In: »Preußische Jahrbücher« Bd. 198, 1924.

Gerda Mielke: Caroline Schlegel nach ihren Briefen. Ein Beitrag zur Geistesgeschichte des 18. Jahrhunderts. Greifswald 1925 (Diss.).

Franz Muncker: Caroline Schelling. In: »Allgemeine Deutsche Biographie«, 31. Bd., 1891.

Rudolf Murtfeld: Caroline Schlegel-Schelling. Moderne Frau in revolutionärer Zeit. Bonn 1973.

Rainer Maria Rilke: Lese-Blätter. In: »Sämtliche Werke Bd. VI, S. 1056 bis 1059, Frankfurt am Main 1966.

Gisela F. Ritchie: Caroline Schlegel-Schelling in Wahrheit und Dichtung. Bonn 1968.

Leo Sborowitz: Caroline Schelling. Eine psychographische Studie. Köln 1921 (ms. Diss.).

Maria Schauer: Caroline Schlegel-Schelling. In: »Deutsche Sammlung«, Greifswald 1922.

Traugott Schmidt: Caroline Schlegels ästhetische Lebensform. Hamburg 1951 (ms. Diss.).

Margarete Susmann: Caroline. In: »Frauen der Romantik«, Köln 1960 (benutzte Ausgabe).

Franz Xaver v. Wegele: Ein Frauenkrieg an der Universität Würzburg. In: »Allgemeine Zeitung« 1885, Beilage Nr. 151–152. Später abgedruckt in »Vorträge und Abhandlungen«, Leipzig 1898.

Alfred Wien: Caroline. In: »Liebeszauber der Romantik«, Berlin 1920.

303

Johann Friedrich Abegg: Reisetagebuch von 1798. Hrsg. v. Walter und Jolanda Abegg in Zusammenarbeit mit Zwi Batscha. Frankfurt am Main 1976.

Anonym: Die Mainzer Klubbisten zu Königstein oder Die Weiber decken einander die Schanden auf. Ein tragi-komisches Schauspiel in einem Aufzug. Leipzig 1907 (Nachdruck der Ausgabe von 1793).

Heinrich Christian Boie/Luise Meyer: Ich war wohl klug, daß ich dich fand. Briefwechsel 1777–1785, München 1963.

Otto Braun: Friedrich Schlegel an Auguste Böhmer. In: »Das literarische Echo« 19, Sp. 1371–1377, 1916/17.

Clemens Brentano: Briefe. 2 Bde. Nürnberg 1951.

Gottfried August Bürger: Briefe von und an G. A. B. Hrsg. v. Adolf Strodtmann. Berlin 1874.

Gottfried August Bürger: Gedichte. Berlin und Stuttgart o. J. (1883).

Helmina von Chézy: Unvergessenes. Leipzig 1858.

Wilhelm Dilthey (Hrsg.): Aus Schleiermachers Leben. In Briefen. 4 Bde. Berlin 1861.

Johann Wolfgang Goethe: Gedenkausgabe der Werke, Briefe und Gespräche. 27 Bde. Zürich 1950–71.

Hermann Hettner (Hrsg.): Georg Forsters Briefwechsel mit S. Th. Sömmering. Braunschweig 1877.

Georg Forster: Werke in vier Bänden. Herausgegeben von Gerhard Steiner. Frankfurt am Main 1967–1970.

Georg Forster: Tagebücher. Bearbeitet von Brigitte Leuschner. Berlin/DDR 1973.

Walter Grab (Hrsg.): Die Französische Revolution. Eine Dokumentation. München 1973.

Johann Diederich Gries: Gedichte und poetische Übersetzungen. 2 Bde. Stuttgart 1829.

(Carl Große): Memoiren des Marquis von G.***. Vom Verfasser des Genius. Berlin 1792.

Friedrich Wilhelm von Hoven: Autobiographie. Nürnberg 1840.

Alexander von Humboldt: Die Jugendbriefe A. v. H.s 1787–1799. Hrsg. v. Ilse Jahn u. Fritz G. Lange. Berlin 1973.

Wilhelm von Humboldt: Der Briefwechsel zwischen Friedrich Schiller und Wilhelm von Humboldt. Hrsg. v. Siegfried Seidel. 2 Bde. Berlin 1962.

Hermann Kinder (Hrsg.): Bürgers Liebe. Dokumente zu Elise Hahns und G. A. Bürgers unglücklichem Versuch, eine Ehe zu führen. Frankfurt am Main 1981.

Heinrich Koenig (Hrsg.): Denkwürdigkeiten des Generals Eickemeyer. Frankfurt am Main 1845.

Peter Lahnstein: Report einer »guten alten Zeit«. Zeugnisse und Berichte 1750 bis 1805. Stuttgart 1970.

Peter Lahnstein: Das Leben im Barock. Zeugnisse und Berichte 1640 bis 1740. Stuttgart 1974.

Friedrich Christian Laukhard: Leben und Schicksale. Fünf Theile in drei Bänden. Nachwort u. Materialien von Hans-Werner Engels und Andreas Harms. Frankfurt am Main 1987.

Albert Leitzmann: Aus Karolinens Lebenskreise. In: »Zeitschrift für Bücherfreunde«, Neue Folge 5. Jg., 1. Hälfte, S. 120–128, Leipzig 1913.

Georg Christoph Lichtenberg: Schriften und Briefe. 4 Bde. München 1967–1972.

Edgar Lohner (Hrsg.): Ludwig Tieck und die Brüder Schlegel. Briefe. München 1972.

Heinrich Meisner: Schleiermacher als Mensch. Familien- und Freundesbriefe 1783–1804. Gotha 1922.

Johann David Michaelis: Lebensbeschreibung. Rinteln 1793.

Novalis: Briefwechsel mit Friedrich und August Wilhelm, Charlotte und Caroline Schlegel. Hrsg. v. J. M. Raich. Mainz 1880.

Waldemar von Olshausen: Neues aus dem Caroline-Kreis. In: »Euphorion« 28, S. 350–362, 640, 1927.

G. L. Plitt: Aus Schellings Leben. In Briefen. Leipzig 1869/70.

Piter Poel: Bilder aus vergangener Zeit. Hamburg 1884.

J. M. Raich (Hrsg.): Dorothea v. Schlegel und deren Söhne Johannes und Philipp Veit. Briefwechsel. Mainz 1881.

Georg Friedrich Rebmann: Hanskiekindiewelts Reisen in alle vier Weltteile und andere Schriften. Berlin 1958.

F.W.J. Schelling: Brief über den Tod Carolines vom 2. Oktober 1809 an Immanuel Niethammer. Mit Faksimile des bisher unbekannten Autographs hrsg. u. kommentiert v. Johann Ludwig Döderlein. Stuttgart 1975.

August Wilhelm Schlegel: Kritische Schriften. 2 Bde. Berlin 1828.

Briefe von Dorothea Schlegel an Friedrich Schleiermacher. In: »Mitteilungen aus dem Literaturarchiv«, Berlin 1913.

Friedrich Schlegel: Lucinde. Frankfurt a. M. 1964 (benutzte Ausgabe).

Friedrich Schlegel: Schriften zur Literatur. München 1972.

Henrik Steffens: Was ich erlebte. München 1956 (benutzte Ausgabe).

Claus Träger (Hrsg.): Mainz zwischen Rot und Schwarz. Die Mainzer Revolution 1792–1793 in Schriften, Reden und Briefen. Berlin/DDR 1963.

Rudolf Unger: Briefe von Dorothea und Friedrich Schlegel an die Familie Paulus. Berlin 1913.

Ludwig Urlichs (Hrsg.): Charlotte v. Schiller und ihre Freunde. 3 Bde. Stuttgart 1860–1865.

Oskar F. Walzel (Hrsg.): Friedrich Schlegels Briefe an seinen Bruder August Wilhelm. Berlin 1890.

Luise Wiedemann: Erinnerungen. Göttingen 1929.

Ernst Wieneke (Hrsg.): Caroline und Dorothea Schlegel in Briefen. Weimar 1914.

Sekundärliteratur über die Zeit 1763–1809 / Verschiedenes

(Autorenkollektiv): Romantik. Berlin/DDR 1967.

Richard Benz: Die deutsche Romantik. Stuttgart 1956 (benutzte Ausgabe).

Hanns Berendt: Goethe und Schelling. In: »Festschrift für Berthold Litzmann«, S. 77–104, Bonn 1920.

Michael Bernays: Zur Entstehungsgeschichte des Schlegelschen Shakespeare. Leipzig 1872.

Wilhelm Blos: Die Revolution zu Mainz 1792 und 1793. Nürnberg 1875.

Eduard Boas: Schiller und Goethe im Xenienkampf. Stuttgart/Tübingen 1851.

Paul von Bojanowski: Auf dem Kirchhofe von Bocklet. In: »Westermanns Monatshefte«, Jg. 1901.

Ernst Borkowsky: Das alte Jena und seine Universität. Jena 1908.

Otto Braun: Goethe und Schelling. In: »Jahrbuch der Goethe-Gesellschaft«, Bd. 9, S. 199–213, Weimar 1922.

Richard Brinkmann (Hrsg.): Romantik in Deutschland. Ein interdisziplinäres Symposion. Stuttgart 1978.

Hans Burose: Clausthal und Zellerfeld um das Jahr 1800. In: »Allgemeiner Harz-Berg-Kalender für das Jahr 1969«, Clausthal-Zellerfeld o. J.

Friedrich Burschell: Schiller. Reinbek 1968.

Elise Campe: Professor Meyer aus Bramstedt. Hamburg 1841.

Elise Campe: Aus dem Leben von Johann Diederich Gries. Leipzig 1855.

Hermann Conrad: Unechtheiten in der ersten Ausgabe der Schlegelschen Shakespere[sic!]-Übersetzung (1797–1801), nachgewiesen aus seinen Manuskripten. Berlin 1913.

Karl Otto Conrady: Goethe. Leben und Werk. Zwei Bände. Königstein 1982/1985.

Otto Deneke: Die Göttinger Lotte. In: »Nachrichten von der Graetzel-Gesellschaft zu Göttingen«, Göttingen 1925.

Karlheinz Deschner: Das Kreuz mit der Kirche. Eine Sexualgeschichte des Christentums. Düsseldorf 1974.

Franz Dumont: Die Mainzer Republik von 1792/93. Studien zur Revolutionierung in Rheinhessen und der Pfalz. Alzey 1982.

Ludwig Geiger: Dichter und Frauen. Berlin 1899.

Ludwig Geiger: Therese Huber (1764–1829). Stuttgart 1901.

Rudolf Gottschall: Die Romantiker in Jena. In: »Unsere Zeit. Deutsche Revue der Gegenwart« 1871, S. 450–474.

Walter Grab: Demokratische Strömungen in Hamburg und Schleswig-Holstein zur Zeit der ersten französischen Republik. Hamburg 1966.

Walter Grab: Norddeutsche Jakobiner. Frankfurt am Main 1967.

Walter Grab: Die Revolutionspropaganda der deutschen Jakobiner. In: »Archiv für Sozialgeschichte« Band IX, 1969.

Walter Grab: Leben und Werke norddeutscher Jakobiner. Stuttgart 1973.

Arsenij Gulyga: Schelling. Leben und Werk. Stuttgart 1989.

Carl Haase: Ernst Brandes 1758–1810. 2 Bde. Hildesheim 1973.

Ida Hakemeyer: Kleines Universitätsmosaik. Göttingen 1960.

Adalbert von Hanstein: Die Frauen in der Geschichte des Deutschen Geisteslebens des 18. und 19. Jahrhunderts. 2 Bde. Leipzig 1899.

Klaus Harpprecht: Georg Forster oder Die Liebe zur Welt. Eine Biographie. Reinbek 1987.

Justus Hashagen: Das Rheinland und die französische Herrschaft. Bonn 1908.

Rudolf Haym: Die romantische Schule. Darmstadt 1961 (benutzte Ausgabe).

Hoffmann R. Hays: Mythos Frau. Das gefährliche Geschlecht. Düsseldorf 1969.

Johannes Janssen: Zeit- und Lebensbilder. Freiburg i. Brsg. 1879.

Karl Jaspers: Schelling. Größe und Verhängnis. München 1955.

Friedrich Kapp: Justus Erich Bollmann. Ein Lebensbild aus zwei Weltteilen. Berlin 1880.

Bärbel Kern/Horst Kern: Madame Doctorin Schlözer. Ein Frauenleben in den Widersprüchen der Aufklärung. München 1988.

Karl Klein: Georg Forster in Mainz. 1788–1793. Gotha 1863.

Eckart Kleßmann: Deutschland unter Napoleon in Augenzeugenberichten. Düsseldorf 1965.

Eckart Kleßmann: Die deutsche Romantik. 2., verbesserte Auflage. Köln 1981.

Werner Klose: Freiheit schreibt auf eure Fahnen. 800 Jahre deutsche Studenten. Oldenburg 1967.

Paul Kluckhohn: Das Ideengut der deutschen Romantik. Tübingen 1966.

Hinrich Knittermeyer: Schelling und die romantische Schule. München 1928.

Josef Körner: Krisenjahre der Frühromantik. Bern 1969.

Fritz Kühnlenz/Paul G. Esche: Jenaer Porträts. Die Saalestadt im Spiegel historischer Persönlichkeiten. Rudolstadt 1969.

Vilma Lober: Die Frauen der Romantik im Urteil ihrer Zeit. Erlangen 1947 (Diss.).

Helmut Mathy: Als Mainz französisch war. Mainz 1968.

Helmut Mathy: Anton Joseph Dorsch (1758–1819). In: »Mainzer Zeitschrift«, Jg. 62, 1967.

Helmut Mathy: Georg Wedekind. In: »Festschrift für Ludwig Petry«, Wiesbaden 1968 (S. 178–206).

Helmut Mathy: Felix Anton Blau (1754–1798). In: »Mainzer Zeitschrift«, Jg. 67/68, 1972/73.

Hans Mayer: Goethe. Ein Versuch über den Erfolg. Frankfurt am Main 1973.

Jacob Minor: Classiker und Romantiker. In: »Goethe-Jahrbuch«, Bd. 10, 1889 (S. 212–232).

Annedore Müller-Hofstede: Der Landschaftsmaler Pascha Johann Friedrich Weitsch 1723–1803. Braunschweig 1973.

Julius Petersen: Die Wesensbestimmung der deutschen Romantik. Heidelberg 1968.

Wolfgang Promies: Georg Christoph Lichtenberg. Reinbek 1964.

Karl Alexander Freiherr von Reichlin-Meldegg: Heinrich Eberhard Gottlob Paulus und seine Zeit. Stuttgart 1853.

Heinrich Reintjes: Weltreise nach Deutschland. Düsseldorf 1953.

Wolfgang Ronner: Die Kirche und der Keuschheitswahn. Christentum und Sexualität. München 1971.

August Sauer: Frauenbilder aus der Blütezeit der deutschen Literatur. Leipzig 1885.

Demosthenes Savramis: Das sogenannte schwache Geschlecht. München 1972.

Demosthenes Savramis: Religion und Sexualität. München 1972.

Heinrich Scheel: Die Mainzer Republik im Spiegel der deutschen Geschichtsschreibung. In: »Jahrbuch für Geschichte«, Bd. 4, Berlin/DDR 1969.

Heinrich Scheel: Die Statuten des Mainzer Jakobinerklubs. In: »Jahrbuch für Geschichte«, Bd. 5, Berlin/DDR 1971.

Heinrich Scheel: Spitzelberichte aus dem jakobinischen Mainz. In: »Jahrbuch für Geschichte«, Bd. 6, Berlin/DDR 1972.

Wilhelm Scherer: Vorträge und Aufsätze zur Geschichte des geistigen Lebens in Deutschland und Österreich. Berlin 1874.

Wilhelm Scherer: Kleine Schriften. Berlin 1893.

Lydia Schieth: Die Entwicklung des deutschen Frauenromans im ausgehenden 18. Jahrhundert. Frankfurt am Main 1987.

Heinz Herbert Schöffler: Schelling und die Medizin. In: »Schwäbische Heimat«, 1975/1.

Gerhard Schulz: Novalis. Reinbek 1969.

Herbert Scurla: Begegnungen mit Rahel. Der Salon der Rahel Levin. Berlin/DDR 1962.

Hans Steffen: Die deutsche Romantik. Göttingen 1967.

Karl Steinacker: Abklang der Aufklärung und Widerhall der Romantik in Braunschweig. Braunschweig 1939.

Carola Stern: »Ich möchte mir Flügel wünschen«. Das Leben der Dorothea Schlegel. Reinbek 1990.

Adolf Stoll: Der Maler Johann Friedrich August Tischbein und seine Familie. Stuttgart 1923.

Fritz Strich: Deutsche Klassik und Romantik. Bern 1962.

Siegfried Sudhof: Von der Aufklärung zur Romantik. Die Geschichte des »Kreises von Münster«. Berlin 1973.

Ludwig Uhlig: Georg Forster. Tübingen 1965.

Eva Walter: Schrieb oft, von Mägde Arbeit müde. Lebenszusammenhänge deutscher Schriftstellerinnen um 1800 – Schritte zur bürgerlichen Weiblichkeit. Mit einer Bibliographie zur Sozialgeschichte von Frauen 1800 bis 1914 von Ute Daniel. Düsseldorf 1985.

Werner Weiland: Der junge Friedrich Schlegel oder Die Revolution in der Frühromantik. Stuttgart 1968.

René Wellek: Konfrontationen. Vergleichende Studien zur Romantik. Frankfurt am Main 1964.

Dubois-Crancé, Jean Baptiste 108, 130, 291

Dürbach, Anna Luise (siehe: Karsch, Anna Luise)

Düring, Thekla von 299

Dunmore, Graf von 293

Duttenhofer, Luise 198

Eckel, Martin 102

Eickemeyer, Rudolf Heinrich 90f.

Engelhard (Kriegssekretär) 29

Ernst, Charlotte (geb. Schlegel) 122, 145, 218

Erthal, Friedrich Karl Joseph Freiherr von (Kurfürst von Mainz) 80, 82, 87

Erxleben, Dorothea 10f.

Eschenburg, Johann Joachim 131f., 148

Euripides 239

Falk, Johann David 144

Ferdinand, Großherzog von Würzburg 264

Fichte, Immanuel Hartmann 151

Fichte, Johann Gottlieb 137, 139, 151, 169, 171, 173–176, 203, 205f., 245, 291, 294f.

Fielding, Henry 200

Forkel, Johann Nicolaus 28, 91

Forkel, Sophia Margareta Dorothea (»Meta«) 91, 103, 106, 153, 155, 250, 256, 290

Forster, Clara 85

Forster, Georg 34f., 59f., 74f., 80, 82–86, 89, 94ff., 98–103, 106–110, 114, 117, 121ff., 126ff., 130, 135, 160, 203, 265, 290, 296, 299

Forster, Georg (Sohn) 85

Forster, Luise 85

Forster, Therese (siehe: Heyne, Therese)

Franklin, Benjamin 24f.

Franz II., deutscher Kaiser 87f.

Friedrich II., König von Preußen 10ff., 22

Friedrich V., König von Dänemark 20

Friedrich Wilhelm II., König von Preußen 88, 101, 105, 109, 112

Frommann, Friedrich 139, 193

Füßli, Johann Heinrich 144

Gallitzin, Adelheid Amalie, Fürstin 40, 42

Gatterer, Johann Christoph 20, 29

Gatterer, Philippine 29

Geiger, Ludwig 289

Gellert, Christian Fürchtegott 11

Genlis, Stéphanie Félicité du Crest de Saint-Aubin, Comtesse de 192

Georg II., König von England 16

Georg III., König von England 293